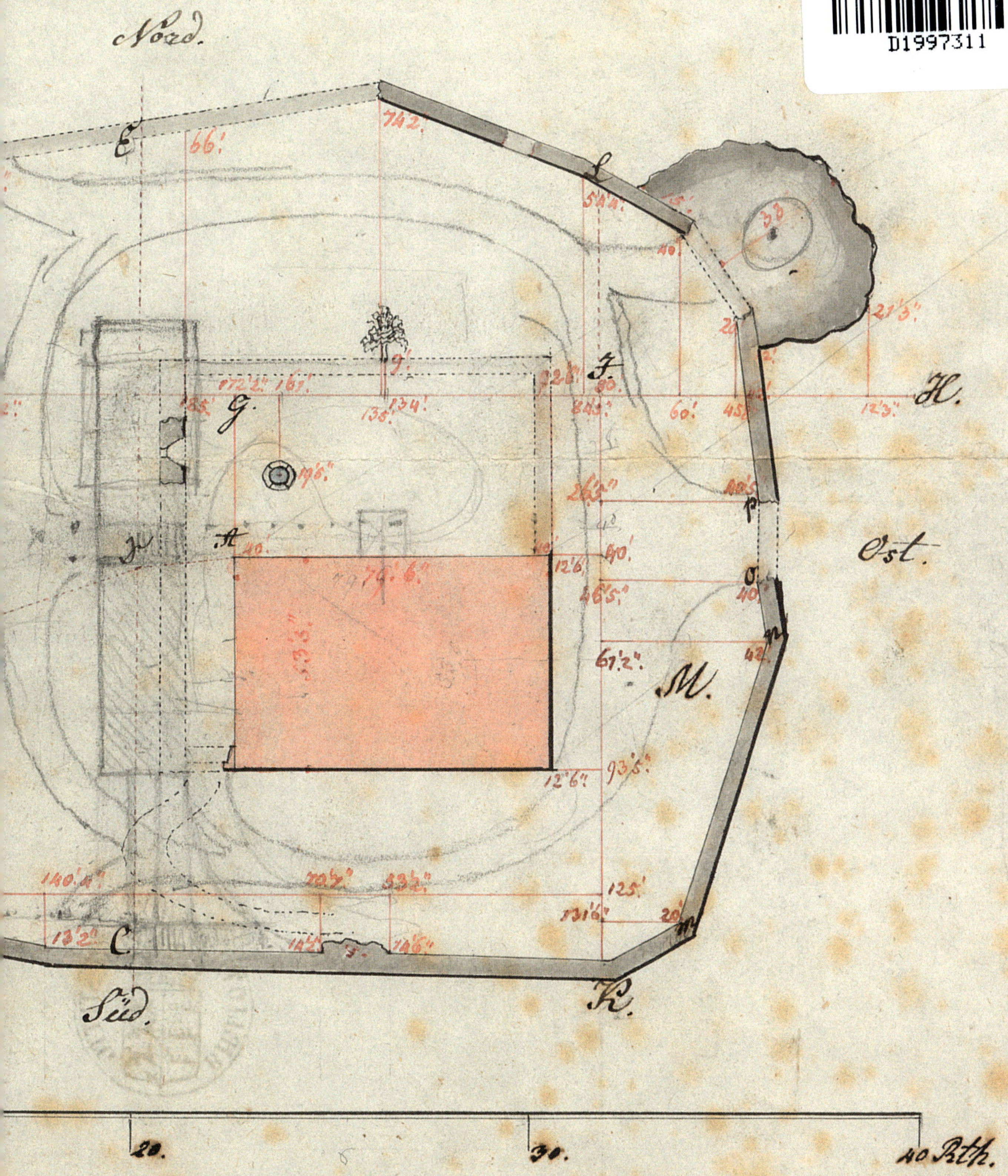
Nord.
H.
Ost.
M.
C
K.
Süd.
20.
30.
40 Rth.

KRIEG FEHDE BELAGERUNG

Casimir Bumiller

Krieg Fehde Belagerung

Die Geschichte der Burg Albeck bei Sulz am Neckar

Mit Beiträgen von Dorothee Ade, Bertram Jenisch, Harald von der Osten-Woldenburg und Stefan Uhl

belser

Titelbild: Innenansicht der Ostfassade von Ruine Albeck. Foto: Rainer Maucher.

Buchrückseite: Hauptportal der Burg Albeck in der Nordfassade mit dem verwitterten Wappenstein der Herren von Geroldseck und der Herzöge von Urslingen von ca. 1375. Foto: Stefan Uhl.

Vorsatz vorne: Grundriss der Ruine Albeck von ca. 1840. Württembergische Landesbibliothek Stuttgart, Schefold 9081.

Vorsatz hinten: Grundriss der Burg Albeck aus dem Jahr 1791 mit Hauptgebäude und Ringmauer. Hauptstaatsarchiv Stuttgart A 259 Bü 289.

Diese Publikation wurde gefördert von

Stiftung der Kreissparkasse Rottweil
für Kunst, Kultur und Denkmalpflege

Landkreis Rottweil

Redaktion: Casimir Bumiller

Gestaltung und Produktion: Verlagsbüro Wais & Partner, Stuttgart

Druck und Bindung: Offizin Scheufele, Stuttgart

Bibliografische Information der Deutschen Nationalbibliothek:
Die Deutsche Nationalbibliothek verzeichnet diese Publikation in der Deutschen Nationalbibliografie. Detaillierte bibliografische Angaben sind im Internet abrufbar über http://www.dnb.ddb.de.

Kommission und Vertrieb
Chr. Belser Gesellschaft für Verlagsgeschäfte GmbH & Co. KG, Stuttgart
www.belser.de

ISBN 978-3-7630-2724-8

Inhalt

◂ Blick ins Innere der Ruine Albeck.
Bildvorlage: Stadt Sulz am Neckar.

Geleitwort

Die Burg Albeck bei Sulz am Neckar zählt zu den bedeutendsten Kulturdenkmalen am Oberen Neckar. 1969 gelangte die Ruine aus dem Besitz des Hauses Württemberg zunächst in private Hände und wurde 1978 unter der Ägide von Altbürgermeister Peter Vosseler von der Stadt Sulz am Neckar erworben, die damit die Verantwortung für den Erhalt des Kulturdenkmals übernahm.

Der „Förderverein Ruine Albeck e.V." mit Sitz in Sulz am Neckar wurde am 10. März 1995 gegründet. Er hat heute 75 Mitglieder. Diese Mitgliederzahl belegt das große Interesse der Sulzer Bürger an der heimischen Geschichte und die enge Verbundenheit der Bevölkerung mit der Burg Albeck. Der Vereinszweck des Fördervereins ist entsprechend den Statuten die Sanierung und Erhaltung der imponierenden Ruine. Bereits kurz nach Gründung des Vereins, am 18. März 1995, wurde eine Vereinbarung zwischen dem Förderverein und der Freiburger Denkmalbehörde zur Instandsetzung der Ruine unterzeichnet. Seit 1996 fanden auf dem Burggelände Grabungen statt, die von unseren Vereinsmitgliedern Reinhard Matull und Siegfried Kägi und zahlreichen Helfern in vielen Kampagnen durchgeführt wurden. Die große Menge an Fundmaterial, die dabei zutage gefördert wurde, wurde im Jahr 2010 dem Referat 84.2 Fachbereich Archäologie des Mittelalters und der Neuzeit des Regierungspräsidiums Stuttgart übergeben.

Im selben Jahr erteilte der Förderverein Ruine Albeck dem Historiker Dr. Casimir Bumiller den Auftrag, die Geschichte der Burg Albeck umfassend zu erarbeiten. Denn die Erforschung und Publikation der Geschichte unserer Burg war von Anfang an ein weiteres Ziel unserer Burgenfreunde. Gleichzeitig wurden in den vergangenen Jahren die Funde von Burg Albeck von der Archäologin Dr. Dorothee Ade wissenschaftlich ausgewertet. Es lag auf der Hand, ihre Ergebnisse in diese Publikation einfließen zu lassen, ebenso wie die bauhistorischen Untersuchungen des Bauforschers Dr.-Ing. habil. Stefan Uhl, der sich seit einigen Jahren mit der Burg Albeck auseinandersetzt. Als besondere „Dreingabe" zu unserem Burgenbuch werten wir die geophysikalische Untersuchung des Ruinengeländes, die auf Veranlassung von Dr. Bertram Jenisch vom Landesamt für Denkmalpflege beim Regierungspräsidium Stuttgart, Dienstsitz Freiburg, im April 2015, also ganz aktuell, durchgeführt wurde und deren Ergebnisse hier ebenfalls dokumentiert werden.

Der Förderverein Ruine Albeck bedankt sich bei allen Autoren für die engagierte Arbeit an diesem Werk, das durch das Zusammenwirken der Disziplinen Historische Landeskunde, Archäologie und Bauforschung wegweisenden Charakter besitzt. Wir wünschen dem Buch beim heimischen Publikum, aber auch in der Fachwelt der Burgenforscher eine wohlwollende Aufnahme und freuen uns, dass wir in Erfüllung unserer Vereinsziele bei der Veröffentlichung dieses Werkes Pate stehen durften.

Gleichzeitig bedanken wir uns bei allen Leihgebern von Bildmaterial und bei allen Förderern, die die Drucklegung durch Zuschüsse ermöglicht haben.

Sulz am Neckar, im Oktober 2015

Otto Wössner
1. Vorsitzender des Fördervereins Ruine Albeck e.V.

Einführung

◂ Luftaufnahme der Ruine Albeck von Südosten.
Bildvorlage: Stadtverwaltung Sulz am Neckar.

Vorbemerkung

Die Burg Albeck bei Sulz zählt zu den bedeutendsten und mutmaßlich auch ältesten Burgen am oberen Neckar. Sie reicht als Gründung der Grafen von Sulz wohl noch ins 11. Jahrhundert zurück. Im Kontrast zu diesem Befund müssen wir leider feststellen, dass die schriftliche Überlieferung für diese Anlage in ihrer Frühzeit ausgesprochen schlecht ist: eine einzige Urkunde aus dem Jahr 1222 belegt ihre Existenz im Hochmittelalter. Albeck teilt damit aber nur das Schicksal vieler Burgen und macht einmal mehr deutlich, dass wir die Geschichte einer mittelalterlichen Burg in der Regel ohne die Mitwirkung von Archäologen und Bauhistorikern nicht schreiben können.

Um die Mitte des 13. Jahrhunderts ging die Burg Albeck auf ungeklärte Weise an die Herren von Geroldseck über. Sowohl zu den Anfängen der Grafen von Sulz im 11. Jahrhundert wie zum Übergang der Herrschaft an die Geroldsecker im 13. Jahrhundert besteht trotz vielversprechender Forschungsansätze weiterhin Klärungsbedarf. Offen gebliebene Fragen können im Rahmen dieser Arbeit aber bestenfalls zugespitzt, kaum endgültig zufriedenstellend beantwortet werden.

Im 15. Jahrhundert wurde Burg Albeck zum Objekt der württembergischen Expansionspolitik und gelangte nach jahrzehntelangem Abwehrkampf der Herren von Geroldseck in den Jahren 1471/78 an die Grafen von Württemberg. Im Zuge der juristischen, diplomatischen und militärischen Auseinandersetzungen des 15. Jahrhunderts ist eine überaus dichte Quellenüberlieferung angefallen, die weit über das hinaus geht, was wir gewöhnlich bei Burgen des späten Mittelalters erwarten dürfen. Dennoch sind auch die Vorgänge zwischen 1420 und 1478 bislang keineswegs befriedigend aufgearbeitet und zusammenhängend dargestellt worden. Dies soll im Rahmen dieses Bandes erstmals geschehen.

Im Übrigen ist das Schicksal der Burg in württembergischer Zeit, also vom Ende des 15. bis zum Anfang des 19. Jahrhunderts noch kaum gewürdigt worden. Kurz: Die Geschichte der Burg Albeck ist noch nicht geschrieben. Dies soll in dieser Arbeit, angeregt durch den „Förderverein Ruine Albeck e.V." in Sulz am Neckar, erstmals umfassend geschehen.[1]

Albeck ist nicht nur burgenkundlich eine der interessantesten Anlagen am oberen Neckar – keine Burg dieses Raumes stand im Spätmittelalter und der frühen Neuzeit so sehr im Brennpunkt militärischer Auseinandersetzungen: nicht weniger als 14 Belagerungen, Einschließungen oder Eroberungen musste die Burg zwischen 1347 und 1688 über sich ergehen lassen. Nicht zuletzt dieser Tatsache verdankt sich der martialische Titel unserer Publikation.

Moderne Burgenforschung

Die moderne Burgenforschung in Deutschland wurde in den 90er Jahren durch die beiden Werke von Thomas Biller und Joachim Zeune auf neue Grundlagen gestellt, in der benachbarten Schweiz insbesondere durch die Forschungen von Werner Meyer.[2] Die großen Burgenausstellungen in Nürnberg und Berlin (2010) und deren begleitende Publikationen bilden den vorläufigen Höhepunkt dieser Entwicklung.[3] Für die Region am oberen Neckar kann neuerdings auf den von Dorothee Ade, Bernhard Rüth und Cajetan Schaub herausgegebenen Ausstellungsband „Adelssitze zwischen Schwarzwald und Schwäbischer Alb" als erster Ansatz zu einer Aufarbeitung der regionalen Burgengeschichte verwiesen werden.[4]

Burgen werden heute nicht mehr wie in der klassischen, im 19. Jahrhundert wurzelnden Burgenforschung als vorwiegend militärische Zweckbauten verstanden, sondern als „kulturelle Ausdrucksform des Adels" (Biller) bzw. als „Symbole der Macht" (Zeune). Die Interpretation des architektonischen Gebildes „Burg" zielt auf ein Verständnis dieser komplexen „Baukörper" als Gesamtkunstwerk, das zwar durchaus *auch* militärische Funktionen zu erfüllen hatte, also „Wehrbau" war, darüber hinaus aber immer auch kulturelle, herrschaftliche und machtpolitische Demonstrationsfunktionen besaß. Eine Burg ist so betrachtet nie bloßes „Bauwerk", in ihm erscheint, insbesondere wenn es sich wie im Fall der Albeck um eine Dynastenburg handelt, die mittelalterliche Herrschaftsform des Feudalismus symbolisiert und in Stein gesetzt. Dieser Sichtweise ist die vorliegende Studie verpflichtet.

Joachim Zeune beschreibt die moderne Burgenforschung als ein interdisziplinäres Unternehmen, das nur im Schulterschluss von spezialisierten Bauforschern und Mittelalterarchäologen zum Ziel gelangen kann. Der Bauforscher erkennt Mauernähte und gelangt aus gefügekundlichen Beobachtungen zu Rückschlüssen auf die Baualtersstufen des untersuchten Gebäudes. Zur absoluten Altersbestimmung eines Bauwerks oder Bauteils dienen, sofern erhalten, im Mauerwerk verbaute Hölzer, die mit der Jahresringmethode dendrochronologisch datiert werden können. Weitere Hinweise zur Altersbestimmung bezieht der Bauforscher aus kunsthistorisch relevanten Relikten: aus Inschriften und Resten von Baudekor, aus Wappensteinen, Epitaphien, Kapitellen, Torbögen und Fenstergewänden, Schießscharten und Buckelquadern. Schließlich kann der Bauhistoriker aus der Zusammensetzung von Putzen und Mörteln im Mauerverbund gewisse Rückschlüsse ziehen.

Während sich die Bauforschung also im Wesentlichen auf die anstehenden, obertägigen Überreste einer Burg konzentriert, sucht die Mittelalterarchäologie im Boden nach Funden und Befunden zur untersuchten Burg. Dazu dienen die in der modernen Archäologie entwickelten Grabungstechniken, mit deren Hilfe man in der Vertikalen zu einer Stratigraphie, also einer nach Schichtstufen geordneten Fundüberlagerung, und in der Horizontalen zu einer räumlichen Fundstreuung gelangt. Die beobachteten stratigraphischen Befunde und die Verortung der Funde nach Zeit und Raum lassen Erkenntnisse über das Alter der Burg, über die Funktionen von Gebäudeteilen, über das Alltagsleben, aber auch über mögliche Zerstörungsursachen und –vorgänge zu. Die geborgenen Sachüberreste dienen zur Altersbestimmung des Bauwerks. So lässt sich beispielsweise Keramik (Küchengeschirr, Ofenkacheln) recht gut auf 25 Jahre genau bestimmen.[5] Münzen, Glas, Werkzeug, Waffen, Pfeilspitzen und anderes Gerät aus Eisen dienen sowohl zur Datierung wie zur soziokulturellen Charakterisierung der Burgbewohner. Brandschichten, eingestürzte Bauteile und eine Massierung bestimmter Objekte (z. B. Steinkugeln und Pfeilspitzen) liefern Erkenntnisse über kriegerische Ereignisse auf der Burg, Belagerungen und Zerstörungen, die urkundlich möglicherweise nicht fassbar sind (oder sie bestätigen im günstigsten Fall urkundlich überlieferte Ereignisse).

In der Darstellung Joachim Zeunes spielen Historiker für die Burgenforschung keine prominente Rolle. Das mag insofern nachvollziehbar erscheinen, als urkundliche Belege zu Burgen des hohen Mittelalters in der Regel recht selten sind. Oft liefert ein dendrodatiertes Holzfragment mehr Erkenntnisse zur Bauzeit einer Burg als eine Urkunde, die eine bestimmte Burg lediglich als existent erwähnt. Um es auf unseren Fall zu beziehen: Wenn in der Urkunde von 1222 ein *castrum Sulze* genannt wird, so beweist das zunächst einmal nur soviel, dass die Burg in diesem Jahr bestand. Wie alt sie war, ob sie damals vielleicht schon hundert oder hundertfünfzig Jahre existierte, lässt sich allein mit dem Werkzeug des Historikers schwer ermitteln.

Zu den meisten frühen Burgen gibt es keinerlei schriftliche Überlieferung. Deshalb spielt der Historiker für die *Baugeschichte* mittelalterlicher Burgen in der Tat meist nur eine untergeordnete Rolle. Er kann allerdings durch die Erhellung der allgemeinen regionalgeschichtlichen Hintergründe, durch die Erforschung konkreter Adelsgeschlechter wie durch die sozial- und kulturhistorische Adelsforschung insgesamt erheblich zum Verständnis des Gesamtphänomens Burg beitragen. Wenn Thomas Biller in seinem Werk „Die Adelsburg in Deutschland" in zwei umfangreichen Kapiteln zunächst die „Wandlungen des Adels im 11. und 12. Jahrhundert" und „Die Entstehung der adeligen Kultur" voranstellt, so referiert er hier den Stand der historischen und germanistischen Forschung seit dem 19. Jahrhundert. Die Burgenforschung kann tatsächlich auf diese allgemeinen geschichtlichen Voraussetzungen nicht verzichten, ebenso wie sie im konkreten Fall auf die Erforschung der Besitz- und Herrschaftsgeschichte einer bestimmten Burg durch landeskundlich versierte Forscher angewiesen ist. Denn die Geschichte einer Burg ist niemals bloß die Geschichte eines nackten Bauwerks, sondern immer auch die Geschichte ihrer Bewohner.

Es gibt keinen Königsweg und keine gültige Formel, in welchem Mischungsverhältnis Archäologie, Bauforschung und Geschichte bei der Erforschung einer Burg zusammenwirken. Es hängt grundsätzlich von der konkret untersuchten Burg ab – von ihrem Erhaltungszustand, von der Fundsituation, von der archivalischen Quellenüberlieferung –, welche Disziplin wieviel beizutragen vermag. Im Fall der Burg Albeck muss es als Glücksfall gewertet werden, dass sowohl historische Überlieferung wie archäologisches Fundmaterial wie auch Baubestand in befriedigendem Umfang erhalten sind und dass Vertreter aller dreier Disziplinen – Archäologie, Bauforschung und historische Landeskunde – zusammen wirken, um die Geschichte dieser bedeutenden Anlage so weit wie möglich zu rekonstruieren.

Methode

Bei kaum einer Burg am oberen Neckar sind Grabungen im Sinne der modernen Archäologie durchgeführt worden.[6] Während aus diesem Grund zu den meisten Burgen nur oberflächliche und unzureichende Erkundungen vorliegen, besitzen wir von Burg Albeck umfangreiches Fundmaterial, das in den Jahren 1995 bis 2009 in mehreren Kampagnen von Reinhard Matull und Siegfried Kägi geborgen wurde. Leider er-

Blick von Osten auf die äußere Ringmauer der Burganlage, dahinter das Obergeschoss des Hauptgebäudes. Foto: Stefan Uhl 2015.

Das Bild zeigt nur einen Teil der Fundkartons, in denen die Ausgrabungen von Burg Albeck aufbewahrt sind. Bildvorlage: Landesamt für Denkmalpflege beim Regierungspräsidium Stuttgart.

folgten die Grabungen nicht nach aktuellen wissenschaftlichen Standards und wurden auch nur unzureichend dokumentiert, was den Aussagewert der aus ihrer stratigrafischen Lage und ihrer Fundsituation herausgelösten Gegenstände naturgemäß eingeschränkt. Zusätzlich wurden von Christoph Bizer bei einer Begehung im Jahr 1996 Oberflächenfunde aufgelesen.[7] Das Denkmalamt Freiburg konnte in den Jahren 2009/10 das verstreut gelagerte Fundgut von Albeck in einem Bestand zusammenfassen und im Rastatter Fundarchiv zentral verwahren, ein Teil der Funde wird seit 2001 in einer Vitrine des Adelsmuseums im Kultur- und Museumszentrum Schloss Glatt gezeigt. 2010 bis 2015 konnte Dorothee Ade im Auftrag des Denkmalamtes und mit finanzieller Unterstützung des Fördervereins Ruine Albeck e.V. die vorhandenen Funde – soweit wie im Nachhinein noch möglich – wissenschaftlich auswerten (vgl. ihren Beitrag S. 178 ff.). Diese Auswertung liefert einen wesentlichen Beitrag zur Altersbestimmung wie zur alltags- und kulturgeschichtlichen Würdigung der Burg Albeck.

In einem Beitrag der Zeitschrift „Burgen und Schlösser" hatte sich der Bauforscher Stefan Uhl bereits 2004 mit Fragen der „Grundrissgliederung und Wohnausstattung" auf der Burg Albeck auseinandergesetzt.[8] Er befasst sich hier noch einmal eingehender mit den baulichen Resten dieser bedeutenden Burganlage (vgl. seinen Beitrag S. 144 ff). Aus dem Zusammenwirken von archäologischem, bauhistorischem und landeskundlichem Sachverstand erhoffen wir uns, in einem methodisch exemplarischen Verfahren, zu einer integrierten Interpretation der Burganlage Albeck zu gelangen.

Alles Albeck? Verwirrung um den Namen der Burg bei Sulz

◂ Blick auf die westliche Stirnseite des Hauptgebäudes. An der rechten Kante unten der Ansatz des einstigen inneren Burgtores. Foto: Stefan Uhl 2015.

Die Burg Albeck hieß im Mittelalter „Burg Sulz“

Sultz. Diese Stadt liegt am Neckar, oberhalb Horb. Das Schloß daselbst ist schon von alten Zeiten her Albeck genennet worden.[9] Kein Satz der Geschichtsschreibung über unsere Burg ist so falsch wie dieser, den der Tübinger Gräzist und Historiker Martin Crusius (1526–1607) in seinen „Annales Suevici“ 1596 formulierte. Richtig daran ist soviel, dass die Burg auf dem 1,5 Kilometer vom Zentrum der Stadt Sulz am Neckar entfernten Bergsporn irgendwann im 16. Jahrhundert – also erst zu Lebzeiten des Gelehrten – den Namen „Albeck“ erhielt und seither unter diesem Namen in allen Quellen und auf allen neuzeitlichen Karten, Plänen und Ansichten zu finden ist. Dass aber die Burg *von alten Zeiten her* so *genennet worden*, ist eine Erfindung der Humanisten.

Begibt sich der moderne Historiker mit dem Stichwort „Albeck“ in den Archiven auf die Suche nach einschlägigen Archivalien des Mittelalters, so läuft er vollkommen ins Leere. Das zwischenzeitlich digital erschlossene Hauptstaatsarchiv Stuttgart, wo das Gros der Urkunden und Akten zu Sulz am Neckar überliefert ist, wirft für seine mittelalterlichen Bestände das Stichwort „Albeck“ gar nicht aus (bzw. man erhält unter „Albeck“ nur Nachweise für Albeck bei Langenau im Ostalbkreis). Das heißt aber, dass die Burg bei Sulz während ihrer gesamten mittelalterlichen Geschichte nicht den Namen „Albeck“, sondern eine andere Bezeichnung trug – nur welche?

Betrachten wir den ältesten urkundlichen Nachweis unserer Burg, dann kommen wir unserer Frage rasch auf die Spur. Im Jahr 1222 bestimmte Graf Bertold von Sulz in einer Urkunde, dass er nach seinem Tod im Kloster Salem an der Seite seiner dort ruhenden Ehefrau Hiltrude beigesetzt werden wolle.[10] Diese Anordnung versprachen sein Bruder Alwig und seine Dienstleute zu vollziehen. Zu einem späteren Zeitpunkt sollten sich Bertolds Neffen Alwig und Bertold von Sulz diesem Versprechen anschließen, und zwar *in castro Sulze*. *Castrum Sulze* – „Burg Sulz“ lautete also im frühen 13. Jahrhundert der Name des Stammsitzes der Grafen von Sulz. Und wie nachzuweisen sein wird, war dies während des gesamten Mittelalters die gebräuchliche Bezeichnung unserer Burg.

Da man allerdings seit dem Beginn der historischen Burgenforschung im 19. Jahrhundert den Namen „Albeck“ für die nahe gelegene Ruine kannte und als immer schon gegeben voraussetzte, gab es entsprechende Irritationen um die Überlieferung zu einem *castrum Sulze*. Weil die vor ihren Augen liegende Ruine aus Sicht der Sulzer Bürger den Namen „Albeck“ trug, wusste man mit der in älteren Urkunden überlieferten „Burg Sulz“ nichts anzufangen und erwog die Existenz einer zweiten, stadtnahen Burg auf der Lägenhalde.[11] Diese Annahme einer weiteren „Burg oberhalb der Stadt“ geht auf Friedrich A. Köhlers „Beschreibung und Geschichte“ der Stadt Sulz von 1835 zurück. Köhler hielt „Albeck, richtiger Alweck, gleich bedeutend mit Alwicks= oder Alemannenburg“, für eine auf die Alemannen zurückgehende Befestigung, die seit dem 4. Jahrhundert wüst lag. „Einer der Grafen, die sich von der oben in der Stadt befindlich gewesenen Burg Sulz nannten, in deren Familie der Name Alwick häufig vorkommt, mag die verwüstete Alemannenburg wieder erbaut, und nach seinem Namen Alweck genannt haben“.[12] Diese Auffassung setzte sich in der anhebenden Erforschung der Burg um 1900 – zum Teil wider besseres Wissen – fort. So schreibt F. Weiß 1896 von den „malerisch“ gelegenen „Ruinen dieser Burg, welche 1222 Burg Sulz heißt, später öfters auch Burg oder Schloß Sulz, gewöhnlich [!] aber, wohl nach dem in der Sulzer Grafenfamilie häufigen Vornamen Alwig, ‚Albeck‘ (= Alweck, Alwigseck) genannt wurde“.[13] Köhlers Konstrukt von der Existenz zweier Burgen in Sulz, einer Burg Sulz nahe der Stadt und einer Burg Albeck auf der Burghalde, beruht jedoch, wie Paul T. Müller nachgewiesen hat, auf einem Missverständnis.[14] Eine Burg auf der Lägenhalde hat es nie gegeben, die einzige Burg auf Sulzer Gemarkung ist „Albeck“. Sie aber hieß im Mittelalter „Burg Sulz“.

Einen originellen Vorschlag zur Lösung des Namensproblems – der aber nur eine Variation der Köhler’schen These darstellt – trug in jüngerer Zeit Christoph Bizer vor. Er schloss aufgrund der Topographie auf zwei getrennte Anlagen auf dem Albecker Bergsporn und unterschied eine ältere „hintere Burg“, von der „lediglich der Schuttwall einer querlaufenden Mauer, Gebäudespuren und Reste der hangseitigen Ummauerung übrig geblieben sind“, von den bis heute erhaltenen Gebäuderesten an der Spornspitze. In der (von der Stadt aus) „hinteren Burg“ sah er die ältere Feste der Grafen von Sulz, während die vordere, bis heute erhaltene Ruine die Burg „Albeck“ der Herren von Geroldseck gewesen sei.[15] Man kann Bizer insoweit folgen, als es auf dem Bergsporn tatsächlich zwei auch quellenmäßig nachweisbare Burgbezirke gab.[16] Aber sein Konstrukt einer älteren Burg Sulz der Grafen von Sulz und der jüngeren Burg Albeck der Geroldsecker wird rasch obsolet, wenn sich, wie zu zeigen sein wird, auch für das geroldsecksche Schloss quellenmäßig kein anderer Name als „Schloss Sulz“ findet. Die gesamte Anlage mit vorderer (oberer) und hinterer Burg (Vorburg) bildete das „Schloss Sulz“.

Die Durchsicht sämtlicher einschlägiger Quellen belegt eindrücklich, dass Stadt und Burg Sulz im Mittelalter eine herrschaftliche Einheit bildeten. In allen herrschaftlichen und

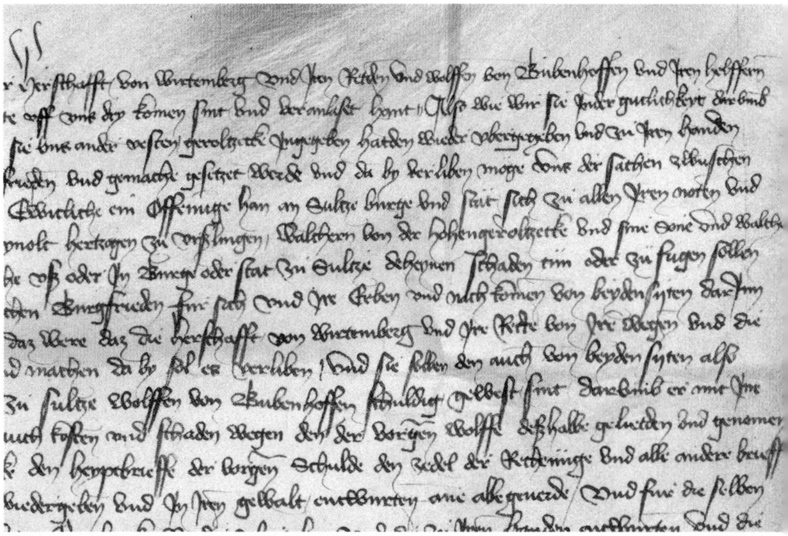

Friedensvertrag vom 26. Januar 1423. Detail der Urkunde mit der Formel „Sultze burge vnd stat“, Zeile 5. In sämtlichen Urkunden des 15. Jahrhunderts findet sich ausschließlich der Name „Schloss Sulz“, niemals der Name „Albeck“ für unsere Burg. Bildvorlage: Hauptstaatsarchiv Stuttgart A 169 U 23.

rechtsrelevanten Urkunden tritt die Anlage auch so in Erscheinung: nämlich als „Sulz, Burg und Stadt“ oder in entsprechenden Varianten. Aus einer größeren Fülle von Urkunden seien die folgenden Belege angeführt:

1222 *castrum Sulze* (WUB 3 Nr. 655)
1301 Sulz, Burg (*veste*) und Stadt, (FUB 5 Nr. 290)
1347 *opidum Sultz*, „Feste“ Sulz (Chronik des Matthias von Neuenburg)
1383 *Sultz, die Burg vnd die Statt* (HStASt A 169 U 4)
1420 *Schloß Sultz, Burg vnd Statt* (HStASt A 169 U 18)
1421 Schloss und Burg und Stadt Sulz (HStASt A 169 Bü 1), *Vesti Sultz* (HStASt A 169 U 19, 20 und 21), *Burg zu Sultz, sloss zu Sultz* (GLAK 27 Conv. 91)
1433 Wiesen zu *Sultz under der Burg* (HStASt A 602 Nr. 12986)
1435 Burg Sulz (HStASt A 602 Nr. 5054)
1451 *Sultz Burg vnd Statt* (HStASt A 169 U 64; HStASt A 602 Nr. 5127)
1452 Burgfrieden und Öffnung zu *Sultz, Burg (sloss) vnd Statt* (HStASt A 169 U 65)
1453 *Sultz das sloß, Sultz Burg vnd Statt, Sultz die Vesty vnd Statt* (HStASt A 169 U 66)
1459 *Sultz burg vnd Statt* (HStASt A 169 U 70)
1459 Achterklärung Hans von Geroldsecks mit *Sultz Sloss vnd Statt* (HStASt A 169 U 75)
1460 Schloss und Stadt Sulz (HStASt A 169 Bü 1)
1463 *Sultz Slos vnd Statt* (HStASt A 169 U 89)
1469 Burg und Schloss Sulz (HStASt A 169 Bü 1)
1470 *Sloß vnd Statt Sultz* (HStASt A 169 U 101), *burg vnd statt Sultz* (HStASt A 169 U 102), Sulz Burg und Stadt (HStASt A 602 Nr. 6071)
1471 *Sultz Slosss und Stat* (HStASt A 602 Nr. 13011; vgl. Bühler 1984, S. 108)
1473 *Sultz burg vnd Stat* (HStASt A 169 U 114; HStASt A 602 Nr. 13014)
1493 überlässt Graf Eberhard V. von Württemberg „Schloss und Stadt Sulz“ seinem natürlichen Sohn Dr. Ludwig Wirtemberger (HStASt A 602 Nr. 13025)
1522 Bündnis und Burgfriede Gangolfs von Geroldseck mit der Stadt Straßburg beziehen sich auf *Stat vnd Schloß Sultz* (Reinhard, Pragmatische Geschichte, Urk. 120, S. 265 f.).
1525 Im Bauernkrieg zogen die Bauern *fur statt Sulz und schloß* (z. B. HStASt A 44 U 5295 und U 5332), es ist mehrfach von der *eroberung schloß Sultz* die Rede (HStASt A 44 Beilage zu U 5303).[17]
1526 Lehenbrief Erzherzog Ferdinands für Gangolf von Geroldseck betr. *herrschaft Sulz, namlich Burg, Stat vnd Ambt* (Reinhard, Pragmatische Geschichte, Urk. 123, S. 270).

Damit dürfte erwiesen sein, dass sowohl unter der Grafen von Sulz im 13. wie unter den Herren von Geroldseck im 14. und 15. Jahrhundert Burg und Stadt Sulz eine besitzrechtliche und herrschaftliche Einheit bildeten und in allen erhaltenen Urkunden und Dokumenten dieser Zeit nicht anders als „Sulz Burg [alias Schloss oder Veste] und Stadt" genannt wurden. Der Name der Burg leitete sich demnach vom Namen der älteren Siedlung am Neckar (*villa Sulza* 790) mit ihrer Saline ab.

Damit ist allerdings die Frage noch nicht beantwortet, woher dann der Name Albeck stammt und seit wann er für unsere Burg gebräuchlich wurde. Es erscheint möglich, dass die Formel „Sulz Burg und Stadt" eine typisch amtssprachliche Formulierung bei offiziellen Rechtsgeschäften war, wie dies Hans-Martin Maurer auch für andere Burgen nachgewiesen hat.[18] Daneben könnte es durchaus den volkssprachlich gebräuchlichen Namen „Albeck" gegeben haben, der aber erst spät den Weg in die Urkunden gefunden und den alten Namen verdrängt hätte.

Adam F. Koch schlug in seinem eigenwilligen Werk über „Ritterburgen und Bergschlösser im Königreiche Württemberg" von 1828 den Bogen von „Albeck" bei Sulz zu dem gleichnamigen Ort auf der Ostalb bei Langenau und trug die Idee vor, die gleichlautenden Berge als die jeweils äußersten Ausläufer der Schwäbischen Alb im Osten wie im Westen zu betrachten, wobei er freilich die Geographie der Schwäbischen Alb arg strapazierte. Richtig ist soviel, dass der Name Albeck hier wie dort eine Rand- oder Spornlage eines Höhenrückens kennzeichnet. Nur während der Name Albeck für den Berg, die Burg und das Adelsgeschlecht bei Langenau seit dem 13. Jahrhundert nachzuweisen ist, besitzen wir für den Burgberg bei Sulz für das Mittelalter bislang definitiv keinen Beleg „Albeck", so dass die Existenz dieses Names im Mittelalter überhaupt fraglich erscheint.

Zweifelhafte „Albeck"-Belege

Es sind nach diesen ersten Quellenerkundungen, die bereits ein sehr deutliches Bild ergeben, dennoch zwei angebliche „Albeck"-Belege zu diskutieren, die in der Sekundärliteratur kursieren. So wurde nach Hans-Peter Müller angeblich die „Burg Albeck" im Jahr 1347 durch die Reichsstädte belagert.[19] Müller bezieht sich dabei auf die Chronik des zeitgenössischen Chronisten Matthias von Neuenburg. Schlägt man bei diesem bedeutenden Geschichtsschreiber des 14. Jahrhunderts nach, so findet man allerdings, dass die von Müller angeführte Belagerung nicht der „Burg Albeck", sondern dem *opidum Sultz Waltheri de Geroltzecke* galt, was Georg Grandaur mit der „Burg Sulz des Walther von Geroldseck" übersetzt.[20] Das heißt, Müller hat den korrekten Quellenbeleg *opidum Sultz* („Burg Sulz") dem modernen Leser zuliebe in „Albeck" übersetzt. Die zitierte Quelle hingegen liefert für das Jahr 1347 keinen Beleg für den Namen Albeck.

Der zweite zweifelhafte Beleg bezieht sich auf die Zeit um 1420. Volker Schäfer und Christoph Bühler zufolge taucht der Burgname „Albeck" erstmals um diese Zeit in den Urkunden auf.[21] Beide Autoren beziehen sich jedoch nicht auf Originalquellen, sondern auf die Oberamtsbeschreibung von 1863. Diese wiederum bezieht ihre Kenntnis aus Johann Jakob Reinhards „Pragmatische[r] Geschichte" von 1766, Urk. 13.[22] Dieser Hinweis auf eine „Urkunde 13" erweist sich allerdings als irreführend, denn die bei Reinhard im angehängten Urkundenbuch S. 51 ff. abgedruckte Urkunde Nr. 13 betrifft weder das Jahr 1420 noch den Ort Sulz. Es besteht der Verdacht, dass die irreführende Information der Oberamtsbeschreibung ihrerseits auf Christoph F. Stälins „Wirtembergische Geschichte" von 1858 zurück geht, wo sich ebenfalls der Hinweis auf Reinhards „Pragmatische Geschichte" und eine angebliche „Urkunde 13" findet.[23] Nach Inaugenscheinnahme einer Originalausgabe von Reinhards „Pragmatischer Geschichte" verstärkt sich der Verdacht, dass Stälin und mit ihm die Oberamtsbeschreibung nicht die *Urkunde* Nr. 13 meinten, sondern die „Urkunde I" und dort die *Seite* 13, wo in der Tat von der Belagerung des *gemelt Schloß Albeck by der Statt Sultz* im Jahr 1420 die Rede ist. Nun ist allerdings der als „Urkunde I" bei Reinhard abgedruckte Text nichts anderes als Matthäus von Pappenheims „Ursprung und Herkomen der edlenn Herrn von Geroltzeckh" von 1532, also die älteste Chronik zur Geschichte der Geroldsecker. Damit wird deutlich, dass die zitierte Stelle über das *Schloß Albeck* aus Pappenheims Geschichtswerk von 1532 und nicht aus einer Originalquelle von 1420 stammt.

Sichten wir alle im Zusammenhang mit den Ereignissen von 1420/23, der ersten Belagerung der Burg durch Württemberg ausgefertigten Urkunden im Original[24], so findet sich der Name „Albeck" tatsächlich in keinem der damals entstandenen Schriftstücke und Dokumente.[25] Dieser angebliche Albeck-Beleg zum Jahr 1420 ist damit zugleich ein Lehrstück über die Fortschreibung falscher und ungeklärter Informationen in der historischen Forschung.

Urkunde I. 13

Herren von Hohengeroldtzeth und Sultz.

Anno tusend vier hundert zwantzig ein Jor brachen die Reichstött Hohenzoller und zohen für Sultz, dann sie hatten ainen haimlichen Verstand mit dem Grauen von Würtenberg. Herr Jörg und Herr Hainrich waren der Reichstött Veindt. Wiewol die Stött mit grossem Geschütz and andrem Gewalt gemelt Schloß Albeck by der Stat Sultz hartt not, wie man dann noch die Wortzeichen ann den Muren sicht, mochten sie es nit gewinnen, ward es getädingt in der Tadigung, daß die Grauen von Württenberg ain Offnung in gemelt Schloß haben solten, dardurch das Schloß und Herrschaft Sultz verloren ward, und durch ainen Grauen von Württenberg uber ain verschribnen gelopten Burgfriden ingenomen ward, wie harnach gemelt wurd.

Uber zwaintzig vier Jor nach obgemeldter Geschicht, ward gedochter Herr Jorg zu Ritter geschlagen vor Basel by dem Siechenhuß, und wardent ettlich tausend Schwitzer ouch do erschlagen.

Anno tausendt vier hundert fünffzig vier Jor, thät Hanns von Rechberg den Reichstötten vil Schaden uß Sultz, dann er doselbst von Herr Hannsen von Geroltzeck enthalten

B 3

Johann Jakob Reinhard, „Pragmatische Geschichte des Hauses Geroldsek" von 1766, Anhang S. 13 mit dem Druck von Pappenheims Geroldsecker Chronik, wo von „Schloß Albeck" die Rede ist.

Die Grafen von Sulz und ihre Stammburg

◂ Ringmauer und Palas der Burg Albeck von Süden. Bildvorlage: Stadtverwaltung Sulz am Neckar.

Frühe Burgen in Schwaben

Absolute Datierungen von Burgen in historischen Quellen sind bekanntlich selten. Die älteste urkundlich belegte Burg unseres Raumes ist die exzeptionell früh, nämlich zum Jahr 793 erwähnte Neckarburg.[26] Ansonsten beginnt die Zeit der Burgen nach der Jahrtausendwende. Als älteste Burg im Schwarzwald gilt die Burg Falkenstein bei Schramberg. Das *castrum Falchenstein* soll dem rebellischen Herzog Ernst nach den St. Galler Annalen im Jahr 1030 als Zufluchtsort gedient haben.[27] In dieselbe Zeit soll auch die Burg Achalm auf der Schwäbischen Alb zurückgehen, sie dürfte aber tatsächlich etwas jünger sein.[28] Im Rahmen kriegerischer Ereignisse in der Zeit des Investiturstreits werden schließlich in unserem Raum die Burgen Sigmaringen (1077), Limburg auf der Ostalb (1078), Tübingen (1078) und Herrenzimmern (1079) in zeitgenössischen Chroniken erwähnt.[29] Schließlich wurde im Jahr 1095 auf dem *castrum Haigerloch* ein Schenkungsakt an das Kloster St. Georgen vollzogen.[30] Damit sind dann die konkreten Nachweise von Burgen in unserem Raum bereits erschöpft. Ansonsten nutzt die historische Forschung die Ersterwähnung von Adelsgeschlechtern, deren Namen sich offenkundig von Burgen und Bergen ableiten, als indirekten Beleg für die Existenz der betreffenden Burg. Nach dieser Methode setzt die Erstnennung der Grafen von Nellenburg (1050), Zollern (1061), Wirtemberg (1081), Eberstein (1085) oder auch der Edelfreien von Werstein (1101) die Existenz ihrer gleichnamigen Burgen in den genannten Jahren voraus.

Anders als die Nellenburger, Achalmer oder Zollern leiten die Grafen von Sulz ihren Familiennamen aber nicht von einer Höhenburg ab, sondern von einer Siedlung in der Niederung, ähnlich den Grafen von Calw, Tübingen, Urach, Gammertingen, Dillingen usw. Die Sulzer Grafen nannten sich nach dem Salinenort im Neckartal, wo sie möglicherweise zuvor einen befestigten Herrenhof bewohnten, und übertrugen zu unbekannter Zeit den Ortsnamen der Talsiedlung auf ihre neu errichtete Höhenburg, so dass nun Herkunftsort und neuer Herrschaftssitz denselben Namen trugen. Man kann deshalb anders als beim Namenstypus Achalm/Zollern (Ableitung des Geschlechternamens von einem Bergnamen) oder beim Typus Nellenburg/Eberstein/Falkenstein/Sperberseck (Ableitung von einem Burgnamen) bei den Grafen von Calw, Gammertingen[31] oder Sulz (Übertragung des alten Ortsnamens) vom ersten Auftreten des Familiennamens nicht auf die Bauzeit ihrer Höhenburg schließen.

Aus unseren namenskundlichen Sondierungen ergibt sich eine weitere Überlegung: Der Bergsporn, den die Sulzer Grafen zu unbekannter Zeit bezogen, mag im 11. Jahrhundert vielleicht wie jener auf der Ostalb „Albeck“ geheißen haben; falls dem aber so war, so strahlte von diesem Namen offenkundig nicht soviel Attraktivität, Prestige oder Exotik ab wie von der Achalm oder dem Zollern mit ihren archaischen, vorgermanischen Namen, sonst hätten sich die Sulzer mit einiger Wahrscheinlichkeit „Grafen von Albeck“ genannt.[32] Ihnen erschien es aber viel bedeutsamer und plakativer, den Namen ihres Salinenortes im Tal, mit dem sie sich identifizierten, auf die neue Höhenburg mitzunehmen. Wären sie dem Modell der Grafen von Achalm oder von Zollern gefolgt (Übernahme eines gegebenen Bergnamens), hätte uns wie bei den anderen Geschlechtern ihre Ersterwähnung ein Indiz an die Hand gegeben, wann ihre Burg errichtet wurde. Da sich bei den Grafen von Sulz jedoch aus ihrem Familiennamen kein Zeitansatz für ihren Burgenbau ergibt, sind wir für unsere Fragestellung auf allgemeine historische Erwägungen, nicht zuletzt aber auf den archäologischen Befund zur Altersbestimmung der Burg Sulz angewiesen.

Zur Frühgeschichte der Grafen von Sulz

Der früheste Beleg für einen Grafen von Sulz betrifft einen gewissen *Alawich comes de Siulzo*, der 1092 im Gefolge Herzog Bertolds von Zähringen in Stein am Rhein auftrat.[33] Dieser erste bekannte Sulzer Graf trug bereits jenen Namen Alwig, der als Leitname der Familie in jeder weiteren Generation in

Erscheinung treten sollte. Obwohl diese Dynastie mit Alwig einen sehr ungewöhnlichen und markanten Leitnamen führte, ist es der Forschung bislang nicht gelungen, mit namenkundlichen Erwägungen das Haus der Sulzer Grafen einem älteren Sippenverband anzugliedern und damit die Herkunft der Familie zu klären. Außer dem Hinweis, dass es im 10. Jahrhundert im Kloster Reichenau zwei Äbte namens Alwig gab (934–958 und 997–1000, letzterer danach Bischof von Straßburg), ist es nicht gelungen, diese in einen genealogischen Zusammenhang mit einer älteren Hochadelssippe zu bringen, aus der man die späteren Sulzer Grafen ableiten könnte.

Es herrscht in der Forschung aber soweit Einigkeit, dass die Grafen von Sulz einer verzweigten Hochadelssippe entstammten, aus der sich neben ihnen um 1070 die Grafen von Calw und von Tübingen, aber auch die Herren von Staufenberg in der Ortenau herausgelöst haben. Diese Annahme resultiert vorwiegend aus besitzgeschichtlichen Überschneidungen in der Frühgeschichte dieser Familien. In dieser Hypothese spielt Adelheid von Egisheim, die Schwester Papst Leos IX. (1049–54) die Rolle einer Stammmutter. Sie heiratete nach dem Tod ihres ersten Gatten einen gewissen Adalbert, der als Stammvater der Grafen von Calw gilt. Während ihr älterer Sohn Adalbert II. (1049–1099) das Haus Calw gründete, gilt ihr zweiter Sohn Anselm als Ahnherr des Grafenhauses von Tübingen wie auch als Stammvater der Grafen von Sulz. Aus der nahen Verwandtschaft der Tübinger und der Sulzer Grafen erklärt man sich auch die Teilung der Grafengewalt im alten Nagoldgau. Dieser reichte ursprünglich vom Nordschwarzwald bis an den oberen Neckar, wurde aber zu unbekannter Zeit zwischen den Grafen von Tübingen, die im nördlichen Teil amtierten, und den Grafen von Sulz, die um 1090 den südlichen Teil verwalteten, geteilt. Der Nagoldgau befand sich um 1048 noch ungeteilt in der Hand eines Grafen Anselm, der ebenfalls dieser Sippe zugeordnet wird.

Adelheids Sohn Anselm hatte einen Sohn Hermann, der mit Hermann I. von Sulz gleichgesetzt wird und der ein Bruder des schon erwähnten Alwig von Sulz von 1092 war. Hermann von Sulz wird in einer Urkunde auch als Vetter der 1087 erstmals genannten Grafen Heinrich und Hugo von Tübingen angesprochen (Söhne zweier Schwestern). Von Hermann wissen wir aus dem „Codex Hirsaugiensis" wie aus dem Reichenbacher Schenkungsbuch, dass er als Konverse, also als Laienbruder ins Kloster Hirsau eintrat, und zwar noch zu Leibzeiten des berühmten Abtes Wilhelm, also vor 1091. Zuvor schon, demnach in den 80-er Jahren, hatten er und sein Bruder Alwig dem Kloster Hirsau Güter in und bei Pforzheim geschenkt.[34]

Hermann I. von Sulz knüpfte also enge Beziehungen zum Reformkloster Hirsau und trat dort sogar vor 1090 als Laienbruder ein. Dem entspricht es, dass sein 1092 genannter Bruder Alwig von Sulz als bedeutender Klosterstifter in die südwestdeutsche Landesgeschichte eingegangen ist. Er ist jener Graf Alwig, der im Jahr 1095 gemeinsam mit seinen Verwandten Ruotmann von Husen und Adalbert von Zollern das Kloster Alpirsbach gründete.[35] Man vermutet, dass Ruotmann von Husen und Adalbert von Zollern mit Frauen aus dem Haus Sulz verheiratet waren und über deren Mitgift an Besitzanteile von Alpirsbach gelangt waren, die sie nun gemeinsam mit ihrem „Schwager" Alwig in die genannte Klosterstiftung einbrachten. Obwohl Graf Alwig erhebliche Anteile seines Hausguts für seine Klostergründung aufgewendet hatte, sehen wir ihn später in einer gewissen Distanz zur eigenen Stiftung. Nicht er, sondern sein Verwandter aus dem Haus Zollern wurde von den Alpirsbacher Mönchen zum Schutzvogt gewählt. Alpirsbach wurde damit zum zollerischen „Hauskloster" und nicht zum sulzischen, während sich Alwig von Sulz sogar Übergriffe auf seine eigene Stiftung zuschulden kommen ließ. Leider wissen wir nichts von Alwigs Lebensgeschichte nach 1100, außer dass er mit einer Adelheid von Nusplingen verheiratet war, die im Jahr 1133 als

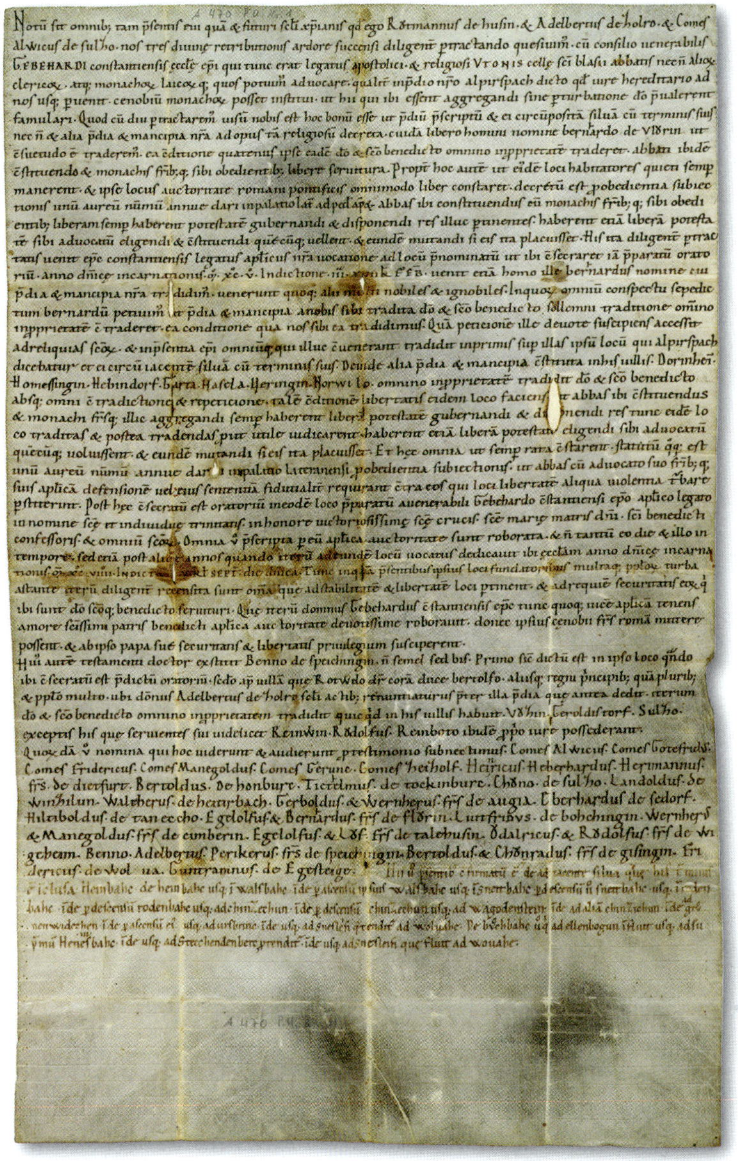

Gründungsurkunde des Klosters Alpirsbach von 1095. Der Name des Mitbegründers Graf Alwig von Sulz steht am Anfang der zweiten Zeile. Bildvorlage: Hauptstaatsarchiv Stuttgart A 470 U 1.

Witwe in Erscheinung trat. Ob Alwig bis nahe an dieses Datum heran gelebt hat, entzieht sich unserer Kenntnis.

Wir begegnen also am Ende des 11. Jahrhunderts einem Brüderpaar Hermann und Alwig von Sulz. Beide Adligen hatten aber selbstverständlich ein Leben vor ihrem ersten Auftreten um 1090, das belegen ihre Besitztransaktionen wie auch ihre Zeugenschaft bei Schenkungen anderer, die in die 80-er Jahre zurückweisen.[36] Die Brüder müssen spätestens um die Mitte der 80-er Jahre erwachsene, rechts- und handlungsfähige Personen gewesen sein. Wie alt sie tatsächlich waren, ist damit aber noch nicht ermittelt. Hermann trat wie dies auch sonst bei hochrangigen Adligen dieser Jahrzehnte zu beobachten ist, als Laienbruder ins Kloster Hirsau ein. Andere wie Graf Luitold von Achalm († 1098), Graf Adalbert von Calw († 1099) oder Bern, der Stifter von Kloster Reichenbach († bald nach 1100) taten dies ganz am Ende ihres Lebens, das könnte im Analogieschluss bedeuten, dass auch Hermann bei seinem Klostereintritt um 1090 schon reiferen Alters gewesen wäre. Andererseits spricht einiges dafür, dass sein Bruder Alwig jünger war, denn dessen Frau Adelheid lebte noch, jetzt verwitwet, im Jahr 1133. Wenn wir uns dafür entscheiden, dass Hermann von Sulz um 1085 ein noch jüngerer Mann, aber bereits rechtsfähig war, so war er vielleicht um 1060 geboren. Legt man das Geburtsjahr seines Bruders ebenfalls in diese Jahre, so könnte dieser tatsächlich bis um 1130 gelebt haben und wäre damit ca. 70 Jahre alt geworden.

Solche biographischen Erwägungen zur ersten fassbaren Generation der Sulzer Grafen spielen eine Rolle für unsere Frage nach der Entstehung der Burg Sulz. Die älteste erhaltene Urkunde eines Sulzer Grafen vom Jahr 1092 liefert zunächst einmal nur einen ersten zeitlichen Anhaltspunkt. Die beiden Grafen (oder einer von ihnen) können ihre Burg jedoch durchaus früher gegründet haben, kaum aber vor 1080, wenn wir ihre Geburtsjahre um 1060 annehmen. Es kommt also alles darauf an, wie wir die Generationen im Haus der frühen Grafen von Sulz von einander scheiden, um zwei Fragen beantworten zu können:

1. In welchem Umfang waren die Grafen Hermann und Alwig von Sulz in die ereignisreichen und dramatischen Geschehnisse der vergangenen Jahrzehnte einbezogen?
2. Kommen Hermann und Alwig von Sulz als Gründer der Burg Sulz in Betracht?

Diese Fragen gilt es mit einem Blick auf den allgemeinen historischen Hintergrund in der zweiten Hälfte des 11. Jahrhunderts zu beantworten.

Investiturstreit und klösterliche Reformbewegung

Wenn Graf Hermann I. von Sulz am Ende seines Lebens ins Kloster Hirsau eintrat und sein Bruder Alwig I. selbst zum Klostergründer wurde, so verweist dies darauf, dass beide der Hirsauer Reformbewegung nahe standen. Diese Reformbewegung ist aufs engste mit der epochalen Auseinandersetzung zwischen Kaisertum und Papsttum verwoben, die unter dem Namen des Investiturstreits in die Geschichtsbücher eingegangen ist. Seit der Mitte des 11. Jahrhunderts bestritten die Reformpäpste in Rom das Recht der Kaiser auf die Einsetzung (Investitur) von Äbten und Bischöfen. Der Papst mit der kompromisslosesten Haltung in dieser Sache war Gregor VII. (1073–1085), der zum großen Gegenspieler Kaiser Heinrichs IV. (1056–1106) wurde. Die heiße Phase des Investiturstreits begann mit der Streitschrift „Dictatus Papae" (1073), in der der Papst als unumschränkter Leiter der Universalkirche geschildert wird. Er dürfe nicht nur Bischöfe, so heißt es da, sondern auch den König selbst absetzen, der in der rechten Ordnung der Welt unterhalb des Papstes rangiere. Der sakrale Charakter des Königtums wurde damit bestritten.

Da sich der Streit zusehends zur politischen Machtprobe entwickelte, war der Adel des Reiches vor die Entscheidung gestellt, auf welche Seite er sich stellen mochte. Obwohl der Investiturstreit gerade den Einfluss von Laien in kirchlichen Angelegenheiten bekämpfte, z. B. bei der Gründung von Hausklöstern, traten damals ausgerechnet herausragende Vertreter des schwäbischen Adels auf die Seite des Reformpapsttums. Führer der gregorianischen Reformpartei in Südwestdeutschland waren Herzog Welf, Herzog Bertold II. (von Zähringen) und Rudolf von Rheinfelden. Zu ihrer Partei zählten aber auch die Grafen von Calw, von Tübingen, von Achalm, von Altshausen, von Nellenburg, von Zollern, von Gammertingen und – wie wir jetzt hinzufügen können – die Grafen von Sulz, die wohl nicht von ungefähr 1092 im Gefolge der Zähringer auftraten.

Flankierend zur politischen Bewegung entstand die von Hirsau ausgehende klösterliche Reformbewegung. Verschiedene Adlige, die der gregorianischen Partei angehörten, gründeten in diesen Jahren Eigen-Klöster, die sie demonstrativ in die „römische Freiheit" (*libertas romana*) entließen, das heißt

Die Wappen der drei Klostergründer Husen, Zollern und Sulz auf einem Türrahmen des Klosters Alpirsbach. Bildvorlage: Foto Bessler, Alpirsbach.

dem Schutz des Papstes anvertrauten und ihren Einfluss auf die inneren Verhältnisse der von ihnen gestifteten Klöster zurücknahmen. In diesem Sinne stellte sich Graf Adalbert II. von Calw an die Spitze der Bewegung, als er 1075 das Kloster Hirsau reformierte.[37] Der dortige Abt Wilhelm (1069–1091) wurde zum spirituellen Führer der Bewegung, dessen Einfluss bei vielen der folgenden Klostergründungen über seinen Tod hinaus zum Tragen kam: so 1079/80 im nellenburgischen Hauskloster Allerheiligen in Schaffhausen, 1080 im rheinfeldischen Kloster St. Blasien, 1082 in Reichenbach, das von einem Adelskonsortium gegründet wurde, 1083/84 in St. Georgen im Schwarzwald, 1085 in Blaubeuren (Grafen von Tübingen), 1089 in Zwiefalten (Grafen von Achalm) und 1093 im zähringischen Hauskloster St. Peter. Anders als bei vielen dieser Klöster, die mit Hirsauer Mönchen bestückt wurden, warb man in Alpirsbach Mönche aus St. Blasien an. Dies hatte vielleicht damit zu tun, dass in St. Blasien mit Ulrich von Sulz wohl ein Bruder Hermanns und Alwigs Mönch war.[38]

Wir dürfen also die ersten Grafen von Sulz, Hermann und Alwig, als Anhänger der Hirsauer Reform und als politische Parteigänger der Zähringer betrachten. Als solche könnten sie auch, sofern sie alt genug waren, an den seit 1076 geführten militanten Auseinandersetzungen beteiligt gewesen sein. Nach Ausbruch der Feindseligkeiten zwischen den Anhängern des Kaisers und dem papstfreundlichen Adel belagerte im November 1078 ein Heer des Königs unter Führung Graf Friedrichs von Staufen die Limburg auf der Ostalb, wo Herzog Bertold I. (von Zähringen) über der Zerstörung seines Klosters Weilheim unter Teck den Verstand verlor und binnen weniger Tage verstarb, während das königliche Heer weiterzog, um noch im selben Monat die Burg Tübingen zu belagern.

Der Sohn des auf der Limburg verstorbenen Herzogs, Bertold II., nahm fürchterliche Rache an den Anhängern des Kaisers, verwüstete im folgenden Jahr 1079 die Güter des Klosters

Verschiedene Topfscherben der Albware umfassen die Zeit vom späten 11. bis in die erste Hälfte des 13. Jahrhunderts und belegen damit die frühe Existenz der Burg der Grafen von Sulz. Bildvorlage: Matthias Seitz.

St. Gallen auf der Alb und im Thurgau, zog von dort in einem Gewaltmarsch an den oberen Neckar, wo er Anhängern des Kaisers die Burg (Herren-)Zimmern entriss, und fiel dann in den Breisgau ein, wo er sich auf der Burg Zähringen festsetzte, die später seiner Dynastie den Namen geben sollte.

Beim erwähnten Zug Herzog Bertolds an den oberen Neckar würde man am ehesten erwarten, von den Grafen von Sulz zu hören, wären sie damals schon im Raum ansässig und erwachsen gewesen. Doch die dürftige Quellenlage kommt uns leider nicht entgegen. Vielleicht lohnt sich in diesem Zusammenhang trotzdem ein Blick auf die Situation um die benachbarte Burg Zimmern, die damals bereits bestand und zwischen der kaiserlichen und der päpstlichen Partei umkämpft war. Diese Burg war offenkundig bis 1079 in der Hand eines kaisertreuen Besitzers und wurde nach ihrer Einnahme durch Herzog Bertold II. einem seiner Parteigänger überlassen. Dies waren nach der These Hans Harters die Herren Werner und Manegold (von Zimmern), die sich spätestens 1095 nach dieser Burg nannten.[39] Möglicherweise wurde auch den jungen Grafen Hermann und Alwig von Sulz, die vermutlich um 1080 bereits am oberen Neckar auf Eigengut saßen und zu den Anhängern des Zähringers zählten, analog den Herren von Zimmern eine strategische Funktion zugewiesen, um die Herrschaft der Zähringer am oberen Neckar zu sichern. Dies könnte, sofern ein befestigter Herrschaftssitz noch nicht bestand, mit dem Bau einer Burg einhergegangen sein. Da das Bergrecht ein Regal, also ein königliches Recht war, dürfte auch die Ausbeutung des Salzbrunnens in Sulz den Sulzer Grafen von den Zähringern als den (angemaßten) Vertretern königlicher Gewalt in diesem Raum übertragen worden sein.

Die dargestellten Parteienkämpfe der Zeit um 1080 bilden einen historischen Hintergrund, der dem Burgenbau entgegenkam. Es erscheint jedenfalls plausibel, die Burg Sulz demselben Zeithorizont zuzuweisen wie die Burgen Calw, Zollern, Tübingen, Limburg, Sigmaringen, Herrenzimmern oder Haigerloch.[40] Man könnte demnach die Errichtung der Burg den jungen Grafen Alwig und Hermann von Sulz (um 1080/90) zuschreiben, falls man nicht schon ihren Vater Anselm als Burggründer in Erwägung ziehen möchte. Alles hängt an der Frage, wie alt man Hermann und Alwig taxiert und in welchem Jahrzehnt man einen solchen Burgenbau ansetzen möchte.

Die Herauslösung eines Adelsgeschlechts aus einem größeren Sippenverband, das heißt die Gründung eines eigenständigen „Adelshauses" ging jedenfalls eng mit der Errichtung eines befestigten Herrschaftszentrums, sprich: einer Burg einher. Die Vettern in Tübingen besaßen spätestens 1078 eine solche Burg, mit der sie den Anhängern des Kaisers trotzen konnten, und spätestens zehn Jahre später nannten sie sich nach dieser Burg. Auch der Onkel Burkhard von Staufenberg († 1092) verfügte über einen befestigten Herrschaftssitz in der Ortenau (*Burchard comes de castro Stoupha*).[41] Warum sollten die Grafen von Sulz nicht auch in dieser Zeit, spätestens in den 80-er Jahren, ein festes Haus errichtet haben?

Leider kommen weder die archäologischen noch die bauhistorischen Erkenntnisse dieser Hypothese sehr weit entgegen. Von der hochmittelalterlichen Bausubstanz der Burg ist wegen der massiven Überbauung und Neuanlage der Burg im 13. Jahrhundert nur so wenig übrig, dass man zwar sicher von einer Vorgängeranlage ähnlichen Umfangs im 12. Jahrhunderts ausgehen kann. Zur Untermauerung der These, die erste Sulz Burg sei Ende des 11. Jahrhunderts gegründet worden, reicht die erhaltene spezifische Bausubstanz leider nicht aus (siehe hierzu den Beitrag von Stefan Uhl in diesem Band). Ähnlich verhält es sich mit dem archäologischen Befund. Vom Ende des 11. Jahrhunderts sind nur geringe Mengen an Keramikfragmenten überliefert. Diese legen zwar nahe, dass auf dem Burggelände bereits in der Zeit des Investiturstreits ein wie auch immer geartetes Leben stattfand, die Existenz einer funktionstüchtigen Burganlage lässt sich damit nicht definitiv beweisen.

Die Grafen von Sulz im 12. Jahrhundert im Gefolge der Zähringer

Auch nachdem die Zähringer wegen ihrer Rebellion gegen Kaiser Heinrich IV. 1078 von der (schwäbischen) Herzogswürde ausgeschlossen worden waren, gaben sie ihren Anspruch auf das Herzogtum Schwaben nicht auf, das der König seinem Schwiegersohn Friedrich von Staufen anvertraut hatte. 1092 ließ sich Herzog Bertold II. von seinen Anhängern zum Gegenherzog ausgerufen – das war genau in dem Jahr, als Graf Alwig von Sulz mit ihm in Stein am Rhein auftrat. Da sich das Patt im Machtkampf zwischen Staufern und Zähringern nicht auflösen ließ, verständigten sich beide Konfliktparteien 1098 in einem historischen Kompromiss auf die Teilung der Macht im Herzogtum Schwaben: Die Staufer konzentrierten sich auf den Ostteil des Herzogtums, während die Westhälfte zur Interessensphäre der Zähringer erklärt wurde. Der Oberlauf des Neckars wurde zu einer Art Grenzfluss zwischen diesen Einflusszonen, und die Grafen von Sulz avancierten an der Wende vom 11. zum 12. Jahrhundert in dieser Region mit ihrer neu errichteten Burg zu Grenzwächtern der zähringischen Sphäre. Mindestens bis zur Mitte des 12. Jahrhunderts sicherten sie die östliche Flanke des zähringischen Machtbereichs.[42]

Dass die Zähringer auch selbst ein Interesse an dem Ort Sulz hatten, lässt sich daran ablesen, dass sie dort offenkundig einen weiteren Sachwalter ihrer Interessen platzierten. Im

Jahr 1094 erscheint nämlich in der Umgebung Herzog Bertolds ein Ritter Cuno von Sulz (*miles Cvono de villa Sulzin*).[43] Wenn mit diesem Ort tatsächlich unser Sulz am Neckar gemeint ist, so verwaltete dieser Mann mutmaßlich die Güter des Herzogs im Raum Sulz, etwa in Hopfau, vielleicht aber auch Anteile am dortigen Salzbrunnen.[44]

Graf Alwig I. von Sulz, der 1092 im Umfeld Herzog Bertolds II. von Zähringen zu finden war und 1095 das Kloster Alpirsbach gründete, ist möglicherweise erst gegen 1133 gestorben. Jedenfalls nannte sich seine Frau Adelheid von Nusplingen in diesem Jahr *a viro … desolata* (von ihrem Mann verlassen), was ich mit Harter und Schäfer als eine Umschreibung für „verwitwet" verstehe.[45] Die Witwe vermachte nach dem Tod ihres Mannes einen beträchtlichen Teil ihres väterlichen Erbes dem Kloster Zwiefalten und trat selbst am Ende ihres Lebens als Konversin in das dortige Frauenkloster ein. Dieser Weg schien insofern vorgezeichnet, als mit Adelbero von Sulz offenkundig ein Sohn Adelheids und Alwigs Mönch in Zwiefalten war. Das Sulzer Grafenfenpaar hatte sich also demonstrativ von der eigenen Klostergründung in Alpirsbach distanziert und sich dem Albkloster Zwiefalten zugewandt.

Zwischen 1137 und 1152 tritt ein weiterer Graf Alwig (II.) von Sulz in Erscheinung, den man ebenfalls als Sohn des Alpirsbacher Klostergründers auffassen kann. Von ihm wissen wir, dass er um 1140 die Grafenrechte im *comitatus Aseheim*, also in der Grafschaft Aasen auf der Baar ausübte. Über die Gerichtsstätte Aasen verfügten aber um die Wende vom 11. zum 12. Jahrhundert die Zähringer, so dass geschlossen werden kann, dass die Sulzer die dortigen Grafenrechte im Auftrag und im Interesse der Zähringer wahrnahmen. Wir finden also Alwig II. von Sulz bis in die Mitte des 12. Jahrhunderts im Gefolge der Zähringer.

Dann geschieht etwas Unerklärliches in der Überlieferungsgeschichte: die Quellen zur Geschichte des Hauses Sulz versiegen 1152 plötzlich für mehr als 40 Jahre – keine einzige Urkunde zur Geschichte der Familie ist aus dieser Zeit überliefert. Solche Überlieferungslücken sind in der Adelsforschung des hohen Mittelalters zwar nicht ungewöhnlich – zu den Herren von Engen fehlt beispielsweise jeglicher Beleg zwischen 1152 und 1174, zu den Herren von Stöffeln sogar

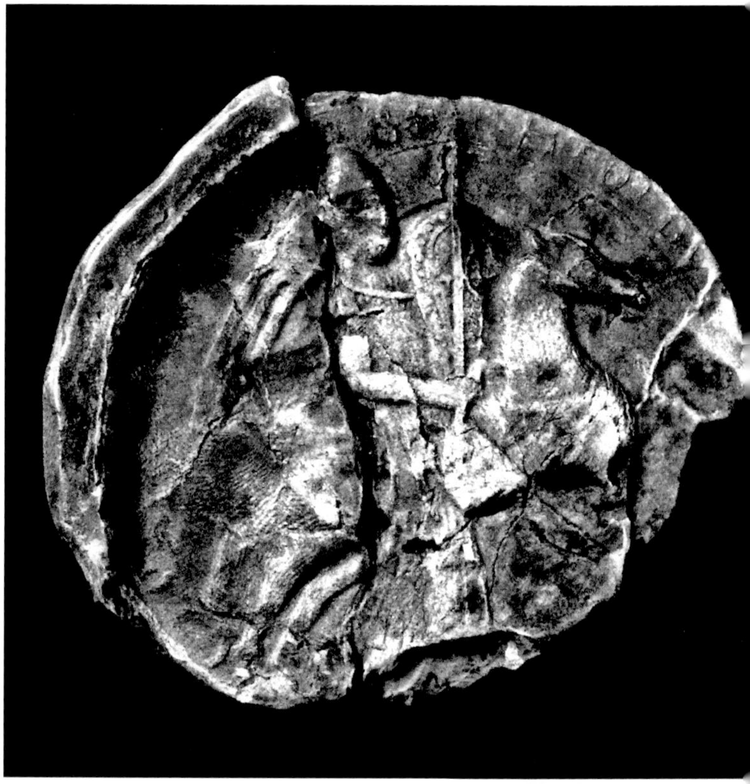

Reitersiegel Herzog Bertolds IV. von Zähringen an einer Urkunde für die Propstei Zürich von 1185. Bildvorlage: Staatsarchiv Zürich.

jegliche Notiz zwischen 1111 und 1181 und auch zu den Herren von Geroldseck jeglicher Nachweis zwischen 1139 und 1197 –, doch im Falle Sulz springt das Datum 1152 förmlich ins Auge, denn es ist das Todesjahr sowohl König Konrads III. als auch Herzog Konrads von Zähringen. Da auch Graf Alwig II., der sicher deutlich vor 1200 geboren war, wohl nicht weit über das Jahr 1152 hinaus gelebt hat, fand also um diese Zeit nicht nur im staufischen Königshaus und bei den Zähringern, sondern auch bei den Grafen von Sulz ein Generationenwechsel statt. Das Jahr 1152 stellt wegen dieses tiefgreifenden politischen Wechsels für das Haus Sulz eine Zäsur dar, so dass sich hinter dem langjährigen Fehlen von Urkunden vielleicht doch eine politische Bedeutung verbirgt, die wir vorläufig nicht entschlüsseln können. Weder im Umfeld

Kaiser Friedrichs I. Barbarossa (1152–1190) noch in der Nähe Herzog Bertolds IV. von Zähringen (1152–1186) tauchen irgendwelche Sulzer Grafen auf. Volker Schäfer spekuliert wegen des vollständigen Fehlens der Grafen von Sulz in der Nähe des Königs über deren mögliche „antistaufische Einstellung".[46] Eine solche könnte natürlich mit ihrer Bindung an die Zähringer erklärt werden, die ihrerseits in zunehmender Spannung zum Kaiser lebten. Doch ist eben auch von einer Nähe zu den Zähringern nichts mehr zu erkennen. Wenn man bedenkt, wie eng die Sulzer Geschichte von 1092 bis 1152 mit der Zähringergeschichte verflochten war, so gibt das Fehlen von Sulzer Grafen in der Umgebung Herzog Bertolds IV. weit mehr zu denken als ihr Fehlen am Kaiserhof.[47]

Die Grafen von Sulz im 13. Jahrhundert in der Nähe der Staufer

Über den vollständigen Verlust der Sulzer Urkunden in der zweiten Hälfte des 12. Jahrhunderts kann nur spekuliert werden. Möglicherweise geht dieser Quellenverlust auf das Konto dreier Brandkatastrophen in Sulzer Behausungen im späten Mittelalter, darunter den Brand in ihrem Rottweiler Stadthaus von 1471.[48] Tatsache ist, dass erst nach dem Tod Herzog Bertolds IV. von Zähringen 1186 und Kaiser Barbarossas 1190 wieder Grafen von Sulz auf die Bühne der Geschichte zurückkehren, und zwar mit Graf Alwig (III.) im Jahr 1196 und mit Graf Hermann (II.) von Sulz 1195 und 1197 in der Umgebung des Staufers Heinrich VI. Graf Hermann begleitete den Kaiser sogar zweimal nach Italien, was für eine sehr enge Anbindung des Sulzers an die Staufer spricht. Er begegnet uns 1217 letztmalig in der Umgebung Friedrichs II. in Rottweil.[49]

Die Frage ist, ob wir die Grafen Alwig (1196) und Hermann (1195/97) als Brüder auffassen dürfen oder nicht eher als Vater und Sohn. In diesem Fall wäre dann das singuläre Auftreten Alwigs III. von Sulz im Jahr 1196 nicht nur als einziges, sondern zugleich als letztes Lebenszeugnis dieses Grafen zu werten. Graf Alwig III. wäre demnach jenes fehlende Glied in der Familiengeschichte, dessen Leben die dunklen Jahre zwischen 1152 und 1195/96 überbrückte, dessen Lebensgeschichte und politisches Wirken jedoch einer Laune der Überlieferung zum Opfer gefallen ist. Er könnte das genealogische Bindeglied zwischen Graf Alwig II. († bald nach 1152) und Graf Hermann II. (urkundlich erwähnt 1195 bis 1217, aber geboren vielleicht um 1160) darstellen.

Dass wir, obwohl die Zähringer mit Herzog Bertold V. erst 1218 ausgestorben sind, von 1195 bis zu diesem Zeitpunkt keine Berührung der Sulzer mit den Zähringern erkennen können, spricht möglicherweise für eine allmähliche Entfremdung von ihren früheren Dienstherren[50] oder aber für eine Neuausrichtung der Sulzischen Politik in einer veränderten politischen Landschaft. Zu diesen Veränderungen der politischen Koordinaten gehört der erkennbare „Rückzug der Zähringerherrschaft" vom oberen Neckar zugunsten ihrer Verwandten, der Herzöge von Teck, und der Staufer.[51] Im Zuge dieser Entwicklung scheinen sich die Grafen von Sulz von den Zähringern ab- und den Staufern zugewandt zu haben. Sie taten dies aber offensichtlich nicht allein, sondern im Rahmen einer größeren Absetzbewegung, in der sich auch andere bedeutende Adelsgeschlechter wie die Herren von Schwarzenberg und die Grafen von Nimburg im Breisgau von Herzog Bertold V. abwandten und die Reihen der herzoglichen Vasallen empfindlich schwächten.[52] Östlich des Schwarzwaldes bildeten die Grafen von Sulz das mächtigste Geschlecht, das den Zähringern den Rücken kehrte und sein Heil im Rahmen der staufischen Reichspolitik suchte. Dazu passt auch, dass sich die Sulzer mit anderen staufischen Parteigängern wie den Herren von Geroldseck und den Herren von Wartenberg verbanden und, wie zu zeigen sein wird, eine engere Beziehung zum Kloster Salem eingingen.

Fällt die Geschichte der Grafen von Sulz in der Barbarossa-Zeit, der zweiten Hälfte des 12. Jahrhunderts, aufgrund des Quellenmangels ganz aus, so bleiben die danach wieder einsetzenden Nachrichten zur ersten Hälfte des 13. Jahrhunderts immer noch recht dürftig und mit zahlreichen Fragezeichen behaftet. Sicher ist soviel, dass zu Beginn des 13. Jahrhunderts Graf Hermann II. der Senior des Hauses war. Hermann hatte zwei Söhne: Bertold, der zwischen 1214 und 1251, und Alwig IV., der zwischen 1219 und 1235 urkundlich erwähnt ist. Die beiden sind mutmaßlich um 1190 geboren. Bis 1235 lassen sich beide Brüder im Gefolge des Staufers Friedrich II. und seines Sohnes Heinrich (VII). nachweisen.

Stammtafel der Grafen von Sulz bis ca. 1300

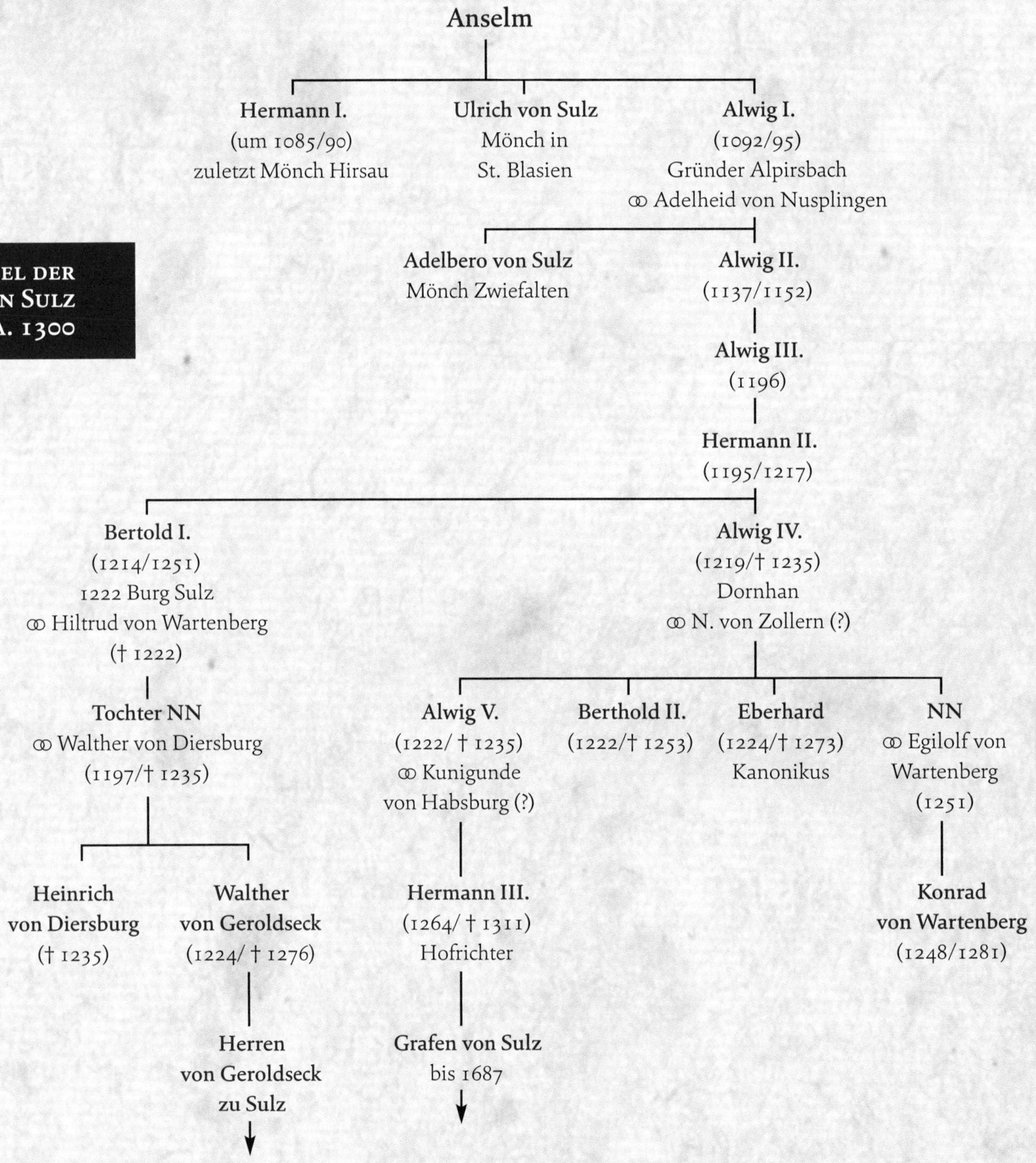

Teilung und Verlust der Herrschaft

Zwischen diesen beiden Brüdern fand, wie zu erschließen ist, zu unbekannter Zeit (aber wohl schon vor dem Tod ihres Vaters Hermann um 1220) eine Teilung der Herrschaft statt.[53] Diese Teilung war für die Misere des Hauses und den späteren Verlust der Herrschaft sicherlich mit verantwortlich. Räumlich erfolgte die Teilung zwischen den Herrschaftsschwerpunkten Sulz am Neckar und der Herrschaft „am Wald" mit dem Hauptort Dornhan. Graf Hermann II. maß diesem Ort offenkundig große Bedeutung bei. Jedenfalls geht aus einer Urkunde des Jahres 1251 hervor, dass er noch zu Lebzeiten (vor 1220) das Dorf (*villa*) Dornhan zum Marktort erhoben hatte.[54] Es mag sein, dass Graf Hermann mit dieser Aufwertung Dornhans zu einer präurbanen Siedlung diesen Ort dem Herrschaftssitz Sulz gleichstellen wollte, um seinen beiden Söhnen ein in etwa gleichwertiges Erbe hinterlassen zu können. Denn Sulz bildete als Salinenort wohl von Anfang an die wirtschaftliche Basis der Herrschaft und hatte als protoindustrielle Produktionsstätte de facto immer schon den Charakter eines Handelszentrums, ob nun der Marktstatus rechtlich gegeben war oder nicht. Die Herrschaft Dornhan war wohl für seinen (mutmaßlich) jüngeren Sohn Alwig gedacht, denn nach der schon angeführten Urkunde von 1251 war er es, der den Prozess der Stadtwerdung fortführte, ohne ihn jedoch bis zu seinem frühen Tod (1235) vollenden zu können.[55] An der Herrschaft Dornhan hatte sein Bruder Bertold keinen Anteil, dieser erscheint vielmehr als alleiniger Inhaber der Stammherrschaft Sulz.

Beiden Brüdern von Sulz und ihrer Linienbildung war – aus unterschiedlichen Gründen – kein Glück beschieden. Dies sei zunächst am Dornhaner Familienzweig aufgezeigt. Graf Alwig IV. (1219 bis 1235 erwähnt) war möglicherweise mit einer Gräfin von Zollern verheiratet und hatte die Söhne Alwig V., Bertold II. und Eberhard (Kanonikus in Straßburg, belegt 1224 bis 1273). Bertold II. (1222, † 1253) war spätestens 1238 mit Elisabeth Gräfin von Blieskastel verheiratet, ist aber später als Dominikanermönch gestorben. Neben diesen Söhnen hatte Graf Alwig IV., wie man nur erschließen kann, eine namentlich nicht bekannte Tochter. Diese Tochter war mutmaßlich mit Egilolf von Wartenberg verheiratet, der um 1251 kurzfristig über den Markt Dornhan verfügte, also Teile der Herrschaft geerbt oder an sich gerissen hatte.[56] Diese erschlossene Eheverbindung war bereits die zweite Verschränkung der Familien von Sulz und Wartenberg, denn auch der Onkel Bertold I. in Sulz war mit einer Wartenbergerin verheiratet.

Der Haupterbe von Dornhan, Graf Alwig V. (1222, † 1235), war möglicherweise mit Kunigunde, einer Schwester Graf Rudolfs von Habsburg verheiratet – eine vorteilhafte Partie, die sich für das Haus Sulz als außerordentlich förderlich hätte erweisen können.[57] Wenn wir sehen, welch glänzende Karriere beispielsweise der benachbarte Graf Albrecht von Hohenberg († 1298) gemacht hat, dessen Schwester Gertrud den späteren König Rudolf von Habsburg heiratete, dann lässt sich erahnen, welche Laufbahn dem Grafen Alwig V. von Sulz gewinkt hätte, wäre er nicht 1235 oder 1236 früh gestorben. Seine Frau, die Habsburgerin, gilt als eine der Stifterinnen des Klosters Adelhausen bei Freiburg, wo sie den Rest ihres Lebens verbracht haben soll.

Immerhin hatten Kunigunde und Alwig eine Reihe von Kindern, darunter den Erben, Graf Hermann III. von Sulz, der jedoch beim frühen Tod des Vaters zu jung war, um sein Erbe erfolgreich verteidigen zu können. Wie schon erwähnt, hatte um 1251 kurzzeitig sein Onkel Egilolf von Wartenberg Zugriff auf Dornhan, wenig später findet sich die Herrschaft Dornhan in den Händen Herzog Ludwigs I. von Teck (1249/1266). Dieser war vermutlich mit einer weiteren älteren Schwester des jungen Grafen Hermann verheiratet, und ihm scheint es gelungen zu sein, die Herrschaft Dornhan gegen die Ansprüche des Wartenbergers und seines unmündigen Schwagers Hermann an sich zu reißen. Jedenfalls war ab etwa 1252 die Sulzer Herrschaft Dornhan in fremden Händen, für die Familie ein herber Verlust. Nicht lange danach ging auch die Stammherrschaft Sulz verloren, allerdings auf noch viel verworrenere Art und Weise.

Die Ersterwähnung der Burg Sulz 1222

Von Graf Bertold I. von Sulz (1214/1251) wissen wir, dass er mit einer gewissen Hiltrude (wahrscheinlich von Wartenberg) verheiratet war. Diese starb jedoch bereits zu Beginn 1222, wie

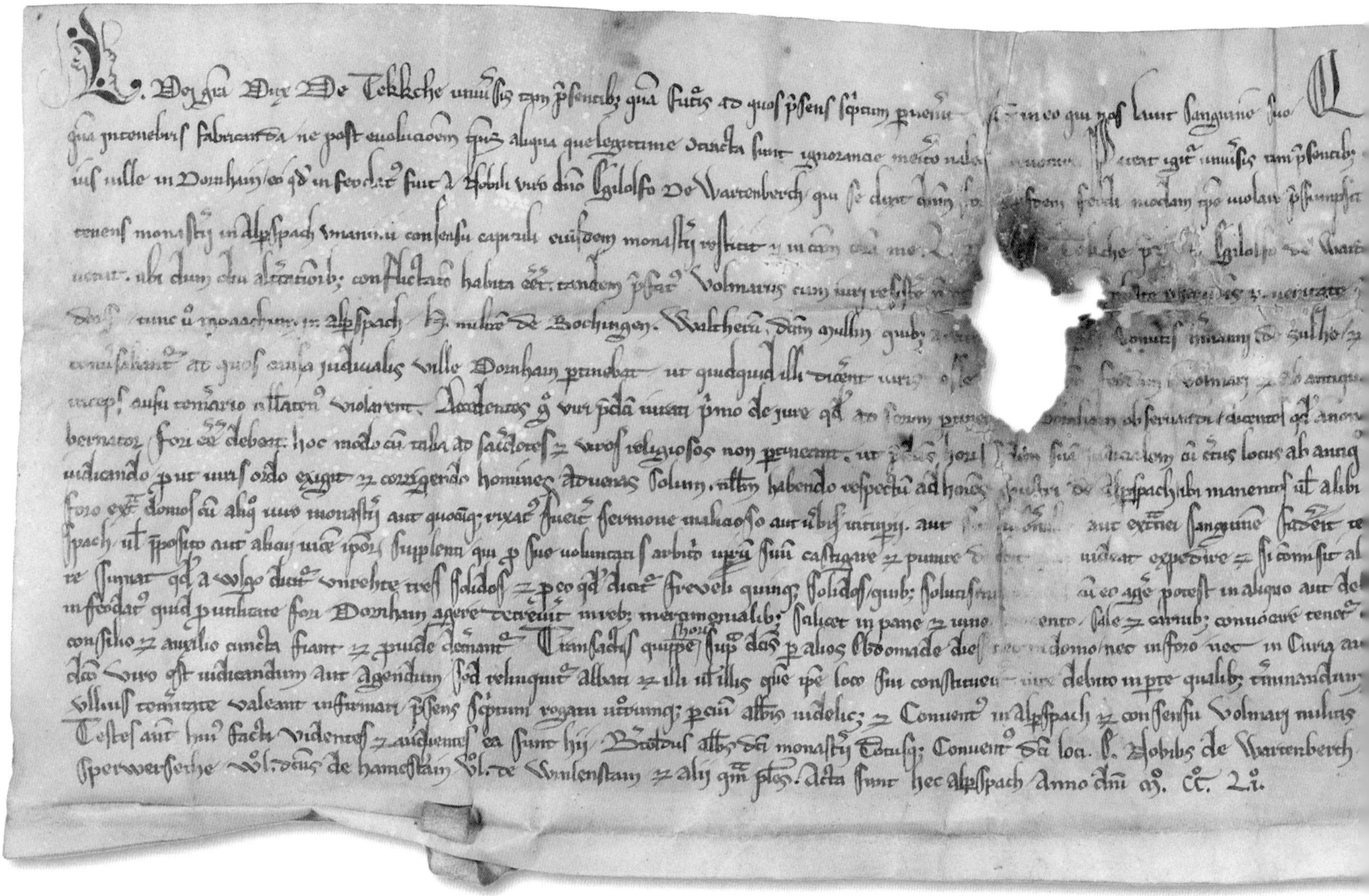

Die lateinische Urkunde von 1251 berichtet davon, dass der Markt in Dornhan auf die Grafen Hermann und Alwig von Sulz zurückgeht, also vor 1220 gegründet wurde, jetzt aber Egilolf von Wartenberg zustand. Rechts vom Loch im Pergament sind die Namen Hermanns und Alwigs von Sulz zu lesen. Bildvorlage: Hauptstaatsarchiv Stuttgart A 470 U 237.

aus einer Urkunde vom 3. März dieses Jahres hervorgeht.[58] Hiltrude wurde wohl auf eigenen Wunsch im Zisterzienserkloster Salem beigesetzt. Graf Bertold bestimmte – vielleicht anlässlich ihrer Beisetzung in Salem an diesem Tag – das renommierte Reichskloster ebenfalls zur letzten Ruhestätte an der Seite seiner Gattin. Bertolds Bruder Graf Alwig und eine große Zahl von Zeugen versprachen Bertolds letzten Willen zu gegebener Zeit zu erfüllen. Zu diesen Zeugen zählten die Äbte Eberhard von Salem und Burkart von Alpirsbach, neun Weltgeistliche, darunter Graf Bertolds Hauspriester Burkart von Bergfelden, drei befreundete Adlige, Konrad von Wartenberg, Konrad von Bodman und Ulrich von Zimmern, sowie sieben sulzische Dienstleute, darunter *Hainricus et Burchardus Salarii* (etwa: Salzgeber, Salzmeister). Zu einem späteren Zeitpunkt sollten Bertolds Neffen, die jungen Grafen Alwig und Bertold, sich diesem Versprechen auf der Burg Sulz (*in castro Sulze*) anschließen.

Abgesehen von dieser ersten Erwähnung der Burg Sulz ist die Urkunde aus herrschaftsgeschichtlichen wie familiengeschichtlichen Gründen von hohem Interesse. Zunächst einmal wird deutlich, dass Graf Bertolds Gattin Hiltrude sehr jung verstorben sein muss, denn Bertold selbst lebte noch bis mindestens 1251 und hat seine Gemahlin somit um ca. 30 Jahre

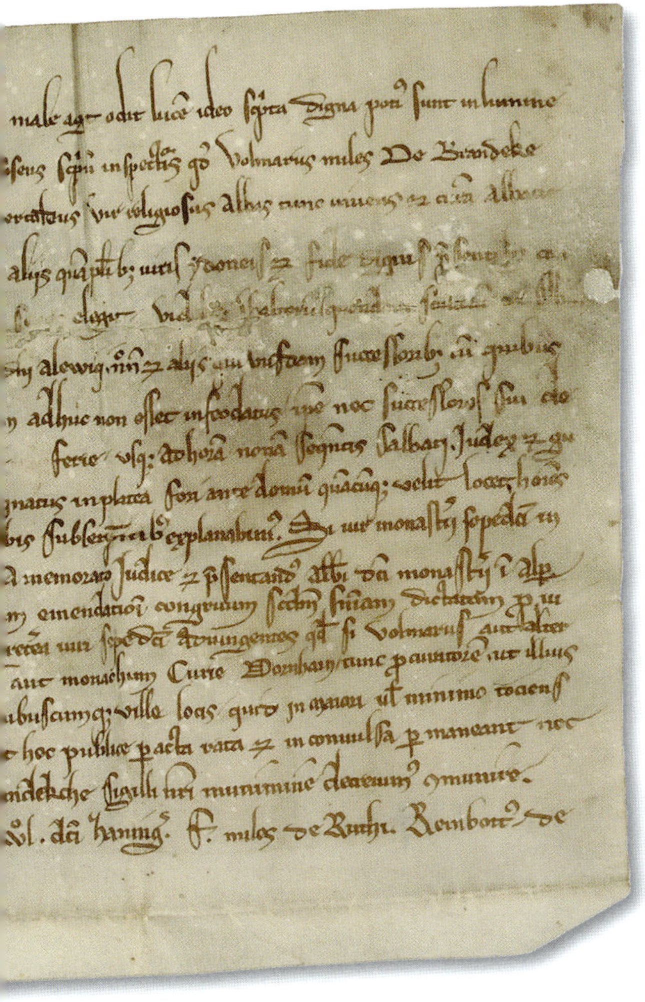

überlebt. Wir wissen nicht, ob seine Verfügungen von 1222 wie gewünscht vollzogen wurden, denn auch sein Bruder Alwig starb bereits 1235. Wie viele der Zeugen nach 1250 – dreißig Jahre nach ihrem Versprechen – überhaupt noch lebten, müsste erst ermittelt werden. Auch der Neffe Alwig starb bereits 1235, und dessen Bruder Bertold († 1253) hat seinen Onkel nur knapp überlebt. Er war offenkundig der einzige nahe Familienangehörige, der die Verfügung von 1222 realisieren konnte. Warum er und sein Bruder bei Ausstellung der Urkunde im Jahr 1222 nicht gleich unter Eid genommen wurden, kann zwei Gründe haben. Entweder waren sie aus ungeklärten Gründen nicht in Salem anwesend oder aber – und das ist wahrscheinlicher – sie waren sehr wohl anwesend, aber zu diesem Zeitpunkt noch zu jung und unmündig, weshalb ihre Beeidigung auf einen späteren Zeitpunkt am Stammsitz Sulz festgesetzt wurde.

Die in der Urkunde erkennbare enge Verbindung zum Kloster Salem ist in der Sulzer Geschichte singulär und verlangt eine Erklärung. Um sie zu verstehen, muss man die Rolle des Abtes Eberhard von Rohrdorf (1191–1240) näher beleuchten, unter dem die Zisterzienserabtei ihre größte Blüte erlangte. Abt Eberhard, dem es gelungen war, seine Abtei unter den Schutz des staufischen Königtums zu stellen, war einer der profiliertesten und engagiertesten Parteigänger der Staufer in Schwaben.[59] Adelsfamilien, die sich dem Kloster Salem zuwandten, dort Stiftungen tätigten oder das Kloster zu ihrer Grablege bestimmten, können als dezidierte Stauferanhänger betrachtet werden. Es ist anzunehmen, dass die Hinwendung Graf Bertolds von Sulz zu Salem über seine Gattin Hiltrude erfolgte, deren Familie von Wartenberg wohl schon länger Beziehungen zum Bodenseekloster unterhielt.[60] Die Bestimmung des Klosters Salem zur Grablege beinhaltete insofern nicht nur einen Akt persönlicher Pietät, sondern ein politisches Bekenntnis, das durch die Anwesenheit enger Freunde und Verwandter bekräftigt wurde.

Es scheint nicht so, als habe Graf Bertold I. von Sulz nach dem Tod seiner Frau Hiltrude erneut geheiratet, jedenfalls ist von einer zweiten Gattin nichts bekannt. Im Übrigen haben wir von etwaigen Kindern Bertolds und Hiltrudes keine urkundlichen Nachrichten. Dennoch muss es, auch wenn Hiltrude recht jung gestorben ist, solche Kinder gegeben haben, und zwar wohl ausschließlich Töchter. Eine solche Familiensituation war mutmaßlich dafür verantwortlich, dass auch die Stammherrschaft Sulz der Familie verloren gehen sollte. Waren in einem Adelshaus nur Töchter vorhanden, so wurden diese für die Söhne benachbarter Adelsfamilien zu begehrten „Erbtöchtern“, die ihren jeweiligen Ehegatten bedeutenden Besitz zuführen konnten. Theoretisch fiel das Erbe eines aussterbenden Familienzweiges zwar zunächst an vorhandene Seitenlinien, also im Fall der Grafen von Sulz an die Linie zu Dornhan. Doch war auch dort die familiäre Situation so prekär, dass die Vettern die Stammherrschaft nicht erfolgreich beanspruchen konnten. Graf Alwig V. starb, wie erwähnt, bereits 1235 und hinterließ den minderjährigen Sohn Hermann, der

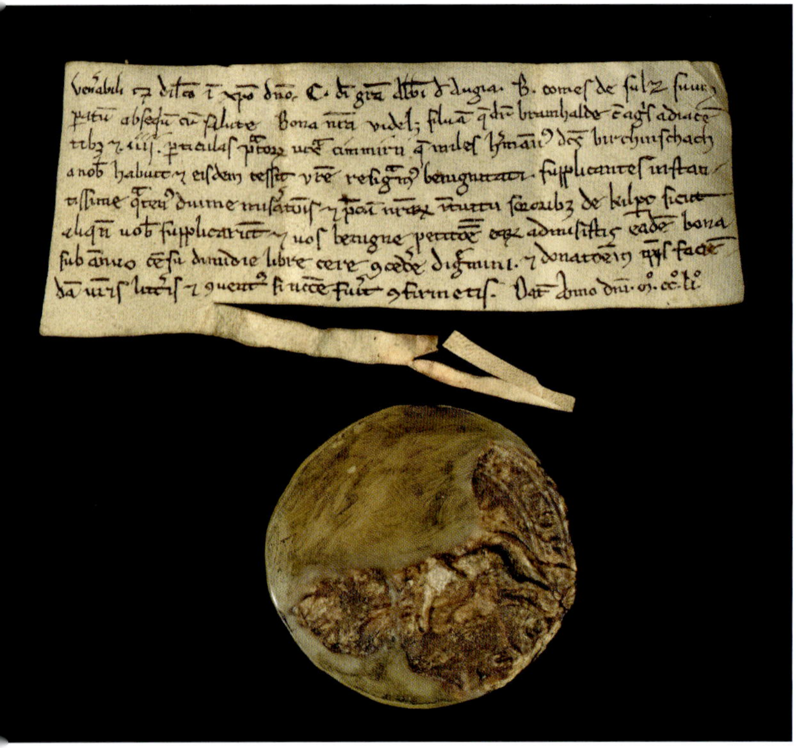

Einzige erhaltene Originalurkunde eines Grafen von Sulz aus dem Jahr 1251, zugleich eines der letzten Lebenszeichen Graf Bertolds I. von Sulz. Bildvorlage: Hauptstaatsarchiv Stuttgart B 462 U 785.

nicht einmal die Kraft hatte, sein Dornhaner Erbe gegen die mächtigen Schwäger zu verteidigen, geschweige denn, den Stammsitz Sulz für sich zu reklamieren.

Wir wissen bis heute nicht hinlänglich genau, wie die Grafschaft Sulz in die Hände der Herren von Geroldseck gelangte. Die Forschung ist allerdings darin einig, dass Graf Bertold I. eine namentlich nicht bekannte Tochter hinterließ, die einen Angehörigen des Hauses Geroldseck geheiratet haben muss – ohne eine solche Hypothese lässt sich der erkennbare Erbgang nicht erklären. Dieser Gatte der erschlossenen Tochter Bertolds I. von Sulz muss Walther von Diersburg († 1235), gewesen sein, ein Spross des Hauses Geroldseck. Diesem Übergang der Herrschaft Sulz an das Haus Geroldseck werden wir unten näher nachgehen.

Das Jahr 1235

Betrachten wir die Stammtafel der Grafen von Sulz, die die fassbaren Personen des Geschlechts einander zuordnet und ihre Verwandtschaft grafisch darstellt, dann fällt die Jahreszahl 1235 ins Auge. Graf Alwig IV. von Sulz ist 1235 letztmals urkundlich zu fassen, sein Sohn Alwig V. wird zu 1236 als tot gemeldet. Vater und Sohn scheinen also beide 1235 verstorben zu sein. Ein vergleichbares Phänomen findet sich übrigens in der Familiengeschichte der Geroldsecker, wo mit Walther und Heinrich von Diersburg ebenfalls Vater und Sohn gleichzeitig 1235 verstarben. Dies wäre an sich noch nicht auffällig. Solche gleichzeitigen Todesfälle von Eltern und Kindern waren in einem Zeitalter verheerender Krankheiten und Epidemien nicht außergewöhnlich. Nur macht das Jahr 1235 insofern stutzig, als es sowohl in der Reichsgeschichte wie in der südwestdeutschen Landesgeschichte einen wichtigen Einschnitt darstellt: Es war das Jahr der Rebellion König Heinrichs (VII.) gegen seinen berühmten Vater, Kaiser Friedrich II.

Heinrich (1211–1242) war 1220 vom Vater, der sich in Süditalien aufhielt, zum deutschen König erhoben worden. Er regierte wegen seiner Unmündigkeit zunächst unter der Führung von Reichsministerialen und seines Vormunds Herzog Ludwig von Bayern. Mit ca. 20 Jahren emanzipierte sich der junge Regent von der Bevormundung und betrieb unter besonderer Förderung der Reichsstädte seine eigene Politik, die ihn jedoch bald in Gegensatz zum kaiserlichen Vater brachte. Als dieser ihn zu einer fürstenfreundlicheren Politik nötigte, rebellierte der Sohn 1234 und sammelte seine Anhänger um sich, zu denen in vorderster Reihe die Reichsministerialen Heinrich von Neuffen und Anselm von Justingen, aber auch Graf Egino von Urach-Freiburg zählten. Das Gros des südwestdeutschen Adels, darunter Markgraf Hermann von Baden, Konrad von Hohenlohe und Graf Friedrich von Zollern stärkten dem Kaiser den Rücken. Es kam in der Folge zu einem regelrechten Burgenkrieg, in dessen Verlauf einige bedeutende Häuser der Aufrührer belagert wurden. Auf der Schwäbischen Alb wurden im Juni/Juli 1235 die Burgen Neuffen und Achalm eingeschlossen, auf denen sich Anselm von Justingen und die Herren von Neuffen mit großem Gefolge verschanzt hatten. Bei einem Ausfall der Belagerten kamen mehrere Gefolgsleute und Ministerialen des Grafen von Zollern zu Schaden.[61] Entschieden wurde der Konflikt schließlich in einer offenen Feldschlacht im Ermstal (Swiggerstal) am 21. Juli 1235, bei der Heinrich und Gottfried von Neuffen samt 40 Anhängern gefangen genommen wurden. Die Burg Justingen wurde zerstört, die Achalm in Reichsbesitz genommen. König Heinrich, von seinen Anhängern weitgehend im Stich gelassen, war gezwungen, sich seinem kaiserlichen Vater zu unterwerfen.[62]

Die Frage ist: Wo standen die Grafen von Sulz in diesem reichspolitisch höchst brisanten Konflikt? Wir wissen zwar, dass die Sulzer Grafen seit 1195 als Anhänger der Staufer auftraten. Aber wie entschieden sie sich im Konflikt zwischen Kaiser Friedrich II. und seinem rebellischen Sohn? Als 1226 König Heinrich (VII.) in Esslingen die Kirche des Heiligen Grabes in Denkendorf unter seinen Schutz stellte, bezeugten dies Bischof Siegfried von Augsburg und Herzog Ludwig von Bayern (Heinrichs Vormund), ferner neben anderen Grafen auch Bertold von Sulz und eine Reihe von Reichsministerialen, wie Heinrich von Neuffen und Konrad von Winterstetten.[63] Bertold von Sulz stand bei diesem Rechtsakt also in einer Reihe mit einem der späteren Hauptrebellen, dies war aber acht

Fragmente von Steigbügeln (links), Hufeisen (Mitte) und Teile von Pferdetrensen (rechts) belegen die Haltung von Pferden seit dem 11./12. Jahrhundert auf der Burg Sulz. Zeichnungen: Iris Grunert.

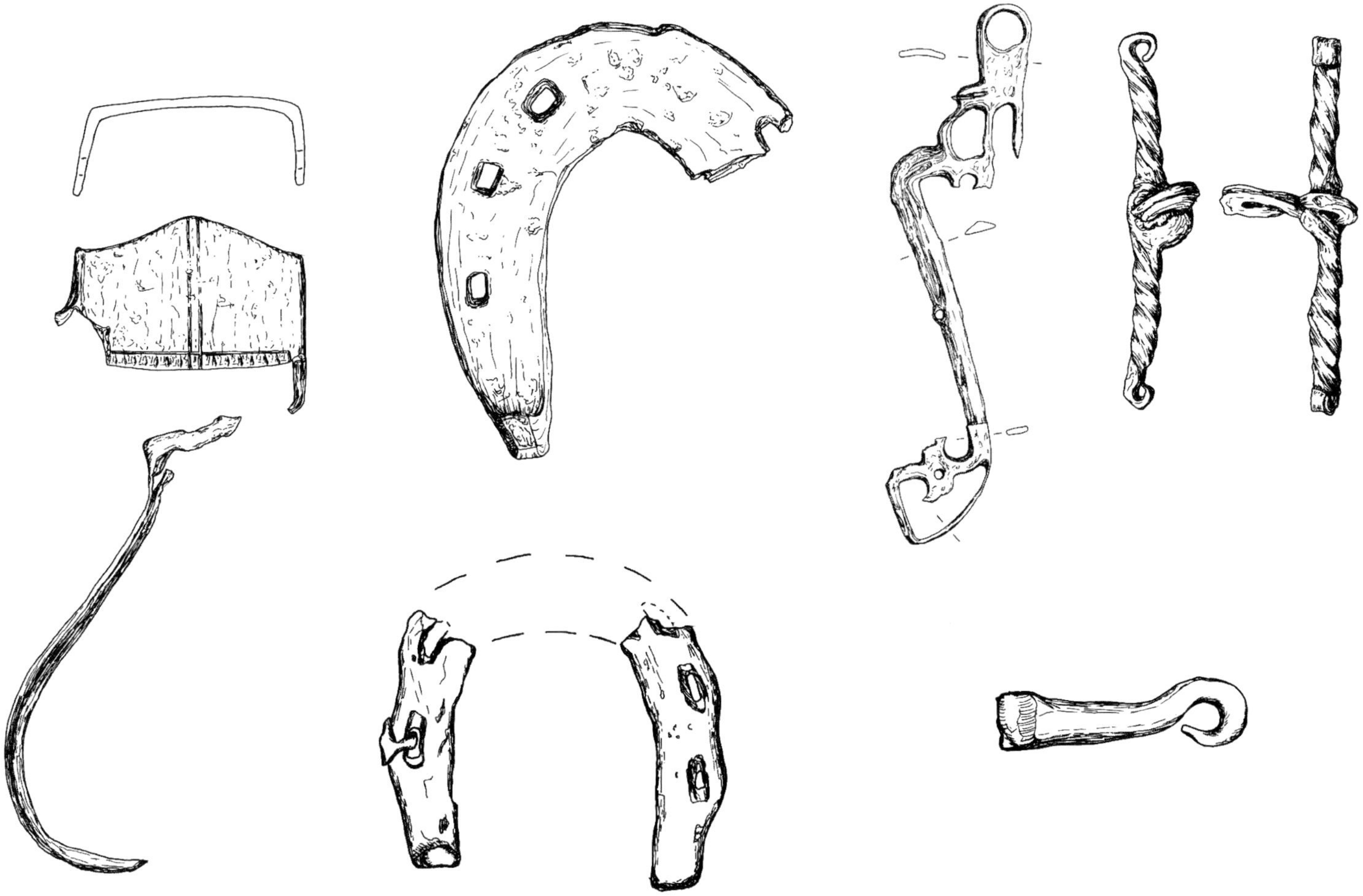

Jahre vor der Empörung, und der König war zu diesem Zeitpunkt erst 15 Jahre alt.

Als Kaiser Friedrich II. im Frühjahr 1235 nach Deutschland eilte, um die Rebellion seines Sohnes niederzuschlagen, wurde er in Neumarkt in der Steiermark von drei Bischöfen, drei Herzögen und einer Reihe von Adligen in Empfang genommen, darunter einem Grafen von Sulz.[64] Wer immer dieser Graf gewesen sein mag (erneut Graf Bertold oder sein Bruder Alwig?) – dieser demonstrative Akt deutet an, dass die Sulzer Grafen sich damals eindeutig zugunsten des Kaisers entschieden hatten. Und dieses dezidierte Engagement könnte dafür sprechen, dass sie sich wie ihre Verwandten, die Grafen von Zollern (Graf Alwig IV. war mutmaßlich mit einer Zollergräfin verheiratet), aktiv an den anschließenden Kämpfen, etwa an der Belagerung der Burg Achalm und/oder an der Schlacht im Swiggerstal am 21. Juli 1235 beteiligt haben. Auch wenn wir lediglich von Gefangenen in dieser Schlacht, nicht von Getöteten hören, so ist es doch wahrscheinlich, dass es bei diesen Waffengängen auch Tote und Verwundete gegeben hat. Der auffällige Befund, dass wir sowohl bei Graf Alwig IV. wie bei seinem Sohn Alwig V. zum Jahr 1235 letzte Lebenszeichen registrieren, legt die Möglichkeit nahe, dass beide in diesen Kämpfen ihr Leben gelassen haben. Da es sich bei den Kämpfen von 1235 um einen ausgesprochenen „Burgenkrieg“ handelte, wäre auch die Frage zu prüfen, ob es Hinweise auf Kampfhandlungen um die Burg Sulz in diesem Zeithorizont gibt.

Die Grafen von Sulz im späteren Mittelalter

Wie dargestellt, verloren die Grafen von Sulz um 1251/52 sowohl die Stammherrschaft Sulz wie auch die Herrschaft Dornhan: Sulz, weil hier Graf Bertold I. nur eine Tochter hinterlassen hatte, die ihr Erbe in ein fremdes Haus einbrachte; Dornhan, weil der dortige Erbgraf Hermann III. zu jung war, um seine Erbansprüche gegen mächtige Schwäger durchzusetzen. Vielleicht waren dem Jüngling von seinem Schwager Herzog Ludwig von Teck entsprechende Versprechungen gemacht worden, die ihn zu einem Verzicht bewogen haben. Die Zukunft des Geschlechts lag praktisch ausschließlich auf den Schultern dieses jungen Mannes, denn außer ihm, der nur Schwestern hatte, lebte aus dem Haus Sulz nach 1253 nur noch der Onkel Eberhard als Kanoniker in Straßburg († 1273).

Unerwartet spielte Graf Hermann von Sulz nach dem tragischen Verlust der Herrschaft der weitere Verlauf der Geschichte doch noch in die Karten. Als nach der sogenannten kaiserlosen Zeit (1250 bis 1273) Graf Rudolf von Habsburg zum deutschen König erhoben wurde, erwies sich dies als günstig für das weitere Schicksal der Grafen von Sulz, denn Graf Hermann war ja durch seine Mutter Kunigunde von Habsburg mutmaßlich ein Neffe des neuen Königs. Er wurde dadurch zum „natürlichen“ Parteigänger des Monarchen und wirkte, wenn auch offenbar nicht ganz reibungslos, an dessen Neuordnung der politischen Verhältnisse in Schwaben mit. Graf Hermann III. (geb. wenig vor 1235, urkundlich fassbar seit 1264/67, † 1311) hielt nach dem Verlust der Herrschaft Dornhan noch immer einen wichtigen Herrschaftstitel in seinen Händen: die Landgrafschaft auf der Baar. Er übertrug um 1264 einen Teil seiner gerichtsherrlichen Funktionen an seinen mutmaßlichen Vetter Konrad von Wartenberg, der sich seither *Landgravius in Bara* nannte.[65] Konrad von Wartenberg verfügte offensichtlich über die größeren Machtmittel, um sich gegen die Grafen von Fürstenberg zu wehren, die ebenfalls Anspruch auf die Landgrafschaft auf der Baar erhoben. Nach offenkundig bewaffneten Konflikten zwischen Sulz/Wartenberg und Fürstenberg kam es um 1280 zu einem Kompromiss, wonach Wartenberger, Sulzer und Fürstenberger die Grafenrechte gemeinsam ausübten.[66] Da dies reichsrechtlich nicht zulässig war, bewog König Rudolf I. seinen Neffen Hermann von Sulz im Jahr 1282/83, die Grafschaftsrechte seinem wichtigen politischen Mitstreiter Heinrich von Fürstenberg ganz abzutreten.[67]

Hermann tat dies jedoch nicht ohne Gegenleistung. Der König scheint ihm dafür eine attraktive Kompensation in Aussicht gestellt zu haben. Spätestens 1298 erscheint Graf Hermann nämlich als Inhaber des einflussreichen, prestigeträchtigen und lukrativen Hofrichteramts in Rottweil, das als erbliches Amt im Reichsdienst für seine Familie von unermesslicher Bedeutung werden sollte.[68] Die Frage ist, wo Graf Hermann III. von Sulz nach dem Verlust der alten Stammherrschaft seinen Wohnsitz nahm. Da drängen sich als mögliche Residenzen die Burg Wildeck bei Irslingen oder die Neckarburg auf, wo Hermann 1267, 1278 und 1279 Urkunden ausstellte.[69] Vermutlich unterhielt die Familie wegen des Hofrichteramts seit dem späten 13. Jahrhundert in Rottweil ein Stadthaus.

Ein Nachfahr Hermanns, der Hofrichter und habsburgische Landvogt Graf Hermann VI. von Sulz konnte 1408 seinen Sohn Rudolf mit Ursula von Habsburg-Laufenburg verheiraten und seiner Familie so die Landgrafschaft im Klettgau sichern. Damit verlagerte sich der Wirkungskreis und Besitzschwerpunkt der Sulzer Grafen an den Hochrhein, wo die Familie bis zu ihrem Aussterben im Jahr 1687 verankert blieb.[70] Sie spielte nach 1400 am oberen Neckar – abgesehen vom Hofrichteramt – keine große Rolle mehr. Es sei aber darauf verwiesen, dass Angehörige des Sulzer Grafenhauses später noch dreimal versuchten, ihre angestammten Besitzungen am oberen Neckar zurück zu gewinnen. Um 1370/90 trachtete Graf Rudolf von Sulz im allgemeinen Gerangel um die Herrschaftsrechte im Raum Dornhan vorübergehend nochmals Zugriff auf den früheren Besitz zu erlangen.[71] In den 1460-er Jahren nutzte Graf Alwig von Sulz die Auseinandersetzungen zwischen den Geroldseckern und Württemberg, um als möglicher „lachender Dritter“ die Herrschaft Sulz für sich zu erwerben (vgl. unten S. 84). Und schließlich konnte sich Graf Carl Ludwig Ernst von Sulz in den Jahren 1636–39 kurzfristig noch einmal auf Burg Albeck einnisten.

Das 1912 abgerissene Haus der Grafen von Sulz in der Reichsstadt Rottweil, wo sie das Hofrichteramt ausübten: Vorlage Stadtarchiv Rottweil.

Die Herrschaft Sulz unter dem Haus Geroldseck

◂ Reitersiegel Johannes' von Geroldseck 1304.
Bildvorlage: Hauptstaatsarchiv Stuttgart
A 602 U 12962.

Der Übergang der Herrschaft Sulz an Geroldseck

Die edelfreien Herren von Geroldseck traten 1079 mit Walther von Geroldseck erstmals in Erscheinung. Stammsitz der Familie war zunächst die 1139 genannte Burg Alt-Geroldseck auf dem Rauhkasten unweit des Klosters Gengenbach in der Ortenau. Im 13. Jahrhundert nannten sich die Geroldsecker gelegentlich auch nach der benachbarten Diersburg.[72] Um 1250 bezogen sie ihre neue Burg Hohengeroldseck auf dem 525 m hoch gelegenen Schönberg. Die auffällig geräumige Burg dürfte an dieser Stelle nicht zuletzt eine Sicherungsfunktion für den um Prinzbach herum betriebenen Silbererzbergbau übernommen haben. Dieser Hinweis wirft ein Licht auf die wohl wichtigste Einkommensquelle der Geroldsecker im Hochmittelalter, die jedoch im späteren Mittelalter versiegte.

Die weit gestreute Grundherrschaft der Herren von Geroldseck mit den Herrschaften Hohengeroldseck und Lahr-Mahlburg verweist auf den hohen Rang der Familie. Die Geroldsecker führten zwar selbst nicht den Grafentitel, wurden aber von gräflichen Familien durchaus als ebenbürtig angesehen, was sich in ihrem Konnubium, also ihren hochkarätigen Heiratsverbindungen ausdrückt: Im 13. und 14. Jahrhundert konnten sie regelmäßig in gräfliche Häuser einheiraten. Eine solche Familienverbindung brachte Heinrich von Geroldseck um die Mitte des 13. Jahrhunderts die Hunsrück-Grafschaft Veldenz ein, so dass sich dieser jetzt gräfliche Zweig der Familie nach Veldenz benannte. Ähnlich erklärt sich die Forschung die Erbschaft der Herrschaft Sulz durch die Ehe eines Geroldseckers mit einer Tochter aus dem Haus Sulz, obwohl eine solche Verbindung urkundlich nicht belegt ist. Der politische Hintergrund einer solchen Familienverbindung bestand sicherlich in der gemeinsamen staufischen Anhängerschaft.

Am wahrscheinlichsten erscheint Volker Schäfers Hypothese, wonach eine (freilich nur erschlossene) Tochter Graf Bertolds I. von Sulz (1214/1251) mit Walther von (Geroldseck-) Diersburg verheiratet war.[73] Da Graf Bertold und seine früh verstorbene Ehefrau Hiltrude keine Söhne hatten, wurde diese Tochter zur Erbtochter. Der Erbfall trat aber erst nach dem Tod ihres Vaters ein, der 1251 noch lebte. Zwischenzeitlich war auch sein mutmaßlicher Schwiegersohn Walther von Diersburg gestorben († 1235), so dass der Erbanspruch auf dessen Söhne überging. Da offenkundig auch Walthers älterer Sohn Heinrich von Diersburg seinen Vater nicht lange überlebte (letzte Erwähnung 1235), fiel das Erbe an dessen Bruder, den jüngeren Walther von Geroldseck. Dieser trat also das Sulzer Erbe nach dem Tod seines Großvaters Bertold von Sulz († 1252) an. Der so erschlossene Erbgang macht Sinn, weil Walther von Geroldseck im Jahr 1267 tatsächlich Herrschaftsrechte in Sulz ausübte.[74]

Wie verworren diese ganze Geschichte um den Erbgang der Herrschaft Sulz ist, zeigt sich in einer Urkunde von 1262, die davon berichtet, dass ein *dominus* bzw. *nobilis de Ebirstain* das Erbe des früheren Grafen von Sulz angetreten habe (*qui eidem comiti [de Sulze] iure hereditario in omnibus suis prediis successerat*).[75] Das könnte bedeuten, dass um die Mitte des 13. Jahrhunderts auch eine sonst nicht fassbare Eheverbindung zwischen den Häusern Sulz und Eberstein bestanden hätte und dass es möglicherweise in den Jahren nach 1252 zwischen Eberstein und Geroldseck konkurrierende Ansprüche auf die Rechtsnachfolge in der Herrschaft Sulz gegeben hätte. Ein solcher möglicher Ebersteinischer Rechtsanspruch, der wegen des genannten Quellenbelegs zu 1262 nicht einfach von der Hand zu weisen ist, verlangt in der Tat nach Aufklärung.[76] Dies ist aber im Rahmen unserer Untersuchung zu vernachlässigen, da die Geroldsecker in den Jahren 1267 und 1278 unmissverständlich über Sulz verfügten, während von Eberstein nicht mehr die Rede ist. Wenn man dem Tübinger Professor und Historiker Martin Crusius (1596) glauben darf, so fällt der Herrschaftswechsel in Sulz tatsächlich ins Jahr 1252, was sich bestens zu der Nachricht fügt, dass Graf Bertold von Sulz im Januar 1252 als verstorben galt.[77]

Burg Hohengeroldseck. Rekonstruktionszeichnung von Arthur Hauptmann, Burgen einst und jetzt, Bd. 2, S. 36.

Die neue Burg der Herren von Geroldseck in Sulz

Alexander Antonow datierte die beeindruckenden, bis heute in zwei Stockwerken anstehenden Reste des Wohnturms der Burg Sulz/Albeck auf die Jahre um 1240/50.[78] Praktisch alle Forscher, die sich sonst mit dem Alter des Bauwerks befasst haben, datieren es auf die Jahrzehnte nach 1250.[79] Eine genauere Ermittlung der Bauzeit erscheint aber deshalb wichtig, weil es ja um die Frage geht: Wurde der Hauptbau der Burg noch unter den Grafen von Sulz erbaut oder erst unter den Herren von Geroldseck? Zunächst ist zu betonen, dass der markante und anspruchsvolle Wohnturm mit seinen palasartigen Wohnstockwerken, der eindrucksvollen Bossierung der Eckquader und den ästhetisch wirkungsvoll angeordneten Fensterreihen zweifellos ein genuin gotisches Bauwerk ist.[80] Hier ist nicht etwa ein älterer, romanischer Baukörper allmählich von moderneren Stilelementen überformt worden. Der Bauherr hat vielmehr bewusst – und selbstbewusst – in einem Zuge ein mächtiges und repräsentatives Bauwerk „von arabischer Regelmäßigkeit“[81] mit hierzulande noch wenig bekannten Elementen des aus Frankreich herüber schwappenden Stils errichtet. Der gotische Wohnturm des Schlosses Sulz setzt ein Zeichen und markiert erkennbar einen Neubeginn. Das lässt sich daran ablesen, dass der Bauherr nicht nur das Palasgebäude von Grund auf neu errichten ließ, sondern auch große

Teile der äußeren Umfassungsmauer neu ausrichtete und die alte Ringmauer der Vorgängeranlage überformte oder niederlegte (vgl. hierzu den Beitrag von Stefan Uhl in diesem Band). Vermutlich wurde auch für das Wohngebäude ein donjonartiger Vorgängerbau der Grafen von Sulz bis auf die Grundmauern abgetragen.[82]

Für die Frage des Standorts und für die mögliche Anknüpfung an einen bauähnlichen Vorgängerbau spielt der „Brunnen" auf dem Hochplateau des Burgberges eine entscheidende Rolle. Dieser sogenannte Brunnen, der durch die neuesten Erkenntnisse der geophysikalischen Untersuchung vom April 2015 als eine Sickerzisterne erkannt wurde, liegt im Hofbereich der Hauptburg, ca. 5–8 Meter von der Nordfassade mit den Eingangstoren zum Wohnturm entfernt (vgl. hierzu S. 218 ff.). Da die Klärung der Wasserversorgung das Hauptproblem bei mittelalterlichen Burgen darstellte[83], ist davon auszugehen, dass diese Frage vor dem Bau der ersten Burg Sulz gelöst sein musste. Das heißt, die Zisterne geht vielleicht noch auf die Grafen von Sulz im 11. oder 12. Jahrhundert zurück und ließ damals schon eine Wohnbebauung nur auf dem Gelände des jetzigen Wohnturms zu. Das spricht für eine Kontinuität des Standorts des Geroldsecker Palasgebäudes unter Anknüpfung an den Sulzer Vorgängerbau.

Wenn wir den Hauptbau der Burg Sulz als ein genuin gotisches Bauwerk erkannt haben, so liefert dies einen ersten Datierungsansatz, denn nach allem was wir über den Einzug der Gotik in Südwestdeutschland wissen, hat dieser frühestens in den 40-er Jahren des 13. Jahrhunderts in unserem Raum stattgefunden, wohl zunächst bei sakralen Bauwerken (Rezeption der Gotik am Freiburger Münster nicht vor 1240, Marienkirche Reutlingen 1247, Straßburger Münster Langhaus ab 1250, Westfassade ab 1275, Stiftskirche Lahr 1260, zum Vergleich: der Kölner Dom als Leitfossil der deutschen Gotik 1248). Profane gotische Bauwerke sind nach vorsichtiger Einschätzung etwas später anzusetzen und datieren in jedem Fall in die Zeit nach 1250. Das würde aus allgemeinen kunstgeschichtlichen Erwägungen für eine Errichtung des Schlosses Sulz durch die Herren von Geroldseck sprechen.

Schäfer brachte einen weiteren, genealogischen Gesichtspunkt ins Spiel.[84] Er verweist darauf, dass die familiäre Situation der Grafen von Sulz im 2. Viertel des 13. Jahrhunderts nicht dazu angetan war, eine solch richtungweisende Baumaßnahme in Angriff zu nehmen. Tatsächlich repräsentierte die Linie zu Sulz ein ca. 70-jähriger Senior, Bertold I. († 1252), ohne männliche Nachkommen, während die Dornhaner Linie durch einen unmündigen Knaben vertreten war. Es ist kaum vorstellbar, dass in dieser Familienkonstellation ein so anspruchsvolles und zukunftweisendes Projekt durchgeführt werden konnte.

Bei eingehender Betrachtung weist alles darauf hin, dass das Hauptgebäude der Burg Sulz tatsächlich erst in den Jahren und Jahrzehnten nach 1252 in Angriff genommen wurde, die Frage ist nur, ob näher an der Zeit des Wechsels, also noch unter Walther von Geroldseck († 1276), oder eher unter dessen Sohn Graf Heinrich von Veldenz († 1296). Während Stefan Uhl das Gebäude vage „in das spätere 13. oder frühe 14. Jahrhundert", also eher spät und zeitlich weit streuend datiert[85], legt sich Bühler auf das 3. Viertel des 13. Jahrhunderts fest. Er verweist dabei auf eine spezifisch geroldseckische Bautradition, die sich bereits in den Burgen Lahr und Diersburg (vor 1250), besonders aber in den bald nach 1250 realisierten Burgen Hohengeroldseck, Landeck und Albeck (= Sulz) beobachten lasse.[86] Eine solche geroldseckische Bautradition ließe sich vielleicht durch eine intensivere Beschäftigung mit den Steinmetzzeichen von Lahr, Hohengeroldseck und Sulz bestätigen (vgl. unten S. 161).[87] Bühlers Anregung aufgreifend, sei der Hinweis erlaubt, dass bei prinzipiell vergleichbarer Auffassung des Baukörpers die gekuppelten Rundbogenfenster in Hohengeroldseck (um 1250) noch ganz nach dem Formenkanon der Romanik gestaltet sind, während die Baumeister in Sulz den Durchbruch zur Gotik vollzogen.

Eine genauere Datierung als „2. Hälfte 13. Jahrhundert" scheint ohne eine eingehendere bau- und kunstgeschichtliche Würdigung des erhaltenen Palasgebäudes in Sulz vorerst nicht möglich. Von historischer Seite könnte dennoch ein Argument für eine Frühdatierung ins 3. Viertel des 13. Jahrhunderts angeführt werden. Wir wissen, dass Graf Heinrich von Veldenz mit seinen beiden Stadtgründungen in Sulz 1284/85 und in Veldenz 1286 zwei Großprojekte verfolgte, die ihn in den Jahren davor und danach weitgehend ausgefüllt haben dürften. Man kann sich nur schwer vorstellen, dass dieser Mann, der zur Realisierung seiner beiden Stadtprojekte ständig zwischen zwei weit entfernten Regionen hin und her pendeln musste, gleichzeitig auch noch einen aufwändigen Burgenbau bewältigte. Wenn man also die Burg in Sulz nicht erst nach Heinrichs Ableben 1296 ansetzen möchte, so wird man ihn mit guten Gründen – Anlehnung an die Bauten der Vettern in der Ortenau – eher seinem Vater Walther von Geroldseck († 1276) zuschreiben.[88]

Repräsentative Ostfassade des Schlosses Sulz zur Stadt Sulz hin, 3. Viertel des 13. Jahrhunderts, im Zustand vor der Sanierung 1996. Landesamt für Denkmalpflege im Regierungspräsidium Stuttgart, Foto: Hans-Peter Schiele.

Die Geroldsecker und ihre Linienbildung im 13. Jahrhundert

Der erste Geroldsecker, der sich als Herr in Sulz am Neckar zu erkennen gibt, ist Walther von Geroldseck († 1276), der mutmaßliche Enkel mütterlicherseits Graf Bertolds von Sulz († 1252). Auch wenn wir von seinem Wirken in Sulz mangels Quellen wenig erfahren, so muss er doch als Erbauer jenes Schlosses Sulz gelten, das heute noch in imposanter Gestalt vor unseren Augen steht. Dies weist ihn als einen tatkräftigen Herrn aus, der sein Erbe am oberen Neckar mit einem modernen und anspruchsvollen Repräsentationsbau aufzuwerten verstand. Er stellte damit die neu erworbene Herrschaft Sulz der Stammherrschaft seiner Familie gleich, wo kurz zuvor das

neue Schloss Hohengeroldseck entstanden war. Gleichzeitig präsentierte sich Walther mit seinem repräsentativen Schloss im neuesten Stil der Baukunst – wahrlich ein „Symbol der Macht“ – seinen Untertanen in der Herrschaft Sulz wie auch seinen Nachbarn in der Umgebung als ein Feudalherr, der hier ein Zeichen setzen wollte.

Walther von Geroldseck war ein durchaus bedeutender und einflussreicher Mann. Seine beiden Söhne Heinrich und Hermann wurden zu den Begründern der künftigen Linien Geroldseck-Lahr und Geroldseck-Sulz. Ein dritter Sohn Walther schlug eine geistliche Laufbahn ein und wurde 1260 zu jenem bekannten Bischof von Straßburg gewählt, der in der Auseinandersetzung mit der Stadt Straßburg um deren Autonomiebestrebungen in der Schlacht von Hausbergen 1262 eine schwere Niederlage einstecken musste. Verlor sein Bruder Hermann, Landvogt in der Ortenau, in dieser Schlacht sein Leben, so starb der glücklose Bischof Walther bereits im Jahr darauf.[89] Das weitere Schicksal des Hauses Geroldseck lag damit auf den Schultern ihres Bruders Heinrich von Geroldseck († 1296). Dieser heiratete in zweiter Ehe die Gräfin Agnes von Veldenz und sicherte sich so das Erbe dieser Grafschaft an der Mosel. Diese Erbschaft erweiterte seinen Aktionsradius erheblich und brachte ihm überdies den Grafentitel ein, den er des größeren Prestiges wegen demonstrativ zur Schau stellte. Sein Bruder, der 1262 auf dem Schlachtfeld verstorbene Hermann von Geroldseck, hinterließ aus seiner Ehe mit einer Gräfin von Eberstein die Söhne Heinrich und Walther. Mit diesen beiden Neffen vereinbarte Heinrich von Veldenz im Jahr 1277 eine Hausteilung. Die Neffen Heinrich und Walther erhielten die Herrschaft Lahr-Mahlberg, während sich Heinrich mit den Herrschaften Veldenz, Hohengeroldseck und Sulz eine ansehnliche Machtbasis für seine Söhne Walther und Hermann sicherte. Sollten diese drei Herrschaftskomplexe zunächst im gemeinsamen Besitz Walthers und Hermanns verbleiben, so wird deutlich, dass gegen Ende des 13. Jahrhunderts zwischen Hohengeroldseck und Sulz eine de facto-Teilung bestand, auch wenn wir keine eigentliche Teilungsurkunde kennen. Hermann von Geroldseck († 1298) sollte die Linie Hohengeroldseck begründen, während Walther von Geroldseck († 1289) zum Stammvater der Linie Geroldseck-Sulz wurde.

Die Gründung der Stadt Sulz

Mit der Hausteilung 1277 kam eine erhebliche Dynamik in die Geschichte des Hauses Geroldseck. Und zwar betätigten sich beide Linien als Städtegründer, wobei damals die klassische Zeit der Städtegründungen eigentlich schon vorüber war. Die allermeisten landesherrlichen Kleinstädte Südwestdeutschlands waren vor oder um 1250 entstanden (so Haigerloch 1237, Mühlheim/Donau 1241, Rosenfeld und Oberndorf um 1245, Hechingen, Balingen und Schömberg um 1255). Sie verdankten den Anstoß ihrer Gründung sowohl einer größeren wirtschaftichen Dynamik wie auch den politisch-militärischen Wirren der spätstaufischen Zeit. In der „kaiserlosen Zeit“ ca. 1250 bis 1270 gab es weniger Städtegründungen. Erst nach dem Regierungsantritt König Rudolfs von Habsburg (1273–1291) fassen wir eine weitere Stadtgründungswelle, auf die mehrere Adelsgeschlechter aufsprangen, die erkannt hatten, dass ihre Zukunft nicht allein in den grundherrlichen Einkünften, sondern zunehmend in der wirtschaftlichen Kraft der Städte lag. So erhoben die Herzöge von Teck 1271/76 den früheren sulzischen Marktort Dornhan und um dieselbe Zeit auch Schiltach zur Stadt. Graf Albrecht von Hohenberg gründete 1280 Rottenburg. Die Herren von Zimmern ummauerten um diese Zeit das Dorf Herrenzimmern. Da wollten auch die Geroldsecker nicht zurückstehen.

Unmittelbar nach der Hausteilung 1277 erhoben Heinrich und Walther von Geroldseck 1278 ihren Markt Lahr zur Stadt. Ihr Onkel Heinrich von Veldenz hatte aber Größeres im Sinn. Er wertete sowohl seine Herrschaft Veldenz wie auch die Herrschaft Sulz durch eine Stadtgründung auf: Veldenz wurde 1286 zur Stadt erhoben, Sulz bereits zwei Jahre zuvor durch das Privileg König Rudolfs von Habsburg, das sich Graf Heinrich durch seine treuen Königsdienste erworben hatte.[90] Wie schon angedeutet, muss man davon ausgehen, dass der im Jahr 790 erstmals erwähnte Ort Sulz (*villa Sulza*) auch vor dem 13. Jahrhundert schon als Salinenort bekannt war. Die Salzgewinnung dürfte schon im 11. Jahrhundert eine der Herrschaftsgrundlagen der frühen Grafen von Sulz gewesen sein.[91] Als protoindustrieller Gewerbestandort war Sulz auch vor der Stadterhebung ein Handelszentrum, zu dem Holz als Energieträger hin- und Salz als bedeutendes Nahrungsmittel weg-

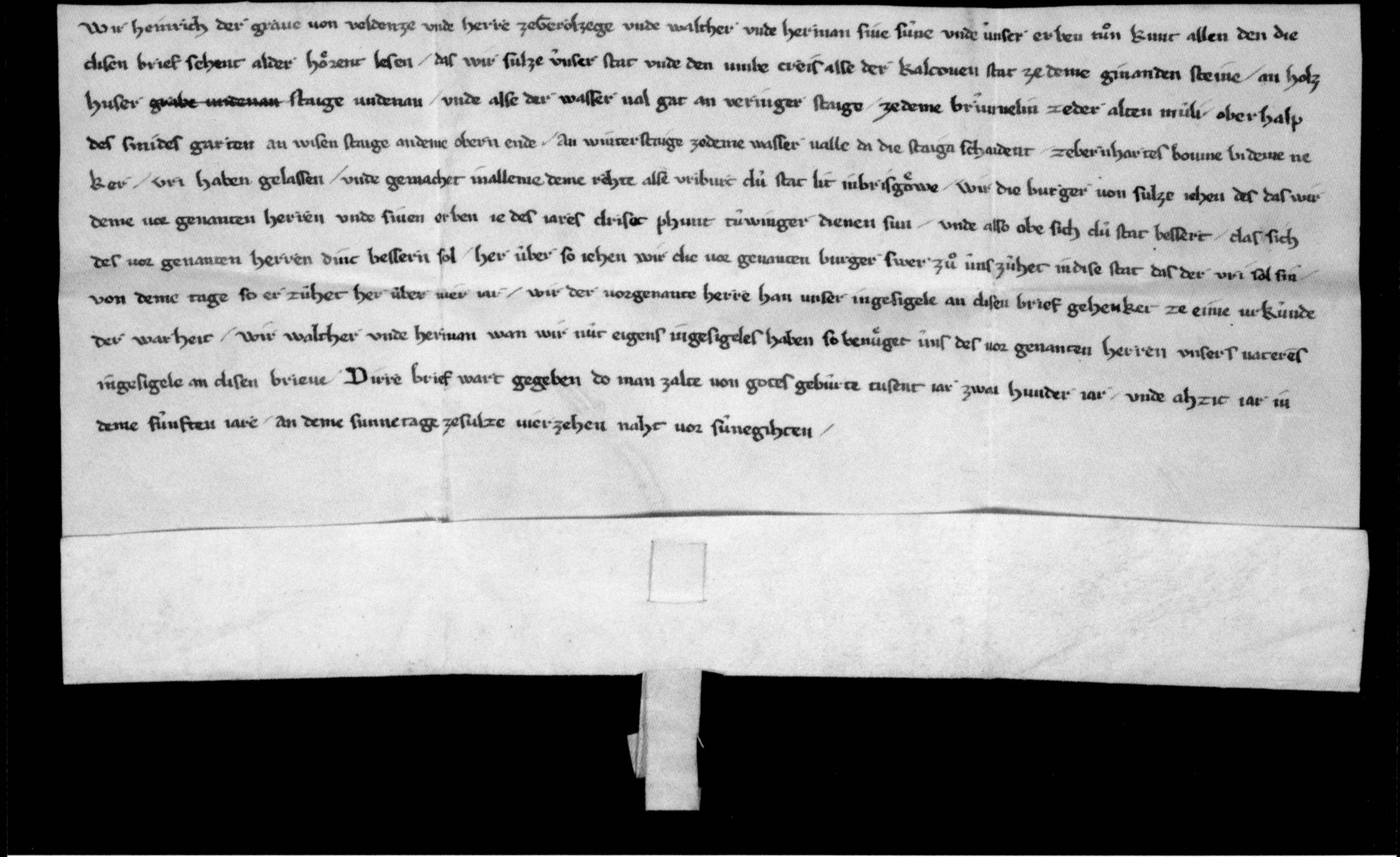
Wir heinrich der grave von veldenze unde herre ze Geroltzege unde walther unde herman sine sune unde unser erben tun kunt allen den die
disen brief sehent alder hörent lesen / daz wir sulze unser stat unde den umbe crez alse der kalcouen stat ze deme genanden steine / an holz
huser grabe undenan stange undenan / unde alse der wasser val gat an veringer stange zedeme brunnelin zeder alten muli / oberhalp
des smides garten an wisen stange andeme obern ende / an winterstange zedeme wasser valle da die stanga schaidet zeberuhartes boume indeme ne
ker / wir haben gelassen / unde gemachet inalleme deme rehte alse vriburc du stat lit in brisgowe / wir die burger von sulze iehen des daz wir
deme vor genanten herren unde sinen erben ie des iares drisec phunt tuwinger denen sun / unde also obe sich du stat bessert / das sich
des vor genanten herren dinc bessern sol / her über so iehen wir die vor genanten burger swer zu ins zuhet in dise stat daz der vri sol sin
von deme tage so er zuhet her über wer im / wir der vorgenante herre han unser ingesigele an disen brief gehenket ze eime urkunde
der warheit / wir walther unde herman wan wir nüt eigens ingesigeles haben so benüget uns des vor genanten herren unsers vaters
ingesigele an disen brieve Dirre brief wart gegeben do man zalte von gottes geburte tusent iar zwai hundert iar / unde ahzic iar in
deme funften iare / an deme sunnetage ze sulze vierzehen naht vor sunegihten /

Stadtprivileg Graf Heinrichs von Veldenz und seiner Söhne Walther und Hermann für die Stadt Sulz von 1285. Bildvorlage: Hauptstaatsarchiv Stuttgart A 601 U 76.

transportiert wurde. Das heißt, Sulz war faktisch ein Marktort, ob dieser Status rechtlich gegeben war oder nicht. Mit dem Stadtprivileg König Rudolfs von 1284 und der Stadterhebung durch Graf Heinrich von Veldenz und seine Söhne Walther und Hermann, die in der Gründungsurkunde von 1285 mitgenannt sind, wurde nur ein logischer Schritt vollzogen, der im gewerblichen Charakter der Vorgängersiedlung vorgezeichnet war. Zugleich erhielt die Hauptsolequelle, die mitten in der Stadt lag, durch die bald errichtete Stadtmauer einen angemessenen Schutz. Von 1284/85 an bestand also die engere Herrschaft aus „der *Burg* und der *Stadt* Sulz“, eine Formel, die wir in den späteren Urkunden regelmäßig antreffen werden.

Der Umfang der Herrschaft Sulz

Die Burg Sulz bildete das Zentrum der weit gespannten Herrschaft der Grafen von Sulz. Diese konnten wir mangels Quellen bisher nur unzureichend fassen. Erst die besser überlieferten Besitzverhältnisse unter den Herren von Geroldseck lassen Rückschlüsse auf das ursprüngliche Eigengut der Sulzer Grafen zu. Wie immer muss man bei mittelalterlichen Herrschaftskomplexen das allodiale Eigengut einer Adelsfamilie von den Befugnissen und der Reichweite ihrer Amtsgewalt trennen. Der Amtssprengel der Grafen von Sulz reichte vom oberen Kinzigtal bis an den oberen Neckar, und da ihnen im 12. Jahrhundert südlich anschließend auch die Grafengewalt auf der Baar zustand, waren sie als Gerichtsherren für ein sehr großes Gebiet zuständig. Diese Grafenrechte gingen jedoch 1252 nicht an die Herren von Geroldseck über. Die Geroldsecker erbten vielmehr lediglich das frühere Hausgut, das sich wie folgt rekonstruieren lässt.[92]

Zum engeren Besitz um die Burg Sulz gehörte die Stadt Sulz und die Ortsherrschaft über die angrenzenden Orte Mühlheim, Holzhausen, Sigmarswangen und Fluorn. Obwohl das Dorf Hopfau 1278 von Hermann von Geroldseck verkauft wurde, zählte Hans von Geroldseck diesen Ort 1471 noch zu seinem Besitz, es scheint also nur eine Teilveräußerung oder aber ein Rückerwerb stattgefunden zu haben. Während im Raum um Glatt und Heimbach, wie dargestellt, die Herrschaft Dornhan nach 1251 an die Herzöge von Teck verloren gegangen war, zählten weiterhin die Herrschaften Loßburg und Schenkenzell zum Besitz der Geroldsecker.[93] Dies dürfte alles auf die Grafen von Sulz zurückgehen. Ferner besaßen sie an verschiedenen Orten Zehntrechte wie in Winzeln und Rötenberg oder den Pfarrsatz, also das Recht, den Pfarrer einzusetzen, wie in Unterbrändi. Wenn Graf Bertold von Sulz im Jahr 1222 die Pfarrer und Leutpriester von Bergfelden, Schapbach, Spaichingen[94], Schömberg bei Loßburg, Hopfau, Wachendorf, Oberndorf und Bochingen als Zeugen aufbot, so liegt der Verdacht nahe, dass dies alles Priester waren, die er selbst an diesen Orten eingesetzt hatte und die ihm deshalb zu Diensten standen.[95] Diese Patronatsrechte sind aber nur zum Teil an die Geroldsecker übergegangen.

Einen bedeutenden Besitzkomplex der Geroldsecker bildete das reichenauische Lehen in Empfingen. Die geroldseckische Ortsherrschaft in Empfingen mit dem Kirchenpatronat wird erstmals 1325 fassbar. Zwar veräußerte Walther von Geroldseck dieses Lehen bereits 1341 wieder, erwarb jedoch 1360 wenigstens den wertvollen reichenauischen Kelhof in Empfingen zurück. Die nur kurzfristig durch Erbfall an die Geroldsecker gelangten Herrschaften Dornstetten (vor 1308 fürstenbergisches Erbe), Lupfen (Lupfensches Erbe 1440) und Hornberg (Urslinger Erbe 1443) seien, da sie letztlich nicht gehalten werden konnten, nur der Vollständigkeit halber angesprochen.

Von Interesse ist hingegen, dass die Herren von Geroldseck eine Reihe von Lehen an benachbarte Adlige ausgegeben haben. Auch diese Lehen verweisen auf ehemaligen Streubesitz der Grafen von Sulz. Zu den geroldseckischen Lehensleuten zählten im 14. Jahrhundert die Herren von Ow mit der Burgmühle, einem Burgstall und der Hälfte des Zehnten in Wachendorf, ferner Marquard von Bubenhofen 1361 mit einem Hof in Wachendorf. Noch 1479, also nach dem Übergangs der Herrschaft Sulz an Württemberg, verlieh Württemberg nicht näher gekennzeichnete ehemals geroldseckische Lehen an fünf Herren von Ow, drei Herren von Rosenfeld, an Diem von Dettingen, Wilhelm Böcklin von Egelstal, Jakob und Bertold Gut von Sulz und Dietrich Bletz von Rotenstein, den Altbürgermeister von Rottweil.[96]

Betrachten wir den unter dem Strich doch bescheidenen Umfang der Herrschaft Sulz, deren Kern neben der lukrativen Salinenstadt vier kleine Bauerndörfer bildeten, so wird deutlich, dass die materielle Basis der geroldseckischen Herrschaft nach 1300 nicht gerade üppig war. Verfügte der Sulzer Stadtgründer Heinrich von Veldenz bis 1296 noch über zwei Städte und mehrere Herrschaften, so reduzierte sich der materielle Hintergrund seines Enkels Johannes auf sicherlich weniger als die Hälfte. Das heißt, die Basis der Herren von Geroldseck in der Herrschaft Sulz war mutmaßlich zu klein, um in dem gerade jetzt beginnenden Existenzkampf der kleinen Adelsherrschaften bestehen zu können. Und was zu Beginn des 14. Jahrhunderts noch niemand ahnen konnte: den Menschen im deutschen Südwesten standen ab 1316 mit einer Abfolge von Ernteausfällen, Hungersnöten und Pestumläufen überaus harte Zeiten bevor. Wenn wir gegen Ende des 14. Jahrhunderts feststellen werden, dass das Haus Geroldseck extrem verschuldet war, so lag die Ursache hierfür in der schon zu Beginn des Jahrhunderts erkennbaren geringen Machtbasis.

Weichenstellungen unter Johannes von Geroldseck

Die Herren von Geroldseck zu Sulz überbrückten das „lange" 14. Jahrhundert (1296 bis 1414/39) mit nur drei Generationen. Stammvater der Sulzer Linie war, wie dargestellt, Graf Heinrich von Veldenz († 1296), der Stadtgründer von Sulz. Da dessen Sohn Walther bereits 1289 einem Anschlag zum Opfer fiel, wurde Heinrichs Enkel Johannes (Hanmann) von Geroldseck (erwähnt 1300/1312) sein Nachfolger.[97] Johannes war nach einem Familienvertrag von 1301 nur mit einem

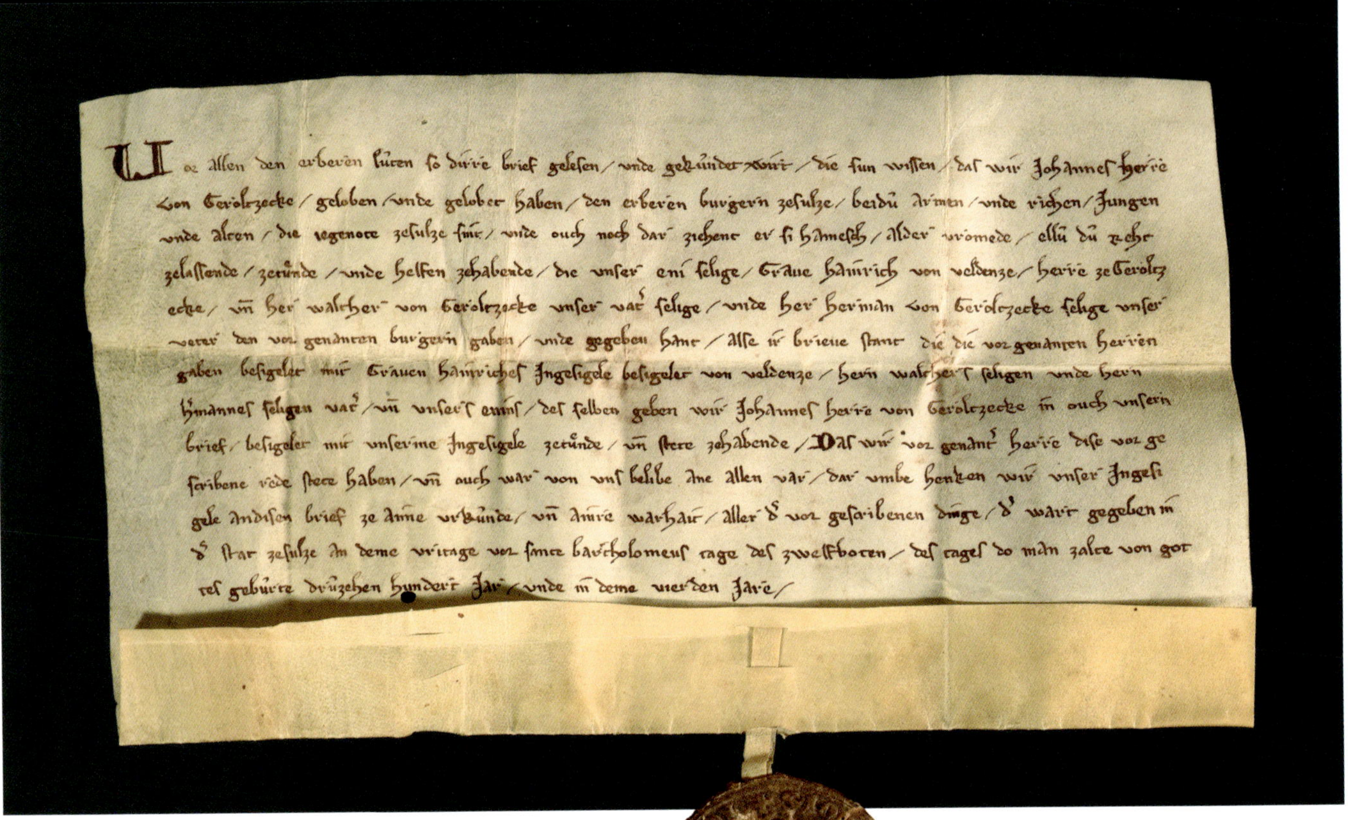
[illegible] allen den erberen luten so dirre brief gelesen / unde gekundet wirt / die sun wissen / daz wir Johannes herre
von Geroltzecke / geloben / unde gelobet haben / den erberen burgern zesulze / beidu armen / unde richen / Jungen
unde alten / die iegenote zesulze sint / unde ouch noch dar ziehent er si hameschs / alder vromede / ellu du reht
zelassende / zetunde / unde helfen zehabende / die unser eni selige / Graue Hainrich von veldenze / herre zeGerolz
ecke / vn her walther von Geroltzecke unser vat selige / unde her Herman von Geroltzecke selige unser
veter den vorgenanten burgern gaben / unde gegeben hant / alse ir brieue stant die die vorgenanten herren
gaben besigelet mit Grauen Hainriches Ingesigele besigelet von veldenze / hern walthers seligen unde hern
Hmannes seligen vat / vn unsers enins / des selben geben wir Johannes herre von Geroltzecke in ouch unsern
brief / besigelet mit unserme Ingesigele zetunde / vn stete zehabende / Daz wir vorgenant herre dise vorge
schribene rede stete haben / vn ouch war von uns belibe ane allen var / dar umbe henken wir unser Ingesi
gele andisen brief ze eime urkunde / vn eine warhait / aller der vorgeschribenen dinge / der wart gegeben in
der stat zesulze an deme vritage vor sante Bartholomeus tage des zwelfboten / des tages do man zalte von got
tes geburte druzehen hundert jar / unde in deme vierden jare /

Johannes von Geroldseck bestätigt der Stadt Sulz im Jahr 1304 das Stadtprivileg seines Großvaters von 1285. An der Urkunde hängt das bemerkenswerte Reitersiegel Johanns (vgl. S. 36). Bildvorlage Hauptstaatsarchiv Stuttgart A 602 U 12962.

Fünftel an Sulz, Loßburg und Schenkenzell beteiligt, aber schon 1304 trat er in Sulz als allein Handelnder auf und bestätigte der Stadt das von seinem Großvater (*eni*) 1285 verliehene Privileg. Es muss also in diesen Jahren zu einer Herrschaftsteilung gekommen sein, die Johannes zum alleinigen Herren über Sulz machte. Offenkundig war die gemeinsame Verwaltung der weitgestreuten Besitzungen durch die Gesamtfamilie zu kompliziert, so dass Johannes seine exklusive Zuständigkeit für den Herrschaftsbereich Sulz durchsetzen konnte.

Tatsächlich lässt der Familienvertrag vom 17. April 1301 Erbstreitigkeiten unter den geroldseckischen Vettern vermuten, die durch ihn beigelegt werden sollten.[98] Die Urkunde ist für uns insbesondere deshalb von Interesse, weil in ihr erstmals seit 1222 die Burg Sulz wieder erwähnt wird. Und zwar sollte Johannes von Geroldseck an „Sulz, Burg und Stadt" wie auch an den Burgen Loßburg und Schenkenzell ein Fünftel Anteil haben. Sie werden im weiteren Wortlaut der Urkunde auch als *vesten* bezeichnet, also als fortifikatorisch besonders gesicherte Bauwerke. Die Teilhaber waren gemeinsam für ihre Sicherung („Hut") und den Bauunterhalt verantwortlich und sollten im Kriegsfalle, wenn sie einem Herrn oder einem Freund helfen wollten, niemandem zum Schaden ihrer Verwandten Aufenthalt gewähren. Der Vertrag von 1301 entpuppt sich damit als der älteste erhaltene Burgfrieden, den wir von einer Burg am oberen Neckar kennen.[99] Solche Verträge wurden insbesondere dann zur Vermeidung von Streitfällen notwendig, wenn sich eine Erbengemeinschaft eine Burg teilen musste (sog. Ganerbenburg). Der Vertrag war aber wohl wenig praktikabel und verlor schon drei Jahre später seine Gültigkeit, als Johannes von Geroldseck Stadt und Burg Sulz ganz für sich reklamieren konnte.

Johannes war mit der Gräfin Anna von Fürstenberg hochkarätig verheiratet. Diese Ehe brachte ihm die Stadt Dornstetten zu, welche allerdings bereits 1308 verpfändet wurde. Diese

Verpfändung ebenso wie der Verkauf einer Mühle in Neuneck und des Kirchensatzes von Unterbrändi im Jahr 1300[100] verweisen darauf, dass Johannes von Geroldseck zu Beginn des 14. Jahrhunderts gesteigerten Geldbedarf hatte. Durch den Verkauf entlegener Güter wurden Mittel liquide, die er zum Begleichen von Schulden oder aber auch für Baumaßnahmen benötigte. Der Vertrag von 1301 gibt ja zu erkennen, dass es auf der Burg Sulz eine Bau- und Unterhaltspflicht gab. Im Übrigen dürfen wir prinzipiell voraussetzen, dass sich jede Generation auf der Burg Sulz nach ihren Bedürfnissen neu einrichtete, was in aller Regel Um- und Ausbauarbeiten nach sich zog. Wir werden also auch im weiteren Verfolg der Geroldsecker Familiengeschichte im 14. Jahrhundert darauf achten, wann größere Veräußerungen getätigt wurden, weil durch derartige Liquidationen potentiell Kapital für notwendige Baumaßnahmen verfügbar wurde.

Walther von Geroldseck: Politischer Akteur im Dienste Habsburgs

Johannes von Geroldseck starb, offenkundig nicht sehr alt, bald nach 1312. Er hinterließ neben einer Tochter, die ins Kloster Kirchberg eintrat, nur den Sohn Walther von Geroldseck (erwähnt 1318 bis 1376).[101] Dies war eine verhältnismäßig günstige familiäre Konstellation, weil dadurch in der Herrschaft Sulz keine Erbteilung anstand und Walther sich sowohl in seiner Herrschaft wie auf der politischen Bühne entfalten konnte. Walther wurde nach Ausweis der über ihn erhaltenen Quellen zu einer der markantesten Gestalten unter den Geroldseckern in Sulz. In seine Zeit fällt der Erwerb des reichenauischen Lehens Empfingen, das er aber schon 1341 wieder um 700 Pfund Heller an die Grafen von Hohenberg abstieß. Auch in diesem Fall wäre zu fragen, wofür ihm diese 700 Pfund, eine erkleckliche Summe Geld, dienten. Schon in fortgeschrittenem Alter investierte Walther dann 1364 wieder 100 Pfund Heller in den reichenauischen Kelhof in Empfingen, womit er einen zentralen Besitztitel an diesem Ort wieder in seine Hände brachte.[102]

Was seine Politik in Bezug auf die Stadt Sulz anging, so bestätigte er dem Kloster Kirchberg 1328 dessen Besitz in und um Sulz mit Salzgesöde und Hallen in der Stadt.[103] In gleicher Weise befreite er das 1338 von der Sulzer Familie Schultheiß erworbene Haus des Klosters Alpirsbach beim Unteren Tor. Eine für die Bürgerschaft seiner Stadt bedeutende Urkunde erwirkte Walther von Geroldseck 1348 bei Kaiser Karl IV. (1346–1378). Dieser gewährte ihm für seine treuen Dienste das Privileg, dass seine Bürger in Sulz, Dornstetten und Rosenfeld künftig in Rechtsangelegenheiten vom Hofgericht in Rottweil befreit sein sollten.[104] Dieses politisch bemerkenswerte Privileg verlangt es, Walther von Geroldseck etwas weiter gespannt in seinen politischen Bezügen zu würdigen.

Das 14. Jahrhundert war wie angedeutet eine hochgradig krisenhafte Epoche. Die seit 1316 schwelende Agrarkrise mit Missernten und Hungersnöten bildete den Nährboden für allerlei soziale Verwerfungen. Hinzu kam um 1348/50 der Schwarze Tod mit seiner demografischen Katastrophe, die die Bevölkerung in unseren Landstrichen um bis zu ein Drittel dezimierte. In diesem Zusammenhang fanden in vielen Städten gnadenlose Judenverfolgungen statt, denen das große Sterben angelastet wurde. Und es ist vielleicht mehr als eine Randnotiz, *Walther von Geroltzeck zu Sultze* 1349 als Zeugen in einer Urkunde des Straßburger Bischofs anzutreffen, in der der Straßburger Judenmord gerechtfertigt wird.[105] Nicht genug damit, war das Reich seit der doppelten Königswahl von 1314 mehrere Jahrzehnte mit einer schweren politischen Krise geschlagen, in der sich der Adel Südwestdeutschlands zwischen den beiden Königen Friedrich von Österreich und Ludwig dem Baiern entscheiden musste. Diese Parteienbildung im schwäbischen Adel zog bürgerkriegsähnliche Auseinandersetzungen und in mancher Adelsfamilie tiefgreifende Zerwürfnisse nach sich. In vielen Geschlechtern hingen Geschwister und Verwandte unterschiedlichen politischen Lagern an.

Soweit dies in den erhaltenen Quellen sichtbar wird, gab es bei den Geroldseckern eine solche Spaltung nicht. Wenn nicht alles täuscht, hielten sowohl Walther von Geroldseck in Sulz wie auch seine Vettern von Hohengeroldseck und Lahr treu zum Habsburger, selbst noch als König Friedrich in der Schlacht von Mühldorf 1322 eine schwere Niederlage gegen seinen Konkurrenten Ludwig den Baiern erlitt. Bereits 1315 hielt sich ein Walther von Geroldseck (unklar ob jener aus Sulz oder der Namensvetter von Hohengeroldseck) bei König

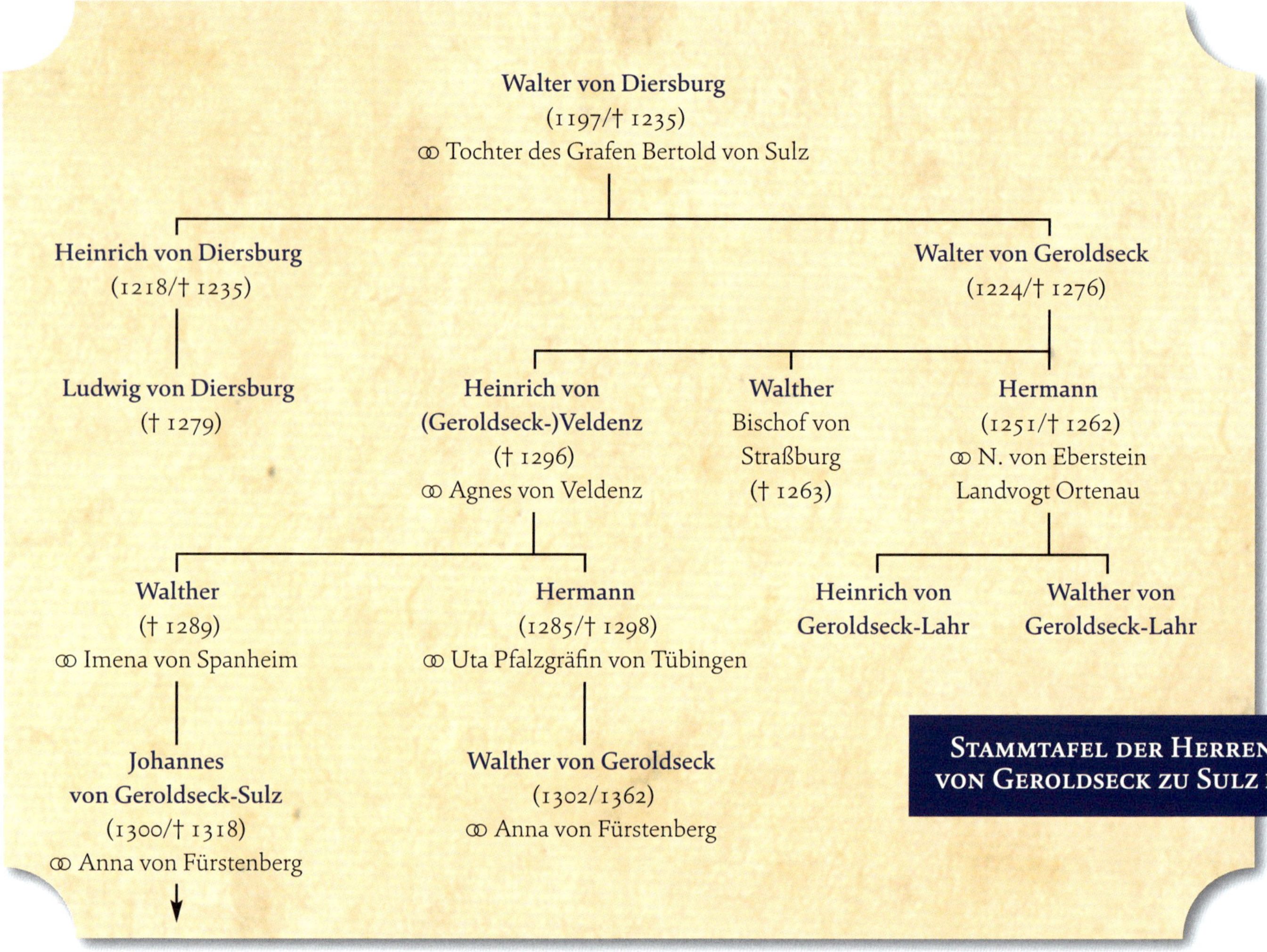

Stammtafel der Herren von Geroldseck zu Sulz I

Friedrich auf, später stellte sich ein Johann von Geroldseck mit zehn Mann in den Dienst der Habsburger, und das Banner des Königs soll ein „Edler von Geroldseck" 1322 in die Schlacht von Mühldorf getragen haben.[106] Selbst nach dem Tod König Friedrichs 1330 wechselten die Geroldsecker beider Linien nicht zum jetzt allein regierenden Kaiser Ludwig, sondern gingen mit zahlreichen anderen Geschlechtern in die Opposition. Dies bezahlte der Vetter Walther von Hohengeroldseck gen. von Tübingen 1333 mit der Zerstörung seiner Burg Schwanau in der Rheinebene.[107]

Kaiser Ludwig der Baier versuchte bis an sein Lebensende vergeblich die schwäbische Adelsopposition zu brechen. 1346 gab es in Oberndorf, das Herzog Hermann von Teck gehörte, eine Verschwörung von 18 Adligen gegen den Kaiser, unter ihnen auch Walther von Geroldseck. Daraufhin schickte Kaiser Ludwig im September 1347 ein Heer der schwäbischen Reichsstädte unter Führung seines Sohnes Stephan nach Schwaben, wo sie zunächst die Burg des Grafen Friedrich Schwarzgraf von Zollern in Hechingen unbesetzt antrafen und unbehelligt ließen, um danach die „Burg Sulz des Walther von Geroldseck" zu belagern (*obsidere opidum Sultz Waltheri de Geroltzecke*).[108] Nachdem sich aber die Grafen von Württemberg für Walther von Geroldseck verwandten und diesem eine große Zahl schwäbischer Adliger zu Hilfe eilte, räumten die Reichsstädte unverrichteter Dinge das Feld. Es kam also zu keiner Einnahme oder gar Zerstörung der Feste Sulz.

Es wäre noch anzumerken, dass die zeitgenössische Chronik des Matthias von Neuenburg, der wir diese Nachricht verdanken, von einer Belagerung des *opidum Sultz* sprach. Da der lat. Begriff *oppidum* sowohl „Stadt“ als auch „Burg, Festung“ bedeuten kann, ist nicht eindeutig zu klären, welchem Ziel genau der Angriff der Reichsstädte galt; da aber die engere Herrschaft Sulz immer die Stadt und die Burg umfasste, ist kaum denkbar, dass die Stadt Sulz ohne die Burg belagert worden wäre, zumal sich wohl gerade dort ein Teil der Verschwörer verschanzt hatte. Das Wort *opidum* ist hier sowohl als Stadt wie als Burg Sulz aufzufassen.

Dieser Feldzug der Reichsstädte stand bereits im Zeichen der Königswahl von 1346, bei der es erneut zu einer Doppelwahl, diesmal zwischen dem amtierenden Kaiser Ludwig und dem Luxemburger Karl (IV.) gekommen war. Die schwäbischen Verschwörer um Herzog Hermann von Teck, Graf Friedrich von Zollern und Walther von Geroldseck demonstrierten mit ihrer Aktion ihre Solidarität mit dem Luxemburger. Tatsächlich wurde Karl IV. nach dem Tod Ludwigs des Baiern 1347 allgemein als König anerkannt. Im Februar 1348 begleitete Walther von Geroldseck neben Herzog Hermann von Teck, einem Herrn von Hohenlohe und einem Grafen von Helfenstein den neuen König nach Böhmen. Im Rahmen dieser Hoffahrt erlangte Walther am 25. Juli 1348 das erwähnte Privileg für seine Bürger in Sulz, Dornstetten und Rosenfeld.

Berücksichtigt man diesen politischen Hintergrund, so erhält der Verkauf des Dorfes Empfingen durch Walther von Geroldseck im Jahr 1341, der ihm 700 Pfund Heller in die Schatulle spülte, durchaus Bedeutung, denn Walther, der 1333 miterleben musste, wie seinem Namensvetter die Burg Schwa-

Walther von Geroldseck erwirkte für seine Bürger in Sulz, Rosenfeld und Dornstetten 1348 das Privileg Kaiser Karls IV., das sie künftig vom Hofgericht in Rottweil befreite. Anhängend das Siegel des Hofgerichts mit dem Reichsadler. Bildvorlage: Hauptstaatsarchiv Stuttgart A 602 U 12965.

nau geschleift wurde, konnte in diesen Jahren sehr wohl das Bedürfnis entwickeln, seine Burg in Sulz besser zu sichern, zumal in diesen Jahrzehnten bei Burgbelagerungen erstmals schwere Feuerwaffen eingesetzt wurden.[109] Es wäre also genauer zu eruieren, ob die von Stefan Uhl festgestellte schrittweise Erneuerung der Ringmauer „im Spätmittelalter" als fortifikatorische Verstärkung der Burg Sulz nicht bereits in den Jahren vor 1346 begonnen haben könnte.

Walther von Geroldseck († 1376) war zweimal verheiratet. Seine erste unbekannte Frau war bereits vor 1332 gestorben. Der aus dieser Ehe hervorgegangene Sohn Hanmann trat in den geistlichen Stand und wurde von den Grafen von Württemberg als Pfarrherr auf die Pfarrei Dornstetten präsentiert. Die beiden Töchter traten ins Kloster Kirchberg ein. Erst nach der politisch aufwühlenden Zeit, die mit der Wahl Kaiser Karls IV. 1347 zu Ende ging, heiratete Walther ein zweites Mal: die Pfalzgräfin Margaretha von Tübingen, eine gute Verbindung, die seiner politisch herausragenden Rolle entsprach. Dieser zweiten Ehe entsprangen drei Söhne, von denen Konrad (erwähnt 1376 bis 1414) und Walther (1378 bis 1439) überlebten. Diese beiden repräsentierten nach dem Tod ihres Vaters 1376 die dritte Generation der Herren von Geroldseck in Sulz.

Die Teilung von 1383

Bald nach dem Tod des Vaters teilten die Söhne Walthers von Geroldseck die Herrschaft Sulz auf. Die Teilung war offensichtlich schon 1379 geplant. Da aber die Bürger von Sulz Sorgen und Bedenken dagegen vortrugen, kam der Vertrag, der die Teilung bis ins Detail festhielt, erst im Januar 1383 zustande.[110] Die Urkunde gehört zu den bedeutendsten Dokumenten der Geroldsecker Geschichte in Sulz und ist für uns vor allem deshalb von Interesse, weil sie Einblick gibt in konkrete topographische Verhältnisse der Burg wie der Stadt Sulz.

Burg und Stadt Sulz wurden gemäß den vier Söhnen Walthers in vier Teile geteilt. Ein Viertel der oberen Burg, nämlich der Teil, in dem sich das kleine Stüblein befand, fiel an Hanmann, den Sohn aus erster Ehe. Auch an der Vorburg wurde ihm ein Teil reserviert. An der Stadt erhielt er den vierten Teil vom Oberen Tor die Straße herab bis an Dornhans Haus und an das Brucktor. Ausgenommen war die in diesem Stadtviertel liegende Mühle, die allen gemeinsam gehören sollte. Auch vom Frevel am Markt stand Hanmann ein Viertel der Einnahmen zu. Er sollte ferner die 2000 Pfund Heller behalten, die er von seiner Mutter bereits besaß. Wie aus einer Urkunde von 1378 hervorgeht, besaß Hanmann darüber hinaus ein Steinhaus beim Oberen Tor, also gerade in dem Teil der Stadt, der ihm zugesprochen worden war.[111]

Teilungsurkunde der Brüder von Geroldseck über die Aufteilung der Stadt und der Burg Sulz von 1383. Bildvorlage: Hauptstaatsarchiv Stuttgart A 169 U 4.

Da zwischenzeitlich der Bruder Heinrich gestorben war, teilten sich Konrad und Walter die verbleibenden drei Viertel der Stadt. Dazu gehörten die Gasthöfe und zwei Teile vom Salzbrunnen. Einer der drei Stadtbezirke reichte vom Brucktor die Straße herab bis ans Beckenhaus und bis an das Untertor. Der andere Teil ging vom Untertor die Straße herauf bis an das Klainenhaus und von dort zur Klause und an die Ringmauer. Zu diesem Teil der Stadt gehörte noch das Dorf Mühlheim und der obere Teil der Vorstadt. Der dritte Teil ging von der Klause herab bis an Heinz des Guten Haus und die Straße hinauf bis ans Obertor und dahinter an die Ringmauer. Hierzu gehörte Sigmarswangen, der Weiler unter der Burg und Fluorn mit den Leuten vor dem Wald, ferner der untere Teil der Vorstadt.

Wie die Mühle allen zustand, so sollte auch die Salzhalle gemeinsam verliehen werden. Alles andere in der Stadt, die Tore, Straßen, Brücken, Wege, Brunnen, Kirchen, der Kirchhof, der Markt, die Messe, die Brotlauben, die Badstube, Holz, Geld, Wasser, Weide und Allmend gehörten ebenfalls allen Brüdern gemeinsam.

Während die Teilung des Stadtgebiets relativ detailliert und anhand historischer Stadtpläne topographisch nachvollziehbar beschrieben ist, bleiben die Aussagen zur Burg vage. Wir erfahren, dass es eine „Obere Burg" und eine „Vorburg" gab. Unter der Oberen Burg dürfen wir mit einiger Sicherheit den heute noch als Ruine erhaltenen gotischen Wohnturm mit Nebengebäuden erkennen, unter der Vorburg den heute abgegangenen, westlich vorgelagerten Burgkomplex. Hanmann von Geroldseck bekam in der Oberen Burg den Teil eingeräumt, in dem sich das „kleine Stüblein" befand. Der Pfarrer von Dornstetten erhielt damit die Möglichkeit, am Stammsitz seiner Familie zu wohnen, wenn er in Sulz weilte (sofern er dann nicht sein Haus am Oberen Tor bewohnte). Weitere Details aus dem Interieur der Burg erfahren wir nicht. Man wird aber voraussetzen können, dass es in den verbleibenden drei Vierteln der Burg weitere Stuben gab, die den Mittelpunkt der Wohnungen von Konrad und Walther von Geroldseck bildeten. Die Burg Sulz bot demnach 1383 Platz für drei Wohnungen. Ob diese Wohneinheiten etagenweise oder in anderer Form geteilt waren, bleibt uns freilich verborgen. Nach den Erkenntnissen von Stefan Uhl spricht einiges dafür, dass die Teilung nach Stockwerken erfolgte, denn es lässt sich für jedes der drei Geschosse eine eigene Stube ermitteln.[112] Interessant ist noch der kurze Passus, der die drei Beteiligten darauf verpflichtete, bei einem etwaigen Verkauf ihrer Anteile die Geschwister zu bevorzugen. Man wusste also um die Gefahr einer Entfremdung von Anteilen an der Burg und versuchte dem mit derlei Bestimmungen vorzubeugen. Keiner der drei Brüder sollte seinen Teil an der Feste verkaufen, und wenn, dann ausschließlich an die Brüder um den Betrag von 20 Mark Silber.

Im selben Jahr 1383 kam ein durch adlige Freunde vermittelter Vergleich zwischen den Herren von Geroldseck und der Bürgerschaft von Sulz zustande, aus dem hervorgeht, dass es im Verhältnis der Bürger zu den Stadtherren zu Unstimmigkeiten in Fragen der kommunalen Selbstverwaltung gekommen war. Jetzt wurde ausdrücklich die von altersher gültige Stadtverfassung festgeschrieben. Eine der Hauptbestimmungen war die, dass sowohl das Gericht als auch der Rat der Stadt aus je zwölf Personen bestehen sollte. Der Stadtherr behielt sich jedoch das Recht vor, den Schultheißen aus dem Gremium der Richter selbst zu bestimmen.[113]

Die Teilung der Stadt Sulz von 1383. Versuch der Rekonstruktion der vier Stadtteile in einem Stadtplan vor dem Brand von 1794.

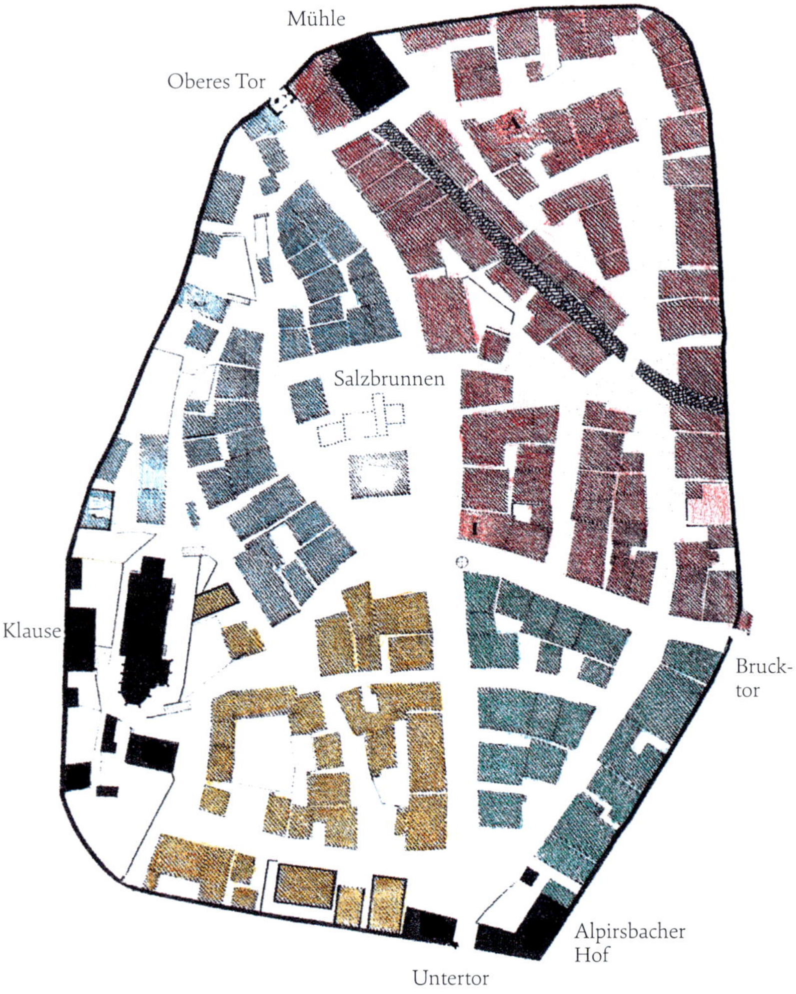

Wachsende Verschuldung

Mit den Verträgen von 1383 schienen die Weichen für die Zukunft der Stadt Sulz wie für die herrschaftliche Familie gestellt. Da kurze Zeit später der älteste Bruder Hanmann starb, der vor 1330 geboren und somit wesentlich älter war als seine Halbbrüder, müssten sich deren Wohnverhältnisse wie die Vermögenssituation eigentlich verbessert haben. Doch nur zehn Jahre später wird deutlich, dass beide Geroldsecker sich in einem Prozess fortschreitender Verschuldung befanden. So häufte Konrad von Geroldseck im Lauf der Jahre Verbindlichkeiten von insgesamt 1645 Gulden auf, und sein Bruder Walther in Höhe von 850 Gulden, zusammen 2495 Gulden, mit denen die Herrschaft belastet war.[114] Es ist davon auszugehen, dass die tatsächliche Verschuldung noch deutlich darüber lag, da offenkundig nicht alle Schuldbriefe erfasst sind. So ist etwa die Kreditaufnahme bei den Herren von Bubenhofen, die später gravierende Folgen zeitigte, nicht erhalten.

Schulden Konrads von Geroldseck

Jahr	Gläubiger	Summe
1394	Hanmann Jüngling	210 fl.
1403	Hermann von Lichtenfels	400 fl.
1405	Diepold von Genkingen	300 fl.
1409	Peter Niess	150 fl.
1412	Heinrich von Wehingen	55 fl.
?	Eberhard von Rosenfeld	130 fl.
1414	Verpfändung ½ Kelhof	400 fl.

Schulden Walthers von Geroldseck

Jahr	Gläubiger	Summe
1405	Diepold von Genkingen	300 fl.
1412	Verpfändung ½ Kelhof	550 fl.

Die Gläubiger der Geroldsecker waren befreundete Adlige und reiche Bürger der Nachbarstädte. Mehrfach musste die Stadt Sulz als Bürge einspringen, gelegentlich waren es Freunde und Nachbarn wie Eberhard von Rosenfeld, die für die Schulden der Geroldsecker einstanden. Als sich in der Zeit nach 1410 die Zahlungsunfähigkeit ankündigte, verloren einige der Gläubiger die Geduld. Jedenfalls wollte Eberhard von Rosenfeld (1407/† ca. 1433)[115] im Jahr 1413 nicht mehr stillhalten und erwirkte beim Hofgericht Rottweil eine sogenannte Anleite auf die Dörfer Mühlheim und Holzhausen, an deren Einkünften er sich schadlos halten sollte. Damit stand erstmals der unselige Begriff der „Anleite“ im Raum, der in den folgenden Jahren den Untergang des Hauses Geroldseck in Sulz begleiten sollte. Konrad von Geroldseck versuchte die Anleite 1414 offensichtlich durch die Verpfändung seiner Hälfte des Empfinger Kelhofs abzuwenden. Dieser Pfandbrief ist zugleich sein letztes Lebenszeichen, bald darauf scheint er, kaum 60 Jahre alt, über seinem enormen Schuldenberg verstorben zu sein. Er hinterließ seiner Frau und den Kindern ein schwieriges Erbe.

Konrad von Geroldseck und seine Annäherung an Württemberg

Verheiratet war Konrad von Geroldseck seit ca. 1375 mit Anna von Urslingen. Gut war diese Partie zumindest insofern, als Anna von ihrem Vater eine erkleckliche Heimsteuer in Höhe von 1600 Pfund Heller erhielt. Mit dieser Mitgift konnte das junge Paar seine Ehe standesgemäß beginnen. Ein Stein mit dem Allianzwappen Geroldseck/Urslingen, der möglicherweise anlässlich der Vermählung von Konrad und Anna angebracht wurde, findet sich, heute stark verwittert, über dem Haupteingang an der Nordseite der Burg.[116] Er ist vielleicht nicht nur ein Dokument dieser Eheverbindung, sondern verweist darüber hinaus möglicherweise auf Baumaßnahmen an der Burg Sulz nach dem Aufzug der Braut. Anna von Urslingen (1381/† 1424) entstammte einer bedeutenden, in der Nachbarschaft verwurzelten Familie mit glanzvoller Vergangenheit, die sich jedoch um diese Zeit selber in großen existenziellen Nöten befand. Annas Vater Konrad von Urslingen rang während ihrer Kindheit um das Teck'sche Erbe in Schiltach und ist an diesem Kampf wohl zugrunde gegangen.[117] Anna und ihr jüngerer Bruder Reinold von Urslingen waren 1381 gezwungen, ihre Herrschaft Schiltach an Württemberg zu verkaufen. Während Anna von Urslingen also Grund hatte, dieser aggressiv expandierenden Regionalmacht distanziert gegenüber zu stehen, suchte ihr Mann Konrad von Geroldseck offenkundig die Nähe zu Württemberg – wohl weil er aufgrund seiner finanziellen Probleme gezwungen war, sich in Fürstendienste zu begeben.

Spätestens 1393 werden solche Dienste gegenüber Württemberg erkennbar, denn am 27. November dieses Jahres verlieh Graf Eberhard III. der Milde (reg. 1392–1417) dem noch minderjährigen Sohn Konrads von Geroldseck, Heinrich, die Pfarreien Dornstetten und Sulz um der „getreuen Dienste" Willen, die ihm Konrad und sein Bruder Walther von Geroldseck geleistet hatten.[118] Konrad von Geroldseck machte in der Folge Karriere im württembergischen Hofdienst, in den Jahren 1406 und 1407 lässt er sich sogar als Hofmeister Graf Eberhards des Milden fassen. Er besiegelte in dieser Funktion am 27. März 1406 die Eheabrede Graf Eberhards mit seiner zweiten Frau Elisabeth von Nürnberg in Neustadt an der Aisch und vertrat den Grafen im September 1406 auf dem Reichstag in Mainz.[119] Konrad von Geroldseck war in diesen Jahren einer der Spitzenbeamten in Württemberg und fungierte als Stellvertreter des Grafen. Auch wenn er um 1410 in die Reihe der Räte zurücktrat, kann dies nicht als Zurücksetzung interpretiert werden, denn die vornehmsten württembergischen Beamten lassen sich in jener Zeit im Sinne des Rotationsprinzips in der Regel nie länger als zwei Jahre in der Spitzenposition nachweisen. Dass die Geroldsecker auch über Konrads Tod hinaus die Gunst des Grafen besaßen, demonstrierte dieser in der Zeit des Konstanzer Konzils. Als Graf Eberhard am 4. Juni 1415 mit großem Gefolge in Konstanz einritt, befand sich im Tross der 44 Adligen, die ihn begleiteten, auch Heinrich von Geroldseck, der wohl anstelle seines erkrankten oder gerade verstorbenen Vaters zu dieser Ehre gelangte.[120]

Diese prominente und ehrenhafte Position am Stuttgarter Hof ist bemerkenswert, weil die Herren von Geroldseck im 14. Jahrhundert traditionell zur Habsburger Klientel gehört hatten. Das lässt sich von Heinrich von Veldenz († 1296) bis zu Konrads Vater Walther von Geroldseck († 1376) eindrücklich belegen. Auch Angehörige anderer Geroldsecker Linien setzten ihr Leben für Österreich ein, so Walther von Geroldseck-Lahr, der 1386 in der Schlacht von Sempach gegen die Eid-

Nordfassade der Burg Sulz mit dem mittleren Portal und dem Wappenstein mit dem Allianzwappen Geroldseck/Urslingen von ca. 1370/75. Bildvorlage: Regierungspräsidium Stuttgart, Foto: Bertram Jenisch.

genossen fiel.[121] Es ist deshalb eigentlich nicht überraschend, in einer Zürcher Quelle zur Schlacht von Sempach auch *Conrad von Geroltzegg, Herr zu Sultz* als Teilnehmer an dieser so verlustreichen Schlacht zu finden. Mit ihm hatten sich zahlreiche Nachbarn wie Werner von Rosenfeld, der Vogt von Herrenberg, Hans von Brandeck, Menloch von Leinstetten, Bäldlin von Bisingen, Hermann von Lichtenfels und Bertold Hauck von Harthausen von Graf Eberhard anwerben lassen.[122] Während Hans (Hanmann) von Brandeck, Hermann von Lichtenfels, Ulrich von Tierberg und Burkart von Ehingen der Lange auf der Schweizer Walstatt ihr Leben ließen[123], kehrten andere Württemberger wie Werner von Rosenfeld und Konrad von Geroldseck unversehrt zurück. Was in unserem Zusammenhang aber auffällt: Es hatte hier bereits der

In der Schlacht bei Sempach am 9. Juli 1386 starben an der Seite Herzog Leopolds III. von Österreich zahlreiche südwestdeutsche Adlige, darunter auch Walther von Geroldseck-Lahr. Konrad von Geroldseck zu Sulz nahm in einem württembergischen Aufgebot an der Schlacht teil und kehrte unversehrt nach Hause zurück. Miniatur aus der Luzerner Chronik des Diebold Schilling.

Schwenk in Richtung Württemberg stattgefunden – Konrad von Geroldseck kämpfte 1386 zwar für Österreich, allerdings in einem württembergischen Aufgebot. Die württembergische Unterstützung für Österreich erklärt sich daraus, dass Graf Eberhard der Milde und Erzherzog Leopold III., der in Sempach an der Spitze seines Heeres fiel, nicht nur über ihre Pfirter Mütter geschwistrige Kinder waren, sondern überdies Schwäger, denn beide waren mit Frauen aus dem Haus Visconti verheiratet.

Diese Jahre um 1386/88 bedeuteten für viele schwäbische Adelsfamilien eine Wende in der politischen Orientierung. Denn während Habsburg in den verlorenen Schlachten von Sempach und Näfels 1386 und 1388 gegen die Eidgenossen einen moralischen Tiefpunkt erreichte, triumphierte Württemberg etwa zeitgleich in der Schlacht von Döffingen im August 1388 gegen die schwäbischen Reichsstädte. Auch andere Adelsgeschlechter wie die Zollergrafen wandten sich um diese Zeit Württemberg zu, zumal sich Graf Eberhard der Milde bemühte, den schwäbischen Adel möglichst weitgehend auf sich zu verpflichten.[124] So scheinen also auch die Geroldsecker schon 1386/88 eine Hinwendung zu Württemberg vollzogen zu haben. Wenn wir die Geroldsecker Quellen aus dieser Zeit betrachten, so fällt besonders eine Person in ihrer Umgebung ins Auge, die ihnen den Weg ins württembergische Lager geebnet haben könnte: Werner von Rosenfeld, der Vogt von Herrenberg (1360/† 1408).[125] Dieser begegnet uns schon 1378 als Siegler in einer Familienangelegenheit der Geroldsecker, 1383 als Rechtsbeistand Konrads von Geroldseck und im selben Jahr als „Freund" der Geroldsecker in der Sulzer Teilungsurkunde.[126] Seine enge Beziehung zum Haus Geroldseck erklärt sich nicht zuletzt daraus, dass die Herren von Rosenfeld zu den geroldseckischen Lehensleuten zählten. 1394 trat Werner von Rosenfeld nochmals zugunsten Konrads von Geroldseck als Bürge auf[127], und sein Sohn Eberhard von Rosenfeld griff Konrad später sogar mit einem Darlehen von 130 Gulden unter die Arme (was die Freundschaft dann freilich überstrapazierte, denn in der Bubenhofen-Fehde wechselte Eberhard ins gegnerische Lager).

Werner von Rosenfeld, der Vogt von Herrenberg, ist in die württembergische Geschichte als „Held von Döffingen" eingegangen. Ihm gelang es am 23. August 1388, mit seinen in höchster Not zusammen gestellten Hilfstruppen die Wende in der praktisch schon verlorenen Schlacht gegen die Reichsstädte herbeizuführen. Wäre es nicht denkbar, dass Werner damals auch Konrad von Geroldseck, den Freund und Kampfgefährten von Sempach, aufgeboten hätte? Eine Teilnahme Konrads und Walthers von Geroldseck an der Schlacht von Döffingen könnten jene „getreuen Dienste" gewesen sein, die Eberhard von Württemberg 1393 belohnte. Zwar gibt es in den Quellen und in der Sekundärliteratur zur Schlacht bei Döffingen keinerlei Hinweis auf die Teilnahme der Herren von Geroldseck, das muss aber nicht viel bedeuten, denn kaum einer der mutmaßlich 600 auf württembergischer Seite kämpfenden Ritter ist namentlich bekannt.[128] Wenn wir einen Einsatz der Geroldsecker in der Schlacht von Döffingen als Grund für einen Gunsterweis erwägen, erhebt sich allerdings die Frage, warum zwischen diesem „Dienst" und der Belohnung ganze fünf Jahre vergingen. Dafür gäbe es durchaus eine plausible Erklärung. Zum einen übernahm Graf Eberhard der Milde erst 1392 nach dem Tod seines Großvaters die Regierungsgeschäfte, zum anderen stand Konrads Sohn Heinrich, dem 1393 die Pfarrpfründen verliehen wurden, in diesem Jahr kurz vor der Volljährigkeit. Das heißt, ein vielleicht schon Jahre zuvor in Aussicht gestellter Gunsterweis für Konrads Sohn konnte erst jetzt vollzogen werden.

Findet man diese Hypothese wenig überzeugend und sucht man nach einem zeitlich näher liegenden Anlass, so käme Graf Eberhards Preußenreise von 1393 in Betracht. Der Kriegszug Graf Eberhards des Milden ins Land des Deutschen Ordens, wo er im Sommer des Jahres mit 200 Pferden gegen die heidnischen Schamaiten kämpfte, ist hinlänglich dokumentiert.[129] Allerdings kennen wir auch in diesem Fall außer dem Fähnrich Johann von Neideck namentlich keinen der Adligen, die Graf Eberhard ins Preußenland begleitet haben. Deshalb muss eine theoretisch mögliche Teilnahme der Geroldsecker an der Preußenreise von 1393 ebenso hypothetisch bleiben wie ihr Kampf in der Schlacht von Döffingen. Allerdings würde sich die Pfründenverleihung an Heinrich von Geroldseck vom 27. November 1393 chronologisch gut zur Geschichte fügen, denn die Preußenfahrer waren spätestens im Oktober von ihrer unrühmlichen Mission im Ordensland zurück.

Was an der Pfründenverleihung von 1393 in jedem Fall ins Auge springt, ist die Tatsache, dass das Haus Württemberg in diesem Jahr bereits über den Kirchensatz an der Sulzer Stadtkirche verfügte. Das heißt, Württemberg hatte demnach lange vor 1423, wo es ein Viertel an der Stadt erwarb, einen Fuß im Tor der Stadt Sulz. Wann Württemberg diese Rechte an der Sulzer Kirche erlangte, bleibt vorerst verborgen. Aber vielleicht war dies bereits ein Ergebnis des wechselseitigen Annäherungsprozesses. Die guten Beziehungen der Geroldsecker zum Haus Württemberg, die sich um 1406/07 in Konrads herausragender Position bei Hof und in Heinrichs Anwesenheit auf dem Konstanzer Konzil widerspiegeln, blieben aber auf die Regierungszeit der Grafen Eberhard III. († 1417) und Eberhard IV. († 1419) beschränkt. Nach dem Tod beider Grafen sollte sich das Verhältnis dramatisch verschlechtern. Eine plausible Begründung für diesen Bruch steht vorläufig aus.[130]

Rätselhaft bleibt am Ende, warum Konrad von Geroldseck trotz seiner Beamtenkarriere einen solchen Schuldenberg aufgetürmt hat. Haben ihn die mit seinem Amt verbundenen Repräsentationspflichten – dazu gehörten prachtvolle Kleidung[131], erstklassige Pferde, häufige Reise- und Bewirtungsverpflichtungen, exklusive Nahrungsgewohnheiten, doppelter Haushalt in Stuttgart und Sulz, nicht zuletzt auch ein repräsentativ herausgeputztes „Haus“ – in die Verschuldung getrieben? Wurden die Geroldsecker am Ende des 14. Jahrhunderts ein Opfer der anhaltenden Krisen? Oder könnte am Anfang von Konrads Schuldenlaufbahn die Gefangenschaft auf einem Schlachtfeld (Sempach 1386; Döffingen 1388) mit entsprechender Lösegeldforderung gestanden haben? Spannende Fragen, die im Rahmen dieser Arbeit nicht geklärt werden können.

Die Kinder Konrads von Geroldseck und sein Bruder Walther

Aus der Ehe Konrads von Geroldseck mit Anna von Urslingen gingen fünf Söhne hervor, Heinrich, Konrad, Georg, Reinold und Hans, sowie zwei Töchter, Margarethe und Elisabeth.[132] Der Älteste, Heinrich, ist bereits in der Pfründurkunde von 1393 als noch unmündig erwähnt, während der jüngste Bruder Hans 1420 noch minderjährig, 1421 schließlich volljährig in Erscheinung trat. Hans kann demnach kaum vor 1406 geboren sein, während sein ältester Bruder bereits um 1380 gelebt haben muss. Das heißt, die Geburtsjahre der Kinder von

Fragmente von zwei Frauenfiguren, die zu gotischen Nischenkacheln aus der 2. Hälfte des 14. Jahrhunderts gehörten. Sie zeigen, dass es auf der Burg Sulz im Spätmittelalter sehr qualitätvolle Kachelöfen gab. Foto: Matthias Seitz.

Konrad und Anna streuen über gut 25 Jahre. Das spricht bei nur sieben fassbaren Kindern dafür, dass vermutlich deutlich mehr Nachkommen geboren wurden, aber nicht überlebt haben. Insbesondere auf der Mädchenseite ist damit zu rechnen, dass es weitere Töchter gab, die nicht erwachsen wurden.

Alle diese Kinder sind auf der Burg Sulz aufgewachsen, aber nicht alle konnten hier bleiben. Wie immer bei so vielen Kindern erhob sich, insbesondere wegen der desolaten finanziellen Situation der Familie, die Frage der Versorgung. Elisabeth wurde ins nahe gelegene Kloster Kirchberg gegeben, wo sie es zur Priorin bringen sollte. Margarethe heiratete Brun von Lupfen und verließ die heimatliche Burg in Richtung Schwäbische Alb. Von den fünf Söhnen ergriff nur Reinold eine geistliche Laufbahn. Es mussten sich also immer noch vier Brüder, Heinrich, Konrad, Georg und Hans, die Burg teilen. Da in der Zeit um 1420/30 hauptsächlich Heinrich und Georg gemeinsam mit ihrem Onkel Walther handelnd erscheinen, mag es sein, dass Konrad von Geroldseck, der mit Magdalena von Steinhilben verheiratet war, nicht mehr auf der Burg lebte. Von Heinrich, der ursprünglich wohl ebenfalls Geistlicher werden sollte[133], wissen wir, dass er nicht standesgemäß verheiratet war, mit seiner unbekannten Frau (oder Konkubine) aber vier Kinder hatte. Diese lebten nicht auf der Burg Sulz, was die Situation etwas entschärft haben mag. Der einzige, der auf Sulz ein halbwegs standesgemäßes Leben zu führen versuchte, war Georg von Geroldseck, der mit Margaretha von Gundelfingen verheiratet war. Dieses Paar hatte offenbar keine Kinder.

Nicht ganz klar ist, wo nach dem Tod Konrads von Geroldseck sein Bruder Walther von Geroldseck († 1439[134]), der Senior des Hauses, lebte. Dieser hatte ja 1383 einen Teil der Burg zugesprochen bekommen und erscheint auch um 1420 rechtlich noch als Teilhaber. Dies muss aber nicht bedeuten, dass er auch de facto auf der immer enger werdenden Burg mitresidierte. Anders als sein Bruder Konrad wählte Walther von Geroldseck aufgrund seiner Mittellosigkeit eine „abgespeckte" adlige Existenzform. Ohne legitim verheiratet zu sein, zeugte er mit der Sulzer Bürgerstochter Adelheid Etzlich sechs Kinder, die alle bürgerlich versorgt wurden. Im Jahr 1430 überschrieb Walther seiner Konkubine und den Kindern für den Fall seines Todes ein Haus an der Stadtmauer und vermachte ihnen neben seinem Hausrat eine Rente von 40 Gulden.[135] In einem 1435 von seinen vier Neffen beschworenen Burgfrieden taucht sein Name nicht auf.[136] Es liegt deshalb nahe, dass Walther in seinen letzten Lebensjahren die Burg Sulz verließ und es vorzog, bei seiner Lebensgefährtin in dem erwähnten Sulzer Stadthaus zu leben. In den dramatischen Jahren um 1420/23 fiel Walther von Geroldseck als Senior des Hauses dennoch die Führungsrolle bei der vergeblichen Behauptung der Herrschaft Sulz zu.

Der unaufhaltsame Niedergang des Hauses Geroldseck in Sulz

◂ Reste eines Kettenpanzers aus miteinander vernieteten Eisenringchen von der Burg Sulz, möglicherweise 15. Jahrhundert. Ob das Stück zu einem Kettenhemd oder anderen Teilen der Rüstung gehörte, ist nicht zu entscheiden. Foto: Matthias Seitz.

Die Geroldsecker Fehde 1420 bis 1423

Die Misere das Hauses Geroldseck hatte sicher weiter zurückliegende Wurzeln, wurde aber mit dem Tod Konrads von Geroldseck bald nach 1414 unübersehbar. Konnte die Anleite des Gläubigers Eberhard von Rosenfeld auf geroldseckischen Besitz in Mühlheim und Holzhausen 1414 gerade noch abgewendet werden, so war damit doch die Phase der juristischen, später auch militärischen Angriffe auf die Herrschaft Sulz eröffnet. Tragisch für die Familiengeschichte gestaltete sich die Situation nicht zuletzt dadurch, dass Konrad und nach seinem Tod Walther von Geroldseck das Witwengut Annas von Urslingen angreifen mussten, um Gläubiger zu befriedigen. Annas legitimer Kampf um ihre Witwenversorgung verschärfte notgedrungen die finanzielle Gesamtsituation des Hauses: Indem sie um ihre persönlichen Rechte stritt, schwächte sie die Interessen ihrer Familie.[137]

Üblicherweise ist die Geschichte unserer Burgen geprägt von profaner Alltagsgeschichte. Obwohl als Wehrbauten gestaltet, war jede einzelne Burg doch eher selten Ziel und Gegenstand militärischer Aktivitäten. Nicht so die Burg Sulz. Keine andere Burg am oberen Neckar ist vom 14. bis zum 17. Jahrhundert so häufig Angriffsziel oder Ausgangspunkt von Fehden gewesen wie Sulz/Albeck. Die militärischen Verwicklungen um Burg und Stadt Sulz begannen im Jahr 1417/18. Walther und sein Neffe Heinrich von Geroldseck wurden 1417 in eine Fehde Graf Friedrichs von Zollern genannt Öttinger († 1443) gegen den Pfalzgrafen Otto von Mosbach hinein gezogen, dem Wildberg im Nordschwarzwald gehörte. Graf Friedrich von Zollern führte gegen den Pfalzgrafen einen Stellvertreterkrieg mit Unterstützung seines damaligen Dienstherrn Graf Eberhard IV. von Württemberg († 1419). Mit Hilfe seiner Freunde von Geroldseck schädigte er 1417 pfälzischen Besitz um Wildberg, geriet aber bald in die Defensive. Der Zollergraf und die Geroldsecker mussten sich nach Sulz zurück ziehen, wo sie im Sommer 1418 längere Zeit von pfälzischen Truppen eingeschlossen wurden, bis am 4. September in Bretten ein Friedensvertrag zustande kam.[138] Damit sahen sich Burg und Stadt Sulz erstmals nach 70 Jahren wieder mit in einer Belagerung konfrontiert.

Standen in dieser Fehde sowohl Graf Friedrich von Zollern als auch Walther und Heinrich von Geroldseck noch eindeutig im württembergischen Lager, so muss sich nach dem Tod Graf Eberhards IV. 1419 etwas ereignet haben, was zu einer tiefgreifenden Entfremdung sowohl Graf Friedrichs von Zollern wie der Geroldsecker von Württemberg führte. Man kann nur vermuten, dass dies mit der Einrichtung der Vormundschaftsregierung für die unmündigen Grafen Ludwig und Ulrich zu tun hatte, der der Hofmeister Graf Rudolf von Sulz vorstand.[139]

Nur zwei Jahre nach dem Wildberger Streit stand den Herren von Geroldseck eine zweite, weit schwerere Fehde ins Haus, in der ihnen jetzt die Herrschaft Württemberg als übermächtiger Gegner gegenüber trat. Auslöser der Fehde war der württembergische Diener Wolf von Bubenhofen (ca. 1390–1461).[140] Der in Geislingen residierende Bubenhofen war einer der zahlreichen Gläubiger der Geroldsecker, der ausgerechnet jetzt seine Schulden in Höhe von 130 Gulden vom Haus Geroldseck zurück forderte. Da die Geroldsecker nicht zahlen konnten oder wollten, erwirkte Bubenhofen im Jahr 1420 beim Hofgericht in Rottweil die Anleite auf den geroldseckischen Besitz in Mühlheim und Holzhausen. Dem Hofgericht stand Graf Rudolf von Sulz vor, der gleichzeitig württembergischer Hofmeister und Chef der Stuttgarter Vormundschaftsregierung war. Da die Geroldsecker Wolf von Bubenhofen an der durch das Hofgericht legitimierten Inbesitznahme hinderten, blieb dem Gläubiger nach dem damaligen Rechtsverständnis des Adels nichts anderes übrig, als sich sein Recht unter Androhung von Gewalt zu verschaffen. Er erklärte den Geroldseckern die Fehde, die diese umgehend erwiderten.

Es gelang Walther und seinem Neffen Heinrich von Geroldseck nicht weniger als 60 Ritter und Adlige auf ihre Seite

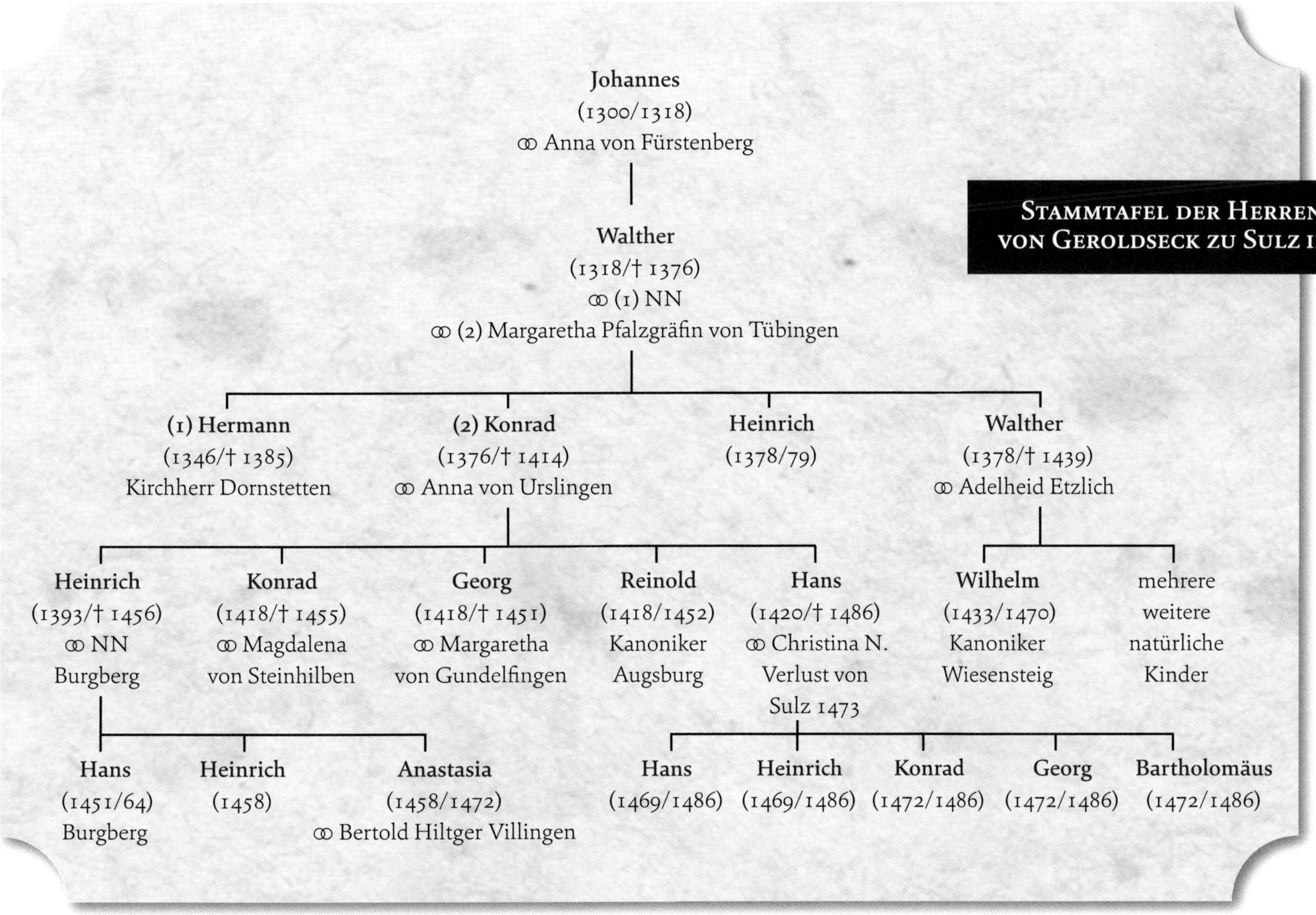

Stammtafel der Herren von Geroldseck zu Sulz II

zu ziehen. Diese erklärten Wolf von Bubenhofen in sogenannten Absagebriefen die Fehde. Der Einzugsbereich dieser Fehdehelfer reichte bis in die Ortenau, ins Elsass, in den Breisgau und nach Franken. Der von den Geroldseckern aufgebotene Helferkreis umfasste Abenteurer wie die Bastarde Reinhard und Simon von Thierstein, aber auch ehrenwerte Herren vom Adel wie Hans Stoll von Staufenberg, Hans Wilhelm von Enzberg oder Gebhard von Blumeneck. Das Hauptkontingent der Freunde stammte aus der näheren Nachbarschaft, darunter neben dem Bruder Georg von Geroldseck beispielsweise Fritz, Balthasar und Ulrich Branthoch, Diem und Georg von Lichtenfels, Mathis und Georg von Ow, Wilhelm Affenschmalz (von Ringelstein bei Burladingen) und Wolf von Liechtenstein. Nicht zuletzt kämpften auch Angehörige der ehrbaren Sulzer Familie Gut auf geroldseckischer Seite. Zu den Unterstützern der Geroldsecker gehörte ferner Graf Friedrich von Zollern, dem sie selbst zwei Jahre zuvor in der Wildberger Fehde beigestanden hatten und der nach Auskunft der Zimmerischen Chronik *eben des unfridlichen holzes war* wie die Herren von Geroldseck.[141]

Der Herausforderer Wolf von Bubenhofen konnte allerdings wesentlich mehr Anhänger gewinnen. Zwar war sein Dienstherr Graf Eberhard IV. von Württemberg gerade erst 1419 verstorben, doch dessen Witwe, Gräfin Henriette von

Mömpelgard († 1444), die die Vormundschaft für ihre minderjährigen Kinder führte, stellte sich auf die Seite ihres Dieners. Da somit die Herrschaft offen für ihren Beamten Partei ergriff, schloss sich praktisch der gesamte nach Württemberg orientierte Adel mit 97 Herren der Bubenhofenschen Fehde an. Alles was in Württemberg Rang und Namen hatte, schickte den Geroldseckern Absagebriefe zu, in vorderster Reihe der Hofmeister Graf Rudolf von Sulz und mit ihm viele Herren mit illustren Namen wie Gemmingen, Gültlingen, Nippenburg, Rechberg, Sachsenheim, Schenk zu Limpurg, Sickingen, Späth, Stadion, Stotzingen, Sturmfeder und Truchseß von Höfingen. Besonders bitter war es, dass sich mit Hans von Ow d. Ä., Bertold Hack von Harthausen und Eberhard von Rosenfeld drei Lehensleute aus der näheren Umgebung gegen die Herren von Geroldseck stellten. Als wäre die Übermacht nicht auch so schon beeindruckend genug gewesen, schlossen sich elf Reichsstädte der Fehde auf Seiten Bubenhofens an, nämlich Ulm, Rottweil, Schwäbisch Gmünd, Biberach, Weilderstadt, Pfullendorf, Kempten, Leutkirch, Giengen, Aalen und Reutlingen.

Die Bubenhofensche Fehde drohte in kurzer Zeit zu einem regionalen Konflikt auszuwachsen, der weite Teile Südwestdeutschlands in Mitleidenschaft ziehen konnte. Deshalb sollten wir auch lieber von der „sogenannten Bubenhofen-Fehde“ oder besser noch von der Geroldsecker Fehde sprechen.[142] Es ging hier sehr bald nicht mehr um ein Inkasso-Unternehmen eines kleinen Adligen, sondern um einen gefährlichen politischen Konflikt im Rahmen des Territorialisierungsprozesses der großen Landesherrschaften im 15. Jahrhundert. Niklas Konzen hat präzise herausgearbeitet, wie all diese Adelsfehden am oberen Neckar von Württemberg benutzt, gefördert und teilweise sogar angezettelt wurden, um seine territoriale Expansion in diesem Raum voranzutreiben. Er konnte auch aufzeigen, wie das Rottweiler Hofgericht in Person des Hofrichters Graf Rudolf von Sulz, zugleich württembergischer Spitzenbeamter, mit seinen Achterklärungen diesen Prozess gefördert hat.[143]

Selbst wenn Württemberg in Person der Witwe Henriette von Mömpelgard anfangs noch ohne Hintergedanken in die Fehde eines Dieners hinein gestolpert sein sollte, so wurde

Seite aus der Fortsetzung der zeitgenössischen Chronik „Flores temporum“ mit der Notiz unten links über die Belagerung der Burg Sulz durch Gräfin Henriette von Württemberg. Bildvorlage: Württembergische Landesbibliothek HB V 87, fol. 157v.

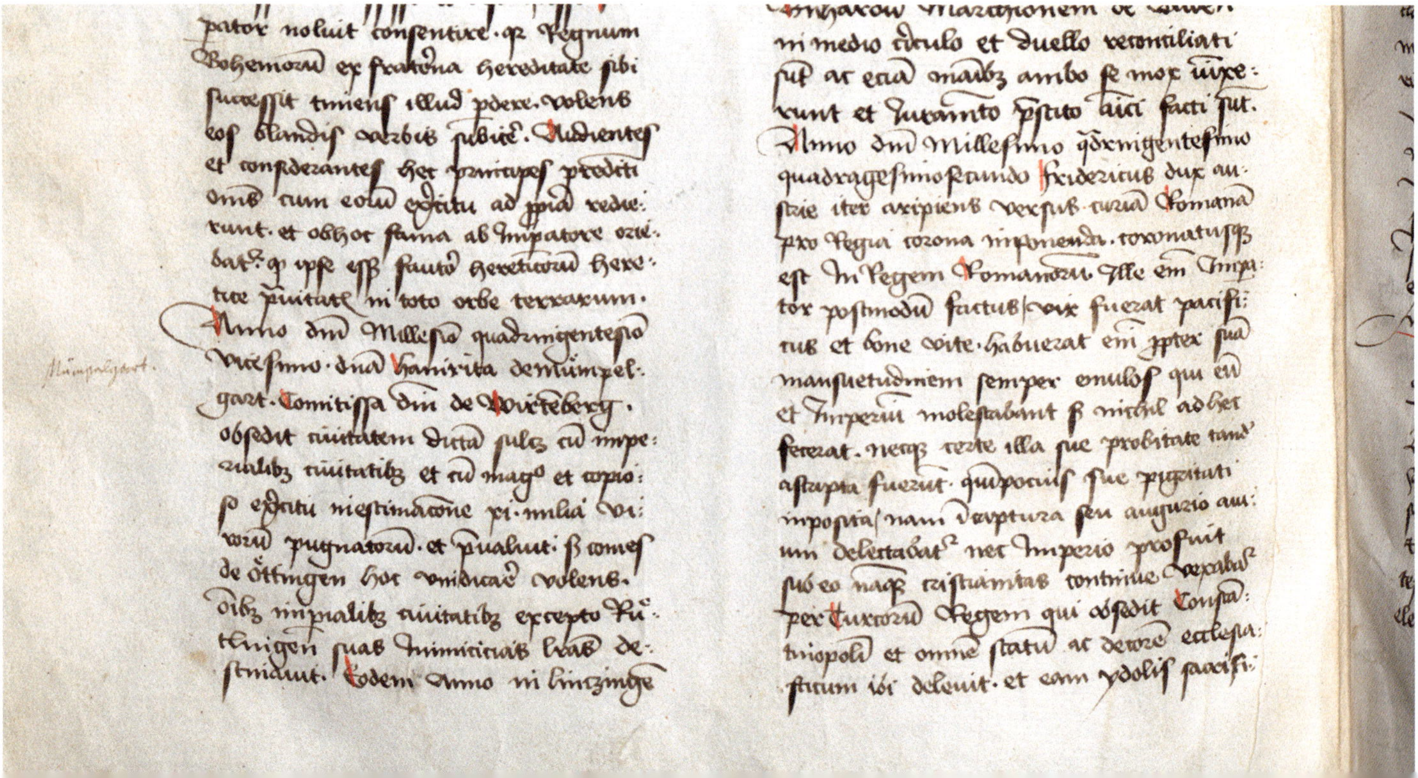

dieser auf Expansion eingestellten regionalen Vormacht sehr rasch bewusst, dass sich ihr hier ein lukrativer Zugriff auf eine marode Adelsherrschaft eröffnete. Die Aussicht auf die Gewinnung eines Salinenstandorts machte das Expansionsziel Sulz sicherlich zusätzlich attraktiv.[144] Da sich die Geroldsecker in ihrer ausweglosen Situation aber nicht nur des Beistands gleichgesinnter Freunde, sondern auch konkurrierender Regionalmächte wie Badens und der Pfalz versicherten, drohte aus dem begrenzten Konflikt jederzeit unversehens ein veritabler Hauptkrieg zu werden.

Anfang Oktober 1420 legte sich ein Heer von angeblich 11 000 Mann vor Burg und Stadt Sulz.[145] Diese unglaubhafte Zahlenangabe bezieht sich offenkundig auf eine zeitgenössische Chronik, die Fortsetzung der „Flores temporum" von Johann Fistenport, wo die Ereignisse folgendermaßen geschildert werden: *Anno domini Millesimo quadringentesimo vicesimo domina Hainrica de Mümpelgart Comitissa domini de Wirtenberg obsedit civitatem dictam Sultz cum imperialibus civitatibus et cum magno et copioso exercitu in estimatione xi milia virorum pugnatorum et prevaluit* („Im Jahr 1420 belagerte Frau Henriette von Mömpelgard die Stadt Sulz gemeinsam mit den Reichsstädten und mit einem großen und volkreichen Heer von geschätzt 11 000 Kämpfern und siegte").[146] Auch wenn die Zahl von 11 000 Belagerern wie häufig in Chroniken des 15. Jahrhundert erheblich zu hoch gegriffen sein dürfte[147], so geht die erdrückende Übermacht doch allein schon aus der beeindruckenden Teilnehmerliste auf württembergischer Seite hervor. Auch die in Anlehnung an diesen Chronikeintrag vielfach kolportierte Nachricht, Gräfin Heinriette habe persönlich an der Spitze ihrer Streitmacht gestanden, ist kritisch zu hinterfragen. Das Zitat ist sicherlich nicht wörtlich zu verstehen, es bringt lediglich zum Ausdruck, dass Henriette von Mömpelgard als Vormund ihrer minderjährigen Söhne und als Regentin der Grafschaft Württemberg offiziell die Kriegsherrin war. Auch dass sie über längere Zeit hier persönlich bei der Truppe (später auch bei Belagerung der Burg Hohenzollern) anwesend war, erscheint schon deshalb nicht glaubhaft, weil ihre Vormundschaft bereits 1421 endete.[148]

Zu Beginn des Oktobers schreiben Walther, Heinrich und Georg von Geroldseck an die Reichsstädte, dass sie belagert werden und sich an die Pfalzgrafen Ludwig und Ott sowie an den Markgrafen von Baden um Hilfe gewandt hätten. Ihre Bürger in der eingeschlossenen Stadt Sulz baten sie, ihren Hauptleuten gehorsam zu sein.[149] Aber ihre Durchhalteparolen bewirkten nichts. Schon nach wenigen Tagen muss Sulz von den Württembergern eingenommen gewesen sein. Offenkundig ist es aber den Belagerern trotz ihrer Überlegenheit nicht gelungen, die Burg zu erobern. Wie in derlei Konflikten üblich, setzten unmittelbar nach Aufnahme der Kampfhandlungen Vermittlungsversuche Dritter ein, deren Ziel es war, weiteres Blutvergießen zu vermeiden, also zunächst einmal einen Waffenstillstand, im weiteren Verlauf aber Friedensverhandlungen herbeizuführen. Schon am 9. Oktober 1420 erreichte der als Vermittler angerufene Kurfürst Ludwig von der Pfalz (1378–1436), Herzog von Bayern, mit seinen Räten Graf Bernhard von Eberstein, Hans von Helmstatt und Bernhard von Sickingen einen Waffenstillstand zwischen den Konfliktparteien Württemberg und Bubenhofen auf der einen und Walther, Heinrich und Georg von Geroldseck auf der anderen Seite.

Belagerungsszene mit Zelt und Armbrustschützen. Detail aus der Rottweiler Hofgerichtsordnung von ca. 1435. Bildvorlage: Württembergische Landesbibliothek HB VI 110, fol. lv.

Die Unparteiischen hatten sich hierzu an den Neckar begeben, denn die Urkunde wurde am 9. Oktober 1420 *vor Sultz Im veld* ausgestellt.[150] Der Waffenstillstand enthält bereits eine Reihe jener Bestimmungen, die sich im endgültigen Friedensvertrag vom Januar 1423 wieder finden sollten – aber bis dahin war noch ein weiter Weg. Nachdem die Württemberger, so heißt es da, *vnser Schloß Sultz belegert von Wolfen von Bubenhofen ihres dieners wegen* und es in diesem Zusammenhang zu Kampfhandlungen gekommen war, wurde zunächst ein Gefangenenaustausch vereinbart. Weiter bekannten Walther, Heinrich und Georg von Geroldseck, die auch im Namen ihrer jüngeren Brüder Reinold, Konrad und Hans sprachen, gegen jährlich je 100 Gulden in die Dienste des Hauses Württemberg treten zu wollen. Ferner – und das war wohl der neuralgische Punkt – stimmten sie zu, *daz Sultz die Schloß, Burg vnd Statt der hochgebornen vnser gnedigen lieben Herren, Herrn Ludwigs vnd Herrn Ulrichs gebruder Grauen zu Wirtemberg… offen huser vnd Schloß sollen heissen vnd sin*. Die Streitigkeiten zwischen den Geroldseckern und Wolf von Bubenhofen sollten aber in einem Schiedsgericht unter Vermittlung der pfalzgräflichen Räte geklärt werden.

In diesen Bestimmungen wird ganz deutlich, dass der Konflikt von Anfang an seinen Charakter als Fehde zwischen zwei benachbarten Adelsfamilien in Richtung politisch-strategischer Schachzüge verlagerte: Die Schuldforderung Bubenhofens an die Geroldsecker wurde zur Nebensache, im Mittelpunkt des „Friedensvertrags" stand der Anspruch Württembergs auf die Öffnung von Burg und Stadt Sulz.[151] Wäre der Vertrag in Kraft gesetzt worden, hätte das Haus Württemberg jetzt schon, im Oktober 1420, einen Fuß in der Tür der wirtschaftlich interessanten Salinenstadt gehabt. Doch genau diese Kernbestimmung des Vertrags dürfte der Grund dafür gewesen sein, dass sich die Geroldsecker noch einmal besannen und den Vertrag stornierten.

Die Fehde ging weiter, aber es wird deutlich, dass hinter den Kulissen fieberhaft um diplomatische Lösungen gerungen wurde. Am 30. November erfahren die Brüder von Geroldseck, dass der Pfalzgraf beabsichtigte, einen Tag zwischen Württemberg und Geroldseck vor dem Markgrafen von Baden anzusetzen. Zwischenzeitlich scheint der Waffenstillstand nicht eingehalten worden zu sein, denn am selben Tag beklagen sich die Geroldsecker beim württembergischen Rat Hans von Sachsenheim, dass sie von den Württembergern überfallen worden seien. Der alte Walther von Geroldseck bestätigt im Dezember 1420, dass auch er an dem Tag vor Markgraf Bernhard von Baden teilnehmen werde. Es ist aber zweifelhaft, ob dieser Tag, der auf die Woche nach Ostern (23. März) bestimmt wurde, zustande gekommen ist, jedenfalls hat sich kein Dokument davon erhalten. Vielmehr entschuldigte sich am 21. März 1421 Reinhold von Urslingen, ein Verwandter und Mitstreiter der Geroldsecker, er könne den Termin nach Ostern nicht wahrnehmen, sein Schwager (gemeint ist Walther von Geroldseck) sei so krank, dass er nicht reiten könne, und Heinrich von Geroldseck sei in der Burg Sulz unabkömmlich. Georg von Geroldseck aber sei bei der „Frau von Österreich" (wo er um Vermittlung nachsuchte?). Schließlich

Die häufig auf Burgen gefundenen Hörner aus Ton dienten als Signalhörner, sollten aber auch Unwetter abwehren. Die abgebildeten Fragmente von Burg Sulz gehören zu verschiedenen Hörnern des 14./15. Jahrhunderts. Foto: Matthias Seitz.

vermittelten der württembergische Hofmeister Hans von Sachsenheim und Graf Friedrich von Zollern einen Tag nach Sulz in der Pfingstwoche.[152]

Am Mittwoch vor Pfingsten (6. Mai) 1421 kam es tatsächlich zu einem weiteren *Friden* zwischen den Geroldseckern und Wolf von Bubenhofen sowie der Herrschaft Württemberg an unbekanntem Ort (aber wie angekündigt vermutlich in oder bei Sulz).[153] Dies war eine Waffenstillstandsvereinbarung mit konkreter Fristsetzung bis Sonnenuntergang am Johannestag (24. Juni). In dieser Urkunde war nicht mehr von einem württembergischen Öffnungsrecht an der Burg Sulz die Rede. Es ging ausschließlich um engere Bestimmungen eines Waffenstillstands. An erster Stelle wurde erneut ein Gefangenenaustausch zwischen beiden Parteien, ihren Helfern und Helfershelfern vereinbart. Darüber hinaus legten sie einen Status quo fest: Die Geroldsecker versprachen, *in disem Friden die vesti Sultz nit Spisen, buwen noch betzügen mit deheinen sachen*, also solange der Waffenstillstand währt, die Burg nicht durch Baumaßnahmen fortifikatorisch zu verstärken und nicht mehr Vorräte anzulegen als zur einfachen Verköstigung der Besatzung nötig war. Neben Walther und Georg von Geroldseck siegelten ihre Freunde und Fehdehelfer Diem von Lichtenfels, Fritz Branthoch und Konrad von Sternenfels.

Man hoffte, bis zum gesetzten Termin am Johannestag zu einem regulären Frieden zu finden, doch da dies nicht geschah, wurde der Waffenstillstand kurz vor Ablauf Mitte Juni 1421 bis zum Jakobstag (25. Juli) mit einer weitgehend gleichlautenden Urkunde verlängert. Und da auch diese Frist nicht reichte, um eine Konfliktlösung zu finden, wurde der „Frieden“ kurz vor dem Jakobstag bis Weihnachten 1421 verlängert.[154] Dieser Frieden vom 11. Juli 1421 war wieder vermittelt und begleitet von Pfalzgraf Ludwig, der ihn in seiner Stadt Bretten besiegelte. Er enthielt folgende Bestimmungen: Die Herrschaft Württemberg sollte die Stadt Sulz und was im Umfeld dazu gehört, bis zum Ende der Waffenstillstandsfrist nutzen dürfen. *Was aber zu der vestin Sultz gehöret* an Äckern, Wiesen und Wäldern, das sollten die Herren von Geroldseck und ihre Amtleute ungehindert nutzen. Ebenso sollten die Bürger und Einwohner der Stadt Sulz freien Zugang zu ihren Feldern und Weiden genießen. Hier lässt sich an einer Stelle einmal erahnen, in welcher Weise die Sulzer unter dieser Fehde zu leiden hatten. Eine interessante Nebenbestimmung ist die, wonach Herzog Reinold von Urslingen, der sich als Onkel der Geroldsecker auf deren Seite gestellt und Wolf von Bubenhofen „abgesagt“ hatte, seine Feindschaft beendete, also aus der Front der geroldseckischen Partei ausscherte. Für die württembergische Partei siegelten Graf Friedrich von Helfenstein und Hofmeister Hans von Sachsenheim.

Die so gewonnene Zeit, die zweite Jahreshälfte 1421, haben die Herren von Geroldseck offenbar genutzt, um sich zu einer durchaus interessanten, aber riskanten Lösung des Konflikts durchzuringen. Sie boten Pfalzgraf Ott, dem Bruder Herzog Ludwigs, und dem Markgrafen Bernhard von Baden eine Rolle an, die die beiden vom bisherigen Vermittler zur Partei machte. Am 19. und 23. Dezember 1421, also wiederum kurz vor Ablauf der Waffenstillstandsfrist, wurden zwei Dokumente besiegelt, die hochbrisant waren. Und man fragt sich, von wem die Initiative zu dieser unerwarteten Wende ausgegangen sein mag.

Zunächst wurde an unbekanntem Ort, aber wohl auf kurpfälzischem oder badischem Gebiet am 19. Dezember 1421 ein Vertrag aufgesetzt, in dem *die Edeln Heinrich, Georg vnd Conrad, gebrüder von Geroltzecke, Herren zu Sultz... mit wissen... des edeln Walther von Geroltzecke* an Pfalzgraf Ott, Herzog in Bayern, und an Markgraf Bernhard von Baden *yren teile an der Burge zu Sultze, daz ist ein vierteil von dem gantzen slosse zu Sultze... an einem ende by einander... Gegeben, verschrieben vnd vermacht habend.*[155] Zu diesem Viertel des Schlosses gehörte ein Viertel der zugehörigen Äcker, Wiesen, Weide, Feld und Wald. Die Herren von Geroldseck behielten sich aber *die Statt Sultze* und alle Dörfer, Weiler, Gerichte, Mannschaft und alle Herrlichkeit, die zu ihrer Herrschaft gehörte, vor. *Dartzu habend die obgenannten von Sultz für sich selbs auch behalten daz huse in der Burge zu Sultz, da sy itzund yre wonung Innhabend.* Das Viertel an der Burg Sulz, das den beiden Fürsten überschrieben wird, sollen die Geroldsecker *vßzeich[n]en vnd vßmessen* lassen. Darauf erhalten diese das Recht, sofern sie das benötigen, in den nächsten vier oder fünf Jahren ein Haus zu bauen. *Vnd sol dasselbe Huse, da die von Sultze itzund Inn sient, vns offen sin zů nöten des Slosses.* Ebenso soll den Geroldseckern

Armbrustbolzen verschiedener Zeitstellung, darunter solche des 15. Jahrhunderts, von der Burg Sulz. 2. Exemplar von links 11./12. Jahrhundert; 3–5: 12.–15. Jahrhundert; 8–10: 13.–15. Jahrhundert.; 11–12 (oben): 15.–16. Jahrhundert. Foto: Matthias Seitz.

das (künftig zu erbauende) Haus der beiden Fürsten bei Bedarf offen sein. Für ihren Bau stehe den beiden Fürsten Bauholz in ihrem Viertel der Wälder zur Verfügung. Weiter wurde vereinbart, *daz der bronn In der burg zu Sultz* ihnen *gemeyne sin sol* und sie den Brunnen auch *In gemeynem costen* unterhalten sollen. Ringmauer, Zwinger, Pforten, Brücken, Wege und Stege sollen allen gemeinsam gehören. Die beiden Fürsten erhalten das Recht, auf ihrem Teil der Burg bei Bedarf zusätzliche Stallungen zu errichten.

Vier Tage später, am 23. Dezember 1421 besiegelten die hier Beteiligten ein noch umfangreicheres Zusatzdokument, das sich zwingend aus der soeben behandelten Verschreibung ergab, nämlich einen *Burgfriden*. Solche Burgfrieden wurden immer dann notwendig, wenn sich unterschiedliche Parteien oder Erbengemeinschaften (Ganerben) ein Burgareal teilen mussten. Daraus ergaben sich mögliche Konfliktsituationen, die präventiv der rechtlichen Regelung bedurften. Schon die Urkunde von 1301 (s. o. S. 44) stellte einen solchen Burgfrieden des Schlosses Sulz dar, und in späteren Jahren sollten noch mehrere solcher Dokumente anfallen. Dieser Burgfrieden zwischen den Herren von Geroldseck, dem Pfalzgrafen Ott und dem Markgrafen Bernhard ist bisher nicht beachtet worden.[156] Das hat aber wohl auch damit zu tun, dass die beiden Verträge vom Dezember 1421 nie (oder jedenfalls nicht lange) zur Geltung kamen und ihre Bestimmungen insofern nur theoretischen Charakter hatten. Dennoch ist überaus interessant, wie im Burgfrieden vom 23. Dezember 1421 die gemeinsame Nutzung des Schlosses geregelt wurde.

Da wird unter anderem festgelegt, wie man mit adligen Gästen umgehen soll, die auf der Burg Zuflucht suchen. Gewährt man in Kriegszeiten etwa einem Fürsten – zu diesem Stand wird auch das Haus Württemberg gerechnet – Aufenthalt, so soll der betreffende Fürst 50 Gulden und fünf Armbrüste im Wert von je fünf Gulden beisteuern. Bei Grafen und Herren sind die Tarife entsprechend geringer. Diese Gelder sollen dem gemeinen Nutzen des Hauses zugute kommen. Die beiden Fürsten sollen zur Versorgung der Burg dauernd vier Fuder Wein (ca. 4–5000 l), 100 Malter Korn (ca. 150 Ztr.), 100 Malter Mehl, 100 Malter Dinkel, 100 Malter Hafer, zehn Scheiben Salz, vier Ochsen, eine Kuh und vier Bachen vorhalten. Ferner sind zwei Zentner Salpeter, zwei Zentner Blei, zwei Zentner Schwefel und ausreichend Kohle bereitzustellen, um jederzeit Schießpulver herstellen zu können. Zehn Armbrüste, viertausend Pfeile, davon zweitausend stählerne, Harnische für zehn Mann, Eisen und zwanzig Pfund Stahl vervollständigen das Arsenal. Ebenso viele Waffen sollen die Herren von Geroldseck bereitstellen. Falls man *Bollwercke* errichten müsse, solle das Holz aus den gemeinen Wäldern geholt werden. Die beiden Fürsten sollen stets sechs Wächter, einen *Tagwalter* und einen Torwächter aufbieten, beide Parteien sollen darüber hinaus auf ihre Kosten je vier Knechte bereithalten. Bei drohender Gefahr sollen die beiden Fürsten zwei Adlige und zehn Schützen samt einem Büchsenmeister auf das Schloss Sulz schicken, die Geroldsecker aber vier Adlige und zwölf Schützen, so dass man einer möglichen Belagerung standhalten könne. Zuletzt folgen noch Bestimmungen über Strafen für Frevel, die auf der Burg begangen werden.

Auch wenn diese Bestimmungen in dieser Form nie (oder nur kurze Zeit) realisiert worden sein dürften, so liefern sie uns doch ein realistisches Bild von den Zuständen und den Anforderungen an Versorgung und Bewaffnung auf einer spätmittelalterlichen Burg. Ein Arsenal wie hier beschrieben, war auf der Burg Sulz auch ohne diesen Vertrag mit dem Pfalzgrafen und dem Markgrafen denkbar.

Uns muss aber der hier beabsichtige Handel doch noch etwas beschäftigen. Denn man fragt sich, was die beiden Fürsten hier eigentlich für ein Spiel trieben. Zunächst ist zu sagen, dass der Pfalzgraf Ott (von Mosbach; 1390–1461) nicht wie sein Bruder Pfalzgraf Ludwig zuvor als Vermittler in diesem Konflikt aufgetreten war. Dennoch hat er mit diesem Vertrag die Bemühungen seines Bruders um einen Frieden konterkariert und hintertrieben. Seine Motive und Absichten sind jedoch durchsichtig. Pfalzgraf Otts territoriale Interessen reichten in den Raum am oberen Neckar. Er verfügte über Besitz um Wildberg und hatte darum bereits 1417/18 einen Strauß mit Graf Friedrich von Zollern und den Geroldseckern ausgefochten. Er selbst (oder zumindest seine Leute) hatten damals Stadt und Burg Sulz vergeblich belagert. Jetzt schien ihm die Burg wie eine reife Frucht in den Schoß zu fallen.

Ähnliches gilt für Markgraf Bernhard von Baden (1364–1431). Er war schon vor der Jahrhundertwende durch seine (nur kurzfristig bestehende) Ehe mit Margaretha, der Tochter Graf Rudolfs III. von Hohenberg, ein Anwärter auf die Grafschaft Hohenberg gewesen, hatte aber gegen das Haus Habsburg den Kürzeren gezogen. Seinen Anspruch hielt er dennoch aufrecht und spielte auch später noch eine Rolle am oberen Neckar. Als Fehdehelfer für Graf Friedrich von Zollern genannt Öttinger, der 1419 seine eigene Stadt Hechingen aus der Hand seines Bruders Eitelfriedrich eroberte, erlangte er vorübergehend Zugriff auf Hechingen. Bei dieser Belagerung standen übrigens neben dem Markgrafen von Baden auch die Herren von Geroldseck auf der Seite ihres Freundes Friedrich von Zollern.[157] Der Markgraf hatte also seine Ambitionen auf eine Erweiterung seiner Herrschaft in den schwäbischen Raum hinein nicht aufgegeben. Da kam ihm diese Chance, über Sulz erneut ein Tor in diese Gegend aufzustoßen, gerade recht.

Was hatte aber die Herren von Geroldseck – und zwar alle vom alten Walther bis zu Georg und Konrad – zu diesem durchaus riskanten Schachzug bewogen? Ein Motiv war sicherlich die tiefe Abneigung gegen das Haus Württemberg, das man mit dieser Finte vielleicht hoffte abschütteln zu können. Nur: Was machte es aus der Sicht des maroden Adelshauses für einen Sinn, die ein Jahr zuvor im Raum stehende Öffnung des Stammschlosses Sulz für Württemberg jetzt in die Schenkung eines Viertels der Burg an Baden und die Pfalz-Mosbach einzutauschen? War es ihr Kalkül, zwei auswärtige Fürsten in die Verantwortung für die Burg Sulz gegenüber Württemberg zu nehmen, so war dies überaus gefährlich. Denn Württemberg würde sich nicht so einfach aus dem Feld schlagen lassen, zumal es noch das Pfand der von ihm besetzten Stadt Sulz in der Hand hatte. Und sollte es tatsächlich zu einem offenen Schlagabtausch zwischen Württemberg, der Pfalz (-Mosbach) und Baden um die Herrschaft Sulz kommen, so bestand die Gefahr, dass binnen kurzem der gesamte Südwesten in Flammen stand.

Kurz: Den Württembergern konnte diese Entwicklung (so sie denn von diesen Verträgen vom Dezember 1421 wussten) keineswegs gefallen. Auch Pfalzgraf Ludwig sah seine Bemühungen um den Landfrieden von seinem eigenen Bruder unterlaufen. Hinzu kam, dass Württemberg und Pfalzgraf Ludwig eine enge Interessengemeinschaft verband, denn die Gräfin Henriette hatte soeben ihren minderjährigen Sohn Ludwig von Württemberg der ebenfalls minderjährigen Tochter des Pfalzgrafen versprochen.[158] Beide Parteien mussten also im gemeinsamen Interesse die merkwürdige Allianz des Hauses Geroldseck mit Baden und Pfalzgraf Ott aufzubrechen versuchen. Und offenkundig wurde das anbrechende Jahr 1422 dazu genutzt, die Verträge vom Dezember 1421 zu kippen und zum Status quo ante, dem vorherigen Konfliktlösungsansatz, zurückzukehren. Die Flucht der Geroldsecker in eine zweifelhafte Offensive blieb tatsächlich Episode.

Im Januar 1422 wurde der Frieden (d.h. Waffenstillstand) bis zur Jahresmitte verlängert. Im Juni vereinbarten württembergische und pfälzische Räte einen Tag in Heidelsheim. Die Herren von Geroldseck lehnten in Heidelsheim jedoch alle Vorschläge der württembergischen Räte zur Konfliktbeilegung ab. Wir erfahren bei dieser Gelegenheit, dass Württemberg entgegen einer früheren Vereinbarung die Stadt Sulz noch nicht freigegeben hatte. Im August 1422 beklagten sich Pfalzgraf Ott und Markgraf Bernhard von Baden, dass die Burg Sulz, die ihnen gemeinsam mit den Geroldseckern gehöre, immer noch belagert werde. Württemberg warf den beiden Fürsten vor, sie hätten ja vor dem Krieg keinen Anteil an der Burg gehabt, erst während der Fehde hätten sie sich dort eingenistet. Im Übrigen beklagten württembergische Räte, dass die Burgbesatzung die Belagerer vom Schloss Sulz aus schwer schädigten.[159] Alles weist darauf hin, dass im Sommer 1422 um Burg und Stadt Sulz schwere Kampfhandlungen stattfanden.

Die Situation war inzwischen so verfahren, dass man jetzt eine andere Form der Konfliktlösung versuchte. Am 15. Oktober 1422 (Freitag vor St. Gallentag) fällten in Sinsheim Ott Pfalzgraf bei Rhein und Herzog in Bayern, Raban Bischof von Speyer und Schwarzreinhard von Sickingen folgenden Spruch[160]: Zur Klärung der Ursache von *kriege vnd vindschafft* zwischen Württemberg und Bubenhofen einerseits und den Herren von Geroldseck andererseits schlugen die Vermittler einen landfremden und unparteiischen Richter, nämlich Caspar von Klingenberg vor. Falls beide Parteien mit dieser Personalie einverstanden wären, sollten sie jeweils zwei oder drei Persönlichkeiten ihres Vertrauens benennen, die unter Vorsitz des genannten Richters in Form von *clag vnd antwurt, rede vnd widerrede* Ursache und Verlauf des Krieges und die wechselseitigen Vorwürfe und Ansprüche klären sollten, und zwar bis Weihnachten. Sobald sie Caspar von Klingenberg gebeten hätten, seine Arbeit aufzunehmen, *So sol die herrschafft zu Wirtemberg… als sich die vor Sultz, das ober Sloß gelegert hand, vff stund abeziehen, doch daz die von Geroltzegk noch niemand von Iren wegen an oder In dem obern Sloß Sultz, daz zu der were gehört, noch die Herrschafft Wirtemberg… vor dem Sloß an Bastyen oder andern sachen nichtz buwen sollen.*

Diesem Vermittlungsverfahren, das nun in der Hand des renommierten kaiserlichen Rates Caspar von Klingenberg (1388/† 1439)[161] lag, war endlich Erfolg beschieden. Ihm gelang es einen endgültigen Friedensvertrag vorzubereiten, der die Fehde im Januar 1423 beendete, wenn auch nicht in dem Sinne, wie sich das die Herren Walther, Heinrich, Georg und Konrad von Geroldseck gewünscht hätten. Auf der Grundlage des Schiedsspruches von Caspar von Klingenberg wurde am 26. Januar 1423 in Heidelberg der Friedensvertrag zwischen Wolf von Bubenhofen und Württemberg auf der einen und den Herren von Geroldseck auf der anderen Seite zu Pergament gebracht.[162] Demnach erhielt Württemberg ein Viertel an der Stadt Sulz und das Öffnungsrecht auf der Burg. Walther, Heinrich und Georg von Geroldseck begaben sich in die Dienste der Herrschaft Württemberg, wofür jeder von ihnen jährlich 100 Gulden erhalten sollte. Schließlich übernahm Württemberg die Entschädigung des Ritters Wolf von Bubenhofen in Höhe von 1000 Gulden.

Damit war man mehr oder weniger zum ersten Entwurf eines Friedensvertrages vom 9. Oktober 1420 zurückgekehrt. Württemberg hatte über seine Rolle als Fehdehelfer für einen Dienstmann einen Fuß in die Herrschaft Geroldseck gesetzt, die Geroldsecker mussten am Ende zähneknirschend und gegen ihre Neigung einem Herrn dienen, dessen aggressive Expansionspolitik hinlänglich bekannt war. Man wusste, in welcher Weise sich die Grafen von Württemberg in den vergangenen hundert Jahren am oberen Neckar breit gemacht hatten: Seit 1317 gehörte ihnen Rosenfeld, Dornstetten seit 1320, Urslingen seit vor 1327, Haiterbach seit 1363, Dornhan seit 1380, Schiltach seit 1381/91, Schalksburg mit Balingen

Der Anfang vom Ende: In der Urkunde vom 26. Januar 1423 erhält Württemberg ein Viertel der Stadt Sulz und das Öffnungsrecht an der Burg, die Brüder Geroldseck treten in die Dienste Württembergs. Bildvorlage: Hauptstaatsarchiv Stuttgart A 169 U 23.

seit 1403, Mössingen mit dem Steinlachtal seit 1415. Damals ganz aktuell (1422/23) lagen die Württemberger gemeinsam mit den Reichsstädten vor der Burg Hohenzollern ihres Freundes Friedrich von Zollern und man musste befürchten, dass auch die Grafschaft Zollern am Ende in die Hand der Württemberger fallen würde. Tatsächlich wurde der Zoller an Pfingsten 1423 von Württemberg und den Reichsstädten eingenommen und zerstört, doch verstand es Hohenzollern langfristig, den Zugriff Württembergs abzuwehren.[163]

In Sulz saß die Herrschaft Württemberg jetzt in der Stadt und hatte sich das Zutrittsrecht aufs Schloss erkämpft. Diese Situation zog zwingend einen Burgfrieden zwischen Geroldseck und Württemberg nach sich, der im April 1424 zustande kam.[164] Dieser verwendet relativ viel Raum auf die Beschreibung des immerhin 17,5 qkm großen Burgfriedensbezirks, macht aber keinerlei Aussagen über die Rechtsverhältnisse zwischen den Partnern, über Versorgung und militärische Ausrüstung. Das erklärt sich daraus, dass zwar die Stadt, nicht aber das Schloss Sulz besitzrechtlich zwischen Württemberg und Geroldseck geteilt war. Württemberg besaß an der Burg lediglich das Öffnungsrecht. Da aber der Burgfriedensbezirk die Stadt Sulz mit einschloss, war Württemberg zwingend Vertragspartner. Wichtig war den Grafen von Württemberg allerdings, sich das Vorkaufsrecht auf die drei Viertel der Stadt Sulz zu sichern, die noch den Herren von Geroldseck gehörten.

Anna von Urslingen und ihr Bruder Herzog Reinold von Urslingen

Ob Anna von Urslingen, die Witwe Konrads von Geroldseck und Mutter der fehdeführenden Brüder, den Burgfrieden vom April 1424 noch erlebt hat, wissen wir nicht. Nach allgemeiner Einschätzung ist sie um 1424, also gerade in dieser dramatischen Schlussphase der Geroldsecker Fehde verstorben. Ob die Aufregungen der drei Jahre währenden Fehde zu ihrem Tod beigetragen haben, lässt sich natürlich nicht sagen. Man kann nur mutmaßen, dass die Sorge um ihren Familienbesitz und um das Leben ihrer Söhne die adlige Dame beträchtlich belastet haben. Da kaum zu erwarten ist, dass Anna von Urslingen während der Fehdejahre auf der Burg Sulz gelebt hat, erhebt sich die Frage, wohin sie in Sicherheit gebracht worden sein mag. Da drängt sich als wahrscheinlichstes Refugium der Wohnsitz ihres Bruders, das Untere Schloss in Hornberg im Schwarzwald auf. Diese Vermutung wird durch einen späteren Brief des Hornberger Vogtes Heinrich Wölflin aus dem Jahr 1436 gestützt, worin dieser berichtet, sein Vater sei vor Jahren während eines „Friedens" (eines Waffenstilstands in der Geroldsecker Fehde?) auf Veranlassung der Schwester des Herzogs von Urslingen (= Anna von Urslingen) von deren Söhnen, den Brüdern von Geroldseck erschlagen worden.[165] Anna lebte demnach in den Jahren der Bubenhofen-Fehde in Hornberg oder hatte zumindest mit dem Ort zu tun.

Mit ihrem Bruder Reinold von Urslingen tritt eine Persönlichkeit in den Vordergrund, der wir in den Auseinandersetzungen der vergangenen Jahre am Rande immer wieder begegnet sind. Als Oheim und Fehdehelfer der Geroldsecker, gelegentlich auch als Vermittler spielte er in der Geroldsecker Geschichte eine wichtigere Rolle als bisher bekannt. Deshalb soll diese bemerkenswert vitale Adelsgestalt hier gemeinsam mit seiner Schwester gewürdigt werden.

Herzog Reinold von Urslingen (ca. 1363/65–1442) war wie die etwas ältere Schwester Anna in Schiltach geboren.[166] Schiltach war die letzte Besitzposition der Urslinger, nachdem sie bereits vor 1327 ihren Stammsitz Irslingen an Württemberg verloren hatten. Schiltach war ihnen um die Mitte des 14. Jahrhunderts über eine Eheverbindung mit den ebenfalls wirtschaftlich angeschlagenen Herzögen von Teck zugefallen. Die Stadt Schiltach im Kinzigtal spielte in der Expansionspolitik und den strategischen Planspielen der Grafen von Württemberg eine überragende Rolle, weil ihr als möglicher Brückenpfeiler auf dem Weg zu ihren elsässischen Besitzungen hohe Bedeutung zukam. Im Jahr 1375 – Anna von Urslingen hatte gerade Konrad von Geroldseck geheiratet und war nach Sulz übergesiedelt, wie ihr dortiger Wappenstein belegt – bemächtigte sich ein Adliger Schweizer Herkunft, Mathis von Signau, auf dubiose Weise der Herrschaft Schiltach. Bei diesen Kämpfen sei – so vermutet Hans Harter[167] – Annas und Reinolds Vater Herzog Konrad von Urslingen umgekommen. Aus der Wehrlosigkeit und Handlungsunfähigkeit des damals ca. 10-jährigen Sohnes erklärt sich der Verlust Schiltachs. Harters Annahme, der so aus seinem Besitz vertriebene junge Reinold von Urslingen könnte in diesen Jahren bei seiner Schwester und seinem Schwager Konrad auf Schloss Sulz aufgewachsen sein, erscheint plausibel.

In den folgenden Jahren spielte Mathis von Signau die Stadt Schiltach der interessierten Regionalmacht Württemberg zu. Dem inzwischen mündigen Reinold von Urslingen, seiner Schwester Anna und deren Mann Konrad von Geroldseck blieb 1381 und endgültig in einem Vertrag von 1391 nichts anderes übrig, als auf das Angebot des Usurpators einzugehen und Burg und Stadt Schiltach um 6000 Gulden an Württemberg zu verkaufen.[168] Da die vereinbarte Kaufsumme nicht aufgebracht werden konnte, setzte Graf Eberhard III. der Milde Herzog Reinhold von Urslingen 1398 als Pfandherrn auf seinem eigenen Heimatschloss ein, wo er bis zur Rücklösung des

Pfands 1415 mit seiner Frau Anastasia von Üsenberg residierte. Seine Frau brachte aus ihrer früheren Ehe einen Anspruch auf die Hälfte von Schloss und Stadt Hornberg mit, so dass die beiden seit 1409 zunächst über zwei Wohnsitze verfügten, um sich 1415 ausschließlich in Hornberg niederzulassen.

Wichtig erscheint in unserem Zusammenhang folgendes: Das Haus der einst so mächtigen Herzöge von Urslingen hatte vor 1327 seine Stammherrschaft an das expandierende Württemberg verloren. 1381/91 verdrängten die Württemberger auf dubiose Weise die Urslinger aus der Herrschaft Schiltach. Auch wenn Herzog Reinold dort noch fast zwei Jahrzehnte pfandweise residieren durfte, gehörte doch die rigide Verdrängungspolitik des Hauses Württemberg zu seinen und seiner Schwester Jugenderfahrungen. Man muss diese Vorgeschichte kennen und berücksichtigen, wenn wir uns fragen, mit welch zwiespältigen Gefühlen Anna von Urslingen die Karriere ihres Mannes Konrad beim Haus Württemberg begleitete und mit welchen Empfindungen sie von ihrem mutmaßlichen Exil in Hornberg aus beobachtete, wie Württemberg in den Jahren 1420 bis 1423 erneut als Nutznießer einer Adelsfehde seine Interessen durchsetzte und zuletzt sein Banner auch noch in der Stadt Sulz aufrichtete.

Diese Vorgeschichte erklärt möglicherweise auch einige Widersprüche in der Biographie Reinolds von Urslingen. Von seiner elterlichen Burg vertrieben und als Heranwachsender auf Burg Sulz aufgewachsen, stand er den Kindern seiner Schwester als „Oheim" sehr nahe. Als diese 1420 in die Bubenhofen-Fehde gerieten, stand der mittlerweile erfahrene Fehdeführer selbstverständlich auf der Seite seiner Verwandten. Dies brachte ihn freilich in eine verzwickte Situation, weil er bis 1415 als Pfandherr auf Burg Schiltach zur württembergischen Klientel gehörte. Zum Jahr 1412 ist Reinold überdies als württembergischer Vogt in Mömpelgard belegt. Nach dem Tod seines Dienstherrn Graf Eberhard IV. von Württemberg wurde er von dessen Witwe Gräfin Henriette von Mömpelgard für die Jahre 1419 bis 1421 zum Vormundschaftsrat ihrer unmündigen Kinder bestellt.[169] Vielleicht stand Urslingen bei der Witwe in besonderer Gunst, vielleicht war dieses ehrenvolle Amt auch als ein Versöhnungsangebot an den gedemütigten Herzog gedacht, mit dem der zwischenzeitlich als durchaus unbequemer Haudegen bekannte Mann an das Haus Württemberg gebunden werden sollte. Eine solche Rolle als „Rat" der Herrschaft Württemberg wurde ihm später jedenfalls auf einem berühmten Gemälde, der sogenannten „Ratssitzung Graf Eberhards des Milden", zugewiesen, wo er unter den Württemberg zugewandten Adligen Südwestdeutschlands, darunter auch sein Schwager Walther von Geroldseck, als „Herzog" eine prominente Position einnimmt.[170] Die doppelte Loyalität des Urslingers in der Geroldsecker Fehde – gegenüber seinen Verwandten und gegenüber Württemberg – dürfte der Grund dafür gewesen sein, dass Reinold am 11. Juli 1421 – wohl auf Druck Württembergs – aus der geroldseckischen Fehdepartei ausschied. Zugleich verschwand er aber auch aus dem Vormundschaftsrat.

Reinolds Persönlichkeit war offenkundig vielschichtig und widersprüchlich. Man fragt sich unwillkürlich, warum der so nachhaltig von Württemberg Geschädigte sich ausgerechnet in den Dienst dieser Macht stellte, die nach der Vermutung Harters auch noch für den Tod seines Vaters verantwortlich war. Fast erscheint einem diese ambivalente Hinwendung zur feindlichen Macht als eine Form der Identifikation mit dem Aggressor: Reinhold zeigte sich zwar äußerlich loyal und milderte die erlittene Enteignung und Demütigung durch die Annahme materieller Vergünstigungen und ehrenvoller Ämter ab, blieb aber innerlich auf Distanz und beteiligte sich hinterrücks an Fehden und Racheakten gegen den früheren Aggressor. Die Frage wäre zu diskutieren, ob seine beiden Schwäger Konrad und Walther von Geroldseck, die ja ebenfalls Rats- und Beamtenpositionen bei Württemberg innehatten, ihrem Dienstherrn ebenso ambivalent gegenüber standen.

Die Gewalterfahrung des jugendlichen Reinold und seine zwiespältige Stellung gegenüber der territorialen Vormacht Württemberg trägt jedenfalls zum Verständnis seiner militanten, von Brüchen und Widersprüchen geprägten Biographie bei. Nach seiner Vertreibung aus Schiltach trat Herzog Reinold von Urslingen in einer wirtschaftlich prekären Situation in die Fußstapfen seines gleichnamigen Großvaters († ca. 1370), der ebenso wie der Großonkel Werner von Urslingen ein berühmter Condottiere und Kriegsheld in Italien gewesen war, und entwickelte sich selbst in deren Nachfolge zu einem ge-

fürchteten Haudegen und „Fehdeunternehmer". Als solcher schloss er sich bereitwillig befreundeten Adligen in ihren Kämpfen an oder stellte seine militärischen Fähigkeiten in den Dienst bürgerlicher Fehdeführer. Seit 1390 finden wir Reinold von Urslingen beinahe ununterbrochen auf dem Kriegspfad, einmal an der Spitze von 49 Adligen gegen die Stadt Freiburg, 1392 als Führer von 278 Söldnern der Reichsstadt Straßburg gegen Württemberg. 1409 lag er umgekehrt mit der Stadt Straßburg in Fehde, 1414 mit den Grafen von Zollern.[171] Von 1410 bis 1426 legte er sich neben anderen schwäbischen Adligen, darunter Graf Eitelfriedrich von Zollern, für den Walliser Kaufmann Johann Gruber ins Zeug, der eine jahrzehntelange Fehde mit Zürich ausfocht.[172] Unterbrochen wurde dieser Konflikt 1420/21 durch die Teilnahme an der Bubenhofenfehde. 1426 verwüstete er im Auftrag des Markgrafen von Baden Dörfer der Herren Snewlin von Landeck im Breisgau. 1431 lag er mit den Städten am Bodensee in Fehde.[173] 1432/33 beteiligte er sich gemeinsam mit seinen Sulzer Neffen am „Geroldsecker Bruderkrieg" um Hohengeroldseck. 1436/37 half er, wiederum mit seinem Neffen Georg von Geroldseck dem Ulmer Bürger Werner Roßhaupter in seiner Fehde gegen die Reichsstadt Nürnberg.[174] 1440 schloss er sich noch im hohen Alter von wenigstens 75 Jahren einer Fehde des Hegauer Adels gegen den Bischof von Konstanz an. Und 1441 erreichte seine unstete Laufbahn ihren Tiefpunkt, als er sich dem berühmten Überfall einer Adelsgesellschaft um Graf Heinrich von Lupfen auf Handelsschiffe am Kattenhorn auf der Höri anschloss. Bei dieser Gelegenheit wurde er zum Kumpan des berüchtigten Hans von Rechberg, der auch bald in Sulz eine unrühmliche Rolle spielen sollte. In Weiterdingen im Hegau ist Reinold von Urslingen 1442 hochbetagt gestorben – wenn man der Schweizer Chronik Egidius Tschudis glauben darf, als *armer verdorbner bettelhertzog*.[175] Diese Einschätzung des eidgenössischen Geschichtsschreibers wird durch die Fakten gestützt: Erschien Reinold in den Jahren um 1410/20 noch als Adelsmann von beträchtlichem Vermögen, so zerrann ihm sein Besitz und Vermögen zwischen 1430 und 1440 allmählich durch Notverkäufe.[176] Da er aus seiner Ehe mit Anna von Üsenberg keine legitimen Kinder hinterließ, sondern von einer unbekannten Frau nur zwei außereheliche Kinder namens Heinrich und Guta Urslinger, starb das einst so glanzvolle Geschlecht der Herzöge von Urslingen mit Reinold aus.

Die sogenannte „Ratssitzung Graf Eberhards des Milden" zeigt oben links im Bild Herzog Reinold von Urslingen als württembergischen Rat, links in der Mitte seinen Schwager Walther von Geroldseck. Bildvorlage: Landesmuseum Württemberg Nr. 2735.

Das „Herkommen" der Herzöge von Urslingen und der Herren von Geroldseck

Im Kontrast zum wirtschaftlichen Niedergang des Geschlechts stand das stolze Standesbewusstsein des letzten Urslingers, das auch auf die Geroldsecker ausstrahlte, wie man einer erhaltenen Gedächtnistafel entnehmen kann.

Reinolds Schwester Anna von Urslingen muss eine tatkräftige und selbstbewusste Persönlichkeit gewesen sein, wie der Existenzkampf um ihr Witwengut am Ende ihres Lebens belegt. Zugleich konnte sie grausam sein, wie ihr Auftrag zum Totschlag an einem Hornberger Bürger zeigt.[177] Neben dem oben erwähnten Wappenstein vom Portal des Schlosses Sulz gibt es ein weiteres kulturhistorisches Zeugnis von ihrer Ehe mit Konrad von Geroldseck, nämlich eine bemerkenswerte Gedächtnistafel in der Pfarrkirche Empfingen. Diese Tafel enthält neben dem Allianzwappen Urslingen/Geroldseck eine lateinische Inschrift mit der kurzgefassten Herkunftssage beider Geschlechter:

DE PLATEA IN ROMA GEROLCZECK IBI DICTA STIRPS EST PROGRESSA NOBILIS GEROLTSEGG NVNCVPATA BARONES LIBERI VIGENT EX Schilttach DUCCISSA HVIUS EX IRSINIS PROCERITAS SVMME RATIFICATA

> *Von der Gasse in Rom, die dort Geroldseck genannt wird, hat das edle Geschlecht seinen Ausgang genommen, das Geroldseck heißt.*
> *Freie Herren sind sie [auch] auf Grund ihrer Abstammung von der Herzogin von Schiltach, deren hohe Herkunft von den ‚Ursini' von höchster Seite bestätigt ist.*

Die heute unter dieser Inschrift erkennbare Jahreszahl 1592 gilt nicht als authentisch und stammt wohl von einer jüngeren Restaurierung der Tafel.[178]

Wer auch immer diese Tafel in Auftrag gab, verfolgte mit ihrer Anbringung an einem öffentlichen Ort eine bestimmte Absicht. Hier wird sowohl das Geschlecht der Geroldsecker als auch das der Urslinger, ganz im Stil frühhumanistischer Geschichtsschreibung, aus römischer Wurzel hergeleitet. Hinter der „Herzogin von Schiltach" verbirgt sich niemand anders als Herzogin Anna von Urslingen, die ja in Schiltach geboren war und deren Familie in diesem Monument von der römischen Patrizierfamilie der „Irsini" (Orsini) hergeleitet wird. Ihr als der gegenüber den „Baronen" von Geroldseck ranghöheren Herzogin wird in der Anordnung der Wappen – Urslingen heraldisch rechts vor Geroldseck – der Vorrang gewährt. In dieser Inschrift drückt sich unverkennbar Hochachtung gegenüber dieser „Stammmutter" aus. Und das heißt, hinter dem Stifter der Tafel kann sich nur eines (oder mehrere) der Kinder Annas von Urslingen († 1424) verbergen. Die Tafel kann somit frühestens um 1425 entstanden sein.

Ein gewisser Verdacht fällt auf Annas jüngsten Sohn Reinold, der nicht von ungefähr nach seinem Onkel hieß und von jenem den typischen Urslinger Leitnamen „geerbt" hatte. Reinold von Geroldseck wurde später Domherr in Augsburg. Zu diesem Zweck ließ er sich 1427, wie dies von adligen Anwärtern auf hohe kirchliche Pfründen gefordert wurde, eine Ahnenprobe anfertigen.[179] Im Zuge dieser Beschäftigung mit den Vorfahren, in die regelmäßig sachkundige Genealogen einbezogen wurden, mag der gebildete Sohn auf den Gedanken gekommen sein, den Eltern ein künstlerisches Denkmal zu setzen. Die Tafel entstand in den Jahren nach den turbulenten Auseinandersetzungen der Familie Geroldseck mit dem Haus Württemberg. Sie ist ein Überlebenszeichen, das inmitten existenzieller Bedrohung trotzig das Bewusstsein der alten (antiken!) und hohen Abkunft beider Familien aufrecht hält.

Herzog Reinold von Urslingen teilte mit den Verwandten diese Kenntnis von der römischen Herkunft seiner Familie. Vielleicht hatte er sogar einen aktiven Anteil an der Verbreitung dieses „Herkommens". Jedenfalls firmierte Reinold um 1436/41 in Dokumenten der Konstanzer Kurie öfters als „Herzog von Vrsini", entweder weil er diese Anrede forderte oder weil er sie sich von frühhumanistisch geschulten Klerikern in Konstanz gerne gefallen ließ.[180] Bekanntlich fungierte das Konstanzer Konzil von 1415 bis 1418 als geistiges Forum, Wissensbörse und Umschlagplatz für derlei Informationen und Theorien.[181] Von Reinold von Urslingen ist bekannt, dass er 1418 in Konstanz mit einer Bittschrift bei Papst Martin V. vorstellig wurde; er war also zeitweilig auf dem Konzil anwesend und könnte mit Gelehrten zusammen gekommen sein, die ihm solches *von höchster Seite bestätigtes* „Wissen" zutrugen.[182]

Die Empfinger Gedächtnistafel mit dem Allianzwappen Urslingen/Geroldseck erinnert an die „Herzogin von Schiltach" Anna von Urslingen und überliefert die Herkunftssage beider Geschlechter. Zweites Viertel 15. Jahrhundert, erneuert 1592.

Überlebenskampf zwischen Existenzbedrohung und Selbstbehauptung

Die Belagerungen von Schloss Sulz in der beinahe zweieinhalb Jahre währenden Geroldsecker Fehde hatten ihre Spuren hinterlassen. Wir wissen aus der erwähnten Urkunde vom August 1422, dass Württemberg am Hang der Burg Basteien, also Geschützstellungen errichtet hatte, von denen aus die Burg beschossen werden konnte. Und noch der Geroldsecker Chronist Matthäus Marschall von Pappenheim wusste 1532 zu berichten: *Wiewol die Stöt* [Städte] *mit grossem Geschütz und andrem Gewalt gemelt Schloß Albeck by der Stadt Sultz hartt not, wie man dann noch die Wortzeichen* [Wahrzeichen im Sinne von Spuren] *ann den Muren sicht, mochten sie es nit gewinnen...*[183] Die Spuren der Belagerung waren also noch mehr als hundert Jahre nach den Ereignissen zu erkennen. Das heißt, es galt nach 1424 um die Burg herum aufzuräumen, Schäden zu beseitigen und möglicherweise beschädigte Mauern, Dachstühle und Gebäudeteile zu renovieren. Die Herren von Geroldseck mussten in den Jahren nach der sicherlich ohnehin schon kostenintensiven Fehde erneut Geld in die Hand nehmen, um zu bauen. Die Fehde hat mutmaßlich die miserable finanzielle Situation des Hauses verschärft.

Wenn wir nach Spuren solcher Baumaßnahmen an der Burg Sulz fragen, so stoßen wir auf jene auffällige innere Zwingeranlage um den Wohnturm, die Stefan Uhl in seinem Beitrag (vgl. unten S. 164) beschreibt und die er als typisches Fortifikationselement der ersten Hälfte des 15. Jahrhunderts anspricht. Dieser zusätztliche Schutzmantel um das Kerngebäude der Burg Sulz, das diesem allerdings teilweise seine repräsentative Außenwirkung nahm, käme als ein Bauwerk dieser Jahrzehnte in Betracht. Die Frage ist nur, ob dieser zwischen Ringmauer und Wohnturm angelegte Zwinger bereits im Vorfeld der Belagerung von 1420–23 angelegt wurde oder aber erst in der Folgezeit als Antwort auf die bitteren Erfahrungen.

Die jüngeren Herren von Geroldseck – das waren Heinrich, Konrad, Georg und Hans – traten nach dem Ende der Fehde und dem Tod ihrer Mutter 1424 ein überaus schwieriges Erbe an. Sie hatten keine geringere Aufgabe zu bewältigen als ihre ramponierte und hoch verschuldete adlige Existenz unter erschwerten wirtschaftlichen Rahmenbedingungen zu sichern. Das heißt, sie mussten sich jenseits des Einkommens ihrer überschaubaren feudalen Grundherrschaft Einnahmequellen erschließen, die geeignet waren, ihre Verschuldung in Höhe von mehreren tausend Gulden zu vermindern. Es war mittlerweile in den Familien des schwäbischen Adels üblich, den Söhnen Beamtenstellen in der Landesverwaltung der Territorialmächte zu verschaffen. Damit erlangten sie ein Grundeinkommen, das ihnen in der Regel eine standesgemäße Adelsexistenz ermöglichte. Sie verzichteten damit jedoch auf einen Teil ihrer Autonomie und gerieten in die Gefahr, an den umliegenden Fürstenhöfen, also in Württemberg, Vorderösterreich, Baden oder der Pfalz domestiziert zu werden. Viele schwäbische Adelsfamilien wie die Bubenhofen, Gültlingen, Neuneck, Weitingen oder Ehingen sind diesen Weg gegangen und haben am württembergischen Hof nicht nur Karriere gemacht, sondern auch das Geld verdient, um ihre kleinen Herrschaften zu sanieren oder sogar auszubauen.

Andere Geschlechter taten dies nur zähneknirschend und unter Widerstand, weil sie den Verlust ihrer Eigenständigkeit fürchteten. Die Herren von Geroldseck gehörten zu dieser Adelsgruppe ebenso wie der Herzog von Urslingen, die Grafen von Zollern, die Herren von Falkenstein oder später Hans von Rechberg, dem wir im Umfeld der Geroldsecker noch begegnen werden. Die Geroldsecker begaben sich 1423 – als Resultat aus der Bubenhofen-Fehde – nur unwillig und gezwungenermaßen in den württembergischen Landesdienst. Die jeweils 100 Gulden Dienstgeld, die Heinrich, Konrad und Georg von Geroldseck bis 1439 nachweislich jährlich erhielten[184], nahmen sie zwar in ihrer Notlage als sicheres „Grundgehalt" gerne in Empfang, dieses Einkommen war jedoch bei einem Schuldenstand von mindestens 5000 Gulden nur ein

Ausguss eines Widder-Aquamaniles aus Ton von der Burg Sulz, 15. Jahrhundert. Gießgefäße dieser Art, oft in Tiergestalt, wurden zum Händewaschen an der Tafel verwendet. Foto: Matthias Seitz.

Tropfen auf den heißen Stein. Die Gebrüder hätten gemeinsam 17 Jahresgehälter aufbringen müssen (und mit Zinsen noch wesentlich mehr), um ihre Schulden zu tilgen. Das war nach menschlichem Ermessen nicht möglich. Nach modernem Verständnis war die Herrschaft Geroldseck in Sulz mehr oder weniger bankrott. Aber das elitäre Adelsethos sah eine Bankrotterklärung nicht vor, denn das wäre einer Aufgabe ihres adligen Standes gleichgekommen.

Für die Herrschaft Württemberg war das Salär für die Sulzer Stadtherren nichts anderes als eine Versicherungssumme. Es ist ja nicht genau zu erkennen, welche Gegenleistung die drei Brüder für ihren Lohn Württemberg gegenüber zu erbringen hatten. Es handelte sich vielmehr um eine Rente, eine Art Ruhigstellungsgeld, mit dem man hoffte, die Geroldsecker dem Haus Württemberg zu verpflichten. Das Dienstgeld bildete so gesehen eine Anzahlung auf den sicher erwarteten Anfall von Schloss und Herrschaft Sulz. 1449 wurden die Dienstverhältnisse mit den drei Brüdern erneuert – jetzt allerdings unter veränderten politischen Verhältnissen und mit konkreter Aufgabenstellung.[185]

Die Herren von Geroldseck waren von ihrem überhöhten Adelsethos her gar nicht gewillt, sich zu Fürstendienern herunterdrücken zu lassen. Sie konnten andererseits von dem verhältnismäßig geringen Dienstgeld definitiv nicht existieren und waren gezwungen, sich weitere Geldquellen zu erschließen. Dies war aber ohne gelegentliche Ausflüge ins Fehdewesen und sogar ins „Raubrittertum" nicht möglich.[186] Den Brüdern stand so betrachtet nur das in jener Zeit entstehende „Berufsbild" des Fehdeunternehmers offen. Und sie fanden hierin in ihrem Oheim Reinold von Urslingen ein markantes Vorbild. Reinold, der mutmaßlich auf Burg Sulz aufgewachsen war, führte seine Neffen zumindest ansatzweise in die Existenzform des Fehdeunternehmers und adligen Berufsabenteurers ein. Das heißt, man bestritt sein Leben dadurch, dass man quasi berufsmäßig befreundete Fehdeführer unterstützte, oder wurde stellvertretend für andere zum Fehdeführer in der Hoffnung auf Sold, Beute und Lösegeld. Allerdings trat unter den vier Brüdern allenfalls Georg von Geroldseck annäherungsweise in die Fußstapfen des Onkels, ohne freilich dessen Statur zu erlangen.

1429 schlossen sich Heinrich und Georg von Geroldseck im „Geroldsecker Bruderkrieg" ihrem Onkel Reinold an. Die Fehde hatte folgenden Hintergrund: Bei den Verwandten auf Hohengeroldseck hatten die zwei älteren Söhne Diepold und Heinrich ihren Vater Walther von Geroldseck aus ihrer gemeinsamen Burg geworfen, während die jüngeren Söhne zum Vater hielten. Aus diesem innerfamiliären Streit entwickelte sich eine heftige, fünf Jahre währende Fehde, in die erneut Regionalmächte wie Markgraf Jakob von Baden und die Grafen von Fürstenberg eingriffen. Die Geroldsecker in Sulz waren natürlich am Familienstreit ihrer Seitenlinie emotional beteiligt. Nur unter welchen Motiven sie in die Fehde eingriffen, bleibt verborgen. Zwar schimmert ein moralisches Argument durch, wenn in dem Absagebrief an die Vettern von der „Schmach" die Rede ist, die sie „ihrem Vater angetan haben".[187] Doch wird man kaum fehl gehen, wenn man den Sulzer Brüdern auch eine Spekulation auf materiellen Gewinn unterstellt. Jedenfalls schlossen sich am 9. August 1429 Heinrich, Georg und Hans von Geroldseck zu Sulz neben Herzog Reinold von Urslingen dieser Fehde an. Sie erreichte ihren militärischen Höhepunkt erst 1433 mit der Belagerung der Burgen Schuttern und Schenkenzell. Heinrich von Geroldseck wurde vor Schuttern zu einem der Hauptleute bestellt. Beendet wurde die Fehde erst nach heftigen Waffengängen im August 1434.[188] Es ist nicht erkennbar, dass am Ende etwas für die Geroldsecker zu Sulz herausgesprungen wäre. Sie mussten nur mit ansehen, wie auch die Verwandten zu Hohengeroldseck in dieser Zeit ihr Fiasco erlebten.

Solche Fehden nahmen die Fehdehelfer in der Regel nicht die volle Zeit in Anspruch. Das bot ihnen die Gelegenheit, sozusagen auf mehreren Hochzeiten zu tanzen. So finden wir schon im Jahr 1430 Heinrich von Geroldseck neben zahllosen weiteren Adligen in der Fehde Reinolds von Urslingen gegen die Stadt Konstanz.[189] Sein Bruder Georg von Geroldseck fand 1431/32 die Zeit, mit einer Reihe von Gesellen Herzog Friedrich von Österreich in den Krieg gegen Burgund zu folgen, wofür er anschließend noch jahrelang mit dem Dienstherrn um 600 Gulden Sold stritt.[190]

Dass in diesen Jahren die Situation auf der heimatlichen Burg Sulz schwierig geworden war, belegt eine Urkunde vom

Szene eines Raubüberfalls auf ein Dorf aus dem Hausbuch der Fürsten von Waldburg-Wolfegg ca. 1460.

11. Februar 1435, die nichts anderes darstellt als einen weiteren Burgfrieden unter den vier Geschwistern Heinrich, Konrad, Georg und Hans von Geroldseck.[191] Dieser Urkunde entnehmen wir, dass es unter den Brüdern, die demnach noch alle auf der Burg lebten, zu Streit gekommen war. Sie einigten sich jetzt darauf, dass ihr Oheim Herzog Reinold von Urslingen den Streit richten solle. Bei künftigen Konflikten sollten ihr Bruder Reinold, der Domherr, Wildhans von Neuneck und Diem von Lichtenfels zu Schlichtern bestellt werden. Von der Burg Sulz sollte in Zukunft bei strenger Strafe nichts versetzt oder verkauft werden. Diese Bestimmung scheint anzudeuten, dass die Geschwister bereits dazu übergegangen waren, Teile des Hausrats zu veräußern.

Es gibt ein weiteres sicheres Zeichen dafür, dass es den Herren von Geroldseck in diesen Jahren an die Substanz ging. Denn zwischen 1437 und 1441 veräußerten nach und nach zunächst der Onkel Walther, dann auch Georg, Hans und Heinrich von Geroldseck ihre Anteile am Gesöd zu Sulz, also an der Salzproduktion, ans Kloster Alpirsbach.[192] Diese Verkäufe geschahen zwar alle auf Wiederlösung, also in der Erwartung, sie eines Tages rückgängig machen zu können. In Wahrheit war damit jedoch die Kernsubstanz, wenn man so will: das Tafelsilber der Herrschaft Geroldseck unwiederbringlich dahin.

Zumindest Heinrich, der älteste der Brüder, scheint aus der heimischen Misere Konsequenzen gezogen zu haben. Unmittelbar nach Beschwörung des Burgfriedens erwarb er im Jahr 1436 die Feste Burgberg bei Villingen um 720 Gulden. Da er diese Summe aber nicht aufbringen konnte, musste er vorläufig dem Verkäufer die (Mit-) Nutzung überlassen. Heinrich von Geroldseck war nicht (oder jedenfalls nicht standesgemäß) verheiratet, er hatte aber von einer namentlich nicht bekannten Frau die Kinder Hans, Heinrich, Balthasar und Anastasia, die zusammen mit Heinrich und ihrer Mutter auf Burgberg wohnten. Anastasia, die von den Kindern am längsten lebte, sollte Burgberg im Jahr 1472 an Württemberg abstoßen, womit dieser Nebenbesitz der Geroldsecker das Schicksal der heimatlichen Burg vorweg nahm.[193] Doch damit sind wir der Geschichte bereits voraus.

Jedenfalls teilten sich ab 1436 nur noch die Brüder Konrad, Georg und Hans die Stammburg Sulz, was die Enge der Wohnverhältnisse auf der Burg aber nur unwesentlich abgemildert haben dürfte. Was auffällt: Da Heinrich mit seinen illegitimen Kindern auf den Burgberg verzogen war, da Georg mit seiner Frau Guta von Gundelfingen keine Kinder hatte und da Hansens Kinder erst später zur Welt kamen, fehlte damals auf der Burg Sulz die Jugend – ein Sinnbild für die ungesicherte Zukunft von Burg und Geschlecht.

Die Geroldsecker im Ersten Städtekrieg von 1438 bis 1443

Georg von Geroldseck gewann unter den Brüdern in den folgenden Jahren am schärfsten an Profil. Er war derjenige, der dem Vorbild des Onkels Reinold von Urslingen am nächsten kam, ohne freilich dessen Statur und Bedeutung zu erlangen. Er entwickelte dieses Profil letztendlich im Umfeld der beiden Städtekriege von 1438/43 und 1448/51. Nach dem Tod des städtefreundlichen Kaisers Sigismund 1437 wandelte sich die politische Großwetterlage im deutschen Südwesten beträchtlich. Hatte es noch um 1420 und 1430 ein gewisses Einvernehmen zwischen den Fürsten und den Reichsstädten gegeben, so trat jetzt wieder der alte Gegensatz zwischen den mächtigen Städten, die ihre eigene Territorialpolitik betrieben, und den ebenfalls auf Expansion gestimmten Feudalherren in den Vordergrund. Sahen wir in der Zollernfehde und der Geroldsecker Fehde 1420 bis 1423 die Herrschaft Württemberg und die Reichsstädte noch erfolgreich vereint im Kampf gegen adlige Unruhestifter, so begaben sich um 1440 die fürstlichen Territorialmächte wie Bayern, Brandenburg, Baden und Württemberg in einen schroffen Gegensatz zu den Reichsstädten im Kampf um die politische Vormacht im Reich. Obwohl sie in früheren Jahren selbst vom Fehdewesen schwer betroffen waren, ließen die Fürsten nun die Fehdeunternehmer, die als dezidierte „Städtefeinde“ auftraten, stillschweigend gewähren und nahmen die zahlreichen Kleinfehden von Adligen als „flankierende Maßnahmen“ ihres eigenen Kampfes gegen die Reichsstädte in Kauf. So erscheinen von einer höheren politischen Warte betrachtet die zahllosen kleinen Adelsfehden gegen Städte wie Nürnberg, Ulm, Konstanz oder Rottweil um 1440 als eine einzige konzertierte Aktion, die sich in ihrer Summe zu einer massiven Großfehde auswuchsen, die wir als den Ersten Städtekrieg bezeichnen können.[194]

Den Auftakt zum ganzen Krieg bildete die sogenannte Roßhaupter-Fehde. Herzog Reinold von Urslingen nahm sich in den Jahren 1436 bis 1437 des Ulmer Bürgers Werner Roßhaupter an, der sich in einem Konflikt mit der Reichsstadt Nürnberg von jener schwer geschädigt sah. Roßhaupter stritt jetzt mit Hilfe adliger Fehdeführer um sein Recht. Unter Roßhaupters Helfern fand sich auch Georg von Geroldseck. Die Stadt Nürnberg hatte aber noch unter Kaiser Sigismund erreicht, dass Roßhaupter in die Acht erklärt worden war, das heißt, niemand im Reich durfte ihm Unterschlupf gewähren oder sich seiner Sache annehmen. Das störte aber einen Haudegen wie den Herzog von Urslingen wenig: er holte den Ächter zu sich nach Hornberg und sagte der Reichsstadt Nürnberg in dessen Namen die Fehde an. Der Vogt von Hornberg, Heinrich Wölflin, „verpfiff“ jedoch den Herzog bei den Nürnbergern und bot der Reichsstadt seine Dienste bei der Ergreifung des Ächters an. Wölflin hatte Grund, sich am Herzog und an den Geroldseckern zu rächen, denn diese hatten vor Jahren während der Bubenhofen-Fehde auf Veranlassung Annas von Urslingen seinen Vater erschlagen.[195]

Der Konflikt wurde von Mai 1436 bis Mai 1437 mit einem hohen Aufwand an Schriftverkehr ausschließlich diplomatisch ausgetragen. Einbezogen waren als Vermittler die Reichsstadt Rottweil, aber auch die Adelsgesellschaft mit St. Georgenschild im Hegau, die lange Zeit vergeblich versuchten, einen Rechtstag zwischen Vertretern der Reichsstadt Nürnberg und Roßhaupter zustande zu bringen. Zwischenzeitlich schaltete sich der Kaiser persönlich ein, der an den Herzog von Urslingen unter Androhung von Zwangsmaßnahmen und schweren Geldstrafen appellierte, sich des geächteten Schützlings zu entledigen. Kaiser Sigismund schrieb gleichzeitig Georg von Geroldseck einen Brief, er möge auf seinen Onkel entsprechend einwirken. In einem der erhaltenen Dokumente wird erkennbar, dass die Geroldsecker über ihrem Engagement zugunsten Roßhaupters an der Seite ihres Onkels allmählich kalte Füße bekamen und den Ächter am liebsten rasch losgeworden wären.[196] Georg von Geroldseck dürfte froh gewesen sein, dass nach einem Jahr diplomatischen Tauziehens sich auf einem Rechtstag in Rottweil im Mai 1437 eine Lösung des Konflikts anbahnte.

Nach dem Tod Kaiser Sigismunds brachen dann an der Fehdefront alle Dämme. 1438 begann eine überregionale Welle von Adelsfehden, in die Georg von Geroldseck auf vielfältige Weise einbezogen war.[197] Den Reichsstädten unter Federführung von Rottweil war seit 1410 die Herrschaft Hohenberg verpfändet. Sie weigerten sich nun, das Pfand wieder an Habsburg herauszugeben, 1439 wurde sogar die Pfandsumme um 20000 Gulden erhöht. Angriffe des Adels auf die hohenbergischen Landstädte schadeten also dem Konsortium der Reichsstädte, was verständlich macht, weshalb seitens des Adels immer wieder Überfälle auf hohenbergische Kleinstädte stattfanden. 1438 nahm sich Georg von Geroldseck überdies der Sache des Horber Bürgers Konrad Schultheiß an, der Ulm die Fehde erklärt hatte. Obwohl Schultheiß mit dem Bann belegt war, weil er einer Ladung vor das geistliche Gericht in Basel nicht folgte, gewährte ihm Georg Unterschlupf in Sulz und rüstete sich gegen mögliche Angriffe der hohenbergischen Städte. Zu seinen Helfern zählte auch ein alter Bekannter, Graf Friedrich von Zollern genannt Öttinger, der angeblich nach längerer Kerkerhaft in Mömpelgard bei seinem alten Kampfgefährten, *dem verdorbnen man, herr Georgen von Geroltzeck*[198] in Sulz Asyl gefunden hatte. In die Schultheiß-Fehde hinein verwoben waren die Fehden des Öttingers und eines weiteren Helfers, Hans Branthoch, gegen die hohenbergischen Hauptleute Georg von Neuneck und Heinrich von Stöffeln. Zusätzlich schloss sich Georg von Geroldseck in dieser Zeit der Fehde des fränkischen Adligen Bebenburg gegen die Stadt Ulm und der Fehde seines Onkels Reinold von Urslingen mit der Stadt Konstanz an.

Porträt des berühmten Fehdeunternehmers Hans von Rechberg zu Schramberg ca. 1460/64, eines Kampfgefährten Reinolds von Urslingen und der Brüder Heinrich, Georg und Hans von Geroldseck. Bildvorlage: Kunsthistorisches Museum Wien Inv.-Nr. 2998.

Heinrich von Geroldseck und der Herzog von Urslingen sammelten eine gefürchtete Schar von „Bluthärschern" um sich, mit denen sie im Sommer 1440 von den Burgen Sulz und Hornberg aus bedrohlich in der Gegend von Rottweil umherstreiften, wie Bürgermeister und Rat der Reichsstadt aufgeschreckt nach Ulm berichteten. Im Zuge dieser Fehden kam es zu einer Reihe spektakulärer Ereignisse. Georg von Geroldseck und seine gefürchteten Reiter überfielen 1438 die Städte Schömberg und Binsdorf und trieben eine große Herde Vieh nach Sulz aufs Schloss. Zu einem späteren Zeitpunkt kam es an einer Steige in der Nähe von Dornstetten zu einem blutigen Zusammenstoß zwischen einem hohenbergischen Aufgebot und geroldseckischen und zollerischen Reitern. In diesen Zusammenhang gehört die Ermordung des hohenbergischen Hauptmanns Heinrich von Stöffeln im Frühjahr 1441 durch einen der Geroldsecker. Ebenfalls auf ihr Konto ging um dieselbe Zeit die Entführung des päpstlichen Gesandten Jacob den Orator durch den geroldseckischen Helfer Siegfried von Zülnhart zur Erpressung von Lösegeld. Ein geplanter Kriegszug der Reichsstädte gegen die in Sulz verschanzten Städtefeinde, deren Zahl auf 300 geschätzt wurde, wurde abgeblasen, als die Konfliktparteien 1442 das Friedensgebot König Friedrichs III. annahmen und im November 1442 einen entsprechenden Frieden aushandelten. Für die Geroldsecker endete die ganze Sache unbefriedigend. Statt von ihren aufwändigen Unternehmungen irgendwie zu profitieren, musste die Familie für ihren Viehraub von 1438 den Städten 600 Gulden Schadensersatz bezahlen. Auch Konrad Schultheiß, dessentwegen alles angefangen hatte, verlor sein Spiel. Sein Fall blieb ungerichtet, er verbrachte den Rest seines kläglichen Lebens als Asylant in Sulz.

War im Jahr 1442 der alte Kämpe Herzog Reinold von Urslingen hochbetagt, aber bis zum letzten Tag in Waffen verstorben, so tauchte um diese Zeit im Dunstkreis der Geroldsecker ein neuer Held auf der Bühne des Fehdewesens auf: Die Rede ist von dem berühmten Haudegen Hans von Rechberg (ca. 1410–1464). Dieser nun schon einer jüngeren Generation angehörige Adlige repräsentierte gegenüber dem Herzog eine modernere Variante des Fehdeunternehmers, der die südwestdeutsche Geschichte mit seinen Aktivitäten zwischen 1439 und 1464 erheblich beeinflussen sollte. An einer charismatischen Gestalt wie ihm führte für einen Fehdeunternehmer der zweiten Reihe wie Georg von Geroldseck kein Weg vorbei. Es ist anzunehmen, dass Reinold von Urslingen, der in seinen letzten Jahren mit Hans von Rechberg im Hegau unterwegs war, den Kontakt zwischen den beiden hergestellt hat.[199] Der damals noch auf der Alb in Gammertingen und Hettingen beheimatete Rechberg sollte sich ab 1447 im Schwarzwald ansiedeln – es wäre zu fragen, ob bei dieser (strategisch motivierten?) Standortentscheidung nicht auch die neue Partnerschaft mit den Geroldseckern eine Rolle gespielt haben könnte.[200]

Spätestens 1440 begegnete Georg von Geroldseck erstmals Hans von Rechberg, als er im Zusammenhang der Himmeli-Fehde einen Waffenstillstand zwischen ihm und der Stadt St. Gallen vermittelte. Von dieser Zeit an finden wir die beiden regelmäßig als Kampfgefährten. 1442 brandschatzten Rechberg und Georg und Heinrich von Geroldseck das Dorf Denkingen im Spaichingertal. Von 1443 bis 1446 war Georg im Gefolge Rechbergs am Alten Zürichkrieg beteiligt. In diesem Zusammenhang war der Geroldsecker in den perfiden Überfall auf die Stadt Brugg am 30. Juli 1444 involviert.[201] Am Ende dieses Krieges soll Georg von Geroldseck (wohl nach der Schlacht von Sankt Jakob an der Birs am 26. August 1444) beim Siechenhaus vor Basel zum Ritter geschlagen worden sein.[202] Anfang 1445 unternahm Georg von Geroldseck gemeinsam mit Hans von Rechberg einen nächtlichen Überfall auf die Stadt Engen, um den Grafen Heinrich von Lupfen zu verschleppen.[203] Nach dem Ende des Alten Zürichkrieges führte Rechberg 1446/47 eine heftige Fehde gegen die Stadt Basel. Es erstaunt nicht, auch in diesem Fall wieder Georg von Geroldseck an seiner Seite zu finden: 1447 war er an der Entführung zweier Basler Bürger auf die Burg Ramstein im Schwarzwald beteiligt, die mittlerweile dem Rechberger gehörte. Im Juli 1447 söhnte sich Georg mit der Stadt Basel aus und erhielt von dieser 100 Gulden Entschädigung. Das ist das einzige Mal, dass für Georg von Geroldseck ein „Gewinn" aus seinen Fehdeunternehmungen dokumentiert ist.[204]

Der Zweite Städtekrieg 1449 bis 1454: das Ende des Fehdeunternehmers Georg von Geroldseck

Obwohl 1445 die Fehden im Zusammenhang des ersten Städtekrieges befriedet werden konnten, schwelte der Konflikt zwischen den süddeutschen Fürsten und den Reichsstädten im Hintergrund fort, und dies führte 1449/50 beinahe folgerichtig zum Zweiten Städtekrieg, der sich ähnlich dem Konflikt von 1438/42 als eine „überregionale Großfehde" (Niklas Konzen) darstellte. Die neue Qualität bestand darin, dass sich nun das ganze seit zehn Jahren bestehende Fehdenetzwerk der adligen Städtefeinde unter den Schutz der Fürsten begab. Hatten die Landesherren um 1440 weitgehend stillgehalten und den Adel in seinen vielfältigen Konflikten mit den Reichsstädten gewähren lassen, weil ihnen dies in die Karten spielte, so gelang es ihnen nun, die beinahe unkontrollierbaren Horden des marodierenden Adels in ihre Dienste zu nehmen. So focht nun ausgerechnet ein so unabhängiger Geist wie Hans von Rechberg unter den Fahnen von Brandenburg, Württemberg und Baden gegen die Reichsstädte. Dies hinderte ihn aber nicht daran, nebenbei immer noch auf eigene Rechnung seine privaten Fehden zu verfolgen.

Im selben Zusammenhang traten im Juli 1449 auch Heinrich, Konrad und Hans von Geroldseck in württembergische Dienste, Heinrich mit vier und Hans mit drei Pferden.[205] Es verwundert allerdings, Georg von Geroldseck nicht mit seinen Brüdern vereint zu finden. Stattdessen stellen wir verblüfft fest, dass sich Georg, der alte Städtefeind, am 31. Oktober 1448 in den Dienst der Stadt Ulm gestellt hatte. Nun ist es zwar nichts völlig Außergewöhnliches, dass Adlige von Reichsstädten als Hauptleute in Dienst genommen wurden, aber im Fall Georgs von Geroldseck, der Zeit seines Lebens eine heftige Aversion gegen die Städte gezeigt und manche Fehde mit ihnen ausgefochten hatte, verwundert diese Wendung am Ende seines Lebens durchaus, zumal er seine militärischen Fähigkeiten ausgerechnet dem Vorort der schwäbischen Reichsstädte zur Verfügung stellte. Aufklärung über seinen Sinneswandel bietet der Vertrag Geroldsecks mit der Stadt Ulm vom 31. Oktober 1448. Darin bot die Reichsstadt ihrem alten Gegner ein Darlehen in Höhe von 2000 Gulden an. Im Gegenzug sollte Georg der Stadt auf 10 Jahre mit einem Mann und acht Pferden dienen und der Stadt Ulm das Schloss Sulz für die Dauer dieser Zeit offen halten.[206] Nach der Oberamtsbeschreibung von 1863 erwarben Georg von Geroldseck und seine Frau Margaretha von Gundelfingen gleichzeitig das Bürgerrecht der Reichsstadt Esslingen.[207]

Dies ist nun alles in verschiedener Hinsicht ziemlich starker Tobak. Nicht nur dass Georg von Geroldseck so spektakulär die Seiten wechselte und sich gegenüber seinen Brüdern ins gegnerische Lager stellte, er missachtete überdies deren Rechte am Schloss Sulz wie auch das Öffnungsrecht Württembergs. Erklärlich wird dieser Strategiewechsel wohl nur aus einem schweren Zerwürfnis mit den Geschwistern und/oder mit der enormen Ulmer Darlehenssumme, die ihm zufloss und die seine persönlichen Schulden so ziemlich abgedeckt haben dürfte. Möglich ist auch, dass seine Ehefrau Margaretha ihren Anteil an der ganzen Aktion hatte. Vielleicht hatte sie von den jahrelangen chaotischen und unsicheren Verhältnissen auf der Burg Sulz genug und strebte in Esslingen ein komfortableres und friedlicheres Dasein an – was ihr freilich nicht vergönnt sein sollte.

Die Württemberger stellten erwartungsgemäß ihren früheren Diener wegen seines Überlaufens zur Gegenpartei zur Rede. Und da Georg einen Handstreich Württembergs auf seine Burg befürchten musste, forderte er im November 1448 eine Ulmer Besatzung an und übergab dieser *das sloß Sultze.*[208] Das führte zu der absurden Situation, dass die Stadt Sulz von württembergischen Truppen, das Schloss Sulz aber von einem Ulmer Kontingent unter Ulrich von Lichtenstein[209] und dem Horber Schultheißen Berthold Besenfelder besetzt wurde. Die Ulmer Besatzung befand sich bis 1450 auf der Burg. Die darüber angefallene Korrespondenz überliefert nicht nur einen Streit unter den beiden Hauptleuten, der dazu führte, dass sich Besenfelder bald wieder von der Feste verabschiedete. Wir erfahren auch von den Versorgungsstrukturen und -problemen auf der Burg. So ist beispielsweise von einem *beck* und von der *pfistry* (Pfisterei, Bäckerei) auf der Burg die Rede. Die Ulmer Söldner weigerten sich aber, über ihre Wachdienste hinaus mitanzupacken und dem Bäcker Holz, Wasser und Mehl zuzuführen. Hauptmann Ulrich von Lichtenstein beklagte sich darüber bei seinen Ulmer Herren und bat darum, ihm willigere Knechte nach Sulz zu schicken.[210]

Georg von Geroldseck war tatsächlich mit seinem Seitenwechsel kein Glück beschieden. Am 4. November 1449 geriet er in der Schlacht an der Plienshalde bei Esslingen in württembergische Gefangenschaft. Wohl im Zuge eines Waffenstillstands scheint er später freigelassen worden zu sein, denn er hielt sich danach zumindest zeitweilig wieder auf Sulz auf. Seine Freilassung wird kaum ohne Lösegeld oder andere Sanktionen vonstatten gegangen sein. Georg von Geroldseck starb, nachdem er im Mai 1451 noch eine Seelenmesse für sich und seine Angehörigen gestiftet hatte, vor dem 21. September desselben Jahres im Alter von ca. 65 Jahren. Nach Pappenheim ist Georg *verschaiden am Sambstag vor Sant Maria Magdalena Tag, Anno tausend vierhundert funffzigk ain Jar, vff dem Schloß Allweck bey Sultz,* das wäre der 17. Juli 1451 gewesen.[211]

Kaum war Georg von Geroldseck unter der Erde, scheinen die Württemberger die Burg Sulz eingenommen zu haben. Dass dies gewaltsam geschah, geht aus einem Gerichtsprotokoll vom 4. Juni 1453 hervor, in dem Georgs Witwe, Margaretha von Gundelfingen, zu Protokoll gab: *Als sie nach abgangk* [Tod] *Georien irs huswirts seligen Sultz das sloss mit siner zugehörde inngehab[t] und besessen habe…, habend die von Wirtemberg die iren geschickt fur dasselb sloss, das besessen und belegert und ir vor dem sloss mercklichen schaden zugefüget.*[212] Mit dieser gewaltsamen Besetzung des Schlosses geriet Württemberg in Gegensatz zu den Interessen Margarethas von Gundelfingen. Sie war der Ansicht, dass das Viertel der Burg, das zuvor ihrem Mann gehört hatte, ihr nun als Wittum zustände, und forderte 1000 Gulden für die bei der Einnahme entstandenen Schäden.[213] Nach beinahe zwei Jahren schiedsrichterlicher Anhörung durch Markgraf Jakob von Baden entschied dieser

Die Erneuerung des Burgfriedens von 1452.
Bildvorlage: Hauptstaatsarchiv Stuttgart A 169 U 65.

zugunsten Margarethas, doch Württemberg appellierte an das kaiserliche Kammergericht, das die weitere Rechtsprechung dem Kurfürsten Friedrich von der Pfalz übertrug. Der Ausgang dieses Rechtsfalles ist nicht überliefert, aber offenkundig konnte sich Margaretha von Gundelfingen durchsetzen, denn im Jahr 1454 scheint sie noch auf der Burg gelebt zu haben. Da in jedem Fall durch Georg von Geroldseck wegen der Ulmer Besatzung der Burgfrieden von 1424 gebrochen worden war, kam es auf Drängen seiner Brüder Heinrich und Hans am 22. November 1452 zu dessen Erneuerung.[214]

Die Eisenburg-Fehde 1451/57 und das Ende Heinrichs von Geroldseck

Inzwischen war der eigentliche Städtekrieg zwischen den Fürsten und den Reichsstädten zugunsten der Fürsten beendet, er ging aber unmittelbar über in eine weitere Fehde zwischen dem städtefeindlichen Adel und den Reichsstädten, und zwar in Gestalt der Eisenburg-Fehde (1451–1457).[215] Der fränkische Adlige Heinrich von Eisenburg fühlte sich von der Stadt Ulm geschädigt und sammelte einen illustren Kreis von Helfern um sich, darunter an vorderster Front den nun schon hinlänglich bekannten Hans von Rechberg, der in dieser Fehde bald die Führung übernahm. Am 8. April 1452 schloss sich ihm Heinrich von Geroldseck an und sagte den Reichsstädten ab. Die Burg Sulz sollte in diesem Kampf ein wichtiger Stützpunkt der Adelspartei werden, und zwar ebenfalls ganz im Widerspruch zum Burgfrieden vom 22. November 1452, wo festgelegt war, dass man in *kriegsleuffen* niemandem Unterschlupf gewähren solle. Womöglich hat Württemberg über diese Bestimmung geflissentlich hinweg gesehen, da es unter der Hand an einer weiteren Schädigung der Reichsstädte durchaus interessiert war.

Nachdem die Städte unter Führung Ulms und Rottweils am 18. Juli 1452 Rechbergs Burg Ramstein im Schwarzwald und am 8. Dezember 1452 die ebenfalls ihm gehörende Ruggburg am Bodensee zerstört hatten, avancierte die Burg Sulz zum Hauptstützpunkt der Städtefeinde. Bereits im August 1452 lagerte Rechberg mit 200 Reitern und zahlreichen Fußknechten in Sulz am Neckar. Obwohl mit dem Tod Heinrichs von Eisenburg um die Jahreswende 1452/53 der Fehdegrund entfallen war und man sich auf Verhandlungen mit den Städten hätte einlassen können, führte Hans von Rechberg, der in den Kämpfen bereits zwei Burgen verloren hatte, die Fehde im eigenen Namen fort. Er warb unter alten Kampfgefährten weitere Fehdehelfer an und stellte im Oktober 1453 im Sundgau vor den Toren der Stadt Basel einen Trupp von mehreren hundert Reitern zusammen. Dieser bewegte sich in Form eines Raub- und Schädigungszugs über Schaffhausen Richtung Rottweil, wo er am 5. November mit 200 Reitern ein der Reichsstadt gehörendes Dorf einäscherte, um sich dann in Sulz zu verschanzen.[216]

Die Reichsstadt Rottweil klagte, dass sie von Sulz aus schwer mit Brand, Raub und Entführungen geschädigt würde, doch ein von Ulm zusammengeschmiedetes neues Verteidigungsbündnis der Reichsstädte scheiterte nicht zuletzt daran, dass die Stadt Sulz zum Teil württembergisch war und man bei einem Angriff auf das Raubnest befürchtete, diesen mächtigen Gegner auf den Plan zu rufen. So sah sich Rottweil im Jahr 1454 nach einem weiteren Angriff Hans von Rechbergs und Heinrichs von Geroldseck auf die Rottweiler Altstadt gezwungen, im Alleingang gegen die in Sulz versammelten Städtefeinde vorzugehen.[217] Ihr Angriff auf Sulz am 19. November[218] glich aber keinem geordneten Feldzug, sondern einer nächtlichen Kommandoaktion. *In der wochen vor Catharina* [25. November] *uberstigen die von Rottweyl in der nach[t] dz stätlein Sulcz und fingen bey sibenzig man darin, die füerten Sie gen Rotweyl,* so die Memminger Chronik Wintergersts.[219] Nach der Zimmerischen Chronik, die allerdings hundert Jahre später verfasst wurde, trug sich der Überfall folgendermaßen zu: Die Rottweiler seien *haimlich mit iren burgern zu der angenden nacht uf* [gebrochen], *beschach an sant Elisabethen tag* [19. November] *im jar 1454, kamen in aller frue geen Sulz. Da schloffen sie mit großer mühe unversehenlich durch die schwibogen da das wasser hinaus fleust, in die statt, das sein niemands gewar wardt, bis das ain geschrai außgieng. Do fiel herr Hanns von Geroldseck, der auch ain tail in der statt inhett, sampt Hannsen von Rechberg und seinen geraisigen und was er in der eil ufbringen mecht, über die mauren uß, kamen darvon, wie kommerlich das beschach.*[220]

Nach dieser Darstellung konnten die Hauptleute der Städtefeinde entkommen, die 70 Gefangenen, von denen Wintergerst berichtet, waren wohl weniger prominente Adlige oder reisige Knechte. Die Rottweiler hätten Rechberg erfolglos verfolgt, Hans von Geroldseck habe sich anschließend zu den Grafen von Württemberg verfügt, *dergleichen thet auch die witfraw von Gundelfingen…* Demnach hätte sich auch Margaretha von Gundelfingen damals in der Stadt (oder auf der Burg) befunden.

Wie nicht anders zu erwarten, griff Württemberg jetzt umgehend in den Konflikt ein. Man habe sich mit Reitern und Fußvolk vor die Stadt Sulz gelegt, die immer noch von den Rottweilern besetzt war, und von Stuttgart eigens *das groß geschütz* herbeigebracht, so die Zimmerische Chronik.[221] Da Margaretha von Gundelfingen gleichzeitig den Statthalter der österreichischen Herrschaft Hohenberg in Rottenburg um Hilfe anrief, legte sich auch ein hohenbergischer Trupp unter Führung von Hans von Ems und Friedrich von Weitingen vor die Stadt. Hans von Ems gelang es, die Vorstadt einzunehmen, während die Württemberger mit ihrer *artolei* [Artillerie] *vom siechenhaus einher* in die Stadt schossen und versuchten, auch *in ander weg das schloss zu stürmen*.[222]

In dieser Bedrängnis und da ihnen der Proviant ausging, baten die Rottweiler um Verhandlungen und erreichten, dass sie mit allem Hab und Gut einschließlich dem, *was sie den feinden abgetrungen*, abziehen durften. Wie bei Waffenruhen üblich, sollten die Gefangenen ausgetauscht werden. Dies geschah am Andreastag (30. November), und alle waren froh, dass sie bei der großen Kälte heimziehen durften. Was den Status von Sulz anging, so sollten die Teile von Hans von Geroldseck und Margaretha von Gundelfingen diesen wieder zurück erstattet werden. Auch Württemberg behielt weiter sein Viertel der Stadt. Der vierte Teil aber, bisher Heinrich von Geroldseck gehörig, wurde diesem – wegen seiner schuldhaften Verstrickung in die Eisenburg-Fehde oder wegen Verletzung des Burgfriedens von 1452? – entzogen und der Interventionsmacht Österreich übertragen.[223] *… auch solt Sulz das schloß und die statt hinfüro sich wider Österreich, Würtemberg und die stett nit gebrauchen lassen,*

Die Burg Schramberg wurde 1457 mit Entschädigungsgeldern errichtet, die sich Hans von Rechberg von den Reichsstädten erstritten hatte. Foto: Stefan Uhl *sonder neutral sein. Das waren ungefär die hauptartikel des vertrags.*[224] So die Zimmerische Chronik, die sich einmal mehr als gut unterrichtet erweist.

Seit Juli 1453 bemühte sich Kaiser Friedrich III. in der Eisenburg-Fehde um Friedensverhandlungen, aber die Städtefeinde um Hans von Rechberg und Heinrich von Geroldseck zierten sich, ignorierten die Schreiben der Städte, lehnten die vorgeschlagenen Richter als parteiisch ab und verschleppten so den Prozessbeginn um Jahre. Erst nachdem im Jahr 1456 der Vorsitz am Kaiserlichen Kammergericht in Nürnberg Markgraf Albrecht Achilles, einem alten Kampfgefährten Rechbergs übertragen wurde, stimmten dieser und wohl auch Heinrich von Geroldseck Mitte 1456 einem Prozess in Nürnberg zu.[225] Dieser geriet nach Konzen allerdings rasch zur „Farce"[226], weil die Verhältnisse auf den Kopf gestellt erschienen: Nicht die Städte, die nach ihrer Niederlage im Städtekrieg naturgemäß in einer schwachen Position waren, klagten gegen ihre Widersacher um Schadenersatz, sondern Rechberg trat mit Duldung des ihm freundlich gesinnten Richters von Anfang an als Kläger gegen die Städte auf und erstritt sich für die Zerstörung seiner Burgen Ramstein und Ruggburg zwischen 1456 und 1458 einen Schadenersatz in Höhe von stattlichen 5200 Gulden – ein Betrag, der ihn in die Lage versetzte, in Schramberg eine der damals modernsten Burgen Südwestdeutschlands errichten zu lassen – und sich nebenbei auch noch von einem außerordentlich guten Künstler porträtieren zu lassen und sich so der Nachwelt in Erinnerung zu halten.[227] Genützt hat ihm dies alles nichts. Wie bei einem Fehdeunternehmer naheliegend, ist Hans von Rechberg 1464 im Rahmen einer weiteren Fehde, mit der er sich endgültig verspekuliert hatte, ums Leben gekommen.

Wo sich Heinrich von Geroldseck in den Jahren nach 1454 aufhielt, entzieht sich unserer Kenntnis. Schon bei der Einnahme von Sulz war von ihm ja nicht die Rede. Und da ihm sein Anteil an Sulz seit 1452 entzogen war, wird er sich wohl nach Burgberg zu seinen Kindern zurückgezogen haben, zumal er mit seinen mutmaßlich mehr als 70 Lebensjahren nicht mehr der Jüngste war. Im Gegensatz zu seinem Fehdegenossen Rechberg hat er sich mit seinen Unternehmungen offensichtlich keine goldene Nase verdient. Vielmehr wird er zu jenen Geroldseckern gezählt haben, von denen die Zimmerische Chronik sagt, sie seien *zu letzt in armuot gestorben und verdorben.*[228] Heinrich hat das Ende des Nürnberger Prozesses nicht mehr erlebt, er starb in den Herbst- oder Wintermonaten 1456/57.[229]

Hans von Geroldseck und das Ende seines Hauses

Nach dem Ende des Städtekrieges und der Eisenburg-Fehde lebte von den fünf Brüdern Geroldseck nur noch der jüngste, Hans (ca. 1405–1486). Neben Georg († 1451) und Heinrich († 1456/57) war auch Konrad in diesen Jahren verstorben (1455 noch am Leben, wird er im Juli 1457 als tot erwähnt[230]). Hans repräsentierte mit einem mutmaßlichen Geburtsjahr um 1405 streng genommen eine jüngere Generation, wenn man bedenkt, dass die älteren Brüder Heinrich und Georg bereits um 1380 bzw. um 1390 geboren waren. Als diese die Geroldsecker Fehde (1420/23) ausfochten, war Hans gerade volljährig (1421). Er erscheint später auch nicht in gleicher Weise wie seine Brüder in die Welt der Fehden verstrickt, obwohl wir ihn im Geroldsecker Bruderkrieg 1429–34, im Alten Zürichkrieg 1443–46 und in der Eisenburg-Fehde 1451–57 als Helfer antreffen.[231] Am meisten Profil gewinnt er in den zuletzt genannten Jahren, wo er gemeinsam mit Hans von Rechberg (geb. ca. 1410), dem er altersmäßig nahe stand, seine Heimatstadt Sulz verteidigte. Verheiratet war Hans von Geroldseck mit einer gewissen Christina, deren Familiennamen wir nicht erfahren.[232] Hatten schon sein Onkel Walther und sein ältester Bruder Heinrich auf eine standesgemäße Ehe verzichtet und sich lieber (bürgerliche) Konkubinen gehalten, so ist möglicherweise auch Hans diesem Beispiel gefolgt. Geheiratet hat er wohl erst nach 1440. In diesen Zusammenhang gehört vielleicht Hansens Verkauf der Herrschaft Loßburg an Graf Ludwig von Württemberg 1446, der ihm mit immerhin 1000 Gulden etwas Verfügungsmasse in die Schatulle spülte.[233] Seiner Ehe entstammten die Kinder Hans, Konrad, Heinrich, Jörg, Bartholomäus und Magdalena, von denen nur die drei ältesten im Schicksalsjahr 1471 volljährig waren.

Hatte Hans von Geroldseck bis um 1454 immer nur als Junior der älteren Brüder agiert, so lastete die Verantwortung für die Zukunft seines Hauses nach 1457 allein auf ihm. Und man kann deutlich erkennen, dass er den Herausforderungen, die auf ihn zukamen, nicht gewachsen war, ja wahrscheinlich nicht gewachsen sein konnte. Zu groß erschienen die familiären Hypotheken der Vergangenheit und zu unlösbar die Aufgabe, die ihm gestellt war. Tragisch geriet der Rest seines Lebens gerade dadurch, dass er die Aufgabe, seinem Geschlecht den Status und Rang einer Adelsfamilie zu bewahren, überhaupt angenommen und seine Rolle bis zum bitteren Ende durchgehalten hat. Verständlich wird sein Handeln allein daraus, dass er sich angesichts des ausgeprägten Standesbewusstseins seiner Familie mit einem Abstieg in bürgerliche Existenzformen schwerlich anfreunden mochte.

Kaum agierte Hans von Geroldseck alleinverantwortlich, rollte eine Welle von Achturteilen auf ihn zu, die bürgerliche Gläubiger beim Rottweiler Hofgericht gegen ihn erwirkten.[234] Zwar kam Württemberg anfangs dem Geroldsecker insofern noch entgegen, als die Herrschaft bei ihr aufgelaufene Schulden mit Dienstgeldern zu verrechnen bereit war und die Pfandsumme für ihr Viertel der Herrschaft von 1000 auf 3000 Gulden aufstockte. Dafür verlangte es von Hans von Geroldseck, auf alle Ansprüche auf Hornberg zu verzichten. Diese Ansprüche stammten noch aus dem Erbe des Onkels Reinold von Urslingen. Württemberg gelang es so, mit sanftem Zwang die Geroldsecker aus diesem Erbanspruch herauszudrängen und Hornberg selbst zu erwerben. Tatsächlich war es den Geroldsecker Brüdern in den vergangenen Jahren nicht gelungen, drei bedeutende Erbschaften, das Lupfener Erbe ihrer Schwester Margaretha (1440), das Urslinger Erbe ihres Onkels (1443) und eine Erbschaft von Seiten der Herren von Bodman (1451) zur Sanierung ihrer Schulden zu realisieren. In jedem Fall reichte die Liquidation der Erbmasse lediglich dazu aus, ein paar Löcher zu stopfen. Sowohl die Herrschaft Lupfen als auch die Herrschaft Hornberg gelangten letzten Endes an das unaufhaltsam expandierende Württemberg.

Ab 1459 brachte sich ein neuer und unerwarteter Akteur in Stellung, der die unübersichtliche Situation noch komplizierter machte. Graf Alwig von Sulz († 1492), der Bruder des Rottweiler Hofrichters Johann II. von Sulz, dessen Familie die Herrschaft Sulz einst gehört hatte, begann plötzlich in größerem Maßstab Gläubigerbriefe mit Schuldforderungen an die Geroldsecker aufzukaufen. Bis zum Jahr 1471 sollte Graf Alwig Schuldbriefe im Wert von mehr als 5000 Gulden in seinen Händen halten. Am 11. Dezember 1459 erwirkte er vom Hofgericht (also streng genommen von seinem Bruder) die Anleite auf die Herrschaft Geroldseck.[235] Mit welchen Beweggründen Alwig auf diese Weise in den Konflikt eingriff, lässt sich nur vermuten. Christian F. Sattler (1777) mutmaßte, dass Graf Alwig „schon lange eine Gelegenheit gewünscht hatte eine Ansprache auf die Herrschaft Sulz“ zu machen. Auch nach Ansicht Christoph F. Stälins (1858) suchte Graf Alwig „Sulz, wonach sich sein Geschlecht nannte, von dem geroldseckischen Hause wieder an das seinige zu bringen…“, und noch bei Christoph Bühler (1984) „hoffte“ Graf Alwig, „in dieser Zeit die alte Herrschaft wieder erwerben zu können“.[236] Wenn dies tatsächlich seine Absicht war, so hatte er sich zuletzt doch verspekuliert, denn Graf Ulrich von Württemberg-Stuttgart intervenierte umgehend gegen die besagte Anleite.

Es ist indes schwer zu entscheiden, ob Graf Alwig tatsächlich in ernsthaftem Eigeninteresse auftrat oder – in Anlehnung an die Erkenntnisse von Niklas Konzen[237] – sich nicht vielmehr in der Art eines Strohmanns gebrauchen ließ, der die Schuldbriefe gezielt aufkaufte, um sie später dem Haus Württemberg zuzuspielen. Jedenfalls erhöhte Graf Alwig den Druck auf Hans von Geroldseck erheblich, als er 1461 erstmals und in den folgenden Jahren noch elf weitere Male das geistliche Gericht in Konstanz dazu bewog, das Interdikt über Geroldseck und die Stadt Sulz zu verhängen. Das war in der Tat ein massives, wenn auch perfides Druckmittel, denn durch den Kirchenbann war künftig innerhalb der Stadtmauern kein Gottesdienst mehr erlaubt. Nicht nur der Stadtherr, die gesamte Bürgerschaft der Stadt Sulz war von jeglicher seelsorgerischen Betreuung abgeschnitten.[238] Das war insofern ein kluger Schachzug des Grafen, als nun die Bürger, gewissermaßen um ihres Seelenheils willen, in den Konflikt eingreifen mussten. Diese Strategie, die die Stadt Sulz dazu zwang, sich mit Bittschriften um Hilfe an Graf Eberhard zu wenden, ist schließlich aufgegangen. Württemberg konnte sich später der Stadt gegenüber als Retter in der Not präsentieren.[239]

Seit 1463 folgten weitere Achtbriefe an die Adresse von Hans von Geroldseck, die zuletzt von Kaiser Friedrich III. persönlich legitimiert waren.[240] Wie es Hans unter diesen Umständen gelingen konnte, seinen Kopf noch jahrelang aus der Schlinge zu ziehen, bleibt sein Geheimnis. Gegen Ende des Jahrzehnts besann er sich endlich einer Lösung seines Konflikts, allerdings mit einem untauglichen Mittel, mit dem beinahe 50 Jahre zuvor (1421) seine Brüder schon einmal gescheitert waren. 1469 kündigte Hans seinen Dienst gegenüber Württemberg auf, öffnete seinen Teil der Herrschaft Sulz Markgraf Jakob von Baden und Herzog Sigmund von Österreich und trat in deren Dienste.[241] Dieser Schachzug konnte aber so wenig zum Erfolg führen wie 50 Jahre zuvor, er beschleunigte lediglich die Niederlage des unglücklichen Spielers.

Im Juli 1469 begannen beide Grafen von Württemberg zu rüsten und zogen mit 3000 Mann zu Fuß und 200 zu Pferd auf Sulz zu, um einer Besetzung durch Baden oder Österreich zuvorzukommen. Das massive Aufgebot an württembergischen Mannschaften und der Zuzug aus Reichsstädten wie Ulm und Reutlingen und von benachbarten Fürsten ist bis ins Detail festgehalten worden.[242] Bemerkenswert erscheint der Einsatz kleinkalibriger Artillerie wie Hakenbüchsen und Tarrasbüchsen und die Rolle erfahrener Büchsenmeister, die man bei den Reichsstädten rekrutierte. Wagenburgen, wie sie seit den Hussitenkriegen erprobt worden waren, spielten bei diesem Kriegszug offenbar eine zentrale taktische Rolle. Da zugleich ein Aufgebot Herzog Sigmunds von Österreich zugunsten Geroldsecks einschritt, kam es bereits zu ersten Zusammenstößen zwischen den Heeren. Zwischenzeitlich gelang es Pfalzgraf Friedrich, einen Vergleich zustande zu bringen, der 1470 unterzeichnet wurde.[243] Darin übernahm die Stadt Sulz Verbindlichkeiten des Geroldseckers gegenüber Württemberg in Höhe von 5150 Gulden und verpflichtete sich dafür jährlich 258 Gulden Zinsen aufzubringen. Zwischen Württemberg und Österreich wurde ein Frieden vereinbart, der den Grafen von Württemberg ihre Rechte an Stadt und Burg Sulz garantierte. Graf Eberhard von Württemberg bewog nun den Grafen Alwig von Sulz, ihm die Schuldbriefe mit Ansprüchen an Geroldseck zu überlassen, holte für diese Transaktion die Erlaubnis des Kaisers ein und erwirkte zur Durchsetzung seiner Forderungen an Geroldseck die juristische Legitimation des Hofgerichts. Als Rechtfertigung für seine Intervention diente ihm nicht zuletzt eine Eingabe der Bürger von Sulz wegen Aufhebung des Kirchenbanns. In der Tat hatten sich die Bürger von Sulz 1469 und 1471 schon mindestens zweimal an Graf Eberhard von Württemberg gewandt, er möge sich für sie wegen Aufhebung des Interdikts verwenden.[244]

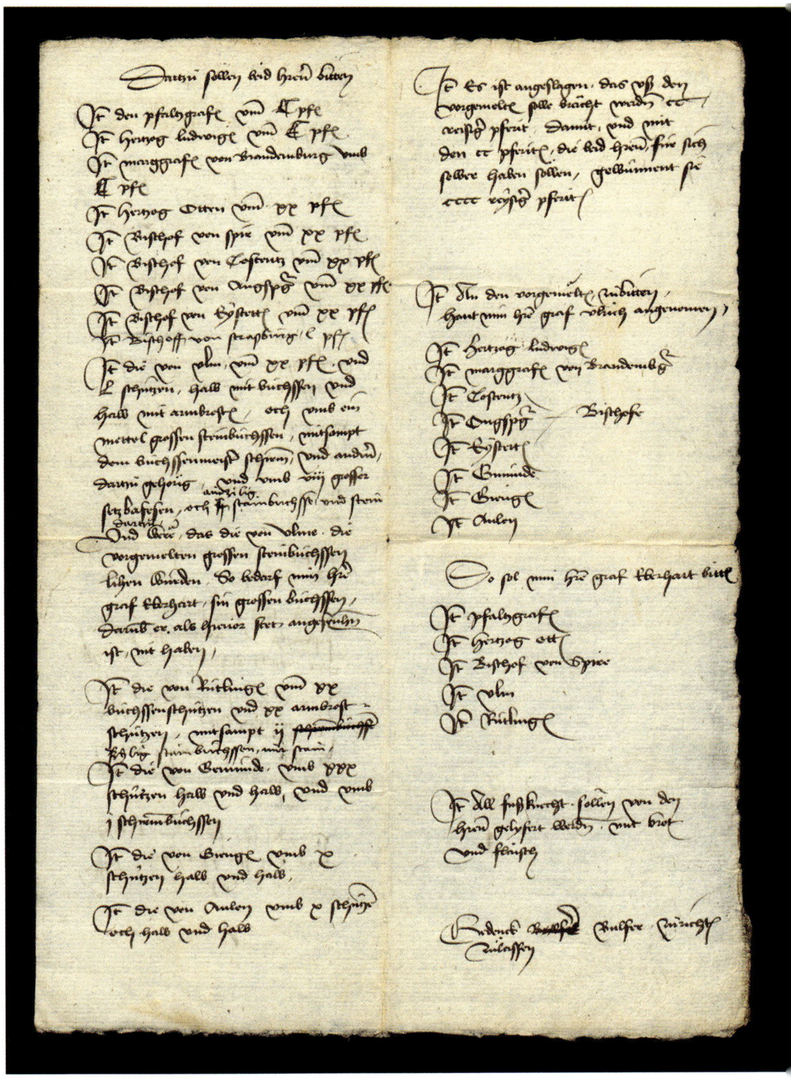

Das württembergische Kriegsaufgebot zur Belagerung von Burg Sulz von 1469 wurde minutiös festgehalten. Die abgebildete Seite listet die mit Württemberg verbündeten Fürsten, Bischöfe und Reichsstädte mit bereit gestellter Reiterei und Artillerie auf. Bildvorlage: Hauptstaatsarchiv Stuttgart A 602 U 13009, fol. 7.

In der Urkunde vom Dezember 1473 verzichtete Hans von Geroldseck nach zweijähriger Inhaftierung auf Hohenurach auf seine Herrschaft Sulz zugunsten Württembergs. Bildvorlage: Hauptstaatsarchiv Stuttgart A 169 U 113.

Wieso es nach den Friedensabreden von 1470 zu einer weiteren Eskalation kam, ist schwer zu ermitteln. Aber wahrscheinlich hat Hans von Geroldseck trotz entsprechender Vereinbarung Graf Eberhard von Württemberg den Zugang zum Schloss Sulz aufgrund des Öffnungsrechts weiterhin verwehrt. Jedenfalls legen Pappenheim und die Zimmerische Chronik eine solche Deutung nahe. Nun war Graf Eberhard mit seiner Geduld am Ende. Anfang Oktober 1471 erschien er mit 400 Reitern und 4000 Mann zu Fuß vor Sulz.[245] Schon am 3. Oktober wurde die Burg Sulz nächtlicherweile im Handstreich erobert und Hans von Geroldseck und seine Söhne Konrad, Georg und Bartholomäus kurzer Hand gefangen gesetzt.[246] Der Fehdegrund dürfte die Verweigerung des Öffnungsrechts und die Verletzung des Burgfriedens durch Hans von Geroldseck gewesen sein, als er das Schloss den Häusern Baden und Österreich antrug.[247] Die Geroldsecker wurden auf die Burg Hohenurach gebracht, die sich gerade seit dieser Zeit zum berüchtigten württembergischen Staatsgefängnis entwickelte. Während seine Söhne im März und Mai 1472 entlassen wurden, kam der alte, mittlerweile annähernd 70-jährige Hans erst im Dezember 1473 frei.[248] Württemberg schlug damals bereits Unverständnis für die besondere Härte seines Vorgehens gegen die Geroldsecker entgegen. Jedenfalls sah sich Graf Eberhard gezwungen, seinen Angriff auf Schloss Sulz und die Annexion der Herrschaft in einem Ausschreiben an den Adel zu rechtfertigen. Als Rechtfertigungsgründe wurden die Achterklärung des Hans von Geroldseck sowie die kaiserlichen Mandatsbriefe angeführt, die Württemberg zur Exekution ermächtigten.[249]

Hatte Hans von Geroldseck im Jahr 1471, vielleicht schon in der Gefangenschaft auf Hohenurach, einen *anschlag der gult zu Sultz von Juncker Hansen* zusammengestellt, in dem er den Wert seiner Herrschaft auf 24000 Gulden veranschlagte[250], so musste er sich am Ende damit zufrieden geben, dass ihm Württemberg 1000 Gulden in bar und eine Leibrente von jährlich 200 Gulden in Aussicht stellte. Nach seinem Tod 1486 erhielten seine Witwe und seine Söhne 200 Gulden in bar und eine Leibrente von zusammen 200 Gulden. Dafür verzichteten sie auf alle Ansprüche an die Herrschaft Sulz. War Sulz somit seit 1473 fest in der Hand des Hauses Württemberg, so fanden die juristischen Nachspiele doch erst ein Ende, als Hansens ältester Sohn Heinrich von Geroldseck, der sich bei der Einnahme von Sulz der Gefangenschaft entziehen konnte und jahrelang beim Kaiser um sein Erbe gestritten hatte, 1478 seinen Widerstand aufgab.[251] Ein Nachspiel gab es noch beim reichenauischen Lehen Empfingen. Obwohl Hans von Geroldseck 1473 Abt Johann Pfuser von Reichenau bat, das bislang ihm gehörige Lehen Empfingen mit Kelhof, Kirche, Kirchensatz und Zehnten auf Graf Eberhard zu übertragen, widersetzte sich der Abt dieser Belehnung viele Jahre, bis sich Württemberg 1489 auch in dieser Position durchsetzen konnte.[252]

Der Verlust der Herrschaft Sulz im Urteil der Geschichtsschreibung

Die Verdrängung der Herren von Geroldseck aus ihrer Herrschaft Sulz und deren Übernahme durch Württemberg hat bereits die Gemüter der Zeitgenossen erregt und die Geschichtsschreibung vom 16. Jahrhundert bis in die Gegenwart beschäftigt. Der erste Reflex auf die Ereignisse von 1471 stammt, wie nicht anders zu erwarten, vom geroldseckischen Haushistoriker Matthäus Marschalk von Pappenheim 1532. Dieser verfasste seine Geschichte des Hauses Geroldseck bekanntlich im Auftrag von Gangolf II. von Geroldseck (1484–1548). Dessen gleichnamiger Vater hatte 1477 als Vertreter der Linie Hohengeroldseck auf etwaige Ansprüche an Sulz verzichtet.[253] Dennoch knüpfte Gangolf II. 1523 an alten Besitzansprüchen an mit der Begründung, Württemberg habe sich damals die Herrschaft Sulz durch Gewalt angeeignet.[254] Der Haushistoriker Pappenheim griff diese Argumentation auf. In der geroldseckischen Hausgeschichtsschreibung haftet deshalb der Übernahme der Herrschaft Sulz durch Württemberg etwas Heimtückisches und Unehrenhaftes an. Graf Eberhard habe im Oktober 1471, schreibt Pappenheim, unter Berufung auf sein Öffnungsrecht Zutritt für seine Diener und Adligen auf Schloss Sulz begehrt. Hans von Geroldseck habe *Graff Eberharten vertraut* und seine Diener *vff ein gelopten versigelten Burgfriden in das Schloß zu Sultz eingelassen.* Darauf habe der Graf *vber obgemelten Burgfriden gantz vnuersehen das Schloß vnnd darnach die Stat vnd Herrschafft Sultz eingenomen, herr Hannsen gefencklich gen Vrach gefiert vnd zway Jor inn schwerer Gefencknus gehalten…*[255]

Bemerkenswerter Weise folgt Graf Froben Christoph von Zimmern in seiner Zimmerischen Chronik von 1566 Matthäus von Pappenheim nahezu wörtlich, was nahelegt, dass Zimmern „seinen Pappenheimer" kannte: Wie jener berichtet Zimmern von dem württembergischen Einlassbegehren aufgrund des Öffnungsrechts. *Das hat herr Hanns gethan und graf Eberharten vertrawt, auch ime, seine diener, vom adel und sonst, so graf Eberhart darzu verordnet, uf ain gelobten und versigelten burgfriden in das schloß zu Sulz eingelassen. Do hat der graf ganz unversehen herr Hannsen das schloß über bemelten burgfriden und darnach die stat und herrschafft Sulz einnemen lassen. Herr Hannsen von Geroltzeck hat er gefengklich geen Urach gefürt und daselbst zwai jar in schwerer gefengknus enthalten…*[256]

Pappenheim und Zimmern hoben also auf einen Vertrauensbruch ab, als die württembergischen Diener unter dem Vorwand eines „Besuchs" die Gelegenheit nutzten, um die Burg zu besetzen. Die Zimmerische Chronik bleibt aber nicht bei dieser einseitigen Sicht stehen, sondern erkennt auch, dass sich *die gueten herren von geroltzeck mit irer unrüebigen weis gar* selbst *umb Sulz gebracht* haben, und erkennt in ihrer Lebensweise eine Mitschuld daran, dass sie *umb leib und guet kommen und zu letzt in armuot gestorben und verdorben* sind.[257] Nichts destotrotz neigt Froben Christoph der Ansicht zu, dass die Art und Weise, in der sich Württemberg in aggressiver Form in den Besitz zahlreicher Herrschaften gebracht hat, durchaus anrüchig war: *Man weist ziemlicher maßen, wie das land Würtenberg zusamen gelesen, lauter grafschaften und herrschaften… Also hat Würtemberg die herrschaft Sulz auch verschluckt, wie andere grafschaften und herrschaften mer…*[258] Pappenheim und Zimmern repräsentieren also eine kritische, von moralischen Vorbehalten geprägte Sicht auf das Verhalten Württembergs, die sich übrigens, wie zu zeigen sein wird, beim schwäbischen Adel noch lange gehalten hat. Zimmern wirkt nur insofern „ausgewogener", als er neben dem verwerflichen Verhalten Württembergs in der schlechten Haushaltsführung der Geroldsecker eine Mitverantwortung für ihren Untergang erkennt.[259]

In der württembergischen „Hofgeschichtsschreibung" – so bei Sattler, Steinhofer, Stälin u. a. – findet sich diese aufs Moralische reduzierte Sicht der Dinge erwartungsgemäß nicht. Sattler (1777) befleißigte sich einer distanzierten, nüchternsachlichen Berichterstattung, in der er auf die Ermächtigung Graf Eberhards von Württemberg durch den Kaiser abhob: „Als aber der Kayser den zwischen Grav Eberharden und Alwigen [von Sulz] getroffenen Handel bestetigte, zog ersterer mit 4000. Mann zu Fuß und 400. Reysigen vor die Stadt Sulz. Die Gegenwehr war nicht groß und mithin diese Stadt leicht zu gewinnen, zumalen der Kayser selbst Grav Eberharden erlaubt hatte sich derselben zu bemächtigen und sie zu behalten. Hannß von Geroldseck und seine drey Söhne Conrad, Georg und Bartholomäus geriethen ihm in die Hände, welche er als offenbare Aechter verwahrte."[260] Es ist dieselbe Argumentation, die schon Graf Eberhard selbst in seinem Ausschreiben an den Adel benutzte. Auf eine vergleichbare legalistische Position zog sich noch Stälin (1858) zurück, wenn er die „Bestätigung" des württembergischen Vorgehens durch Kaiser Friedrich III. betonte.[261]

Graf Eberhard im Bart, ab 1495 erster Herzog von Württemberg, brachte die Herrschaft Sulz nach 50 Jahren Fehde und Krieg 1471/78 unter seine Herrschaft. Bildvorlage: Württembergische Landesbibliothek HB XV 2, Foto Joachim Siener.

Dem entgegen war der Lokalhistoriker Pfarrer Köhler bereits 1835 zu einer dezidiert moralischen Einschätzung zurückgekehrt: „1471 im November eroberte Eberhard von Wirtemberg die Burg Albeck durch einen nächtlichen Überfall, und so wurde sie durch List und das Recht des Stärkeren nicht auf ganz ehrliche Weise Wirtembergisches Eigenthum."[262] An anderer Stelle formulierte er noch drastischer: „Nach dem Bericht der Elsaßer Cronik machte er [Graf Eberhard] sich von der festen Burg Albeck auf eine niederträchtige Art Meister, indem die von ihm dahin geschickten adelichen Räthe und Leute das Oeffnungsrecht ansprachen und als es ihnen vergönnt wurde, dasselbe dazu mißbrauchten, daß sie sich gegen den verbrieften Burgfrieden der Burg bemächtigten."[263] Hier klingen erkennbar die Formulierungen von Pappenheim und Zimmern durch.

Auch die Autoren des 20. Jahrhunderts fanden für die Vorgänge von 1471 wieder deutlichere Worte. Fritz Ernst schrieb, Graf Eberhard habe damals eine bestimmte Strategie verfolgt: „... sein Opfer eingekreist, isoliert und sich dann vom Kaiser die Erlaubnis geben lassen, es zu vernichten."[264] Ernst Marquardt erkannte in der Eroberung von Sulz durch Graf Eberhard ein „Spiel", das es diesem gelang „meisterhaft zu gewinnen".[265] Friedrich Hillebrand nannte dieses „Spiel" erstmals beim Namen: eine „regelrechte Verdrängung und Entmachtung" der Geroldsecker.[266]

In der aktuellen Landesgeschichtsschreibung greift Niklas Konzen diese Begrifflichkeit auf, wenn er in seiner Studie über Hans von Rechberg der „Übernahme der Herrschaft Sulz" und der „Verdrängung der Herren von Geroldseck" zwei umfangreiche Kapitel widmet.[267] Konzen zeigt in einer differenzierten Betrachtung, wie Württemberg seine territoriale Expansion am oberen Neckar in Form einer festen Strategie vorantrieb. „Die Instrumentalisierung mehr oder weniger berechtigter Gerichtsurteile zur Verdrängung mindermächtiger Adelsgeschlechter ... entwickelte sich in den vierziger Jahren [des 15. Jahrhunderts] zu einer gezielten württembergischen Erwerbsstrategie. Die betroffenen Adligen wurden zunächst vor dem Hofgericht Rottweil wegen ihrer Schulden verklagt. Das Hofgericht erteilte dem Kläger daraufhin die Anleite auf die Besitzungen des Beklagten. Diese Anleite gelangte nun auf verschiedenen Wegen an Württemberg."[268]

Wenn Konzen auf diese Weise ein „System" hinter dem Territorialisierungsprozess Württembergs herausarbeitete, liefert sein Ansatz eine wissenschaftlich fundierte Begründung für die moralisierende Sichtweise der Pappenheim, Zimmern, Köhler usw. Die strukturelle Zwangsläufigkeit der territorialen Expansion ist damit noch nicht hinreichend erklärt. Denn auf einer tieferen Ebene ging es dabei um Mechanismen eines Monopolisierungsprozesses, wie ihn ähnlich bereits Nobert Elias in seinem „Prozess der Zivilisation" 1936 beschrieben hat.[269] In dem Maße wie die aufstrebenden Landesherrschaften Baden, Württemberg, Österreich oder Pfalz Formen und Strukturen frühmoderner Staatlichkeit auszubilden begannen, gerieten mindermächtige Adelsherrschaften aufgrund ihrer strukturellen Rückständigkeit und beinahe zwangsläufigen Überschuldung unter einen enormen Anpassungsdruck. Adelsherrschaften wie die der Geroldsecker hatten in dieser Situation kaum Überlebenschancen. Entweder gaben sie ihre herrschaftliche Autonomie auf und machten sich im Hof- oder Landesdienst einer Territorialmacht nützlich. Oder sie verweigerten diesen Schritt und suchten nach alternativen Überlebensformen wie dem Fehdeunternehmertum, das sie aber zwangsläufig in Gegensatz zu den staatlichen Interessen setzte. Früher oder später wurden solche mindermächtigen Adelsherrschaften von einer der expandierenden Territorialmächte verschluckt. Die Frage war lediglich, welcher der benachbarten Flächenstaaten zum Zuge kam. In diesem Wettlauf spielte dann die von Württemberg entwickelte aggressive Strategie die entscheidende Rolle, denn mit ihr kam Württemberg den Mitbewerbern Baden oder Vorderösterreich regelmäßig zuvor. So hatte es sich seit dem 14. Jahrhundert häufig auf anrüchige Weise eine Reihe alter Hochadelsherrschaften wie Urslingen, Mägdeberg, Tübingen, Teck, Zollern-Schalksburg, Lupfen, Hornberg oder Falkenstein angeeignet. Überraschend war vor diesem Hintergrund also nicht so sehr, dass diesem territorialen Ausgriff als letzte Hochadelsbastion am oberen Neckar auch noch die Herrschaft Sulz zum Opfer fallen sollte; überraschend ist allenfalls, wie lange sich die Geroldsecker gegen diese „feindliche Übernahme"[270] Württembergs wehren konnten.

Burg Albeck unter württembergischer Herrschaft

◂ Georg Gadners „Chorographia Ducatus Wirtembergici" von 1596 mit dem Amt Sulz. Bildvorlage: Württembergische Landesbibliothek Stuttgart GB 380.

Die Burg Sulz alias Albeck als Sitz des Amtes Sulz

Die Herrschaft Sulz war nun Teil der mächtigen Grafschaft Württemberg, die 1495 aufgrund ihrer Bedeutung zum Herzogtum erhoben wurde. Damit änderte sich der Charakter der Burg Sulz grundlegend. Die neu erworbene Herrschaft füllte die geographische Lücke zwischen den älteren württembergischen Ämtern Rosenfeld und Dornhan und bildete gemeinsam mit diesen und den angrenzenden Ämtern Dornstetten und Hornberg den südwestlichen Zipfel der Grafschaft. Der Burg Sulz war in der Strategie der württembergischen Landesverteidigung, die insbesondere unter Herzog Ulrich von Württemberg (1503–1519; 1534–1550) entwickelt wurde, nicht dieselbe Rolle zugedacht wie den sieben mächtigen Landesfestungen, darunter Hohentwiel, Hohenurach und Hohenasperg.[271] Als Burg zweiter Kategorie wurde sie lediglich zum Dienstsitz der württembergischen Obervögte. Sie verlor damit ihren Charakter als „Dynastenburg" einer selbständigen Adelsfamilie. Da die württembergischen Obervögte jedoch Adlige und damit gleichen Standes waren wie die Herren von Geroldseck, dürften Wohnkomfort und Lebensstandard auf dem Schloss im 16. Jahrhundert zunächst noch weitgehend gleich geblieben sein.

Die Obervögte von Sulz waren zugleich Obervögte am Schwarzwald und verwalteten im 16. Jahrhundert neben Sulz die Ämter Rosenfeld, Dornstetten, Dornhan und Hornberg. Als solche Obervögte fassen wir bis 1483 Hans von Neuneck, von 1483 bis 1494 Friedrich von Schauenburg, von 1498 bis 1507 Hans von Neuneck, um 1514/15 Hans von Weitingen und 1518/19 Wilhelm von Weitingen. In der österreichischen Zeit von 1520 bis 1534 fungierten Jörg Stähelin von Stockburg (1526) und Oswald von Neuneck als Sulzische Obervögte. Diese bewohnten aber, da während dieser Zeit Gangolf von Geroldseck auf dem Schloss residierte, ein Haus in der Stadt am Unteren Tor. Nach der Rückeroberung Württembergs durch Herzog Ulrich 1534 wurde Hans Herter von Hertneck als Obervogt eingesetzt (1534–1562). Ihm folgten Friedrich Herter von Herteneck (1562–1577) und Daniel von Anweil (1577–1598) als herrschaftliche Verwaltungschefs in Sulz.[272]

Hatte sich Graf Eberhard im Bart (1445–1496), ab 1495 erster Herzog des Landes, schon 1471 zum Retter der Stadt Sulz stilisiert, der die Bürger nicht nur vom Kirchenbann, sondern auch gleich noch vom ungeliebten Stadtherrn befreit hatte, so zeigte sich die neue Herrschaft auch in den folgenden Jahrzehnten gerne als Wohltäterin der Stadt. Eine wirtschaftliche Weichenstellung, die die Stadt Sulz in eine überregionale Wirtschaftszone einband, bedeutete der Flößerei-Vertrag vom 12. Oktober 1484 zwischen Württemberg, Österreich und der Stadt Esslingen, die den oberen Neckar bis Sulz für die Scheitholzflößerei erschloss.[273] Ferner stiftete die Herrschaft Württemberg 1492 eine Kaplanei in die Stadtkirche und bald darauf auch ein Spital, dessen Kapelle 1498 geweiht wurde. 1503 wurde die Stadtkirche, bisher Filial von Bergfelden, zur Pfarrkirche erhoben. Es lag in der Logik dieser Entwicklung, dass die Bürgerschaft in den Jahren 1513–17 eine neue, noch ganz im spätgotischen Stil errichtete Kirche erhielt. Nicht nur die Kirchengemeinde, auch die bürgerliche Kommune erlangte Wohltaten vom neuen Stadtherrn. In einem Privileg von 1491 befreite Graf Eberhard seine neuen Bürger von den Frondiensten im Burgösch, dem zum Schloss gehörenden Versorgungshof. Und 1499 erneuerte Württemberg die in den vergangenen Auseinandersetzungen schwer ramponierte Stadtmauer.[274] Ob die Bürger auch darüber erfreut waren, dass Graf Eberhard ihnen 1493 seinen „natürlichen", sprich: unehelichen Sohn Dr. Ludwig Wirtemberger als Stadtherrn vor die Nase setzte, als er ihm die Herrschaft zu Lehen überließ, entzieht sich unserer Kenntnis. Sehr lange scheint diese Episode nicht gedauert zu haben – offensichtlich nur bis zum Tod des Vaters 1496.[275]

Aus einer Urkunde des Stadtachivs Sulz von 1491 geht hervor, dass die Obervögte auf dem *slos zu Sultz sitzen und wonung haben* sollen.[276] Tatsächlich hatte seit 1483 Friedrich von

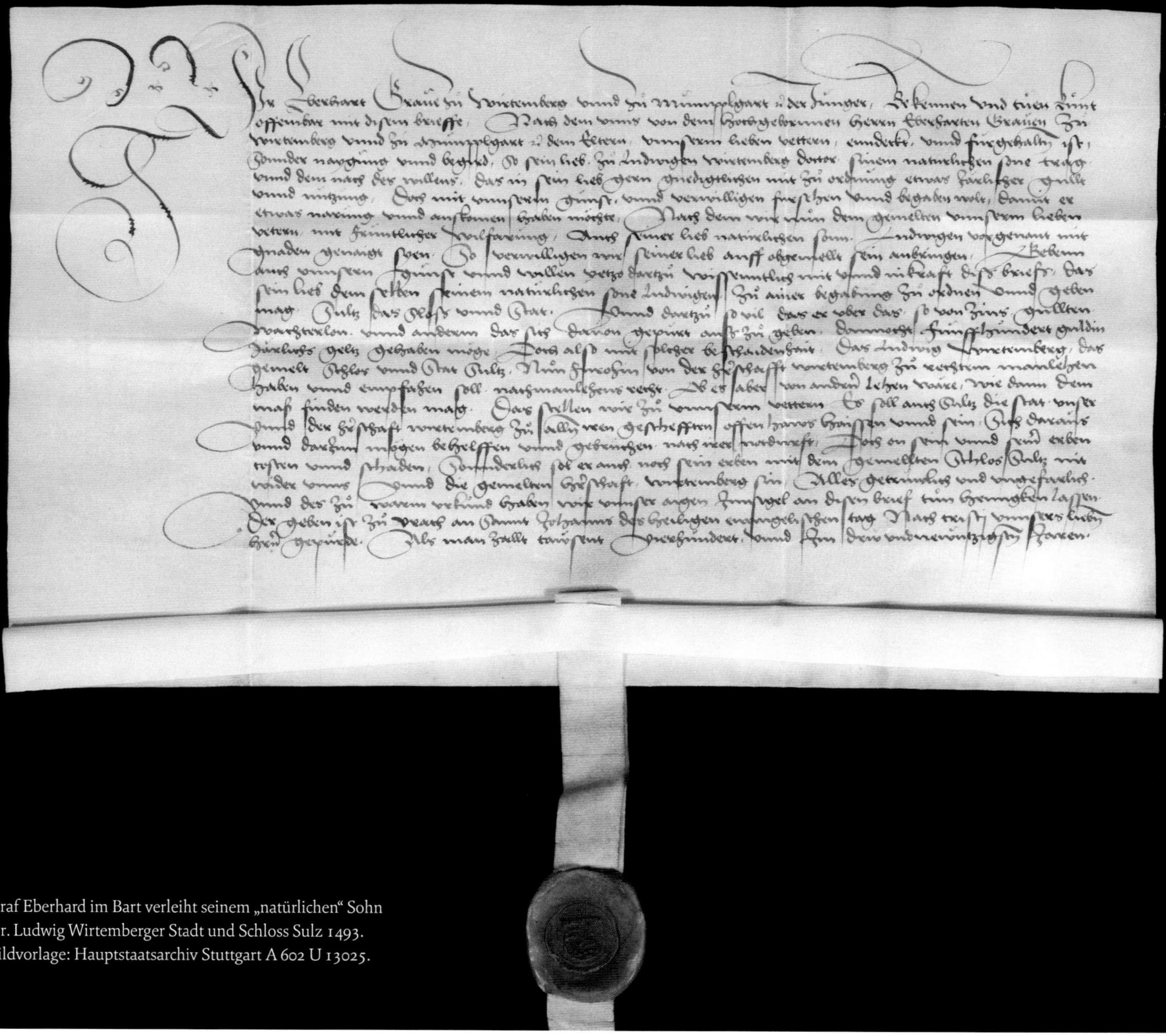

Graf Eberhard im Bart verleiht seinem „natürlichen" Sohn Dr. Ludwig Wirtemberger Stadt und Schloss Sulz 1493. Bildvorlage: Hauptstaatsarchiv Stuttgart A 602 U 13025.

Schauenburg als württembergischer Obervogt am Schwarzwald *sinen sitz uff dem Schloß zu Sultz*. Er hatte die Pflicht, *dasselbig schlos getrewlich und zum besten zu verwaren und versehen*. Da er selbst im Rahmen seiner Dienstpflichten viel unterwegs war, bestellte er *6 Wachtere, die all in siner Verköstigung mit lon und Speisung sin sollen…, under denen der ein ein Torwart sig, und darzu einen erbarn redlichen knecht zu einem Burgvogt, der in sinem Abwesen ob den Wachtern und stättigs im Schloß sig.*[277] Die Zahl von sechs Burgwächtern – die höchste unter den herrschaftlich württembergischen Burgen – wirft ein Licht auf die Bedeutung dieser wichtigen Feste an der Südwestecke der Grafschaft.

1488 wurde am Schloss Sulz gebaut. Dabei waren die Untertanen des Amtes Rosenfeld zu Fuhrfronen verpflichtet, sie mussten also Baumaterial heranschaffen. Einen zusätzlichen Amtsschaden in Höhe von 55 Pfund Heller, den die Rosenfelder für die Baukosten beischießen sollten, wollte ihnen Graf Eberhard jedoch künftig erlassen.[278] Was und in welchem Umfang damals gebaut wurde, entzieht sich unserer Kenntnis. Aber es liegt auf der Hand, dass die Burg in den vorangegangenen Jahren und Jahrzehnten unter den verschiedenen Belagerungen und Beschießungen schwer gelitten hatte. Wenn man berücksichtigt, dass bei Artilleriebeschuss sowohl die Krone der Ringmauer als auch das Dach des Wohnturms hauptsächliches Ziel der Angriffe gewesen sein dürften, dann liegt es nahe, Baumaßnahmen am ehesten an diesen Gebäudeteilen zu vermuten. Möglicherweise wurde in diesen Jahren das Fachwerkobergeschoss auf das Hauptgebäude des 13. Jahrhunderts gesetzt, das Hans Baldung Grien im Jahr 1515 dokumentieren sollte (siehe unten S. 97). Ursprünglich bestand der Wohnturm aus drei steinernen Geschossen, von denen zu einem unbekannten Zeitpunkt das oberste reduziert und durch einen Fachwerkaufbau ersetzt wurde. Dies könnte eben Ende des 15. Jahrhunderts geschehen sein, als die Burg unter württembergischer Herrschaft saniert wurde.

Weitere Baumaßnahmen am Schloß Albeck sind erst wieder zu 1581/82, also erst ca. hundert Jahre später unter Obervogt Daniel von Anweil belegt.[279] Von Anweil, dessen bemerkenswertes Grabdenkmal bis heute in der Sulzer Pfarrkirche zu bestaunen ist, besitzen wir zwei weitere Nachrichten bezüglich des Schlosses Albeck. Obwohl auf Albeck gerade erst frisch gebaut worden war, erwarb er 1582 eine im Sulzer Stadtbrand von 1581 abgebrannte Hofstatt und errichtete darauf seiner Frau zuliebe ein Stadthaus. Diese hatte nämlich ihres *beschwerlichen Leibes* wegen Mühe, vom Schloss herab den sonntäglichen Kirchgang zu bewältigen. Im Jahr darauf, 1583, musste der Obervogt eine schwere Zurechtweisung aus Stuttgart über sich ergehen lassen, nachdem er seine Tochter Cecilie und ihren heimlichen „Verlobten", den Reitjungen Jacob Baur, eigenmächtig auf Schloss Albeck eingesperrt hatte.[280]

Die Humanisten und der „rätselhafte Name Albeck"

Wie wir anhand der vielen mittelalterlichen Quellen zu unserer Burg zeigen konnten, trug diese während des gesamten Mittelalters die Bezeichnung „Burg (oder Schloss) Sulz". Im 16. Jahrhundert kommt hingegen der Name „Albeck" auf, der den ursprünglichen Namen bald vollständig verdrängen sollte. Es ist deshalb an dieser Stelle die Diskussion um die Herkunft dieses Namens wieder aufzugreifen.

Wenn der „rätselhafte Name Albeck"[281] für unsere Burg im Mittelalter nicht nachzuweisen ist, dann stellt sich die Frage, wann er tatsächlich aufkam und gebräuchlich wurde. Wie so oft bei derlei Fragen und Rätseln unserer schwäbischen Landesgeschichte lohnt sich ein Blick in die Zimmerische Chronik des Grafen Froben Christoph von Zimmern (1519–1567), der sich in seinen Aufzeichnungen um 1560/66 ja intensiv mit der Herrschaft Sulz, den Herren von Geroldseck und deren Verdrängung durch Württemberg auseinander gesetzt hat.[282] Der Chronist erweist sich tatsächlich über die württembergische Intervention und die Ereignisse von ca. 1420 bis 1480 gut unterrichtet, sein Bericht basiert mindestens teilweise auf der Kenntnis originaler Quellen. Deshalb verwundert es auch nicht, dass er in Anlehnung an die Originalurkunden durchweg von dem *schloß und der statt Sulz*, von der *offnung im schloß zu Sulz*, vom *burgfrieden in das schloß zu Sulz* usw. spricht.[283] Allerdings kommt er an zwei Stellen seiner Chronik, wo er sich über die Geschichte der Grafen von Sulz auslässt, auf den „rechten" Namen ihrer Burg zu sprechen: *Es gibt auch dessen nit ain klaine anzaig das schloß zu Sulz, das mit seinem rechten namen nit Sulz, sonder Allwigk haist, wie dann under denen graven vil und schier der merertail also haben gehaißen*. Er leitet also den „rechten" Burgnamen vom Leitnamen Alwig der Sulzer Grafen ab und wiederholt dies nochmals beiläufig beim Bericht über die Einnahme der Burg 1471: *Durch* [Graf Eberhard von Württemberg] *ward Sulz die statt und das schloß darob, so Alweg genannt, eingenommen, auch herr Hanns von Geroltzeck selb gefangen und nach Urach gefürt*.[284]

Die Herleitung des Namens Albeck „vom Sulzer Leitnamen Alwig (kann indes) keineswegs befriedigen"[285], wie schon Volker Schäfer richtig zu Protokoll gab, aber sie passt natürlich zu den etymologischen (d. h. sprachgeschichtlichen) Wort-

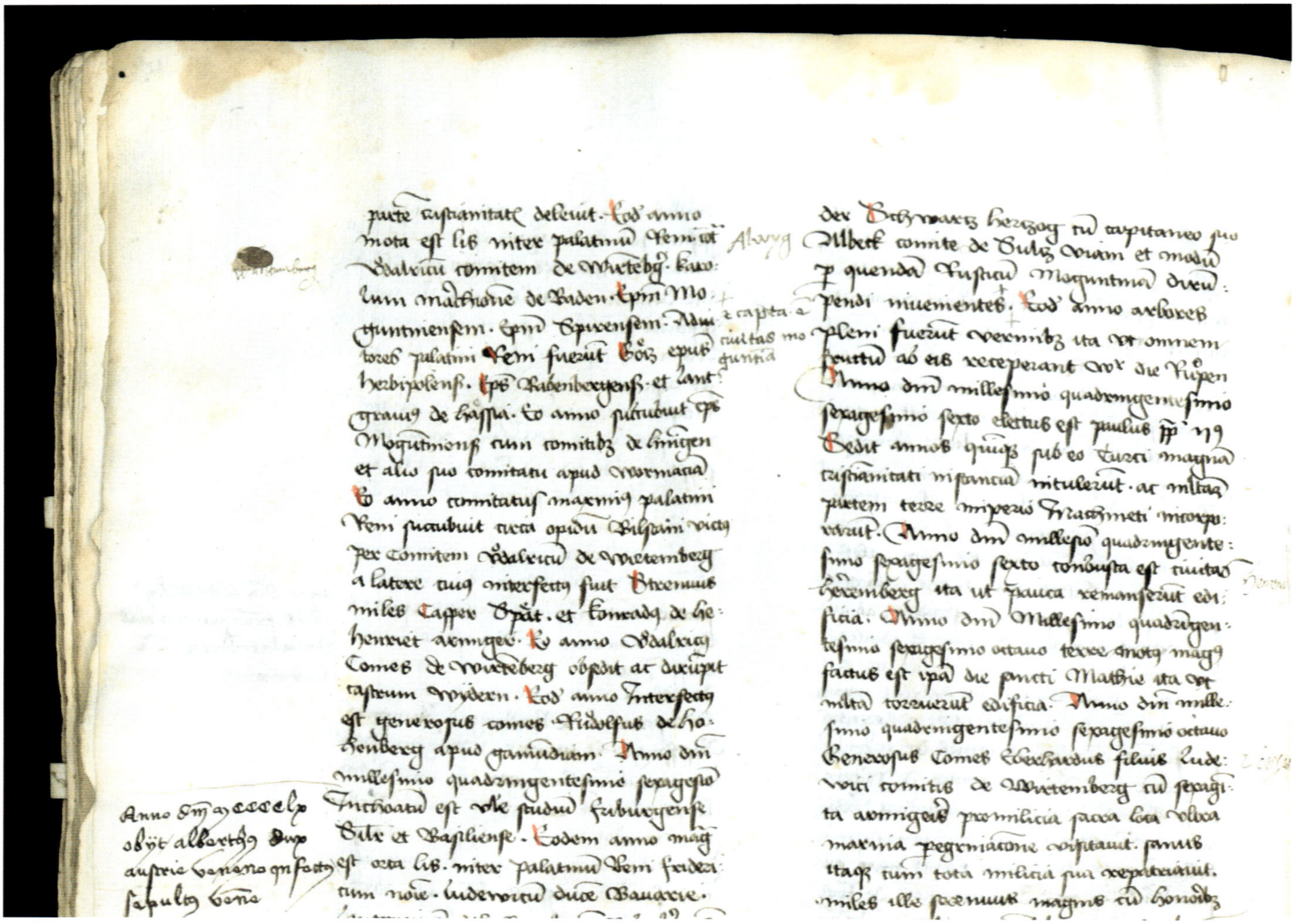

Seite aus der Chronik „Flores temporum" mit dem Eintrag zu Graf „Albeck de Sultz" und dem Nachtrag „Alwyg" eines unbekannten Benutzers der Handschrift. Bildvorlage: Württembergische Landesbibliothek Stuttgart HB V 86, fol. 158v.

spielereien des gelehrten Grafen von Zimmern und fügt sich insgesamt zu den oft fragwürdigen Namensherleitungen und „Herkommen" der Humanisten im Umfeld des schwäbischen Adels. Froben Christoph von Zimmern betrieb in den zitierten Passagen betreffend „Albeck" eine Namenskunde in bester humanistischer Manier, die seinen Zeitgenossen einleuchten mochte, in den Ohren des modernen Sprach- und Geschichtsforschers aber ganz unwahrscheinlich klingt (vgl. das folgende Kapitel). Die Frage ist allerdings, ob der Chronist die Formel Albeck = Alwig erst erfunden hat oder ob er sich an ältere Erklärungen anschließen konnte.

Einen solchen Vorläufer gibt es in der Tat. Bei näherer Betrachtung ist Graf Froben Christoph von Zimmern gar nicht der Urheber der Namensassoziation Albeck = Alwig, sondern sein älterer Kollege, der humanistische Geschichtsschreiber Matthäus Marschall von Pappenheim (1458–1541). Dieser verfasste 1532, also rund 30 Jahre vor Froben Christoph, im Auftrag Gangolfs von Geroldseck eine Chronik der Herren von Geroldseck.[286] Offensichtlich hatte Froben Christoph von dieser Chronik seines älteren Kollegen Kenntnis, denn viele Details, die der Graf von Zimmern überliefert, erinnern bis in die Formulierungen (und in die Fehler) hinein an Pappenheims Berichte von den Sulzer Ereignissen des 15. Jahrhunderts.[287] 1420 hätten die Württemberger das *gemelt Schloß Albeck by der Stat Sultz hartt* belagert, *dardurch das Schloß vnd*

Herrschaft Sultz verloren ward. An anderer Stelle schreibt Pappenheim, dass im Jahr 1451 Georg von Geroldseck *vff dem Schloß Allweck bey Sultz* verstorben sei. Und der letzte Geroldsecker in Sulz sei jener Hans gewesen, der 1471 in seinem *Schloß zu Sultz, genannt Allweck* belagert und gefangen genommen worden sei. Pappenheim leitet zwar den Burgnamen Albeck nicht explizit vom Personennamen Alwig her, seine Namensvariante „Allweck" legt allerdings eine Assoziation in diese Richtung nahe – eine „etymologische Steilvorlage", die sich der Zimmerische Chronist nicht entgehen ließ.

Es ist angebracht, nochmals zu betonen, dass all diese angeblichen Belege des Namens „Allweck, Allwigk, Albeck" zu 1420, 1451 und 1471 Rückprojektionen der beiden Humanisten des 16. Jahrhunderts auf Verhältnisse des 15. Jahrhunderts darstellen. In den Originalurkunden taucht das Wort „Albeck" definitiv nicht auf. Die Frage ist also, wo Pappenheim seine Idee herhaben mag? In diesem Zusammenhang gibt es eine interessante Passage in einer Chronik des späten 15. Jahrhunderts, die unsere Aufmerksamkeit verdient: die oben S. 61 schon zitierte Fortschreibung der „Flores temporum", von der die Württembergische Landesbibliothek eine Handschrift aus der Zeit um 1470 besitzt. Darin ist gegen Ende von der Belagerung der Stadt Mainz durch Herzog Ludwig von Bayern und „seinen Hauptmann Albeck [= Alwig] von Sulz" im Jahr 1460 die Rede*: cum capitaneo suo Albeck comite de Sultz* (vgl. Abb. 94).[288] Die hier von dem unbekannten Schreiber verwendete Schreibweise „Albeck" für den Vornamen Alwig zieht zwangsläufig unsere Aufmerksamkeit auf sich und wirft die Frage auf: Ist diese Schreibweise des unbekannten Schreibers unbedacht oder aber absichtsvoll und beziehungsreich verwendet worden? Verbirgt sich hinter dem unbekannten Schreiber des 15. Jahrhunderts vom oberen Neckar der Urheber oder zumindest Ideengeber des Burgnamens „Albeck"? Zusätzlich interessant wird der Chronikeintrag dadurch, dass ein späterer Nutzer der Handschrift auf der Höhe des zitierten Eintrags zwischen den beiden Spalten mit zierlicher Humanistenhand den Namen „Alwyg" nachgetragen hat, wie um zu erklären, dass mit *Albeck de Sultz* natürlich Graf *Alwyg* von Sulz (1417–1493) gemeint ist (derselbe, der um 1460/70 versuchte, Sulz an sich zu bringen).

Irgendeine Assoziation vom Personennamen zum späteren Burgnamen scheint sich auf diesem Chronikblatt anzudeuten. Nun wäre es sicherlich spannend ermitteln zu können, wer sich sowohl hinter dem Schreiber der Chronik wie auch hinter dem anonymen Nutzer der Handschrift mit seiner Anmerkung verbirgt. Denn wenn sich ein Bogen spannen ließe von der Handschrift des späten 15. Jahrhunderts zu den Humanisten des frühen 16. Jahrhunderts (oder gar zu Matthäus von Pappenheim selbst), wären wir hier der Lösung des „Namensrätsels" Albeck vielleicht einen Schritt näher gekommen.[289]

Exkurs zu den Namen Albeck und Alwig

Da seit den Humanisten die Gleichung Albeck = Alwig im Raum steht, ist an dieser Stelle ein kleiner sprachgeschichtlicher Exkurs zur Etymologie und Bedeutung des Ortsnamens Albeck und des Personennamens Alwig angebracht.

Das Toponym Albeck setzt sich zusammen aus den Silben Alb- und -eck, wobei das Suffix -eck verhältnismäßig rasch erklärt ist. Oberdeutsch *Eck (s)* geht auf eine indogermanische Wurzel mit der Bedeutung „scharf, spitz, kantig" zurück.[290] Daraus erklärt es sich ganz organisch, warum so viele Berg- und Burgnamen diese Endung wählen: sie bringen zum Ausdruck, dass es sich bei dem betreffenden Berg um eine markante Felskante oder um einen Bergsporn mit Steilabfällen handelt. In diesem Sinne wäre also der Name „Albeck" eine passende Bezeichnung des Burgberges bei Sulz am Neckar. Erklärungsbedürftig ist ferner das Grundwort *Alb.* Versuchte die ältere Forschung zeitweilig das Wort „Alb" von lat. *alba* = weiß herzuleiten, so ist man sich heute einig darin, dass der Gebirgsname „Alb" ebenso wie jener der „Alpen" sich von einem vorgermanischen, keltischen Wort mit der Grundbedeutung „Berg" oder spezifischer auch „Hochweide" ableitet.[291] „Albeck" wäre demnach ein Ort, der sich am Rand einer bergwirtschaftlich genutzten Hochfläche befindet. Ein solcher Name kann demnach überall entstehen, wo wir eine entsprechende Topographie vorfinden. Es ist deshalb nicht verwunderlich, dass wir den Namen Albeck sowohl in Kärnten als auch bei Langenau im Ostalbkreis als auch bei Sulz am Neckar antreffen. Nur: Während die Ortsnamen Albeck in Kärnten und im Ostalbkreis tatsächlich seit dem 12. bzw. seit dem 13. Jahrhundert urkundlich belegt sind, gibt es zum Namen Albeck bei Sulz vor dem 16. Jahrhundert bislang keinen Nachweis, was zu denken gibt.

Obwohl die humanistischen Geschichtsschreiber aus ihrer Quellenkenntnis sehr wohl wussten, dass die Burg bei Sulz in mittelalterlichen Urkunden „Schloss Sulz" hieß, vertrat Froben Cristoph von Zimmern die These, ihr „rechter" Name sei „Albeck". Diesen Burgnamen leitet er aber nicht von einem an sich plausiblen Bergnamen „Alb-eck" her, sondern von dem bei den Sulzer Grafen gebräuchlichen Vornamen „Alwig". Eine Herleitung des Burgnamens Albeck vom Personennamen Alwig erschiene sprachgeschichtlich eher verwegen, denn der Personenname setzt sich aus zwei Silben völlig anderer Bedeutung zusammen. Der Name „Al-wig", kontrahiert aus „Adalwig", besteht aus dem Suffix *-wig* (Kampf), das wir auch in anderen Personennamen wie Ludwig, Hedwig, Hartwig usw. antreffen, und dem Grundwort *Adal-* „ein Edler, Vornehmer". Alwig ist also ein im Kampf erprobter Edler, mithin ein genuiner Adelsname. *Al-wig* und *Alb-eck* folgen weder in ihren Wortbestandteilen noch in ihrer zusammengesetzten Bedeutung derselben Logik und haben sprachgeschichtlich rein gar nichts miteinander zu tun. Dass die beiden Wörter dennoch miteinander in Beziehung gesetzt wurden, hat offenkundig ausschließlich assoziative Gründe aufgrund ihres ungefähren Gleichlauts. Dies wird noch dadurch begünstigt, dass die Kon-

Das Luftbild der Burg Albeck zeigt ihre geschützte Lage auf einem Bergsporn zwischen Weilerbachgraben und Neckartal. Bildvorlage: Stadtverwaltung Sulz am Neckar.

sonanten in der Mitte der Wörter (Ablaut -*b* in Alb und Anlaut *w*- in -wig) als Labiallaute verwandt sind. Aus dieser sprachphysiologischen Nähe und Verwandtschaft erklären sich auch die überlieferten Schreibvarianten „Albeck“, „Allweck“, „Albweck“. Da die Wörter „Alb(w)eck“ und „Al(b)wig“ nahezu gleich klingen, sind sie nach der Logik der humanistischen Gelehrten auch in der Bedeutung eins. Nach derselben Logik brachten sie ja auch die stadtrömische Patrizierfamilie der Orsini (Ursini) mit dem schwäbischen Adelsgeschlecht der Urslingen unter einen Hut.

Kommt also schon der etymologischen Ableitung des Orts- und Burgnamens Albeck vom Personennamen Alwig keinerlei Wahrscheinlichkeit zu, so wäre es ja auch ganz ungewöhnlich, dass ein Vorname ohne weiteres Suffix zum Burgnamen geworden wäre. Selbstverständlich gibt es Burgnamen, in denen Personennamen enthalten sind, so Gerolds-*eck*, Herwart-*stein*, Dietrich-*stein* oder Benzen-*berg*, aber diese Vornamen verbanden sich mit einem für Burgen typischen topographischen Suffix. Analog könnte man sich durchaus eine Burg Alwigs-*eck*, Alwig-*stein* oder Alwigs-*burg* vorstellen, aber dass der Vorname Alwig für sich allein zum Burgnamen geworden wäre, dafür gibt es kein Vergleichsbeispiel.[292]

Fazit: Der erst neuzeitlich in Gebrauch kommende Burgname Albeck kann nicht vom Leitnamen Alwig der Sulzer Grafenfamilie herrühren. Dazu passt der Befund, dass wir diesen Burgnamen nirgends in mittelalterlichen Urkunden antreffen. Die Grafen von Sulz nannten ihre Burg definitiv „Sulz“, und die Geroldsecker hatten keinen Grund dies zu ändern. Erst die humanistischen Geschichtsschreiber des 16. Jahrhunderts erfanden den Namen „Albeck“ aufgrund bloßer sprachlicher Assoziation zu Alwig, und behaupteten seine Existenz „von altersher“ wider besseres Wissen, denn sie selbst – Pappenheim wie Zimmern – zitierten wiederholt den quellenkonformen Burgnamen „Sulz“.

Dass es neben der humanistischen Begründung des Namens Albeck noch eine zweite Wurzel gab, etwa einen volkssprachlich kursierenden Namen „Albeck“, an den sich die Assoziation der Humanisten anlehnen konnte, erscheint eher unwahrscheinlich, denn bislang ist das Toponym „Albeck“ in Sulzer Urkunden bis in die Zeit um 1530 nicht aufgetaucht.

Silberstiftzeichnung von Hans Baldung Grien mit der Darstellung von Burg Sulz und der Aufschrift „Sulltz Albweck am necker“ oben links. Bildvorlage: Rotterdam, Museum Boijmans van Beuningen.

Hans Baldung Grien und seine Silberstiftzeichnung von 1515

Wann taucht der Name Albeck als Bezeichnung für die Burg Sulz tatsächlich erstmals in Quellen auf? Hier fällt offensichtlich einer ganz außergewöhnlichen Bildquelle eine Schlüsselrolle zu. Gemeint ist die Silberstiftzeichnung des bedeutenden Renaissancemalers Hans Baldung Grien von drei Orten am oberen Neckar. Hans Baldung (1484–1543), damals mit der Realisierung des Hochaltars im Freiburger Münster befasst, führten 1514/15 verschiedene Reisen ins Elsass, ins Baselbiet und an den Neckar. Dabei hielt er auf mehreren

Skizzenblättern insgesamt zwölf Burgen der besuchten Regionen fest. Eines dieser Blätter enthält auf der Vorderseite die Burgen Dorneck und Birseck bei Basel, auf der Rückseite unten die Wallfahrtskirche Zinsbach bei Pfalzgrafenweiler, rechts die Burg Hohenmühringen in zwei Ansichten und oben links die Burg Albeck bei Sulz.[293]

Da die Zuschreibung der Zeichnung nach Sulz am Neckar gelegentlich in Zweifel gezogen wurde, soll die Skizze zunächst als authentisches Bilddokument unserer Burg erwiesen werden. Fritz Eberhard zog in einem Artikel von 1975 im „Gmünder Heimatforum“ die Zeichnung Hans Baldungs heran, um nachzuweisen, dass jener, dessen Familie bekanntlich aus Schwäbisch Gmünd stammte und der sich selbst auf dem Freiburger Hochaltar als „Gamundianus“ bezeichnete, seine Vaterstadt auch später noch besucht habe.[294] Das mag wohl sein, nur ist die fragliche Zeichnung, anders als Eberhard vermitteln wollte, gerade nicht geeignet, dies zu belegen.

Die sonst in der Baldung-Literatur durchweg als „Burg Albeck“ akzeptierte Skizze reklamierte Fritz Eberhard als Abbildung der Burg Hohenrechberg, um damit einen Besuch des Meisters in der Herkunftsregion seiner Familie nahezulegen. Seine Argumentation zeigt allerdings erhebliche Schwächen. Schon die als Vergleichsbeispiel herangezogene Zeichnung der Burg Rechberg von 1681, die (trotz des zeitlichen Abstands) „so viel Ähnlichkeit in der baulichen Substanz mit der Zeichnung Baldungs aufweist, daß man auch hier mit Wahrscheinlichkeit eine Identität annehmen kann“ (S. XVIII), weist bei einem eingehenden Vergleich der einzelnen Bauteile nach meinem Dafürhalten keinerlei Übereinstimmung auf.

Gravierender jedoch erscheint Eberhards Verzicht auf eine Erörterung der eigenhändigen Aufschrift Baldungs auf seiner Zeichnung, die in älteren Publikationen schon abgebildet war und trotz der verwischten Schrift die Worte *Sulltz alb[w?]eck am neck[a]er* erkennen lässt. Die Unterschlagung dieser Aufschrift in Eberhards Argumentation wiegt umso schwerer, als er selbst in seinem Artikel den französischen Autor Charles Ephrussi zitiert, der in einer Publikation von 1881 das fragliche Blatt abgebildet hatte. Ephrussi, der die Skizze noch als Zeichnung Albrecht Dürers in Anspruch nahm, wollte damit einen Besuch des großen Nürnberger Meisters am oberen Neckar belegen. Auch wenn die Zeichnung 1914 von Martin (und Rudolf) Wackernagel als Werk Hans Baldungs erkannt wurde[295], so bleiben Ephrussi's Anmerkungen zur Bildinschrift von dieser Korrektur unberührt. Der französische Dürer-Forscher lieferte 1881 nach persönlicher Inaugenscheinnahme der damals in Privatbesitz befindlichen Zeichnung folgende Lesung: *Sulltz Albweck am Neckar*.[296] Fritz Eberhard hätte diese unzweifelhafte, von Hans Baldung selbst stammende Bezeichnung des Blattes also kennen können, ja müssen und deshalb Baldungs Zeichnung für seine These nicht heranziehen dürfen.

Nach erneuter Autopsie der eigenhändigen Notiz Baldungs auf dem Rotterdamer Blatt darf diese Lesung endgültig als gesichert gelten. Trotz Verwischens der Schrift lässt sich die Bezeichnung eindeutig als *Sulltz albeck* [alias *allweck* oder auch *albweck*] *am necker* identifizieren. Durch die gleich dreifache Lokalisierung „Sulz“, „Albeck“ und „am Neckar“ dürfte

Umzeichnung der Baldungschen Zeichnung von Burg Sulz/Albeck nach Charles Ephrussi 1881.

es ganz unzweifelhaft sein, dass sich die Zeichnung Hans Baldungs auf unsere Burg bezieht und dass demnach der berühmte Dürer-Schüler im Jahr 1515 die Stadt Sulz besucht hat.

Hans Baldung, der seine Reise an den Neckar nach einer Vermutung Carl Kochs im Sommer des Jahres durchgeführt hat, traf auf eine im Herzogtum Württemberg aufstrebende Amtsstadt. Die Stadtmauer war um 1500 erneuert worden. Die Pfarrkirche war gerade damals fertig gestellt und sollte an Weihnachten 1515 geweiht werden. Ob die Honoratioren der Stadt, der Schultheiß Bastian Jäger oder der gelehrte Notar und spätere Stadtschreiber Franz Schweickher den damals schon berühmten Maler in der Stadt erkannt und ehrenvoll empfangen haben? Ob Baldung in einem der Sulzer Gasthäuser abgestiegen ist oder vielleicht sogar vom Obervogt Hans von Weitingen auf die Burg eingeladen wurde? Um die Burg zeichnen zu können, musste Baldung sie nicht zwingend besucht haben, er muss sich aber zur Anfertigung der Skizze eine gewisse Zeit in der Umgebung aufgehalten und einen geeigneten Standort gesucht haben. Baldung lieferte mit seinem charakteristischen Schwung eine realistische Darstellung der Hauptelemente der Burg zu Beginn des 16. Jahrhunderts: die mächtige weitläufige Ringmauer mit dem Torturm und dem (württembergischen?) Wappen über dem Portal, dahinter den Wohnturm mit dem vielleicht erst um 1490 entstandenen Fachwerkaufsatz. Zum Schluss bezeichnete Baldung sein Blatt vermutlich nur zu seiner eigenen Erinnerung am oberen Rand in kleiner Schrift.

Interessant wäre in unserem Zusammenhang die Frage, wie die doppelte Bezeichnung der Burg als *Sulltz Allweck* zu verstehen ist. Meinte Hans Baldung: ‚Als wir in der Stadt Sulz am Neckar waren, zeichnete ich die dortige Burg Albeck'? Oder wollte er sagen: ‚Dies ist die Burg Sulz, die man auch Albeck nennt'? Also: Bezieht sich in seiner Zeichnung das Wort *Sulltz* auf die Stadt oder auf die Burg? Im letzteren Fall wäre Baldungs Zeichnung ein hoch interessanter Beleg für die Gleichzeitigkeit beider Bezeichnungen. In jedem Fall liefert Hans Baldung Grien, soweit bislang zu ermitteln, im Jahr 1515 den ältesten authentischen Beleg für den Burgnamen Albeck. Die mögliche Lesevariante „Allweck" erweckt sogar den Eindruck, als habe Baldung Kenntnis von der humanistisch gefärbten Etymologie gehabt. Diese Vermutung ist keineswegs abwegig, war doch Baldungs Bruder, der Freiburger Jurist und Professor Dr. Caspar Baldung (ca. 1480–1540) selbst ein bekannter humanistischer Geschichtsforscher, der sowohl mit den Grafen von Tübingen und von Eberstein wie mit den Herren von Geroldseck und von Zimmern im Austausch um deren „Herkommen" verkehrte. Caspar Baldung war in diesen Jahren Anwalt und Berater verschiedener von Württemberg geschädigter Hochadelsfamilien. Spätestens 1515 war er gelegentlich für die Geroldsecker tätig, und noch im Jahr 1532 wurde er von Gangolf II. von Geroldseck zu einem Gutachten über Pappenheims Geroldsecker Chronik aufgefordert, über die er sich positiv aussprach.[297] Letzten Endes ist es nicht einmal ausgeschlossen – aber das sei hier nur als Hypothese angedeutet –, dass der Maler Hans Baldung im Jahr 1515 gar nicht allein, sondern in Begleitung seines Bruders Caspar im Württembergischen unterwegs war. Denn dieser vertrat damals die Grafen von Tübingen in einem Rechtsstreit mit Württemberg und hatte in diesem Zusammenhang Anlass, an den Neckar zu reisen. Genau seit diesem Jahr stand er mit Gangolf von Geroldseck in Verbindung, der ebenfalls mit Württemberg im Streit lag. Handelte es sich also möglicherweise um eine „Dienstreise" Caspar Baldungs nach Württemberg, an die sich sein Bruder Hans anhängte, um in dieser Region reizvolle Motive einzufangen (und ganz nebenbei ein wenig „Betriebsspionage" zu betreiben, also die Burg in Augenschein zu nehmen, die Geroldseck beanspruchte)?

Es deutet sich damit die reizvolle Hypothese an, dass nicht erst Matthäus von Pappenheim (1532) oder Graf Froben Christoph von Zimmern (1566), sondern bereits Dr. Caspar Baldung um 1515 der Urheber der „Albeck = Alwig-Formel" gewesen sein könnte. Die Inschrift seines Bruders auf der Silberstiftzeichnung von Burg Sulz wäre demnach ein erster Reflex hiervon gewesen. Nach diesen Erkenntnissen ist der Name „Albeck" eine „(Er-) Findung" der Humanisten gewesen. Auffällig ist in jedem Fall, dass der Namenswechsel für die Burg Sulz erst nach dem Übergang von Herrschaft und Burg Sulz an Württemberg erfolgte. Bis in die 20er und 30er Jahren des 16. Jahrhunderts hinein begegnen wir in Urkunden wie im Kanzleischriftverkehr regelmäßig der „Burg Sulz". Erst im weiteren Verlauf des 16. Jahrhunderts setzte sich der Name Albeck durch. Es gab aber um 1520/30 eine Übergangszeit, in der einem auswärtigen Besucher beide Namen entgegen treten konnten.

Gangolf von Geroldseck erobert die Herrschaft Sulz 1519

Nur vier Jahre nach der Entstehung der Silberstiftzeichnung von Hans Baldung Grien besetzte Gangolf II. von Geroldseck (1484–1548) Sulz und nahm die Herrschaft für seine Familie in Besitz. Was war geschehen?

Bekanntlich hatte Graf Eberhard von Württemberg († 1496) die Herrschaft Sulz 1471/78 an sich gerissen, um den langwierigen Querelen mit den Herren von Geroldseck nach 50 Jahren unerquicklicher Auseinandersetzungen ein Ende zu bereiten. Er und sein Nachfolger Herzog Ulrich von Württemberg (1503–1519) hatten in Sulz investiert, um die Bürgerschaft von Stadt und Amt Sulz an die neue Herrschaft zu binden, nicht zuletzt aber auch, um Sulz an den wirtschaftlichen und städtebaulichen Standard des Herzogtums anzupassen. Sichtbares und nach außen repräsentatives Zeichen der Erneuerung waren die Renovierung der Burg 1488 ff. und der Neubau der Stadtkirche 1513–17. Gerade in diesen Jahren des Sulzer Kirchenbaus schlitterte das Fürstentum aber wegen der eigenwilligen Politik Herzog Ulrichs in eine bedrohliche Legitimationskrise.

Der junge Herzog Ulrich war mit Willen Kaiser Maximilians I. 1503 frühzeitig zur Regierung gelangt und fügte sich bis zu seiner Verehelichung 1511 mit der Herzogstochter Sabina von Bayern problemlos den politischen Weichenstellungen Maximilians, um sich dann jedoch plötzlich recht geräuschvoll von der Politik seines kaiserlichen Mentors abzuwenden. Das ganze Drama begann mit dem Austritt Herzog Ulrichs aus dem Schwäbischen Bund, jener vom Kaiser geschaffenen Vereinigung von Fürsten, Städten und Adel zur Friedenssicherung in Schwaben, und erreichte mit der unglücklichen Steuererhebung Ulrichs 1514, die zum Aufstand des „Armen Konrads“ führte, seinen ersten Höhepunkt.

Der Widerstand gegen die Steuererhöhungen erfasste damals auch Sulz. Der zeitgenössische Schultheiß Bastian Jäger benannte später 18 Personen aus der Amtsstadt und weitere Untertanen aus Holzhausen und Sigmarswangen, die sich am Aufstand beteiligt hatten. Zu den Aufwieglern zählte er sogar seinen Amtsvorgänger Jacob Vischer, der den gemeinen Mann insgeheim gegen die Ehrbarkeit angestachelt hätte. Ansonsten war es eher die mittlere und untere Schicht, die sich radikalisierte und auch nicht davor zurückschreckte, den Schultheißen mit dem Tod zu bedrohen. Insgesamt gehörte Sulz aber nicht zu den Hochburgen des Aufstands. Nachdem der Herzog der Ehrbarkeit, also der bürgerlichen Oberschicht seiner Amtsstädte, mit dem Tübinger Vertrag vom 8. Juli 1514 politisch weit entgegen gekommen war, forderte er die Huldigung aller am Aufstand beteiligten Städte. Sulz gehörte zu jenen Kommunen, die bis zum 24. Juli erneut gehuldigt hatten.[298]

Kaum war die Rebellion des „Armen Konrads“ durch den Tübinger Vertrag befriedet, setzte der Herzog seine persönlichen Eskapaden fort. 1515 entfachte er einen reichsweiten Skandal, als er seinen Stallmeister Hans von Hutten ermordete, dessen Frau er heimlich liebte. In Folge dieser Affäre floh Ulrichs Gattin, Herzogin Sabina, die er erst 1511 mit großem Pomp in Stuttgart geheiratet hatte, zu ihrer Familie nach Bayern. Kaiser Maximilian erklärte seinen ehemaligen Schützling Herzog Ulrich wegen der Hutten-Affäre erstmals in die Acht. Der Herzog wütete jedoch weiter und ließ 1517 zwei seiner besten Räte aus der bürgerlichen Ehrbarkeit wegen angeblicher Illoyalität hinrichten, weil sie seiner Frau zur Flucht verholfen hatten. Erneut verfiel Ulrich der Acht, setzte jedoch seinen Konfrontationskurs munter fort: Kaum war Kaiser Maximilian Anfang 1519 verstorben, nutzte Herzog Ulrich die Vakanz auf dem deutschen Königsthron, um die Reichsstadt Reutlingen zu überfallen und seinem Fürstentum einzuverleiben. Das brachte das Fass zum Überlaufen. Der Schwäbische Bund, zuständig für die Ahndung von derlei Landfriedensbrüchen, rüstete in kurzer Zeit, um Reutlingen zu rächen. Unter Führung Herzog Wilhelms von Bayern, seines Schwagers, wurde Herzog Ulrich von Württemberg im Mai 1519 geschlagen und aus dem Herzogtum vertrieben.[299]

An der Vertreibung Ulrichs war Gangolf von Geroldseck als Hauptmann des Schwäbischen Bundes mit 200 Pferden beteiligt. Der Adlige ließ sich die Gelegenheit nicht entgehen

Herzog Ulrich von Württemberg auf einem zeitgenössischen Holzschnitt.

und besetzte mit den von ihm befehligten Truppen am 19. Mai 1519 kurzerhand Sulz, Dornstetten, Dornhan, Alpirsbach und einige Rosenfelder Dörfer, also in etwa jene Region, die einst geroldseckischer Besitz war, und bezog umgehend mit seiner Familie einschließlich seinem alten Vater Gangolf I. das Schloss Sulz.[300] Ein Mitstreiter Geroldsecks, Junker Bastian Bombast (von Hohenheim), hatte bei der Einnahme Rosenfelds so übel gewütet, dass sich der Rosenfelder Schultheiß Martin Wolf bei Gangolf von Geroldseck beschwerte: *... wer der türkisch kayser komen vnnß Rettung zethund, wir hetten In angenommen.*[301] Wilhelm von Weitingen, der bisherige württembergische Obervogt in Sulz, beklagte sich bei Gangolf, seine Leute hätten ihn gehindert, seinen Hausrat, sein Hab und Gut vom *Schloß Sultz* wegzuführen.

Gangolf II. von Geroldseck gehörte der hohengeroldseckischen Linie des Geschlechts an. Diese hatte wie die Geroldsecker in Sulz während des 15. Jahrhunderts bittere Krisen durchlebt: so den Bruderkrieg von 1429–34 und die Eroberung von Hohengeroldseck durch die Pfalz 1486, „dem Katstrophenjahr der späteren Geroldsecker".[302] Der Familie gelang es jedoch, im Jahr 1510 wieder auf ihre Stammburg zurückzukehren. Es bestand in der Familie, nicht zuletzt wegen dieser existenziellen Erfahrungen, ein hohes Standesbewusstsein, das auf dem Wissen um das hohe Alter und „Herkommen" des Geschlechts basierte. Aus diesem Grund war man sich auch der Zusammengehörigkeit aller geroldseckischen Linien bewusst. Dieses Bewusstsein schloss einen rechtlichen Anspruch auf den (früheren) Besitz von Nebenlinien mit ein. So erklärt es sich, dass Gangolf bei günstiger Gelegenheit seinen Fuß auf Sulzer Boden setzte, auch wenn sein Anspruch in diesem Fall erloschen war, da sein Vater Gangolf I. in einem Vertrag mit Graf Eberhard von Württemberg von 1477 auf Sulz formaljuristisch verzichtet hatte.[303]

Die gewaltsame Aneignung von Sulz durch Gangolf II. von Geroldseck stieß umgehend auf den Widerstand der württembergischen Landstände, aber auch des Schwäbischen Bundes. „Staatsrechtlich" gesehen war das Herzogtum Württemberg durch die Eroberung in den Besitz des Schwäbischen Bundes gelangt, der aber kein Interesse daran hatte, das Territorium zu behalten. Deshalb trat er es 1520 gegen Erstattung seiner Kriegskosten an Österreich ab. So kam es, dass Württemberg von 1520 bis 1534 unter österreichischer Verwaltung stand – die die Bevölkerung aber als eine Art Besatzung wahrnahm. Auch unter österreichischer Hoheit wirkten die württembergischen Landstände, die gerade im Tübinger Vertrag von 1514 eine Stärkung ihrer Rechte erfahren hatten, an der Verwaltung des Landes mit. Sie bestanden auf der Integrität des Landes und forderten von Gangolf von Geroldseck die Herausgabe von Sulz. Deshalb musste sich der neue Landesherr Erzherzog Ferdinand mit der Causa Geroldseck befassen. Pikant wurde die Angelegenheit dadurch, dass Walther, der Bruder Gangolfs, Ferdinands Kammerherr war.

Es gelang Gangolf und Walther von Geroldseck, die Landstände wie die Statthalter der österreichischen Herrschaft in Stuttgart jahrelang hinzuhalten. Um sich in seiner rechtlich nicht ganz unproblematischen Situation abzusichern, verbündete sich Gangolf 1522 mit der Stadt Straßburg. Der Bündnisvertrag umfasste auch einen Burgfrieden, der *Stat vnd*

Schloß Sultz einbezog.[304] 1523 legte Gangolf von Geroldseck den Statthaltern in Stuttgart eine Supplikation in deutscher und lateinischer Ausführung vor, in der er mit historischen und juristischen Gründen seinen Anspruch auf Sulz begründete.[305] Leider ist nicht überliefert, wer Gangolfs juristischer Berater war, der die geschliffen formulierte lateinische Fassung der Bittschrift verfasst hat. Es wäre zumindest theoretisch denkbar, dass er hierfür die Dienste des Freiburger Juristen Dr. Caspar Baldung in Anspruch genommen hätte, den er früher schon und auch später noch konsultierte. Baldung hatte gerade 1522 die Stelle des Stadtjuristen in seiner Heimatstadt Straßburg angetreten, mit der sich Geroldseck damals verbündete.

Gangolf von Geroldseck verwies in der genannten Supplikation darauf, *quomodo Maiores mei Barones de Gerolczek castrum Sulcz proprii bonis atque expensis a fundo edificarent* (in der deutschen Fassung: … *[wie] myne fordern Herrn von Geroltzeck Sultz von grund vff gebawen [habent]*) und arbeitete mit drastischen Mitteln heraus, wie sich Württemberg mit Gewalt und unehrenhaften Mitteln die Herrschaft von Johann (Hans) von Geroldseck angeeignet habe, der dann *in magna paupertate et exilio apud patrum et fratre meum mortuus est*. In deutscher Version: *Vnd ist gemellter Her Hannß selligen In armut, Ellendt vnd vertryben Bey meinem Vatter vnd seinem Bruder selligen gestorben*. Woraus wir beiläufig die bislang unbekannte Tatsache erfahren, dass Hans von Geroldseck 1473 bei seinen Verwandten auf Hohengeroldseck Asyl gefunden hatte und dort 1486 verstarb. Hans von Geroldseck habe im Jahr 1471 Graf Eberhards Diener *vff trew vnd glawben vnd geschwornen burckfryden zuo Sulltz eingelassen*, doch hätten jene Hans *In dem seinen gefanngen, gewaltigklich hinweg gefürtt vnd hatt Graff Eberhartt gedachten herr Hannß selligen on alle Vrsach Zway Jar zu Vrach In gefencknuß gehallten*. Diese Formulierungen kommen uns bekannt vor. Es sind dieselben Wendungen und Argumente, die der geroldseckische Haushistoriker Matthäus Pappenheim später in seiner Chronik verwenden sollte (vgl. oben S. 87f.). Daraus wird deutlich, dass jener seine Darstellung der Dinge wohl direkt dieser Supplik entnommen hat (falls er nicht sogar ihr Urheber ist).

Die Bittschrift Gangolfs von Geroldseck gelangte mit Schreiben vom 28. März 1523 an Erzherzog Ferdinand mit der Bitte, ihm die Herrschaft Sulz zu überlassen. Ferdinands Statthalter in Stuttgart blieben indes nicht untätig. Sie erarbeiteten bis zum Ende des Jahres eine ausführliche, auf bester Quellenkenntnis basierende Antwort, in der sie alle von Gangolf vorgetragenen Rechtsgründe für seinen Anspruch auf Sulz juristisch meist überzeugend zurückwiesen.

Auf dem Nürnberger Reichstag von 1524 hörte Erzherzog Ferdinand erstmals beide Parteien an. Gegenüber dem Argument der gewaltsamen Okkupation bestand Württemberg darauf, dass der Erwerb von Sulz 1471/73 rechtmäßig, da mit Willen des Kaisers erfolgt sei. Jenseits der juristischen Debatte führte Gangolf gegenüber seinem Dienstherrn auch politische und wirtschaftliche Gründe ins Feld: Als „abgesagter Feind" des Herzogs von Württemberg habe er für seine treuen Dienste am Haus Habsburg einen Gunsterweis verdient. In der Tat hatte man Gangolf von Geroldseck im Jahr 1519 Ulrichs minderjährigen Sohn Christoph zur Begleitung nach Innsbruck anvertraut, was ihm die nachhaltige Feindschaft des Herzogs einbrachte.[306] Da das Erzhaus seinem Diener Geroldseck überdies die stolze Summe von 6000 Gulden schuldig war, hätte Ferdinand ihm nur allzu gern ersatzweise die Herrschaft Sulz überlassen. Nur musste dies gegenüber den württembergischen Ständen rechtlich plausibel begründet werden. Doch bevor es in der Causa Sulz zu einer Lösung kam, zogen über Südwestdeutschland die dunklen Wolken des Bauernkriegs herauf.

Der Bauernkrieg von 1525: Die Aufrührer stürmen Stadt und Schloss Sulz

Die Verhandlungen zwischen Gangolf von Geroldseck und Österreich wurden 1524/25 durch ein Ereignis von nationaler Bedeutung unterbrochen. Allenthalben im deutschen Südwesten erhoben sich die Bauern über Herrschaftsgrenzen hinweg, um in einem gemeinsamen Kraftakt gegen ihre feudalen Herren, gegen Frondienst und Leibeigenschaft aufzubegehren. Im Hegau und im Südschwarzwald, auf der Baar und im Brigachtal, im Markgräflerland und im Breisgau, in der Ortenau und im Mittleren Schwarzwald versammelten sich im April die von ihren Herrschaften abgefallenen Bauern und vereinbarten sich zu einer konzertierten Aktion Ende April/Anfang Mai 1525. Dieser Zug konnte zwar mit der Eroberung von Freiburg am 24. Mai einen spektakulären Erfolg verbuchen, gleichzeitig hatte jedoch der Aufstand in Württemberg mit der Schlacht bei Böblingen am 12. Mai 1525 schon sein für die Bauern bitteres Ende gefunden.

Für die Ereignisse um Sulz in dieser Zeit war der von Thoman Mayer aus Loßburg geführte Schwarzwälder Haufen verantwortlich. Dieser zog Ende April das Glatttal herab und feierte mit der Besetzung von Schloss Glatt am 29. April 1525 seinen ersten Erfolg. Nächstes Ziel war die Stadt Sulz, die zum Anschluss an die „Christliche Bruderschaft" der aufständischen Bauern aufgefordert wurde. Seit dem 30. April wurde die Stadt *mit höres macht* belagert und vom Stockenberg aus von der mitgeführten Artillerie beschossen. Nach zweimaliger Beratung lehnte die bürgerliche Gemeinde in Sulz eine Übergabe der Stadt ab. Erst als es den Bauern gelang, nach heftigem Beschuss die Vorstadt einzunehmen, gaben die Stadtväter ihren Widerstand auf und traten notgedrungen der Bruderschaft der siegreichen Bauern bei.

Gleichzeitig wurde auch das Schloss Sulz belagert, auf dem Gangolf und Walther von Geroldseck zur Verteidigung eine Besatzung zurück gelassen hatten. Wenn Friedrich A. Köhler schreibt: „1525 im Bauernkriege blieb diese feste Burg, die gut besetzt war, von den Aufrührern unangefochten", so ist dies falsch.[307] Den erhaltenen Quellen lässt sich entnehmen, dass das Schloss Sulz sehr wohl erobert wurde. Es heißt allerdings, die Bauern hätten mit ihrem schwachen Geschütz wohl wenig ausrichten und das Schloss kaum einnehmen können, wenn sich unter der Burgbesatzung nicht Leute befunden hätten, die mit ihnen sympathisierten: … *dann wiewol die pauren nichts derorts ußrichten künden, so gaben sie* [die Besatzung] *doch das schloß denen pauren uf.*[308] Nach dem Ende des Bauernkrieges wurde mindestens ein Dutzend Bauern aus der Umgebung bestraft, die bei der Eroberung von Schloss Sulz beteiligt gewesen waren.[309] So gestanden Jacob Kürner aus Vöhringen, Alexander Ungemach aus Waldmössingen und Jacob Wagner aus Sigmarswangen, sie seien mit den Aufständischen *fur Statt Sulz und schloß gezogen* und hätten mitgeholfen, *das schloß Sulz überziehen*. Hans Ungemach und sein Sohn Martin aus Winzeln gaben an, sie hätten *dieselbigen uffrurigen Bawren fur das Schloß gefiert und des zu belägern weg weis geben, und in eroberung schloß Sultz uns alda in zuosatz gelegt und daran nit ersettiget uber das alles ethlich haab und geschirr uff dem mayerhofe, nachdem die Bauern vor dem Schloß angezogen, hinweg gefiert und enthwört.*[310] Was bei sämtlichen Quellen zur Eroberung von Sulz durch die Bauern auffällt: Es ist immer nur von „Stadt und Schloss Sulz" die Rede, nie von der Burg „Albeck". Der Name war also auch im Bauernkriegsjahr 1525 noch nicht gebräuchlich.[311]

Die Bauern hatten das Schloss Sulz trotz angeblich zu schwacher Artillerie immerhin so schwer geschädigt, dass am Tag ihres Abzugs von Sulz *nit ain kleiner teil an der rinkmauer daselbs umbgefallen* ist.[312] Der Schwarzwälder Haufen unter Thoman Mayer zog nach seinen Erfolgen vor Glatt und Sulz weiter in Richtung Rottweil, wo bei Deißlingen am 4. Mai ein denkwürdiges Treffen verschiedener Bauernhaufen stattfand. Dort fanden sich auch die Südschwarzwälder unter Hans Mül-

Bauernkriegsszene

ler von Bulgenbach und die Hegauer unter Hans Hebling ein, um sich zu beraten. Mit den Hegauern traf damals auch ein unerwarteter Verbündeter ein: Herzog Ulrich von Württemberg, der am 19. April in die Christliche Bruderschaft der Hegauer Bauern aufgenommen worden war. Herzog Ulrich, der sich nach seiner Vertreibung aus Württemberg auf das Felsennest Hohentwiel zurückgezogen hatte, erhoffte sich vom Anschluss an die Bauern die Rückeroberung Württembergs, nicht zuletzt deshalb, weil sich die württembergischen Bauern Mitte April selbst gegen die österreichische Obrigkeit erhoben hatten und viele von ihnen Sympathien für den exilierten Herzog zeigten.

Bei Deißlingen wendete sich allerdings das Blatt für den Herzog, weil es unterschiedliche Auffassungen darüber gab, was nach einer Eroberung Württembergs aus dem Land werden sollte. Während Herzog Ulrich selbstverständlich davon ausging, dass er wieder als Feudalfürst in sein Herzogtum zurückkehren würde, waren die Bauern *der mainung nit, ihm sin land zů gewinen, sunder was sy gewunend, das selb zu behalten*.[313] Tatsache ist, dass sich nach diesem Treffen die Wege des Herzogs und der Bauern trennten. Ulrich zog sich mit seiner Truppe verärgert auf den Hohentwiel zurück, während sich die 1200 Schwarzwälder Bauern zunächst wieder Sulz zuwandten. Von hier aus zogen sie dann mit ihren verbündeten Haufen auf Böblingen zu, wo sie am 12. Mai 1525 ihr Schicksal erwartete.

Sulz unter der Herrschaft Gangolfs von Geroldseck

Nach der Niederschlagung des Bauernkriegs kam es nach erneuter Anhörung der Parteien auf einer Tagsatzung in Augsburg am 15. Dezember 1525 relativ rasch zu einem Kompromiss zwischen der Herrschaft Österreich, der württembergischen Landschaft und Gangolf von Geroldseck.[314] Da nach einem Rechtspruch vom Januar 1526 festgestellt wurde, dass *das Sloss, Statt vnd ambt Sults* nicht vom Fürstentum Württemberg zu trennen sei, ging der Kompromiss dahin, dass man die Herrschaft Sulz den Brüdern Geroldseck nicht zu eigen, sondern allenfalls als Mannlehen überlassen konnte. Es ist zu vermuten, dass nicht zuletzt der Erzherzog aus eigenem Interesse die Diskussion in diese Richtung gelenkt hat. Dieser Vergleich, den Schweickart von Gundelfingen am 25. Januar in Nürnberg vortrug, mündete schon am 17. April 1526 in einen Lehenvertrag zwischen Erzherzog Ferdinand und Gangolf von Geroldseck. Diesem Vertrag stimmten Regierung und Landschaftsausschuss zu.[315] Der Lehenbrief Ferdinands vom 17. April 1526 bezog sich auf die *Herrschaft Sulz, namlich Burg, Stat vnd Ambt*, es gibt auch hier keinen Hinweis auf eine „Burg Albeck".[316] Mit dieser vertraglichen Regelung hatte sich Gangolfs riskanter Einsatz um die Herrschaft Sulz gelohnt und der adlige Herr konnte sich nach den Turbulenzen des Bauernkriegs und den juristischen Querelen ganz auf seinen neuen Besitz konzentrieren. Allerdings hingen die Machenschaften des stets rührigen Herzogs Ulrich, der in einer weitgespannten Geheimdiplomatie weiter um sein Herzogtum kämpfte, wie ein Damoklesschwert über Gangolfs wankender Existenz.

Gangolf II. von Geroldseck war vielleicht nicht der erste seines Geschlechts, der sich für die Geschichte und das „Herkommen" seiner Familie interessierte, aber er war der erste, der einen ausgewiesenen Historiker mit seiner Familiengeschichte beauftragte: den schon mehrfach zitierten Augsburger Chorherrn Matthäus Marschalk von Pappenheim. Er, der sich bereits mit der Chronik der Truchsessen von Waldburg (1526/27) einen Namen gemacht hatte, legte 1532 sein handschriftlich verfasstes Werk *Ursprung unnd herkomen der edelenn Herrn vonn Geroltzeckh* vor.[317] Es ist anzunehmen, dass Pappenheim im Zusammenhang mit diesem Auftrag nicht nur Hohengeroldseck, sondern auch Sulz wegen der dortigen Archive aufgesucht hat. Lange vor Pappenheim hatte Gangolf schon mit dem Freiburger Juristen und Historiker Dr. Caspar Baldung, dem Bruder des Malers Hans Baldung Grien, Kontakt. Wir haben bereits gemutmaßt, dass Hans Baldungs Besuch am Neckar 1515 mit Archivreisen seines Bruders in Zusammenhang gestanden haben könnte. Dr. Baldung war damals mit Recherchen für ein Rechtsgutachten für die Grafen von Tübingen befasst, und hat möglicherweise damals schon Gangolf von Geroldseck mit historischen Argumenten für seine rechtlichen Ansprüche auf Sulz versorgt. 1532 bestellte Gangolf bei Baldung ein Gutachten über Pappenheims Chronik.[318] Deshalb erscheint es auch, wie schon angedeutet, denkbar, dass sich hinter der lateinischen Supplik Gangolfs von Geroldseck von 1523 der frühere Freiburger, jetzt Straßburger Jurist verbergen könnte.

Gerade während dieser Beschäftigung mit juristischen Fragen 1523 war Gangolfs Vater Gangolf I. von Geroldseck (1452–1523) auf Sulz verstorben.[319] Im selben Jahr heiratete Gangolf die Gräfin Anna von Lindow-Rappin. Diese gebar 1527 auf Hohengeroldseck den Stammhalter Quirin Gangolf, im Jahr darauf auf Schloss Sulz den zweiten Sohn Walther. Doch in diesem Jahr 1528 brach großes familiäres Leid über die Familie herein. Am 13. Mai verstarb der Neugeborene bald nach der Geburt, am 13. Juni desselben Jahres folgte ihm die Mutter Gräfin Anna in den Tod.[320] Beide wurden in der neuen Sulzer Stadtkirche begraben. Das originelle und beeindruckende Renaissance-Grabdenkmal für die beiden Familienangehörigen – eine in eine steinerne Platte eingelassene Bronzetafel auf zwei von einem Greifen und einem Löwen gestützten Säulen – wurde 1533 errichtet und zeugt nicht nur vom künstlerischen Anspruch des Auftraggebers, sondern auch von seinem Geschlechterbewusstsein. Die einem römischen Grabstein nachempfundene mittlere Säule unter dem Grabdenkmal greift die Familienlegende auf, die schon die Sulzer Geroldsecker hundert Jahre zuvor auf einer Tafel in der Empfinger Pfarrkirche propagiert hatten (vgl. oben S. 71 f.). Gangolf von Geroldseck ließ die Inschrift der Empfinger Tafel praktisch wörtlich in Stein meißeln:

DE PLATEA IN ROMA GEROLZEK NOBILIS STIRPS EST PROGRESSA GEROLTZEK NVNCUPATA BARONES LIBERI VIGENT EX DVCISSA DE SCILLTACH AB VRSINIS SVMME RATIFICATA.

Aus der Gasse Geroldseck in Rom ist der edle, Geroldseck genannte Stamm herausgewachsen. Die freien Herren stammen von der Herzogin von Schiltach ab aus dem Stamm der ‚Ursini'.[321]

Obwohl Gangolf von Geroldseck als Spross der Hohengeroldsecker Linie keineswegs von der „Herzogin von Schiltach" (Herzogin Anna von Urslingen, † 1424) abstammte, konnte es sein Adelsstolz nicht unterlassen, sich auf diese hochadlige Dame mit dem Herzogstitel zu berufen und zugleich die (an-

Zeitgenössischer Holzschnitt von Erzherzog Ferdinand von Österreich.

gebliche) Abstammung seines Geschlechts aus dem römischen Adel zu feiern. Das Grabmal von Gangolfs Frau und Sohn in der Sulzer Pfarrkirche unterstrich mit diesem in Bronze gegossenen „Herkommen" nicht zuletzt den Anspruch der Familie auf die Herrschaft Sulz.

Dabei war dieser Besitz in der Hand Gangolfs alles andere als gesichert. Denn im Hintergrund wurde der exilierte Herzog Ulrich von Württemberg nicht müde, die Restitution seines Herzogtums mit Hilfe fremder Mächte zu betreiben. War sein Versuch, als „Trittbrettfahrer" des Bauernkriegs mit Hilfe der Bauern zu seiner Herrschaft zu gelangen, noch nicht von Erfolg gekrönt, so gelang es ihm 1533, eine Koalition von Freunden zu schmieden, die ihm mit militärischer Unterstützung von Landgraf Philipp von Hessen und französischem Geld zu seinem Herzogtum verhalf. Unmittelbar nach der Schlacht bei Lauffen am Neckar im Mai 1534 brach der Widerstand der österreichischen Statthalter in Württemberg zusammen, zumal die Bevölkerung sehr gerne zu ihrem alten

Herrn zurückkehrte. Anscheinend teilten auch die Sulzer Bürger diese Sympathie für den nicht ganz unproblematischen Landesherrn. Jedenfalls habe die Stadt Sulz mit Freude reagiert, als Gangolf von Geroldseck das Schloss Sulz nach dem Sieg Herzog Ulrichs räumte. Auf eine entsprechende Aufforderung hin entschuldigte sich die Stadt jedoch am 18. Mai, dass sie mit der Huldigung an den rechtmäßigen Herrn zögere, weil sie eine Beschießung vom nahe gelegenen Schloss befürchte. Daraufhin erschien am 9. Juni ein großes württembergisches Aufgebot vor dem Schloss, um die Besatzung in Schach zu halten. Schon am folgenden Tag schickte die ca. 1090 Einwohner zählende Stadt Sulz Abgeordnete zur Huldigung nach Stuttgart ab. Die geroldseckischen Verteidiger verweigerten trotzdem noch wochenlang hartnäckig die Übergabe des Schlosses, bis im Juli angeblich Herzog Ulrich persönlich auftauchte und unter scharfen Drohungen die Herausgabe erzwang.[322]

Von diesen dramatischen Tagen in Sulz zeugt die Urfehde eines gewissen Jakob Maeder vom Juni 1534. Der aus Habsheim im Elsass stammende Seiler, den der elsässische Landvogt Gangolf von Geroldseck mit weiteren Knechten zum Schutz von Schloss Albeck angeworben hatte, hatte sich Ende Mai unter dem Eindruck der aussichtslosen Lage von der Burg abgesetzt, um ins Feldlager Herzog Ulrichs am Hohenasperg überzulaufen. Er war dabei jedoch abgefangen und entwaffnet aufs Schloss Sulz zurück gebracht worden. Trotz seines Verrats wurde er wegen seiner Frau und acht Kinder auf eine Urfehde hin am 15. Juni 1534 begnadigt.[323]

Erzherzog Ferdinand konnte sich mit dem Verlust Württembergs, dessen Sympathien er nie zu gewinnen verstand, in gewisser Weise anfreunden, doch die Einnahme von Sulz durch die württembergischen Truppen war für ihn durchaus misslich. Deshalb beklagte er sich umgehend bei Herzog

Grabdenkmal der Gräfin Anna von Lindow-Rappin und ihres Sohnes Walther von Geroldseck in der Pfarrkirche Sulz. Der mittlere Stein am Sockel des Grabmals enthält die Herkunftssage der Herren von Geroldseck und der Herzöge von Urslingen. Bildvorlage: Stadtarchiv Sulz am Neckar, Foto Kilian Müller.

Ulrich, weil dieser Gangolf von Geroldseck, den er doch persönlich nach Lehensrecht in Sulz eingesetzt hatte, mit Gewalt vertrieben hatte. Dem Erzherzog war der Verlust nicht zuletzt deshalb peinlich, weil er Gangolf von Geroldseck für seine Schulden mit dem Lehen Sulz recht elegant entschädigt hatte. Ferdinand befand sich nun unversehens in der Position des Bittstellers, der bei Herzog Ulrich in der Sache Sulz um Verhandlungen nachsuchen musste. Ein „gütlicher Tag" wurde auf den 31. Oktober 1535 in Rottenburg festgesetzt. Die Vertreter Österreichs wollten dort erreichen, dass die Geroldsecker als württembergische Lehensleute und Diener Sulz behalten durften. Doch Ulrich ließ bei dieser Begegnung die Rechtmäßigkeit der Verleihung von Sulz an Geroldseck bestreiten und blockte alle weiteren Argumente konsequent ab.[324]

Im Zuge dieser Verhandlungen in Rottenburg kam es offensichtlich zu einem interessanten Disput um Rang und Prestige der Herren von Geroldseck. Anscheinend hatten adlige Fürsprecher des Gangolf von Geroldseck darauf verwiesen, dass eine Dienerschaft Geroldsecks mit seinem hochadligen „Herkommen" der Herrschaft Württemberg doch zur Ehre gereichen würde. Worauf der Herzog antworten ließ, auch wenn sie *das geschlecht* [noch] *so hoch herfür ziehen, weren sie* [die Geroldsecker] *doch nur edelleut vor jaren gewesen*. Wegen dieser ehrenrührigen Zurückweisung steckten die anwesenden Grafen und Herren anschließend ihre Köpfe zusammen und tuschelten sich zu, sie wüssten nicht, dass die Herren von Geroldseck nur kleine Edelleute oder gar Emporkömmlinge seien, es sei hingegen offenkundig, dass *die von Würtenberg new herzogen und ihres herkommens nit mehr, dann grafen, auch nit der eltesten weren.*[325] Jedenfalls muss Gangolf von Geroldseck die Zurückweisung durch Württemberg und die Anzweiflung seines hochadligen Herkommens als schwere Kränkung erfahren haben. Es herrschte nach Ludwig F. Heyd 60 Jahre nach der Aneignung von Sulz im schwäbischen Adel immer noch eine Stimmung, wonach den Geroldseckern seinerzeit von Württemberg sehr übel mitgespielt worden war.[326]

Damit endete auch dieses Nachspiel der geroldseckischen Herrschaft in Sulz, und Gangolfs Traum von der „Wiederherstellung eines ‚Größeren Geroldseck'"[327] war abrupt zu Ende. Sein Ausflug ins Württembergische mochte beendet sein, doch seine Karriere im österreichischen Landesdienst wies steil nach oben. Seit Jahren schon bekleidete Gangolf von Geroldseck den Rang eines obersten Hauptmanns und Landvogts im oberen Elsass, im Sundgau, Breisgau und Schwarzwald. Im Türkenfeldzug 1532 wurde er verwundet. Im Feldzug Kaiser Karls V. gegen Frankreich 1536 war Gangolf Befehlshaber über 400 Pferde. Seine letzten Lebensjahre verbrachte er teils an seinem Dienstsitz Ensisheim im Elsass, teils auf Hohengeroldseck.[328]

Ein abenteuerliches Nachspiel: Mordbrenner in Sulz?

Im Mai 1538 wurden bei Dornstetten der marodierende Landsknecht Hans Walther und ein Bauer festgenommen, als sie einen Dornstettener Bürger überfallen wollten. Die beiden teilten beim Verhör dem Dornstettener Amtmann einen merkwürdigen Vorfall mit. Hans Walther habe im Jahre 1536 auf der Burg Hohengeroldseck Arbeit als Schweinehirt gefunden. Damals habe ihn der dortige Burgvogt Hans Bidermann dazu gewinnen wollen, die Stadt Sulz abzubrennen. Schon zwei Jahre zuvor – nach der Rückkehr Herzog Ulrichs –, habe es Pläne gegeben, den Herzog bei der Jagd in den Wäldern von Sulz und Dornstetten *ufzuheben und uf Geroltzegk zupringen, lebendig oder thaud.*[329] Herr Gangolf von Geroldseck habe damals *offenlich gesagt, der fürst* [Herzog Ulrich] *hett im* [ihm] *schloss und statt Sulz genomen, des seiner voreltern gewest, das wolt er wider haben oder sein herschafft darob verlieren.* An anderer Stelle gab Hans Walther an: Als er einmal beim Schweinehüten gewesen, sei *her Gangolf geritten komen* und habe gesagt, *der Wurtemberger* [Herzog Ulrich] *habe im alles das genomen, so er uf Sulz gehabt, und er wölt das selbig schloß wieder haben oder sein landschaft darob verlieren...*

Der Dornstettener Amtmann alarmierte auf diese Aussagen hin sofort Obervogt Hans Herter von Herteneck in Sulz von dem geplanten Mordbrenneranschlag auf die Stadt Sulz, und dieser begab sich umgehend in die Nachbarstadt, um die beiden verhafteten Galgenvögel persönlich zu vernehmen. Zuhause in Sulz erhöhte er die Wachen und durchsuchte persönlich Wirtshäuser nach verdächtigen Personen. In seinem Geständnis berichtete Hans Walther weiter, dass der Geroldsecker Burgvogt Hans Bidermann schon im Jahr 1534 versucht habe Leute anzuwerben, die bereit waren, um 4 Gulden Lohn die Stadt Sulz abzubrennen. Er, Hans Walther, habe sich dem aber entzogen und sich 1536 für den Frankreichfeldzug anwerben lassen. Im Herbst 1537 zurückgekehrt, habe Burgvogt Bidermann ihn erneut für den Mordbrennerauftrag in Sulz anheuern wollen, dies sollte nach der Fastnacht 1538 geschehen. Hans Walther beschwor aber, kein Geld angenommen und sich der Sache entzogen zu haben.

Zwischenzeitlich war ein Bericht Hans Herters von Herteneck über das Dornstetter Verhör beim Herzog in Stuttgart eingetroffen, woraufhin dessen Amtleute den elsässischen Landvogt Gangolf von Geroldseck mit den kompromittierenden Aussagen konfrontierten. Gangolf beeilte sich, am 10. Mai 1538 seinem „gnädigen Herrn“ Herzog Ulrich von seinem Dienstsitz Ensisheim im Elsass einen entschuldigenden Brief zu schreiben: *Ich habe solches noch dergleichen in meyn synn noch gemut nye genomen. Geschwigen, das ich yemanden an gewelten enden feur eynzulegen oder zuprennen zugemutet…* Geroldseck erbot sich, darüber vor dem Reichskammergericht Rechenschaft zu geben.

Ob man in Stuttgart Gangolfs Dementi abnahm oder nicht, sei dahin gestellt. Was aus den angefallenen Akten jedenfalls hervorgeht, ist soviel, dass man sich auf Hohengeroldseck noch vier Jahre nach dem Verlust von Sulz damit nicht abgefunden hatte. Die in den Aussagen gelegentlich aufscheinenden Anwandlungen von Groll bei Gangolf von Geroldseck darf man als durchaus authentisch zur Kenntnis nehmen. Ob allerdings die Idee, sich in Form eines Mordbrennerkomplotts an der verhassten Herrschaft Württemberg zu rächen, vom Herrn von Geroldseck persönlich stammte oder ob dies sein übereifriger Burgvogt ohne Wissen und Willen seines Herrn ausgeheckt hat, lässt sich nicht entscheiden. Gangolf und sein Burgvogt blieben jedenfalls unbehelligt, nicht jedoch der arme Landsknecht Hans Walther, der am Ende des Verfahrens *vom leben zum tod gerichtet* wurde.

Was in unserem Zusammenhang noch auffällt, sind die in den Quellen enthaltenen Formulierungen, Stadt und Schloss Sulz betreffend. Es ist auch hier wieder ausschließlich von *schloss und statt Sulz* die Rede, an keiner Stelle von einem „Schloss Albeck“.[330] Insbesondere die Gangolf von Geroldseck in den Mund gelegte Formulierung, man habe *im alles das genomen, so er uf Sulz gehabt* habe, verweist darauf, dass im Sprachgebrauch der Geroldsecker ihr Schloss „Sulz“ hieß.

Der Name Albeck in Sulzer Urfehden

Bis weit in die 30-er Jahre des 16. Jahrhunderts blieb der Name „Burg Sulz“ in den Quellen gebräuchlich. Den Namen „Albeck“ für unsere Burg verwendete erstmals der Maler Hans Baldung Grien auf seiner Silberstftzeichnung von 1515. Diese Zeichnung verschwand aber damals in der Tasche des Malers mit diesem an den Oberrhein. Nur wenige Jahre später taucht aber plötzlich wie aus dem Nichts der Name „Albeck“ in mehreren Sulzer Urfehden auf. Dieser Befund ist nicht ganz leicht zu deuten, denn damals gehörte die Herrschaft Gangolf von Geroldseck, und wir hatten ja soeben festgestellt, dass gerade in Quellen aus seiner Zeit „Sulz“ der gebräuchliche Name für das Schloss war. Jetzt nehmen wir erstaunt zur Kenntnis, dass sich parallel hierzu und fast unbemerkt der Name „Albeck“ einschleicht. Ein Rätsel bleibt auch, warum dieser Name zunächst fast ausschließlich in Urfehden auftaucht, nicht in Urkunden oder im sonstigen Kanzleischriftverkehr. Aber vielleicht führt uns gerade dieser Hinweis auf die richtige Spur.

Urfehden sind eine spezifische Quellengattung der Strafrechtspflege im späten Mittelalter und der frühen Neuzeit. Sie fielen in allen Herrschaften in großen Massen an. Man

Renaissance-Ofenkacheln mit Lautenspielern von Burg Albeck, 2. Hälfte 16. Jahrhundert. Foto: Matthias Seitz.

wollte damals Straftäter aller Art nicht lange mit hohen Kosten in Gefängnissen wegsperren, sondern entließ sie in der Regel nach kurzer Haft, um sie anderen Strafformen zuzuführen. Je nach Art ihrer Vergehen wurden bestimmte Delinquenten des Landes verwiesen, zum Galeerendienst verdonnert oder zu einer Stafwallfahrt verpflichtet. Manch einer wurde einer Schand-, Körper- oder Geldstrafe zugeführt. Viele Häftlinge wurden aufgrund der Intervention von Verwandten oder angesehenen Freunden, die für sie bürgten, begnadigt. In jedem Fall mussten diese Delinquenten eine sogenannte Urfehde schwören, in der sie unter einem Eid vor Gott und allen Heiligen die Strafwürdigkeit ihres Vergehens und die Rechtmäßigkeit ihrer Bestrafung anerkannten. Sie versprachen, sich weder an der Herrschaft noch an deren Amtleuten und Dienern zu rächen und sich künftig wohlzuverhalten, falls sie nicht ohnehin „ausgeschafft" wurden.

Derlei Urfehden fielen auch in Sulz während der Herrschaft Gangolfs von Geroldseck in größerer Zahl an. Während in den schon erwähnten Urfehden der Bauernkriegsteilnehmer aus der Umgebung niemals der Name „Albeck" erscheint, sondern immer das Schloss Sulz, taucht in vier Sulzer Urfehden unvermittelt der Name „Albeck" für das Schloss Sulz auf. Das beginnt mit der Urfehde des Bartholomäus Fluck aus Weingarten vom 7. September 1521. Fluck war wegen nicht näher beschriebener strafbarer Handlungen *Zuo Sulcz uff dem Schloss alwegck* ins Gefängnis Gangolfs von Geroldseck gekommen, aber auf Bitten ehrbarer Leute wieder freigelassen worden. Eine weitere Urfehde schworen Barthlin Zugenmayer und Adam Stählin aus Ingerkingen am 9. November 1526. Beide hatten als Knechte auf dem *Mayerhof by dem schloß Allwegk zuo Sultz mit fräveler hand, wort vnnd werk den verkunthen Burgfriden geprochen*. Acht Jahre später, im Juli 1534 wurde Jacob Maeder aus Habsheim, der *mitsampt andern knechten In das Schloß gen Sultz am Necker, Albeck genant, zuo beschützen angenommen* worden war, wegen Verrats eingesperrt, aber aus Rücksicht auf seine Frau und acht kleinen Kinder begnadigt. Schließlich kennen wir noch eine Urfehde vom 4. Okober 1537, nun also schon aus württembergischer Zeit, die erneut den Namen Albeck bezeugt: An diesem Tag wurde Margaretha Schmidin, Bürgerin von Sulz, die *in deß edlen vnd vesten Junckhern Hannß Herter von Hertneck Obervogt zuo Sulz daselbst Schloß Albegk zuo dienerin angenommen* war und wegen ihrer *ungetrewen diensten*, wegen Diebstahls und *heimlicher arglistiger sachen* im Turm saß, ihrer Mutter zuliebe begnadigt.[331]

In einer Urkunde vom 14. Februar 1537 benützte schließlich erstmals die herzogliche Kanzlei den Namen Albeck, als Herzog Ulrich seine Ziegelhütte hinter dem Schloss der Stadt Sulz verlieh: ... *als wir zuo Sulz by vnnserem Schloß Albeck ain aigen Ziegelhütten haben*.[332] Damit war sozusagen der Übergang des Namens Albeck in die Kanzleissprache eingeleitet.

Eine plausible Begründung für diese frühen Belege des Burgnamens Albeck fällt schwer, es sei denn, man vergegenwärtigt sich, dass alle vier genannten Urfehden (und vielleicht auch die Urkunde über die Ziegelhütte) in der Sulzer Stadtschreiberei verfasst worden sind. Alle betroffenen Straftäter standen mit der Herrschaft in enger Berührung, waren auf dem Maierhof oder auf dem Schloss in Diensten und wurden nach ihren Vergehen im Turm zu Sulz, also in einem der beiden Stadttore gefangen gehalten. Alle vier Urfehden wurden in Sulz selbst zu Papier gebracht. Der Name Albeck findet sich also nur in Urfehden, die in Sulz selbst produziert wurden. Es hat demnach in Sulz einen Schreiber gegeben, der in diesen Jahren diese Schreibtradition begründete. Stadtschreiber in Sulz war aber von 1516 bis 1560 der aus einer alteingesessenen Sulzer Familie stammende Franz Schweickher, ein studierter und humanistisch gebildeter Notar, der in Sulz auch viele Jahre als latenischer Schulmeister wirkte. Auch wenn dies im Rahmen dieser Arbeit vorläufig nicht weiter zu untermauern ist, sei doch die Hypothese gewagt, dass der Name „Allweck", „Albeck" aus der Sulzer Stadtschreiberstube seinen Weg in die württembergische Kanzlei gefunden hat, vielleicht deshalb, weil der studierte Sulzer Schreiber Kenntnis von der humanistischen Namensidee hatte. Damit wären wir dann wieder bei der möglichen Rolle der Humanisten.

Der Name Albeck setzt sich durch

Der bislang älteste bekannte Beleg für „Albeck" stammt von der Silberstiftzeichnung Hans Baldungs Griens von 1515. Von diesem Titel auf einem Musterblatt des Malers konnte jedoch keinerlei Wirkung ausgehen, denn diese Zeichnung im Pri-

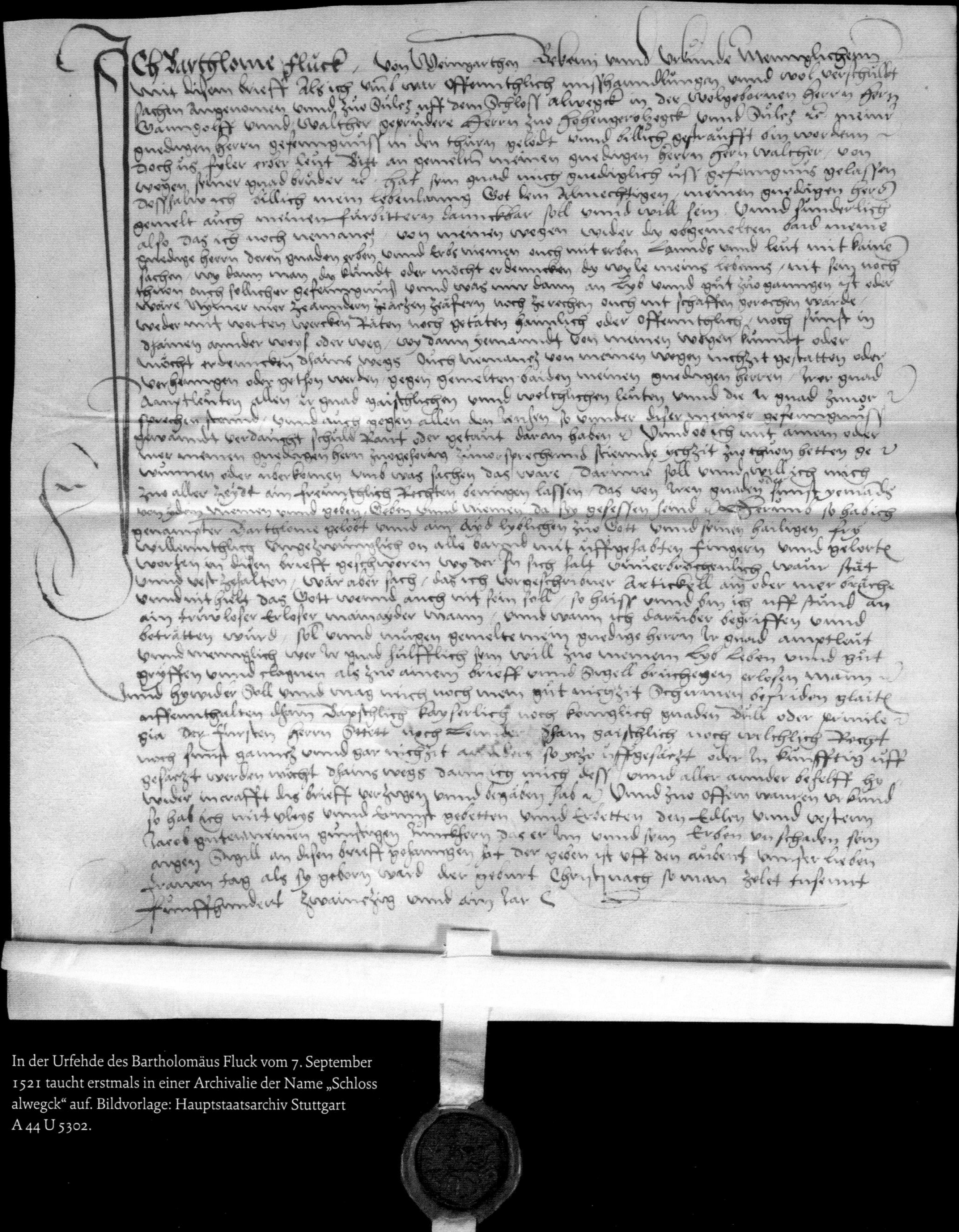

In der Urfehde des Bartholomäus Fluck vom 7. September 1521 taucht erstmals in einer Archivalie der Name „Schloss alwegck" auf. Bildvorlage: Hauptstaatsarchiv Stuttgart A 44 U 5302.

vatbesitz das Malers und seiner Straßburger Erben hat in den folgenden Jahrzehnten kaum ein Mensch zu Gesicht bekommen.[333] „Albeck" als der „eigentliche" Burgname kursierte zunächst ausschließlich in einem sehr engen Kreis humanistisch gebildeter Historiker. Dazu gehörte vermutlich schon Dr. Caspar Baldung (der seinem Bruder den Namen 1515 vielleicht „eingeflüstert" hat), dann Matthäus Marschalk von Pappenheim mit der Geroldsecker Chronik von 1532 und viel später erst – da hatte sich der Name in der Kanzleisprache bereits durchgesetzt – der Graf Froben Christoph von Zimmern mit seiner Zimmerischen Chronik von 1564/66. Alle drei Gelehrten standen der Herrschaft Württemberg fern; dass ausgerechnet sie für eine Rezeption des Namens „Albeck" in Württemberg Pate gestanden hätten, erscheint abwegig. Man müsste eher an württembergische Historiographen um die Mitte des 16. Jahrhunderts denken, die aus ihrem fachlichen Austausch mit den Kollegen oder der Kenntnis ihrer Schriften den Namen „Albeck" für Sulz adaptiert und bei der Herrschaft propagiert hätten. Dafür kämen theoretisch humanistisch gebildete Gelehrte wie Georg Gadner (1522–1605), Martin Crusius (1529–1607) und Andreas Rüttel (1531–1587)[334], weniger der etwas jüngere Oswald Gabelkover (1539–1616)[335] in Betracht. Die Hauptwirkungszeit all dieser Gelehrten liegt aber jenseits der Jahrhundertmitte, da hatte der Name „Albeck" seinen Siegeszug längst angetreten.

Unter den württembergischen Beamten, denen für die Verbreitung des Namens ein erhöhtes Interesse zukommt, sind der Sulzer Stadtschreiber Franz Schweickher (1489–1568) und sein Sohn, der Kartograph Heinrich Schweickher (1526–1579) zu nennen.[336] Franz Schweickher war nach einem Jurastudium in Leipzig zunächst als kaiserlicher Notar in Sulz tätig, um dann 1516 die Leitung der Schreibstube seiner Vaterstadt zu übernehmen. Ihm, der zunächst für Gangolf von Geroldseck, dann für Württemberg tätig war, wäre die Vermittlung des Namens „Albeck" zuzutrauen. Sein Sohn Heinrich absolvierte zwar kein Studium, wurde aber vom Vater in die Geschäfte eines Notars und Stadtgerichtsschreibers eingeführt. 1547 trat er in die Dienste der Grafen von Zollern, zunächst als Heiligenpfleger im nahen Haigerloch, dann als Vogt auf der Burg Werstein (1556). Er war spezialisiert auf „Renovationen", also die Erneuerung von herrschaftlichen Liegenschaften und Besitzständen. Daraus entwickelte sich sein Interesse an der Kartographie, einer verhältnismäßig jungen Verwaltungswissenschaft. Erst nach dem Tod seines Vaters 1568 kehrte Heinrich Schweickher als Waisenvogt nach Württemberg zurück. Daneben trug er der Herrschaft seine Fertigkeiten als Kartograph an. Aus dieser Tätigkeit erwuchs Schweickhers „Altas des Landes Württemberg", den er 1575 Herzog Ludwig überreichte. Der Atlas enthielt eine „GENERAL Tafel" des ganzen Fürstentums und gesonderte Karten jedes einzelnen Amtes. Auf dem Blatt mit dem Sulzer Amt erscheint erstmals die Burg „Albeckh" auf einer Karte.

Übrigens hat Georg Gadner, der unmittelbare Nachfolger Schweickhers als herrschaftlicher Kartograph, in seinem weit berühmteren württembergischen Atlas von 1596, der „Chorographia Ducatus Württembergici" die Burg „Albeck" ganz selbstverständlich in den Mittelpunkt des „Sultzer Ambt" gestellt.[337] Der Tübinger Professor Martin Crusius, der übrigens mit Heinrich Schweickhers Bruder, dem Buchhändler Wolf Conrad Schweickher, eng zusammenarbeitete, kolportierte den *von alter Zeit her* gebräuchlichen Namen Albeck in seiner Schwäbischen Chronik von 1596 und machte ihn so zum festen Bestandteil der württembergischen Geschichtsschreibung. Manche seiner Formulierungen und Verweise sprechen dafür, dass Crusius sein Wissen teilweise aus Pappenheims Geroldsecker Chronik bezog.[338]

In der Kartographie wie in der Geschichtsschreibung hat sich der Name „Albeck" relativ spät niedergeschlagen. Es ist davon auszugehen – und auch sogleich nachzuweisen –, dass er deutlich früher in der Amtssprache kursierte. Der Wandel des Burgnamens um die Mitte des 16. Jahrhunderts setzt in jedem Fall voraus, dass am Stuttgarter Hof eine Bereitschaft bestand, den hergebrachten historischen Namen „Sulz" durch einen anderen zu ersetzen. Ein solches Interesse konnte bei Herzog Ulrich († 1550) nach seiner Rückkehr 1534 durchaus bestehen. Im Zuge der Einführung der Reformation und des Ausbaus der Landesverteidigung hat Herzog Ulrich praktisch alle Verwaltungsstrukturen im Herzogtum geändert. In seine Zeit fällt die Lehensurkunde zur Sulzer Ziegelhütte von 1537, die als erste den Namen Albeck benützt. In Betracht kommt

Altas des Landes Württemberg von 1575 von dem aus Sulz gebürtigen Heinrich Schweickher. Auf dem Blatt Sulzer Amt ist die Burg Albeck erstmals kartographisch dargestellt. Bildvorlage: Württembergische Landesbibliothek Stuttgart Cod. Hist. qt. 102.

allerdings auch sein Sohn Herzog Christoph (geb. 1515; reg. 1550–1568), der als großer Neuerer und eigentlicher Begründer des „modernen Staates" Württemberg gilt. Auffällig ist jedenfalls, dass das erste herrschaftliche Amtsbuch, das den Namen „Albeck" konsequent durchhält, in seine Regierungszeit fällt: die *Ernewerung Des Schloß Albeckh, Des hoffß Burgesch Unnd der Stat Sultz* von 1561/63.[339]

Die „Erneuerung des Schlosses Albeck" von 1561/63

Der Begriff *Ernewerung* (Renovation) ist ein administrativer Fachbegriff, der sich auf die Aufzeichnung von herrschaftlichen Gütern und Besitzständen, deren rechtliche Verhältnisse und daraus erwachsende herrschaftliche Einkünfte bezieht. Diese für den frühneuzeitlichen Staat unerlässliche Verwaltungstätigkeit lag in der Hand spezieller Fachleute, sogenannter Renovatoren. Der Kartograph Heinrich Schweickher war ein solcher gelernter Renovator.

Die hier behandelte Beschreibung der Güter um das Schloss Albeck, die in den Jahren 1561 und 1563 von dem fürstlichen Renovator Benedict Krafft von Dornhan vorgenommen wurde, ist für uns in verschiedener Hinsicht von Interesse. Sie beschreibt zunächst den *Umbchraiss und getzirckh des Schloss Albeckh und dess hofs Burgesch mit dem* [Wald] *Stumpen* anhand genau lokalisierter Marksteine, die über Sigmarswangen und die Aistaiger Steig wieder zurück zum Schloss verfolgt werden. Alle Güter im beschriebenen Bezirk *seind meinß gn[edigen] Fürsten und hern aigenn, zu der herrschafft Sultz dem schloß Albeckh unnd hoff Burgesch gehörig* (fol. 16 v).

Anschließend wird das Recht des Viehtriebs, das den Bauern von Sigmarswangen und Sulz in dem genannten Bezirk zusteht, aufgezeichnet. Diese müssen sich bei der Weidenutzung mit dem Maier vom Hof Burgösch und dem Ziegler von der nahe gelegenen Ziegelhütte arrangieren. Auch der auf dem Schloss residierende Obervogt bzw. sein Burgvogt nutzen mit ihrem Vieh genau beschriebene Weideplätze.

Der Hof Burgösch, alter Versorgungshof des Schlosses Albeck, ist an einen Maier verpachtet, dessen Namen wir leider nicht erfahren. Unweit vom Burgösch liegt die herrschaftliche Ziegelhütte, die die Stadt Sulz seit 1537 für drei Gulden jährlich zu Lehen besaß und an einen Ziegler verpachtete.[340] Der Ziegler hat das Recht, für seinen Betrieb aus dem nahe gelegenen herrschaftlichen Wald Stumpen Brennholz zu beschaffen. Ferner hat der Ziegler *macht und fueg, auf dem gartten hinder der hütten gelegenn Letten unnd Laim, zu seinem handtwerckh nottürftig, zugebrauchen, zu graben unnd ufzuschitten* (fol. 16 v). Auch die Bürger von Sulz haben das Recht, in dem Wald Bauholz zum Unterhalt von Brücken, Wegen, Stegen und der Stadtmauer, also für öffentliche Aufgaben zu beschaffen. Ferner darf *vonn alters her ein Bader in der Badtstubenn im brüel zu Sultz* (fol. 15v) in diesem Wald Brennholz für die Badstube holen. Schließlich bezieht auch die Walkmühle dort Bauholz für ihre Tuchrahmen.

Von allergrößtem Interesse ist der Abschnitt über die Frondienste am Schloss Albeck. Dort erfahren wir, dass die *einwohner beider Flecken Flu[o]rn unnd Sigmarswangen… schuldig unnd Pflichtig (seind) zu den schleissenden gebawen* [Baureparaturen], *so auff dem Schloß Albeckh vorgenommen und gethonn werden, alleß Bawholtz samt den Kienern* [Dachrinnen] *ausser meins gn[edigen] Fürsten und Hern wälden, daß sannd vom Neckher, und die stain vonn denen ortten, da sie am geleginsten zu bekommen sein, und hiertzu zu gebrauchen die notturft erfordert, ufs schloß, auch den alten Zeug und andern dergleichen abgäng widerum daruß zu füren in fron* (fol. 17 v f.). Ebenso sind die beiden Gemeinden gezwungen, Sägebäume aus den Wäldern zu den nächstgelegenen Sägemühlen und die fertig geschnittenen Bretter und Balken aufs Schloss zu führen. Sollten aber große und umfassende Bauarbeiten, etwa vollständige Dachstuhlerneuerungen anstehen, so sollte der Untervogt (Schultheiß) von Sulz die Einwohner der *umbgesesnen Fleckhen* Holzhausen, Mühlheim, Wittershausen und Boll *umb ain nachpaurliche hilff zufronen* anhalten (fol. 19 r).

Kalk, Ziegel und Backsteine werden gewöhnlich vom ZIegler aufs Schloss geführt, den der Untervogt von Sulz entlohnt. Schließlich wird festgehalten, dass *den fronern zur Zeit der Geroltzeckhischen Regierung, alß sie auf Albeckh hoffgehalten*, jedes Mal eine Suppe und ein Trunk gereicht wurde, jetzt aber jedem 10 Heller gegeben werden (fol. 19 v). Wenn grundlegende *Haubtgebaw am schloß Albeckh geschehen* seien, hätten die Geroldsecker die Froner regelmäßig mit Geld entlohnt, daran soll

Titelblatt der Erneuerung des Schlosses Albeck von 1561.
Bildvorlage: Hauptstaatsarchiv Stuttgart H 101 Bd. 1762.

Das Sulzer Amt mit der Burg Albeck in Georg Gadners „Chorographia Ducatus Wirtembergici" von 1596. Bildvorlage: Württembergische Landesbibliothek Stuttgart GB 380 (vgl. ganze Karte oben S. 90).

sich auch jetzt nichts ändern. Die Flecken Fluorn und Sigmarswangen sind auch fronpflichtig, wenn es um den Erhalt der Mauern *under deß schloß Albeckhs zugehörigen weingarttenn* geht.

Hatte Graf Eberhard von Württemberg die Bürger von Sulz 1491 von Frondiensten im Burgösch befreit[341], so führt die Erneuerung von 1561 Frondiente bei der Heuernte auf: *Die von Sultz seindt schuldig und pflichtig, ainem obervogt Zu Sultz oder Burgvogt auff Albeckh vonn meinß gnedigen fürsten unnd hern wegen Zehen mansmadt wiesen zum Hew und ombd* [Öhmd = zweite Wiesenmahd] *zumachen…, ufs schloß zufürenn und zu barnen* [auf den Heustock zu schichten] *in fron. Dargegen ist bisheer denn Madern Jedesmal ain morgen suppen unnd sonsten den anndern froneren Jedem ain fron brott gegebenn worden* (fol. 20 r).

Ferner müssen die Sulzer Bürger auch Getreide wie Roggen, Vesen (Dinkel) und Haber unentgeltlich aufs Schloss führen und in der Scheune aufschichten (*barnen*). Da allerdings derzeit solche Früchte vom Burgöschmaier nicht mehr *uffs schloß*, sondern in den *Kasten gehn Sulz* geliefert werden, sind die Sulzer bis auf weiteres von dieser Fron befreit.

Abschließend werden die Güter rund um das Schloss genannt, die der Obervogt amtshalber nutzen darf. Dazu gehören ein *Bomgarten unden am schlossberg* im Weiler, ein Morgen Weingarten *vor deß schloß thor*, ein Krautgarten *vorm schloß underm weg* und ein Acker *vorm schloß mit etlichen Zamen bömen* (gezüchteten Obstbäumen).

Die Erneuerung von 1561/63 liefert uns leider keinerlei Einblick in das Schloss Albeck selbst, sondern lediglich eine Beschreibung des engeren Schlossbezirks mit seinen rechtlichen Verhältnissen. Dennoch beziehen wir aus der Beschreibung hochinteressante Informationen, die sich so oder ähnlich sicherlich auch auf das Mittelalter anwenden lassen. So dürften die engen Beziehungen der Flecken Fluorn und Sigmarswangen zum Schloss bestimmt ins Mittelalter zurück reichen, ebenso wie deren Fronpflicht, was den Bauunterhalt der Burg angeht. Die Tatsache, dass auch die Sulzer Bürger zu Bau- und Fuhrfronen verpflichtet waren, verweist einmal mehr darauf, dass die Sulzer Stadtluft keineswegs in jeder Hinsicht frei machte. Was in diesen Passagen beiläufig über die Zulieferung von Baumaterial wie Sand, Steinen und Bauholz erwähnt wird, lässt darauf schließen, dass an der Burg mit ihren großen Gebäuden und weitläufigen Ringmauern wohl zu allen Zeiten Reparaturarbeiten (*schleissende gebaw*) notwendig waren. *Hauptgebaw*, also gestaltverändernde Umbauten oder die Erneuerung ganzer Gebäudeteile dürften nur alle paar Jahrzehnte stattgefunden haben.

Erstmals erhalten wir in diesem Dokument tieferen Einblick in den Hof Burgösch, dem großen Versorgungshof der Burg Sulz/Albeck. Aus jüngeren Quellen wissen wir, dass der Hof 300 Morgen Nutzfläche, also ca. 90 ha umfasste. Da der Versorgungshof sicher auch schon im Mittelalter in vergleichbarem Umfang bestanden hat, liefert diese Quelle aus dem 16. Jahrhundert wichtige Erkenntnisse über Funktionsweise und Versorgungstrukturen der Burg Sulz/Albeck.

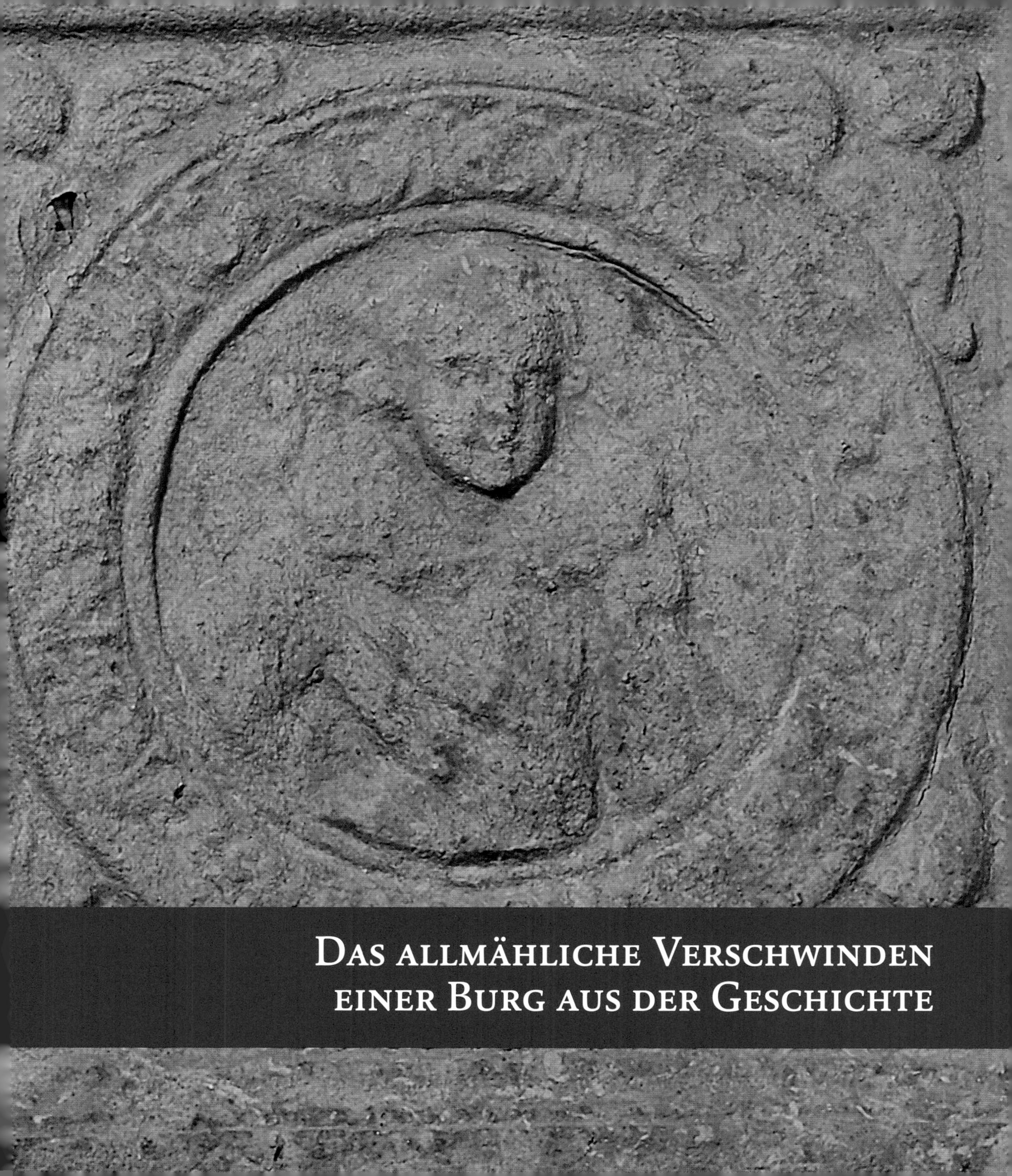

Das allmähliche Verschwinden einer Burg aus der Geschichte

◂ Vollständige, unglasierte Medaillonkachel mit einem Mann in Renaissancetracht von der Burg Albeck, 2. Hälfte 16. Jahrhundert. Foto: Matthias Seitz.

Albeck im Dreißigjährigen Krieg

Das einschneidendste Ereignis der württembergischen Geschichte in der Vormoderne war der Dreißigjährige Krieg (1618–1648).[342] In diesem jahrzehntelang hin und herwogenden, grausamen Gemetzel entluden sich die seit Mitte des 16. Jahrhunderts scheinbar befriedeten konfessionellen Spannungen im Reich. Darüber hinaus wurden in dem Krieg die Machtverhältnisse zwischen den europäischen Großmächten neu austariert. Nachdem sich die Kriegsfurie zunächst im Norden des Reiches ausgetobt hatte, erreichte sie im Jahr 1632 den deutschen Südwesten. Seit dem Kriegseintritt der Schweden und Franzosen 1630 war die dritte Phase des Krieges eröffnet. Die evangelischen Stände des Reiches begrüßten begeistert die Ankunft des schwedischen Königs Gustav II. Adolf (1611–1632). Und obwohl dieser bereits in der Schlacht von Lützen sein Leben ließ, setzte sich der Vormarsch der schwedischen Truppen in den Süden des Reiches ungehindert fort. Im Heilbronner Bund von 1633 schlossen sich die protestantischen Stände Süddeutschlands zusammen und traten an die Seite der Schweden. Erst in der Schlacht bei Nördlingen am 6. September 1634 wurden die Schweden von den vereinigten kaiserlichen, bayerischen und spanischen Truppen gestoppt und vernichtend geschlagen.

Württemberg beteiligte sich zunächst zögerlich an den Kriegsrüstungen. Erst mit dem Regierungsantritt von Herzog Eberhard III. im März 1633 trat Württemberg dem Heilbronner Bund bei und stellte den schwedischen Generälen Horn und Bernhard von Weimar Truppenkontingente zur Verfügung. Nach der verheerenden Niederlage bei Nördlingen brachen überaus harte Zeiten über Württemberg herein. Herzog Eberhard III. floh Hals über Kopf nach Straßburg ins Exil und überließ das gebeutelte Land für den Rest des Kriegs seinem Schicksal.

Das Schloss Albeck war, wie oben erläutert, im württembergischen Verteidigungssystem nur eine Burg zweiter Ordnung, das heißt anders als der Hohenasperg oder der Hohentwiel keine hochgerüstete Landesfestung mit Garnison, sondern lediglich der etwas besser bewachte Wohnsitz eines württembergischen Beamten. Die hier residierenden Obervögte während der ersten Hälfte des 17. Jahrhunderts waren Johann Friedrich von Degernau (1598–1611), Karl Kechler von Schwandorf (1611–1627) und ab 1628 der unglückliche Ludwig Friedrich von Anweil.[343] Albeck hatte eine relativ geringe strategische Bedeutung und war im Hinundherwogen der feindlichen Truppen ein meist leicht einzunehmendes Objekt. Schwere Belagerungen, wie sie etwa der Hohentwiel über sich ergehen lassen musste, kamen nicht vor, das heißt, das Schloss war kaum massivem Artilleriebeschuss ausgesetzt. Es gelangte allerdings durch das wechselnde Kriegsglück der gegnerischen Parteien ständig in unterschiedliche Hände wie das gesamte Sulzer Amt. Obervogt von Anweil war mehrfach gezwungen, die Truhen zu packen und seinen Amtssitz fluchtartig zu verlassen.

Im August 1632 wurde zunächst das vorderösterreichische Horb durch den schwedischen General Schaffelitzky besetzt.[344] Doch für die württembergische Nachbarstadt Sulz war die Ankunft der protestantischen Schweden kein Grund zur Freude. Denn dieser Krieg wurde bald berühmt dafür, dass die Bevölkerung weder von Freund noch Feind geschont wurde. Auch die „eigenen" Truppen forderten Kontributionen und Einquartierungen, und so hatte die Stadt Sulz bereits im Jahr 1635 kriegsbedingte Schulden in Höhe von 35 000 Gulden zu beklagen.

Im Herbst 1634, nach der Schlacht von Nördlingen, besetzten umgehend kaiserliche und bayerische Truppen unter Oberst Alexander von Neuneck Stadt und Amt Sulz. Dies war insofern eine pikante Situation, als der im benachbarten Glatt residierende Neuneck in Sulz eine allzu bekannte Persönlichkeit war. Trotz des konfessionellen Gegensatzes nutzte er seit Jahren die evangelische Stadt (ebenso wie das katholische Horb) als Versorgungsbasis für seinen Glatter Schlosshaushalt. Insbesondere Fleisch und exotische Gewürze wie Pfeffer,

Ingwer und Muskat beschaffte der Adlige bei Sulzer Händlern und Metzgern. Er war bei diesen allerdings hoch verschuldet und tauchte nun in seiner Eigenschaft als feindlicher Besatzer auf, um die Stadt, deren ehrbare und wohlhabende Bürger er persönlich bestens kannte, auszupressen. Neuneck war den Sulzern nach dem Urteil Friedrich A. Köhlers „ein drükend böser Nachbar".[345] Andererseits sollte man aber in Betracht ziehen, dass Neuneck mit seiner Befehlsgewalt über die bayerischen Mannschaften einen gewissen Einfluss darauf hatte, dass diese in der Stadt und auf dem Schloss nicht ganz so übel hausten, denn er wollte „seinen" Sulzern nach dem Krieg doch wieder in die Augen schauen können.

1636 nach der Eroberung des gesamten oberen Neckarraums durch die katholischen Mächte übertrug der Kaiser die Herrschaft Sulz – durchaus beziehungsreich – dem Hofrichter und Landgrafen des Klettgaus Carl Ludwig Ernst von Sulz (1595–1648), womit noch einmal für wenige Jahre die alte Gründerfamilie auf Schloss Albeck aufzog.[346] Allerdings habe der Graf nach der etwas ausschweifenden Darstellung Adam F. Kochs hier in diesen wenigen Jahren nicht gerade segensreich gewirkt. Er habe nicht nur den Weinkeller geleert, Möbel und Kostbarkeiten vom Schloss schaffen lassen, sondern auch das Archiv geplündert und die Kanonen samt Pulvervorrat fortgeschleppt und so das Schloss praktisch verteidigungsunfähig gemacht. Auch wenn diese Nachrichten im einzelnen nicht zu verifizieren sind, so ist doch soviel richtig, dass der Graf von Sulz beim Kaiser bald in Ungnade fiel und 1638 seines Postens wieder enthoben wurde.

Im selben Jahr gelang es den Schweden, die Stadt Sulz vorübergehend zurückerobern. Gleichzeitig geriet Oberst Alexander von Neuneck bei einem Überfall der Schweden auf Rheinfelden mit einem ganzen Stab von Offizieren in Gefangenschaft. Seine Entlassung gegen entsprechendes Lösegeld feierte er mit einem ausgelassenen Fest in Glatt, zu dem der Sulzer Metzger Johann Schweigkhlin wieder einmal erhebliche Mengen an Fleisch liefern durfte. Bei diesem Fest in Glatt weilte der legendäre General Johann von Weerth, der mit Neuneck die Gefangenschaft geteilt hatte, als Gast.

Nach Spellenberg, der seine Quelle nicht nennt, aber offenkundig aus Originalakten zitiert, hielt sich von Juli bis Dezember 1638 die Gemahlin des kaiserlichen Generals Graf von Götz mit Kammerfrau und Gesinde auf Albeck auf. Im Februar 1639 rückte erneut Alexander von Neuneck mit einem Kontingent kaiserlicher Soldaten in Sulz ein. Am 21. Februar 1641 geriet er hier in Bedrängnis, als Sulz von einem deutsch-französischen Kommando, vielleicht unter Führung des Hohentwieler Kommandanten Konrad Widerholt eingenommen wurde. Schloss Albeck blieb aber in der Hand der Bayern. Ende Februar 1641 bildeten nur zwölf bayerische Soldaten die Besatzung. Als drei von ihnen eines Tages nach Sulz herunter ritten, um Lebensmittel zu beschaffen, wurden sie von 15 Schweden überfallen und genötigt, Albeck zu übergeben. So lagen nun ab Ende Februar neun Schweden unter dem Kommando eines Leutnants auf dem Schloss. Diese zehn Mann wurden am 17. April 1641 von drei bayerischen Regimentern eingeschlossen, sie verstanden sich aber nicht nur neun Wochen lang zu halten, sondern den Bayern auch noch empfindliche Verluste zuzufügen. Oberst von Neuneck musste der tapferen schwedischen Besatzung am 19. Juni 1641 freien Abzug gewähren.[347]

Vorrichtung zur Dosierung des Schießpulvers als Bestandteil einer Pulverflasche für Vorderlader, 16./17. Jahrhundert. Foto: Matthias Seitz.

Die jetzt wieder bayerische Besatzung auf Albeck konnte sich bis Kriegsende 1648 halten. 1643 war sogar das Hauptquartier der kurbayerischen und lothringischen Generäle in Sulz einquartiert, was der Stadt erhebliche Kosten verursachte. Im selben Jahr bezifferte Sulz seinen durch Plünderungen in den vergangenen Jahren erlittenen Schaden auf nahezu 58 000 Gulden. 1645 zerstörten bayerische Truppen die „befreundete" Burg Werstein bei Fischingen, ein Schicksal, das dem Schloss Albeck erspart blieb. Im Februar 1647 überrumpelte erneut der legendäre Kommandant der württembergischen Festung Hohentwiel, Konrad Widerholt, die Stadt Sulz während eines Hochzeitsfestes unter den kaiserlichen Besatzern.[348] Dies war aber nur ein Nadelstich und brachte keine dauerhafte Entlastung. Sulz und Albeck blieben bis Kriegsende unter feindlicher Besatzung. Mitten in diesen schweren Kriegszeiten sollen zwischen 1644 und 1648 an der immer wieder in Mitleidenschaft gezogenen Burg sogar Ausbesserungsarbeiten stattgefunden haben. Erst Ende September 1649 wurde Albeck von den Kaiserlichen geräumt, worauf der Sulzer Untervogt Sebastian Mayer mit 27 bewaffneten Bürgern das Schloss für Württemberg in Besitz nahm.[349]

Als 1648 endlich der ersehnte Frieden einkehrte, lebten in der Stadt Sulz, die 1634 noch 1266 Einwohner beherbergt hatte, gerade noch ca. 950 Seelen.[350] Dabei waren Stadt und Amt Sulz in diesem verheerenden Krieg vergleichsweise glimpflich davon gekommen.[351] Aus den nach dem Krieg erstellten Schadensregistern lässt sich ermitteln, dass das Amt Sulz mit der Stadt und den vier Gemeinden Fluorn, Holzhausen, Mühlheim und Sigmarswangen unter allen württembergischen Ämtern mit einem Bevölkerungsrückgang von „nur" 31 % an letzter Stelle rangierte (die schlimmsten Verluste verzeichneten die Ämter Königsbronn mit 83 % und Blaubeuren mit 73 %; Rosenfeld zum Vergleich 57 %). Auch beim Gebäudebestand schnitt das Amt Sulz mit lediglich 18 % zerstörten Gebäuden noch erträglich ab (Rosenfeld 44 %). In absoluten Zahlen ausgedrückt waren in der Stadt selbst von 271 Häusern „nur" zwanzig zerstört, an allen fünf Orten des Amtes zusammengerechnet 90. Besonders hart hatte es 1635, einem der schlimmsten Jahre des ganzen Krieges, die Dörfer Fluorn und Sigmarswangen getroffen, die jeweils zur Hälfte niedergebrannt worden waren. Die schwerste Plünderung hatte die Stadt Sulz am 29. April 1638 durch die Bayern zu erdulden gehabt. Alles in allem bezifferte die Kommune ihre über die Jahre aufgelaufenen Schäden auf eine Summe von 147 229 Gulden.

Zwanzig Häuser waren also in der Stadt zerstört. Auch von Schäden an der Stadtmauer, den Toren und Türmen und den herrschaftlichen Gebäuden ist die Rede. Über Schäden an der über der Stadt thronenden Burg Albeck wissen wir so gut wie nichts; die Ausbesserungsarbeiten seit 1644 sprechen jedoch für leichte Beschädigungen.

Der Merian-Stich von 1643

Betrachten wir den Kupferstich „Sultz" mit der Burg Albeck des berühmten Basler Kosmographen Matthäus Merian d. Ä. aus seiner „Topographia Sueviae" von 1643, so kommen einem angesichts der soeben ausgebreiteten Tatsachen Zweifel, ob uns der Meister hier ein zuverlässiges Bild vermittelt.[352] Die Stadt und die über ihr thronende Burg Albeck wirken auf dem Stich so proper und unangetastet, dass man kaum glauben mag, eine Momentaufnahme aus dem verheerendsten Krieg der frühen Neuzeit vor sich zu haben. Von zwanzig zerstörten Häusern in der Stadt ist auf dem Bild nichts zu erkennen. Der geschäftstüchtige Kupferstecher dürfte hier eher ein Idealbild der württembergischen Amtsstadt angefertigt haben, das auch über den Krieg hinaus Bestand haben sollte. Hier sollte definitiv keine Szene aus schwerer Kriegsnot festgehalten werden – ein Genre, das Merian mit seinen berühmten Belagerungsbildern vom Hohentwiel ja durchaus beherrschte.

Was zeigt uns also der Sulzer Stich, der bis heute seine Wirkung nicht verfehlt? Man erkennt im Vordergrund diesseits des Neckars das Salzwerk mit den hölzernen Hallen und dahinter die breite Front der Stadtmauer mit dem Unteren Tor. Aus dem Weichbild der Stadt ragen dominant die sehr mächtig wirkende Stadtkirche und das erst seit 1584 bestehende Rathaus mit seinem Dachreiter hervor. Das Rathaus wie die erkennbaren Bürgerhäuser sind dem Stich nach – durchaus realistisch – in Fachwerkbauweise errichtet.

Uns interessiert aber in erster Linie das Schloss Albeck rechts im Hintergrund, das so effektvoll ins Licht getaucht erscheint, dass es unweigerlich als Hauptgegenstand des Bildes erfasst wird. Links vor der eigentlichen Burg erkennt man den vorgelagerten Zwinger, der die Auffahrt zum Schloss und den auf der Ringmauer sitzenden Torturm schützt. Auf der Ringmauer sitzt weiter rechts ein Fachwerkhaus mit Walmdach und zwei Gauben auf. Hinter diesem erkennt man das Hauptgebäude, den hoch aufragenden Wohnturm, der von einem Fachwerkgeschoss mit Walmdach gekrönt wird. Rechts davon befindet sich, mit dem Giebel zum Betrachter gewendet, ein kleineres Fachwerkgebäude. Ganz rechts im Bild sind hinter der mehrfach abknickenden Ringmauer zwei weitere kleinere Gebäude zu erkennen. Diese Gebäude hat es tatsächlich ge-

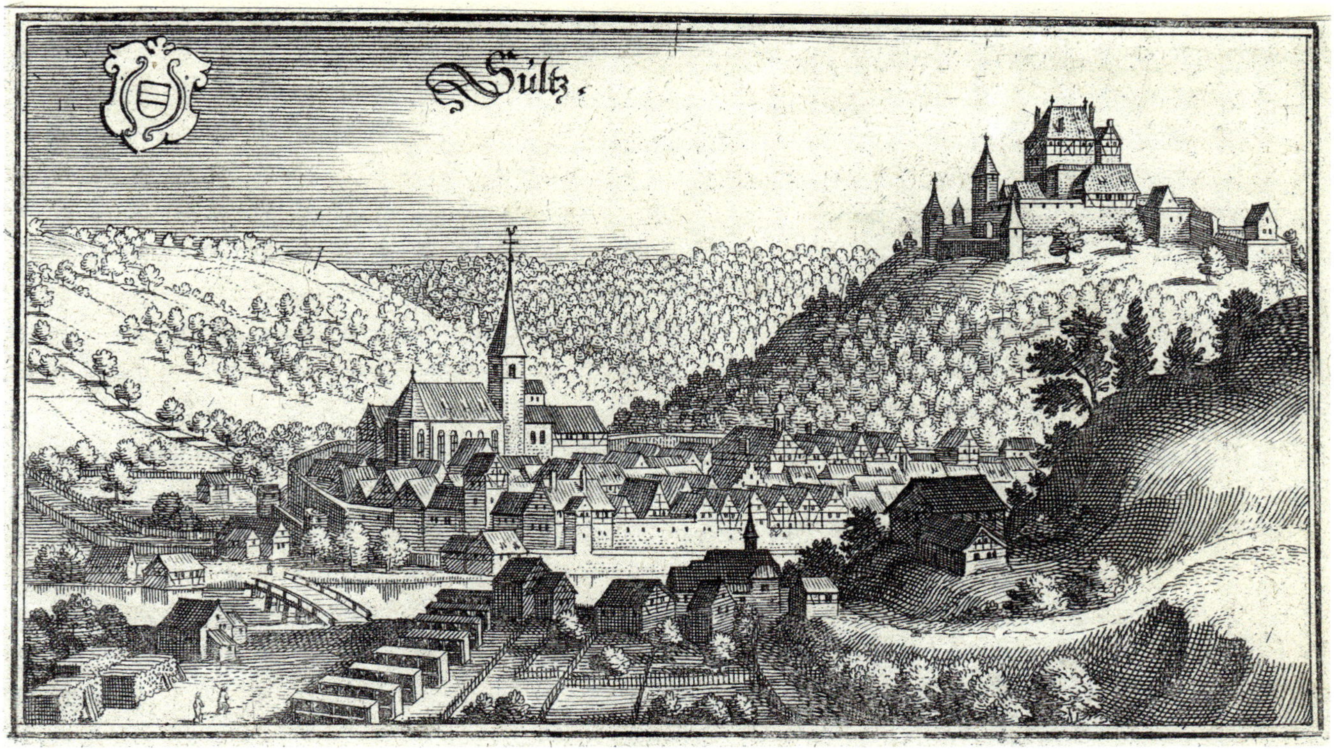

Merianstich der Stadt Sulz mit Burg Albeck von 1643.
Bildvorlage: Kreisarchiv Rottweil.

geben, dagegen entspricht der verspringende Mauerverlauf nicht der Realität. Wie bei der Darstellung der Stadt sind auf der Burg Albeck keinerlei Kriegsschäden zu erkennen.

Vergleicht man Merians Stich von 1643 mit der ältesten bildlichen Darstellung der Burg von Hans Baldung 1515 (S. 97 f.), so ergeben sich gewisse Übereinstimmungen. Das betrifft die vorgelagerte Zwingermauer wie den groben Verlauf der Ringmauer. Das betrifft auch das auf der nördlichen Ringmauer aufsitzende Gebäude, auch wenn dieses bei Merian größer wirkt. Und es betrifft schließlich das rechts vom Haupthaus befindliche weitere Gebäude. Die bei Merian rechts im Bild erkennbaren Gebäude sind bei Baldung wegen der Perspektivverlagerung Richtung Osten nicht im Blickfeld. Neu sind bei Merian die beiden kleinen spitzhaubigen Türme auf der Zwingermauer und der größere Turm auf der Ringmauer links des Eingangstores (den wir nach späteren Plänen als die sogenannte „Hochwacht" identifizieren dürfen). Betrachten wir das Hauptgebäude, so scheint auch dieses seine Gestalt im Prinzip erhalten zu haben, allerdings mit spezifischen Abweichungen. Vergleichbar ist das in Holzbauweise gehaltene oberste (dritte) Geschoss, das allerdings bei Baldung mit dem vorragenden Erker auf der linken Giebelseite „mittelalterlicher" wirkt. Gewandelt hat sich auch die Fachwerkstruktur und die Dachform: Aus dem Satteldach bei Baldung ist bei Merian ein Walmdach geworden.

Wenn wir der Darstellung von Merian trauen dürfen, so hatte das Schloss Albeck im Jahr 1643 trotz mehrfacher feindlicher Einnahmen keinen erkennbaren Schaden gelitten. Auch wenn wir geneigt sind, dem grundsätzlich zu vertrauen, weil tatsächlich keine massiven Belagerungen, Beschießungen und schweren Angriffe überliefert sind, so bin ich doch der Ansicht, dass die Burg in diesem Kriegsjahr nicht ganz so „unberührt" dastehen konnte, wie der Stich suggeriert. Es ist vielmehr wahrscheinlich, dass durch die Plünderungen des Grafen Carl Ludwig von Sulz wie durch den Vandalismus der zeitweilig herrenlosen schwedischen und bayerischen Soldateska bestimmte Bereiche des Schlosses in Mitleidenschaft gezogen waren, auch wenn man von eigentlicher „Zerstörung" nicht wird sprechen wollen.

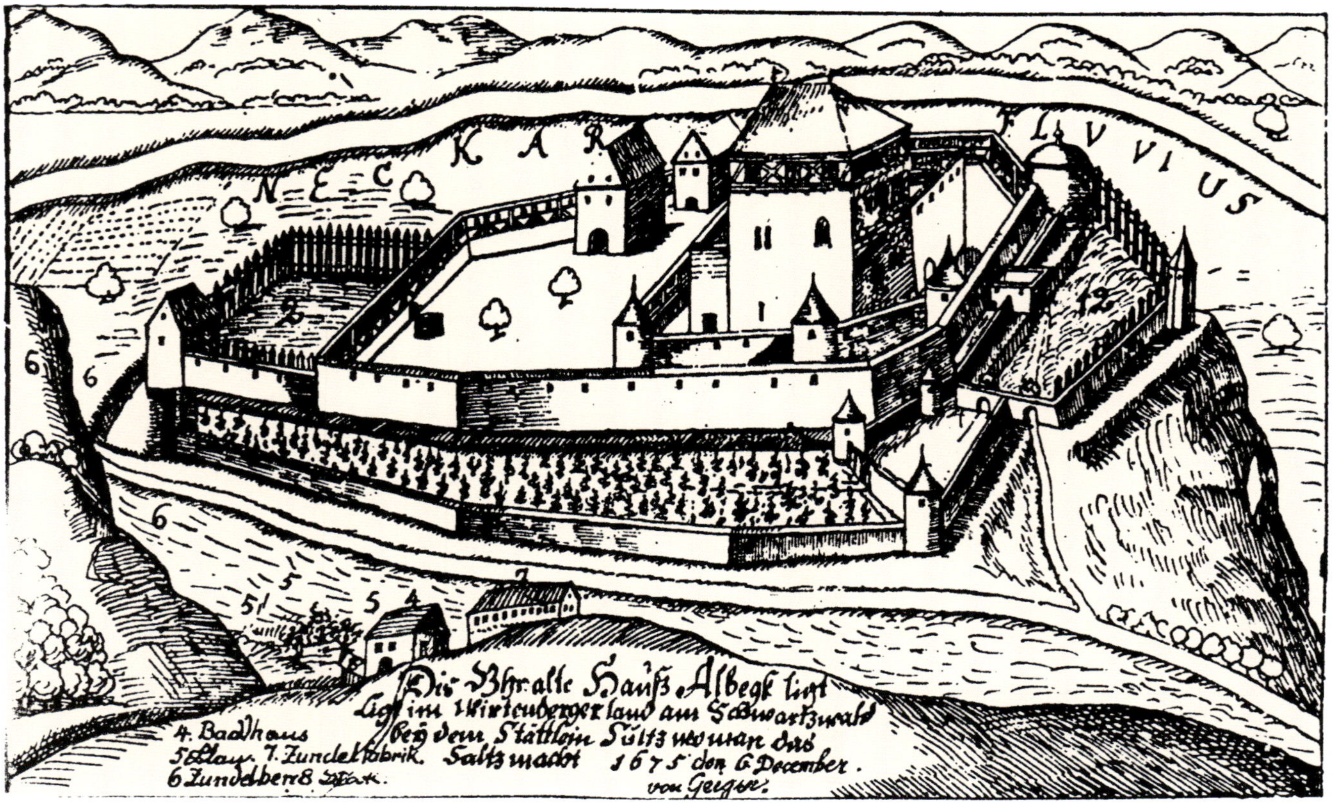

Burg Albeck nach der Zeichnung von Geiger von 1675.
Bildvorlage: Stadtbauamt Sulz am Neckar.

Eine Darstellung von Schloss Albeck aus dem Jahr 1675

Da wir bei Bildvergleichen sind, liegt es nahe, eine weitere Darstellung aus dem 17. Jahrhundert zum Vergleich heranzuziehen. Gemeint ist die Zeichnung von Geiger vom 6. Dezember 1675: *Dis Uhralte Hauß Albegk ligt im Wirtenberger Land am Schwartzwald bey dem Stättlein Sultz wo man das Saltz macht*.[353] Diese Ansicht von Süden bestätigt die wichtigsten Bemerkungen zur Baugestalt, wie sie bei Merian beschrieben wurden. Insbesondere das Hauptgebäude mit seinem oberen Fachwerkgeschoss und dem Walmdach tritt hier erneut in Erscheinung. Es wirkt nicht so, als wäre dieses Obergeschoss zwischen 1643 und 1675 ausgetauscht worden, und falls doch, dann in verhältnismäßig ähnlicher Aufführung. Was 1675 fehlt, ist die Hochwacht, der hoch aufragende Turm auf der Ringmauer im Südosten, die auf dem Geiger'schen Bild im Vordergrund stehen müsste. Neu bei Geiger ist das kuppelgedeckte Rondell im Nordwesten, das Merian noch nicht kannte, so dass man dieses typische Element frühneuzeitlichen Festungsbaus der Zeit nach dem Dreißigjährigen Krieg zuschreiben muss.[354] Auch die beiden (Wirtschafts-) Gebäude links vom Hauptgebäude im Vorhof entsprechen dem älteren Bestand. Nicht zu erkennen ist bei Geiger das hinter dem Hauptgebäude zu vermutende Gebäude auf der nördlichen Ringmauer (nach einem jüngeren Plan das „Reiterhaus").

Bemerkenswert sind auf dem Stich zwei eher beiläufige Informationen, die in unserem Zusammenhang dennoch erwähnt werden sollen. Zunächst die an der Burghalde im Vordergrund hinter der Zwingermauer stilisierte Bepflanzung, die nach unserer Interpretation Weinreben darstellt. Das ist insofern bemerkenswert, als der seit dem Mittelalter am Schloss Sulz/Albeck nachgewiesene Weinbau im Verlauf des Dreißigjährigen Krieges aufgegeben worden war. Nach Geigers Darstellung scheint er nach dem Krieg offenbar noch einmal (wenn auch nicht lange) aufgenommen worden zu sein.[355]

Des weiteren fällt auf der kleinen Anhöhe im Vordergrund neben dem Badhaus (Nr. 5) die sogenannte „Zundelfabrik"

(Nr. 7) auf. Eine Zundelfabrik (oder Zunderfabrik) produzierte in der Zeit vor Erfindung des Streichholzes Zündstoffe aus dem Feuerschwamm, einem Pilz, der bestimmte Baumsorten befällt. Die Tatsache, dass sich nahe der Burg Albeck bereits in der Zeit nach dem Dreißigjährigen Krieg eine solche frühindustrielle Anlage ansiedelte, spricht dafür, dass sich der Burgbereich, wo ja seit dem Mittelalter bereits eine Ziegelei existierte, immer mehr zu einem Gewerbegebiet entwickelte. Die Herrschaft oder die Obervögte experimentierten offensichtlich seit der Zeit nach dem Dreißigjährigen Krieg mit unterschiedlichen Formen von „Industrie".

Die Zerstörung der Burg Albeck 1688

Das späte 17. Jahrhundert war die Zeit der „Franzosenkriege". Der erste dieser europäischen Konflikte war der sogenannte „Holländische Krieg" (1672–1678), in dem Frankreich vergeblich die Niederlande angriff. Der französische Befehlshaber Turenne fiel damals aber auch in Südwestdeutschland ein, weshalb man auch in Württemberg die Festungen in Alarmbereitschaft setzte. Davon betroffen war offenkundig auch die Burg Albeck. Möglicherweise wurde die soeben betrachtete Ansicht der Burg Albeck von Geiger aus dem Jahr 1675 in diesem Zusammenhang angefertigt. Nach Weiß und Spellenberg war die Burg in den Jahren 1675–78 durch Landmiliz in Verteidigungsstand versetzt und mit 50 Mann Besatzung belegt.[356]

Gemeinhin wird 1688 als das Jahr der Zerstörung von Burg Albeck genannt. Über die Ereignisse im einzelnen ist aber aus der Literatur nur schwer Klarheit zu erlangen. Historischer Hintergrund war der Pfälzische Erbfolgekrieg (1688–1697), in dem die Franzosen Erbansprüche auf Teile der Pfalz militärisch durchsetzen wollten. In diesem Zusammenhang fielen sie im September 1688 mit 6000 bis 7000 Mann unter dem Befehl von General Ezéchiel de Mélac in Südwestdeutschland ein. Hauptangriffsziel war die Pfalz, wo 1689 Heidelberg und Mannheim in Schutt und Asche fielen.[357] Mélacs Truppen fielen auch in Württemberg ein. Da ihnen keinerlei Widerstand geleistet wurde, waren ihnen bestimmte Städte und Regionen des Herzogtums schutzlos ausgeliefert. In diesem Zusammenhang soll im Dezember 1688 auch Albeck zerstört worden sein.

„... eine Hauptzerstörung", so die Oberamtsbeschreibung von 1863, „scheint durch die Franzosen 1688 verübt worden zu seyn".[358] Was hier und auch bei Bizer noch eher zurückhaltend formuliert ist, nahm in der neueren Geschichtsschreibung immer bestimmtere Formen an: „1688 wurde [Burg Albeck] von französischen Truppen in Brand gesteckt, doch anschließend wieder instand gesetzt."[359] In der amtlichen Landesbeschreibung liest man kurz und bündig: „Burg 1688 zerstört", obwohl sie nur wenige Seiten zuvor von einem Angriff auf Sulz nichts zu berichten weiß.[360]

Rekurriert man auf Karl von Martens, der das Ereignis als erster mitteilte, so stößt man auf die vorsichtige Formulierung: „Wahrscheinlich geschah es auch bei diesem Abzuge [der Franzosen Ende Dezember 1688], daß die Burg Albeck bei Sulz von den Franzosen zerstört wurde." [361] Von Martens geht also von der Zerstörung Albecks aus, sein „wahrscheinlich" bezieht sich offenkundig nur auf den Zeitpunkt Ende Dezember. Der einzige Autor, der – leider ohne Quellenangabe – konkrete Angaben zu dem Zerstörungswerk macht, ist Spellenberg. Nach seiner Darstellung habe ein französisches

Die Rekonstruktionszeichnung der Burg Albeck von Arthur Hauptmann, Burgen einst und jetzt Bd. 1, S. 88 vermengt verschiedene zeitliche Ebenen, bezieht sich aber am ehesten auf das späte 17. Jahrhundert vor der Zerstörung von 1688 und stellt das Rondell nicht ganz grundrisskonform dar.

Streifcorps unter einem Oberstleutnant de Lande und Rittmeister de Granges, aus Richtung Hechingen kommend, Ende Dezember Sulz erreicht und am 30. Dezember 1688 große Teile der Vormauern gebrochen, das Rondell gesprengt und das Hauptgebäude ausgebrannt.[362]

Demnach wäre es also tatsächlich zu einer gravierenden Zerstörung gekommen, die den Charakter des Schlosses grundlegend veränderte. Wieder aufgebaut und mit einem neuen Dach versehen, habe Albeck ab 1696 nach Spellenberg nur noch als Wohnsitz eines Hochwächters gedient. Aus den folgenden Jahren überliefert er zwei Ereignisse aus dem Leben solcher Hochwächter: 1699 wurde der Sohn eines solchen wegen einer nächtlichen Tanzveranstaltung auf Albeck vom Sulzer Kirchenkonvent bestraft. Im Jahr 1712 wurde der Schlosswächter Johann Georg Breitenreuter auf Albeck vom Blitz getroffen, und 1719 ereilte seine Tochter Anna Katharina auf tragische Weise dasselbe Schicksal.[363] Es war also auch in Friedenszeiten nicht ganz ungefährlich, auf Albeck zu leben.

Die Ära Grävenitz

Zwischen 1688 und 1710 haben wir so gut wie keine Nachrichten zu Albeck. Danach verbindet sich das Schicksal der Anlage mit einer der merkwürdigsten Episoden der württembergischen Landesgeschichte. Gemeint ist das Regime der Familie Grävenitz am Stuttgarter Hof Herzog Eberhard Ludwigs von Württemberg (1676–1733).

Im Jahr 1705 war der märkische Adlige Friedrich Wilhelm von Grävenitz (1679–1754) als Kammerjunker an den Hof des württembergischen Herzogs gekommen. Schon im folgenden Jahr empfahl er seine Schwester Wilhelmine von Grävenitz (1686–1744) dem Herzog als Hoffräulein. Dieser fand an der jungen Dame gleich so großes Gefallen, dass er sie sich nicht nur zur Mätresse nahm, sondern, obwohl bereits rechts- und standesgemäß verheiratet, ehelichte.[364] Nach einem allgemeinen Aufschrei am Hof und im Land, ließ er sich zwar von Wilhelmine wieder scheiden, behielt sie aber als Mätresse in seiner Umgebung und stattete sie mit einflussreichen Privilegien aus. Gemeinsam mit ihrem Bruder erhob er sie in den Reichsgrafenstand und räumte ihr sogar eine Position am Kabinettstisch ein. Im selben Zug machte Friedrich Wilhelm von Grävenitz eine atemberaubende Karriere bei Hof, wurde nach und nach Geheimer Rat, Oberhofmeister und Premier-Minister. Von 1723–33 war er zusätzlich Gouverneur in Mömpelgard. Grävenitz galt als einflussreichste Persönlichkeit in der württembergischen Nomenklatur. Seine Position bei Hof untermauerte er mit dem Erwerb von Lehengütern und Domänen im ganzen Land. In Heimsheim ließ er sich 1724 ein eigenes Schloss errichten.

Zu seinen Erwerbungen zählte auch das Gut Burgösch mit Albeck bei Sulz am Neckar. Über den Zeitpunkt der Inbesitznahme herrscht Unklarheit. Die Oberamtsbeschreibung spricht von 1710. Möglicherweise liegt hier aber eine Verwechslung vor, denn 1710 wurde Grävenitz vom Herzog nur mit Schloss und Dorf Marschalkenzimmern belehnt.[365] Die Schlossverwaltung Marschalkenzimmern wurde erst später mit der Domäne in Sulz vereint. Die mir bekannten Belehnungsakten für Albeck beziehen sich auf 1722. In diesem Jahr wurde das „Schlossgut Albeck" mit dem „Hofgut Burgösch" Graf Friedrich Wilhelm von Grävenitz übertragen. Noch im selben Jahr, am 24. Oktober 1722, fand die Bannsteinbeschreibung von Burgösch mit Schloss Albeck durch württembergische Beamte, den Bürgermeister von Sulz Jakob Nästlen, den Stadtschreiber Johann Georg Geist und Georg Christian Löber als Vertreter des Grafen Grävenitz statt.[366]

Dass Grävenitz jemals längere Zeit in Sulz anwesend gewesen wäre, ist nicht zu erkennen. Er wurde vor Ort vertreten durch einen Verwalter wie den genannten Herrn Löber. Dass er gar erwogen hätte, auf Burg Albeck aufzuziehen, ist gänzlich ausgeschlossen, da er sich 1724 in Heimsheim das kleine Barockschloss Grävenitz erbauen ließ, das zum höfischen Lebensstil des Premier-Ministers besser passte als ein heruntergekommenes mittelalterliches Schloss. Am Erwerb Albecks scheinen ihn die ökonomischen Potentiale des Hofguts eher interessiert zu haben als eine wie auch immer geartete Burgenromantik. Für kameralistische Wirtschaftsinteressen spricht auch, dass Grävenitz in Sulz zwei Brauereien betreiben ließ.[367] Denselben Eindruck erweckt ein umfangreicher Kaufbrief vom 3. Juni 1727, mit dem Friedrich Wilhelm Graf von Grävenitz und Gouverneur von Mömpelgard, zu seinem Schloss Albeck und Hof Burgösch zwei Waldstücke Stumpenhalde und Fruchtenwäldle mit insgesamt 350 Morgen hinzuerwarb.[368] Albeck erscheint also immer mehr als Anhängsel an die Hofdomäne, was auch dadurch unterstrichen wird, dass Grävenitz angeblich gute Bausteine von der Burg für die Aufbesserung des Hofes Burgösch verwenden ließ.[369]

Immerhin erfahren wir aus den 1727 begonnenen Verwaltungsrechnungen, wer in diesem Jahr auf dem Schloss Albeck wirtschaftete: *Zacharias Knauß, welcher das Schloß Albeck bewohnet, und was in der Ring Mauer, auch außwendig umbs Schloß herumb ist, alß Weinberg und Hirschwißlen benutzet, und etlich Stückh Geißen umbs Schloß waidet*, zahlte dafür 15 Gulden Bestandsgeld (zum Vergleich: der Ziegler Leonhard Selber schuldete der Herrschaft in diesem Jahr 60 Gulden Bestandszins für die Ziegelei).[370]

Über das Grävenitzsche Regime in Stuttgart brach allerdings recht schnell jenes Unheil herein, das aufmerksame Beobachter in Württemberg schon lange heraufziehen sahen. 1731 wurde der alternde Herzog Eberhard Ludwig gezwungen, sich von seiner Mätresse zu trennen, worauf er sie schon im Jahr darauf vom Hof entfernte. Nach dem Tod des Herzogs 1733 und dem Regierungsantritt seines Nachfolgers Karl Alexander wurde auch Friedrich Wilhelm von Grävenitz entmachtet und samt seinen Verwandten und Söhnen, die in erheblichem Maße von seinem Klientel-System profitiert hatten, verhaftet. Der ganze Clan war 1734/35 nahezu zwei Jahre auf dem Staatsgefängnis Hohentwiel interniert. Grävenitz wurde 1735 zur Rückgabe seiner Besitzungen gezwungen und gegen eine ansehnliche Entschädigung entlassen. Er kehrte Stuttgart sehr schmachvoll den Rücken und verabschiedete sich Richtung Preußen, wo seine Schwester bereits Unterschlupf gefunden hatte. Im Zuge des Kriminalprozesses gegen Grävenitz ergriff das Land 1734 auch Besitz von seinen Gütern in Sulz, nämlich von Schloss Albeck mit Burgösch und zwei Brauereien in der Stadt.[371] Damit war die Ära Grävenitz auch in Sulz am Neckar beendet, und die Geschichte der Burg Albeck schlug ihre letzten Kapitel auf.

Albeck in der zweiten Hälfte des 18. Jahrhunderts

Es ist bezeichnend, dass die letzten immerhin noch hundert Jahre der Burg Albeck weniger von der Burg als vielmehr vom Gut Burgösch handeln, das alleine eine gewisse wirtschaftliche Bedeutung hatte, während die immer ruinösere Burg nur noch als lästiges, weil kostenintensives Anhängsel erscheint.

Nach dem Ende der Ära Grävenitz wurde das Hofgut Burgösch mit dem Schloss Albeck in ein Kammerschreibereigut umgewandelt und mit der Schlossverwaltung Marschalkenzimmern vereinigt. Die Verwaltung lag ab 1752 viele Jahre lang in den Händen des tüchtigen Beamten Johann Friedrich Müller (1718–1780), der als Oberamtmann in Sulz und Schlossverwalter von Marschalkenzimmern amtierte.[372]

Bereits in Grävenitz'scher Zeit (Rechnungsjahr 1727/28) beginnt eine Serie von Schlossverwaltungsrechnungen über Marschalkenzimmern und den Hof Burgösch mit Albeck, die lückenlos bis 1780/81 geführt wurden. Ab 1752 fungierte Oberamtmann Johann Friedrich Müller als Renovator, der diese Bücher eigenhändig führte.[373] Müller agierte ganz im Sinne des aufgeklärten kameralistischen Haushälters, der darauf bedacht war, die Leistungskraft des Hofguts Burgösch mit modernen Anbaumethoden zu steigern. Mit den in seinem Amtsbezirk 1754 eröffneten Spinnereien und Webereien betätigte er sich als praktischer Sozialpolitiker, der auf diese Weise den armen Bevölkerungsschichten Verdienstmöglichkeiten erschloss. Müller war der Prototyp des unternehmerisch agierenden Staatsbeamten. Er machte sich einen Namen als Mitbegründer der 1755 in Sulz errichteten Kattunmanufaktur, mit der die württembergische Baumwollindustrie auf den Weg gebracht wurde.[374] Die „Erschließung einer neuen Salzquelle unter dem Schloss Albeck" im Jahr 1774 lag auf derselben Linie kameralistischen Wirtschaftens.[375] Zum Nachfolger Müllers nach dessen Tod 1780 wurde übrigens Georg Jakob Schäffer (1745–1814), der Müllers Tochter geheiratet hatte und bald wegen der Hannikel-Geschichte beachtliche Berühmtheit erlangen sollte.[376]

Die Burg Albeck trat weiterhin in den Schatten einer kameralistischen Hofökonomie und einer kleinen frühindustriellen Gewerbelandschaft. Über das Leben auf der so gearteten Burg haben wir kaum Nachrichten. Es ist nicht einmal geklärt, ob Albeck nach 1700 weiterhin als Sitz der adligen Obervögte diente. Wenn Spellenberg behauptet, auf Albeck hätten bis zur Aufhebung der Obervogteien im Jahr 1755 alle Sulzer Obervögte bis hin zum geheimen Legationsrat Joseph Christian von Palm gelebt, so widerspricht das seiner eigenen Darstellung, wonach nach 1696 nur noch Hochwächter das Schloss bewohnt hätten.[377] Eine systematische Durchsicht der mehr als 50 Rechnungsbände würde hierzu vielleicht noch manches interessante Detail zutage fördern. Die im Rahmen unserer Darstellung nur stichprobenartig durchgeführte Sichtung der Rechnungsbücher legt jedoch nahe, dass dies vermutlich eine eher magere Ausbeute an Nachrichten zu Albeck erbringen würde. Sicher ist soviel, dass nach 1700 auf der Burg definitiv nur noch Hochwächter lebten, die im Burgareal eine kleine Landwirtschaft betrieben. Einen von ihnen, Zacharias Knauß, haben wir zum Jahr 1727/28 schon kennen gelernt. Aus seiner Zeit erfahren wir etwa, dass das oberste Fachwerkgeschoss der Burg offenbar als Fruchtkasten diente: man hatte nämlich damals die Räume *auff dem Fruchtcasten ab* [oberhalb] *der großen Stuben* verbrettern lassen.[378] Im Stichjahr 1752/53 sind keinerlei Baukosten für das Schloss Albeck bezeugt, dafür fielen etwa im Rechnungsjahr 1756/57 geringe Holzkosten fürs *Albecker Schloß Dach* an.[379]

Im letzten überlieferten Rechnungsjahr 1780/81 kassierte die Kameralverwaltung von *Albeck. Aus dem Schloß allda von gemeiner Stadt Sulz wegen eines auf dem Schloß habenden Hochwächters an Hauß Zinnß 10 fl.* [Gulden]. Dem Hochwächter Michel Mückler standen für seine Dienste jährlich drei Klafter Brennholz zu. Während am Schloß in diesem Jahr offensichtlich nicht gebaut wurde, sind sowohl am Hof Burgösch wie an der Ziegelhütte Baumaßnahmen dokumentiert. Pächter des Gutes Burgösch war um 1780 Georg Andreas Seifang. Diesem wurden damals auf seine Eingabe hin Zinsvergünstigungen gewährt, da er wegen dreier *Wetterschläge* (schwere Unwet-

Die Bauaufnahme von Werkmeister Jacobi von 1791 mit dem Gesamtgrundriss der Burg Albeck mit Ringmauer und Hauptgebäude. Bildvorlage: Hauptstaatsarchiv Stuttgart A 259 Bü 289.

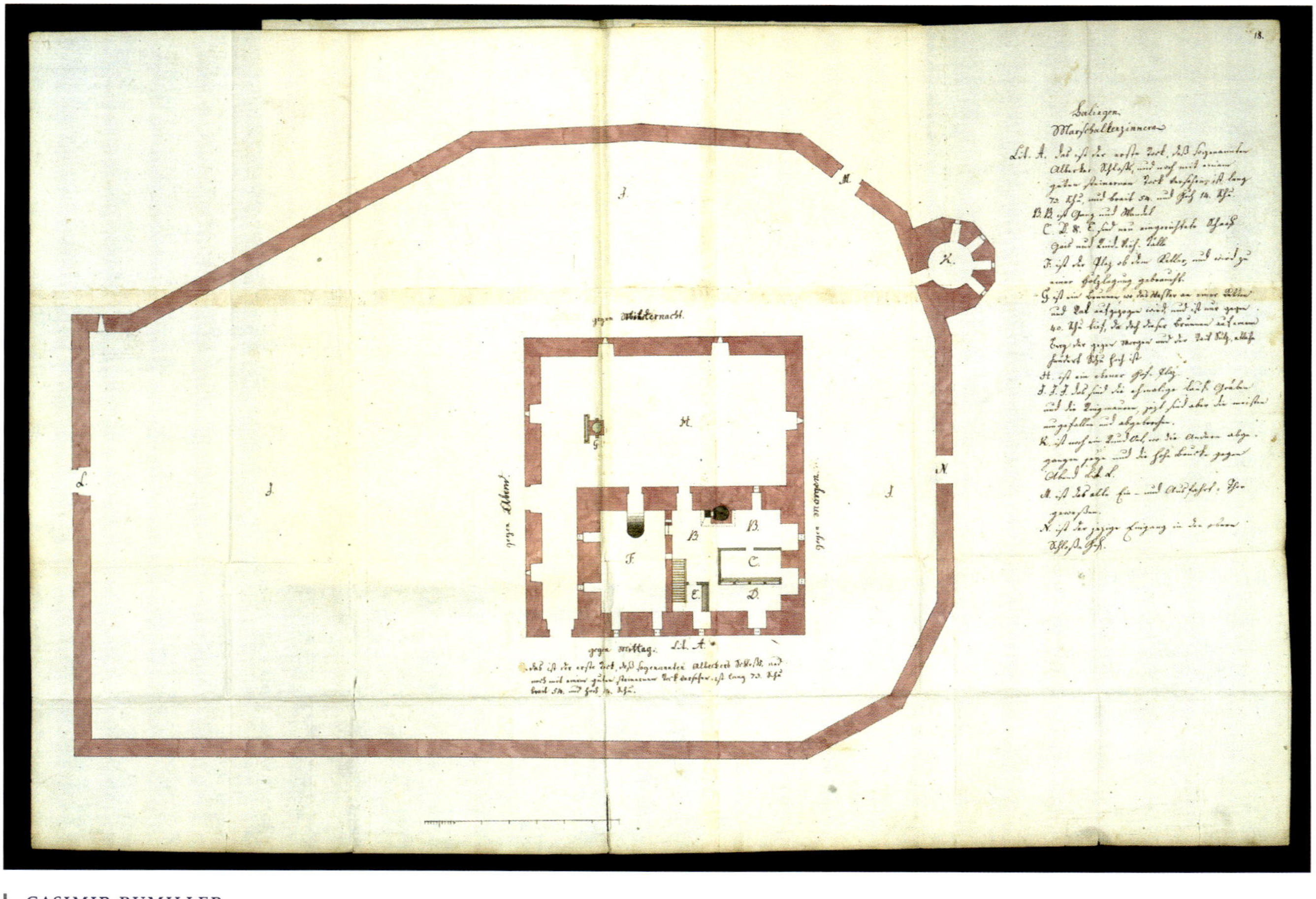

ter) innerhalb weniger Jahre 1774, 1778 und 1780 große Ernteausfälle zu beklagen hatte. Diese Hinweise auf schwere Unwetter werfen auch ein Licht darauf, dass man sich das Leben auf der Burg nicht jederzeit gemütlich und romantisch vorzustellen hat.

Werfen wir zum Schluss noch einen Blick auf zwei Grundrisse des Schlosses Albeck vom Ende des 18. Jahrhunderts: einen „General Plan Vom Schloß Albeckh" und einen Grundriss vom „Albecker Schloß" von 1791.[380] Der „General-Plan" (vgl. S. 162) bestätigt im Grundriss vieles von dem, was wir in den älteren Ansichten schon wahrgenommen hatten. Von den Wirtschaftsgebäuden, die einst im Burggelände (*Vorwerk*) vorhanden waren, ist nur noch das an die nördliche Ringmauer angelehnte Haus als *Reutherhauß* erhalten. Andere Gebäudeteile lassen sich aus einer Legende erschließen.

Belegen beim „General Plan" das im inneren Schlosshof eingezeichnete Backhaus und Waschhaus, dass die Wirtschaftsfunktionen auf dem Schlossgelände dem ehemaligen Palasgebäude immer näher rückten, so wirkt der Plan von 1791 geradezu ernüchternd, weil er den Niedergang des einst so stolzen Adelssitzes besonders drastisch belegt. In der Legende heißt es da: *Lit. A Das ist der erste Stock des sogenannten Albecker Schloßes und noch mit einem guten steinernen Stock versehen.* Dann folgen nähere Erläuterungen: *C, B & E sind neu eingerichtete Schaaf-, Geis- und Rind-Vieh-Ställe. F ist der Plaz ob dem Keller und wird zu einer Holzlegung gebraucht.* Nichts vermag besser zu verdeutlichen, wie das Schloss Albeck am Ende des 18. Jahrhunderts in seinem „Allerheiligsten" zu einem profanen, landwirtschaftlich genutzten Anwesen verkommen war.

Vom Gut Burgösch zur Domäne Geroldseck

Im beschriebenen Zustand erregte die Burg Albeck im Rahmen der Napoleonischen Kriege, die seit 1796 über Südwestdeutschland hinwegfegten, kein besonderes strategisches Interesse. Sie dürfte in diesen Kriegen weniger in Mitleidenschaft gezogen worden sein als beispielsweise nach dem Sulzer Stadtbrand von 1794, wo die geschädigten Sulzer Bürger das Burgareal als Materiallager nutzten und die Anlage wohl erheblich geschädigt hätten, wenn Oberamtmann Schäffer nicht dagegen eingeschritten wäre.[381]

Als Napoleon am Ende des Dritten Koalitionskrieges nach dem Frieden von Preßburg (1805) Österreich zum wiederholten Male in die Knie gezwungen und damit das Ende des Heiligen Römischen Reiches Deutscher Nation eingeläutet hatte, begann auch für Württemberg ein neues Zeitalter. Neben anderen Mittelmächten wie Bayern, Baden und Hohenzollern begab es sich in ein Militärbündnis mit Napoleon, den so genannten Rheinbund, und kämpfte von nun an an der Seite Frankreichs gegen Österreich und Preußen. Der 1804 zum Kaiser gekrönte Napoleon machte seinem neuen Verbündeten Herzog Friedrich von Württemberg diesen Frontenwechsel durch einen erheblichen Gebietszuwachs und seine Erhebung zum König schmackhaft. Mit dem Jahr 1806 begann also auch in Württemberg eine neue Epoche, und dies machte sich nicht zuletzt durch Verwaltungsreformen an der Basis bemerkbar.

Im Jahr 1807 wurde die Verwaltung des Hofes Burgösch mit Albeck von der Kammerschreiberei Marschalkenzimmern getrennt und ins Eigentum der Finanzkammer gezogen. Das Hofgut wurde verpachtet, 1832 aber vom Kameralamt Rosenfeld an zwei Bauern, Ludwig Schmid aus Wittershausen und Johannes Heinzelmann aus Reinerzhausen für 53 100 Gulden verkauft.[382] Der Verkauf scheint jedoch keinen Bestand gehabt zu haben (oder die beiden Bauern haben sich an ihrem Projekt übernommen). Jedenfalls fand der Staat in Bezug auf die Domäne Burgösch schon bald zu einer anderen Lösung. 1836 erwarb der württembergische Oberförster Friedrich Heinrich Freiherr von Hayn das exemte Schlossgut Albeck mit Burgösch aus dem Besitz des Kameralamtes Rosenfeld und ließ es als Rittergut unter dem Namen Geroldseck immatrikulieren.[383] Der Kammerherr firmierte künftig im württembergischen Adelsverzeichnis als „von Hayn zu Geroldseck". Der Freiherr hat in seine Neuerwerbung offensichtlich erheblich investiert: „Den Hof erkaufte im Jahr 1836 Freiherr v. Hayn, welcher die heruntergekommenen Hofgebäude abbrechen, und an deren Stelle, nach dem Plan des Hofbaumeisters Zanth, ein im modernen Styl gehaltenes Wohngebäude, nebst ansehnlichen Öconomiegebäuden erbauen ließ. [...] Das Gut, welches früher ziemlich heruntergekommen war, hat sich in Folge der rastlosen und umsichtigen Bemühungen des ge-

Seltene Aufnahme der Hofdomäne Geroldseck mit Blick auf die Ruine Albeck von 1875. Bildvorlage: Stadtarchiv Sulz am Neckar.

genwärtigen [1863] Besitzers, Freiherrn [Wilhelm Friedrich] v. Hayn, wesentlich gebessert und einträglicher gestaltet…"[384] Es umfasste 503 Morgen Nutzfläche: angebaut wurde Weizen, Hafer, Gerste und Dinkel, ferner Raps, Klee, Senf und Luzerne. Daneben betrieb der Gutsherr eine Obstzucht und – man staune – „an der südlich gelegenen Schloßhalde" noch um 1860 Weinbau (Klevner), der angeblich „in günstigen Jahren ein angenehmes Gewächs" lieferte. Nur ein Jahr nach der Beschreibung des Gutes in der Oberamtsbeschreibung, am 20. Juli 1864, erwarb die Hofdomänenkammer das Gut Geroldseck vom Sohn des ersten Besitzers, Kammerherr Freiherr Wilhelm Friedrich von Hayn (1819–1896), um 150 000 Gulden zurück, um es künftig wieder zur Pacht auszugeben.

… und alles predigt eitel Verwesung: Das Ende der Burg Albeck

Zur Burg Albeck haben wir im 19. Jahrhundert nur noch spärliche Nachrichten, darunter allerdings zwei interessante Berichte von zeitgenössischen Besuchern. Der ältere Bericht aus dem Jahr 1809 stammt von dem geschworenen Chirurgen der Stadt Sulz, Johann Philipp Haizmann (1748–1823), der seit 1772 in Sulz verheiratet war und die Burgbewohner vielleicht auch von Amts wegen besucht hat.[385]

Für das Alter der Stadt Sulz spricht die zu ihrer Zeit beinahe unbezwinglich feste Burg Albeck: Ihre Trümmer zeugen es, mit welcher Kraft die Alten gebaut haben, denn ihre Mauern sind zum Teil 10 bis 12 Fuß dick u[nd] über 30 hoch, aus massiven gehauenen Sandsteinen erbaut, und trotzen der zerstörenden Zeit und Witterung.
Der steile Berg auf dem sie thronen, liegt etwa 800 Schritte südwestlich von der Stadt; sein nördlicher Fuß berührt das Neckartal, und der südöstliche den so genannten Weilergraben, der 1 Stunde von da beim Dorfe Sigmarswangen sich zu bilden anfangt, und bei Wolkenbrüchen und schnellem Schneeabgang öfters die besten Wiesen und Krautländer des Tales mit Schutt bedeckt. Durch diesen Graben zieht sich der noch fahrbare Burgweg hinauf, und beim Anfang seines obersten Teils lauft jetzt der Hangweg nach dem Pachthof Burgösch, der südlich etwa 500 Schritte hinter der Burg entfernt liegt, auf demselben aus.

Der Bergrücken ist hinter der Burg wenigstens 80' [Fuß] tief quer durchgraben. Durch diesen Graben, der unten 40' und oben über 100' breit ist, geht der Fahrweg des Pächters zu Burgösch nach den Wiesen im Neckartal. Die Burg, welche auf dem äußersten Teil dieser Bergzunge gegen Sulz hin gekehrt steht, hatte ihrer äußeren Ringmauer nach einen Umfang von 1/4 Stunde. Auf diese folgt ein gegen 40' breiter Graben, und auf diesen die 2. Mauer, beinahe noch so hoch als die erste. Letztere hat gegen die Stadt ein massives Rundel [Rondell] mit runden Schusslöchern.

Das 4-eckige Burggebäude steht auf dem höchsten Punkt des Berges mit seinem Vordergiebel gegen Osten der Stadt hin, und seine massive vordere Stockmauer auf einem Felsen, der 20' hoch senkrecht abgeschrotet ist, somit eine natürliche Mauer vorstellt. Das Gebäude wird von einem Hochwächter bewohnt und deswegen noch dürftig unterhalten, ist gegen 50' breit und 70' lang, und seine Mauern sind wenigstens 8' noch oben dick, so dass der Wächter Tisch und Bänke in einer Fensternische stehen hat. Das Gebälke ist enge und dauerhaft gelegt, und über der Wächterstube standen noch 1807 2 Doppelhaken zu Alarmschüssen bei Feuerbrünsten, die aber bei der Insurrection [beim Aufstand] der Tiroler weggetan wurden.

Nahe an dem Gebäude, somit auf des Berges höchster Höhe befindet sich ein rund ausgemauerter Tiefbrunnen, der in einer Tiefe von 20' immer helles hinreichendes und gutes Wasser hat, welches mit Eimern geschöpft wird, die an einer Kette in einer Rolle laufen. Man bemerkt keine künstliche Herleitung des Wassers, und der noch 80' tiefe Graben macht diesen Brunnen noch rätselhafter.[386]

Hinter der eigentlichen Burg sind 2 Vorhöfe mit starken Mauern umgeben, deren äußerster bis an jenen Graben reicht, und welche von den Bewohnern der Burg als Gärten benutzt werden. Der Burgberg ist gleichsam der botanische Garten der Stadt, weil an ihm die besten und meisten officinellen [Heil-] Pflanzen wachsen, als Absynthien, Cicuta aristolochia, Marrabium album, Valeriana, Sambucus in Mengen, und and[eres] mehr.

Auffällig ist, dass der Sulzer Stadtchirurg Haizmann 1809 seine Eindrücke schon aus einem historischen Blickwinkel schilderte und Albeck trotz ihrer immer noch beeindruckenden Mächtigkeit bereits als Ruine (*Trümmer*) wahrnahm. Dass der Wächter Tisch und Bänke in eine der gotischen Fensternischen stellen konnte, hat den Besucher beeindruckt. Leider teilt uns der Chirurg den Namen des Wächters nicht mit, auch wissen wir nicht, ob er hier allein oder mit seiner Familie lebte. Deutlich wird jedoch an dieser Wächtergestalt, dass die Burg tatsächlich nur noch die Funktion eines Wachpostens hatte, darauf verweisen auch die beiden Hakenbüchsen, aus denen man im Falle einer Feuersbrunst Alarmschüsse abgeben konnte. Erst jüngst, beim Aufstand der Tiroler gegen Napoleon (1809), waren die beiden Büchsen wohl entfernt worden. Da somit keine wirksame Warnmöglichkeit mehr gegeben schien, schaffte man im Jahr 1819 eine *Feuerlärmkanone auf Schloss Albeck* an.[387]

Der zweite Bericht über die Burg Albeck stammt aus dem Jahr 1828 und steht nun schon ganz im Zeichen der beginnenden Burgenromantik. Die Rede ist von dem ausführlichen Text über das „Bergschloß Albek" von Adam Friedrich Koch (1763–1835) in seinem sechsbändigen Werk über „Ritterburgen und Bergschlösser im Königreiche Württemberg". Dieser ca. 50-seitige Text im Stil der Romantik wechselt zwischen Reisebericht und historischer Hintergrundinformation. Dabei changiert der historisch durchaus belesene Koch erstaunlich leichtfüßig zwischen quellennaher Berichterstattung und romanhaft-phantasievoller Ausschmückung historischer Ereignisse (z. B. bei der Darstellung der Eroberung von 1471). Diese uneindeutige Erzählhaltung des Autors, seine überraschenden Wechsel zwischen verlässlicher Sachmitteilung und fabulösem Spintisieren lässt immer wieder Zweifel an seiner Glaubwürdigkeit aufkommen, selbst dort, wo es um sein eigenes Erleben bei einem Besuch auf Albeck im Jahr 1823 geht.[388]

Das noch in seinen Grundmauren vest dastehende Gebäude, ist das einzige um die übrigen hier befindlichen Gebäude. Letzteres wird von einer Hatschierfamilie [Polizeidienerfamilie] bewohnt, welche, daß sie hier noch im Aufenthalt geduldet ist, solches dem verstorbenen Familienvater Hilßinger zu verdanken hat, der auch zur Beifahung [Ergreifung] des berüchtigten, sogenannten Räuberhauptmanns Hanikel [im Jahr 1786] das Seinige beigetragen haben solle. Die Wittwe führt ein gewisses Weheklagen darüber, daß ihr hiesiger Aufenthalt durch einen angeordneten Verkauf der vorhandenen Realitäten [Immobilien] stündlich bedroht werde, weil sie alsdann ihren bisherigen stillen und ruhigen Aufenthalt verlassen müsse. Nur Schadt, daß man um so ein geringes Geld von einigen Hundert Gulden dieses hohe Alterthum aus der Reihe unserer Ritterburgen vertilgen will! [...]

Noch einen Blick auf die Schloßkirche. Im Oktober 1823 machte ich morgens frühe dieser ehrwürdigen Ruine einen Besuch... Endlich erstieg ich unter Betrachtungen, daß der Zahn der Zeit alles zernage und zerstöre, das Ende des Weges. Auf demselben kam ich endlich zu dem vormaligen Schloßthor, welches man sich aber blos idealisch machen muß [in der Phantasie vorstellen kann]. [...] Man kriecht durch jene vermeintliche Oeffnung, und das erste, was ins Auge fällt, ist das Schloß, welches nunmehr in seinen Ruinen liegt, welches so traurig den Ankommenden anblickt, und durch seine bleiche Farbe denselben begrüßt. Im Grau des Morgens trat ich an die verschlossene Thür. Die Wittfrau, eine alte Matrone, erschien noch im Neglige [Nachthemd], schob die hölzerne Falle zurück und die schwerfällige Thüre knarrte in ihren Angeln auf. Ich fragte die Frau nach dem Namen dieses mir geöffneten Zimmers im Erdgeschoß. Es war die vormalige Schloßkirche, antwortete die Alte, welche man aber seit 12 Jahren zu einem Viehstall eingerichtet hat. Bald erfuhr ich, daß sie wahr gesprochen hatte, denn als ich weiter ging, tönte das Muh, Muh der Kühe und das Mäkern eines Zickleins in meinen Ohren. Gott, dachte ich, bei dem Anblick dieser ehemaligen Schloßkirche, wenn jetzt [...] die angesehene Geroldseke, mit ihren Damen und Meßpriestern hieher kämen, und ihre schöne Kirche so profaniert erblikten, was würden diese zu der Jetztwelt sagen? Würde ich zu befehlen haben, so müßte die Alte aus dieser Kirche ausquartiert, und die Manen [die Geister der Toten] der – in dem angrenzenden Gottesacker schlummernden Geroldseke etc. – ausgesöhnet werden!

Die Altäre sind noch gut vorhanden, und die Morgensonne wirft ihre Strahlen durch die Theils noch unvermauerte aber sehr bleiche Fensterscheiben, in mattem Schimmer. [...] Wappen oben an dem Getäfel der Kirche sieht man noch in Menge; selbst die Alte der Familien von Sulz, Geroldsek, Gundelfingen, Lupfen – auch Württemberg, Zoller u.s.w. hingemahlt. In dieser Kirche führten zwei Oeffnungen ins Innere derselben, und wieder in andere Zimmer der obern Wohnungen, in abgetheilte Gemächer. Gerade in dem Zimmer, wo die Alte mit ihrer Familie wohnt, war ehemals der Aufenthalt der Kinder und des Schloß-Priesters. Ein anderes, welches gleich unten am Eingang der Kirche rechts durch eine vormals schöne angebrachte steinerne Stiege führte, und jetzt absichtlich abgeschlagen ist, [...] ist der Zerstörung unterlegen; und ihre Ruinen sind noch dem Auge sichtbar. Diese Stiege führte einst in ein noch größeres Zimmer, und es scheint, dieses weitläufig[e] Lokale sei vormals mit einem französischen [offenen] Kamin eingerichtet gewesen. In dem dritten Stock ist alles leer und verwüstet; kaum traut man sich hier und da noch umher zu laufen. An dieses Burggebäude schließt oder verband sich ein Zweites, an welchem die Aussenseite gegen Abend noch so elegant ist, daß sie mit der schönsten Arbeit, nemlich mit schönen graublauen Steinen, welche noch Jahrhundert lang dem Zahn der Zeit wiederstehen können, prangen. Gegen dem nördlichen Theil des geräumigen Schloßberges findet man keine Spur mehr eines Bauwesens; wo der Ritter-Bau stand, in welchen die sogenannten Ur-Gerichte gehalten wurden, wächst jetzt Gras; nichts ist mehr sichtbar, als noch der auf dieser Seite befindliche Burgmantel [Ringmauer], der freilich von seiner Höhe ziemlich verloren hat. Auch der Zwinger zwischen diesen zerfällt, und alles predigt eitel Verwesung! [...] Ein Thurm der an der Ecke westwärts am Kirchhof stand, ist erst vor achtzehn Jahren durch den Unsinn der Schatzgräberei untergraben und eingestürzt worden.

Dieser Turm, der noch 1799 gestanden sei, habe den Namen „Todtenturm" getragen, weil er nahe dem Gottesacker gelegen habe. Bei der weiteren Beschreibung der Ruine spricht Koch auch von dem Torturm, der als *Marterkammer* gedient habe. Auf der Südseite aber habe der „Weinthurm" gestanden, so genannt nach dem darunter liegenden Weinberg, in welchem aber *gegenwärtig Kartoffeln und drgl. gebaut werden*. Zuletzt kommt Koch noch auf den *schönen Schöpfbrunnen* zu sprechen: *Trotz seines verwahrlosten Zustandes hat solcher dennoch zu jeder Jahreszeit das beste und reinste Quellwasser, und ist für die wirklich arme Castellanin, nach ihrem eigenen Ausdruck: das größte Gut.*

Sulz am Neckar mit der Burg Albeck um 1820. Bildvorlage: Württembergische Landesbibliothek Stuttgart, Schefold qt. 9065.

Betrachtet man Kochs Schilderung der Burg Albeck im Jahr 1823 (publiziert 1828), so wird deutlich, dass wir offenkundig zweifelhafte Mitteilungen wie die von einem angeblichen Friedhof im Schlosshof oder die Suche nach einem „Ritterbau“, in dem früher die „Ur-Gerichte“ tagten, von durchaus interessanten Beobachtungen trennen müssen. Nur ist es aus heutiger Sicht – nahezu 200 Jahre nach Kochs Besuch auf Albeck – nicht immer leicht zu unterscheiden, wo er brauchbare Tatsachen festhält und wo er ins Fabulieren gerät. Dieser zwiespältige Eindruck des Werks ist bereits seinem Zeitgenossen Pfarrer Friedrich A. Köhler (1768–1844) aufgestoßen, der an Kochs Werk kein gutes Haar ließ und es als „ein[en] in Hinsicht auf Schreibart und Inhalt unbrauchbare[n] Galimathias [wirres, unverständliches Zeug], voll Ignoranz und Lügen“ charakterisierte.[389] Dass das Erdgeschoss bis in die Zeit um 1810 die *Schloßkirche* (!) beherbergt habe, nehmen wir zweifelnd zur Kenntnis, ebenso Kochs Auskunft, dass er dort 1823 noch Altäre erkannt haben will. Ein wappenverziertes Täfer an den Wänden, wenn es wie beschrieben um 1823 vorhanden war, verweist selbstverständlich nicht zwingend auf einen Sakralraum wie die Burgkapelle, sondern konnte auch eine profane Eingangshalle oder Dürnitz zieren.

Andererseits sind einige von Kochs Beobachtungen durchaus ernst zu nehmen, so die Mitteilung, dass sich im Erdgeschoss *seit 12 Jahren* Stallungen befanden, denn dies korrespondiert bestens mit dem oben erwähnten Plan von 1791, wo sich *neu eingerichtete Schaaf-, Geis- und Rind-Vieh-Ställe* eingezeichnet finden. Glaubhaft erscheint auch, dass die dort „residierende“ Witwe mit ihren Kindern in den 20-er Jahren des 19. Jahrhunderts ihre Wohnung im 1. OG nur durch die Ställe im Erdgeschoss erreichen konnte. Die Familie lebte demnach im 1. OG, wo es einen „französischen“ Kamin gab, während die Decke zum 2. OG offenkundig so baufällig war, dass dieses nicht mehr bewohnbar war. Jedenfalls war das 2. OG dieser Beschreibung nach noch vorhanden. Und dies passt wiederum genau zu zwei Ansichten der Burg aus der Zeit um 1820: zu einer bei Ebner in Stuttgart verlegten Radierung „Schloß Albeck im oberen Neckarthal“ sowie einer ebenfalls bei Ebner erschienenen Vedute der Stadt Sulz mit der Burg im Hintergrund. Auf beiden Ansichten erkennt man das Hauptgebäude des Schlosses in voller Höhe mit drei Geschossen und einem nach vorne abgewalmten Dach. Die Radierung wirkt insofern realistischer, als sie die Ringmauer wie auch die Turmstümpfe anders als der Stich in einem ruinösen Zustand abbildet.[390]

Zuletzt dürfen wir auch in der Witwe „Hilßinger“ eine tatsächliche Person der Zeitgeschichte erkennen. Laut Koch durfte sie die Burg mit ihren Kindern nur deshalb noch bewohnen, weil ihr verstorbener Mann sich als Hatschier (Polizeidiener) Verdienste bei der Ergreifung des bekannten Räubers Hannikel 1786/87 erworben hatte. In der Tat berichtet Oberamtmann Schäffer davon, dass zu der Mannschaft von Polizeidienern, die er 1786 zur Abholung des Räuberhauptmanns Hannikel in Chur aufbot, auch der Hatschier Hilzinger gehört habe.[391] Vermutlich dürfen wir bereits in jenem Wächter, den der Chirurg Haizmann 1809 auf Schloss Albeck antraf, Hilzinger erkennen. Auch die Sorge seiner Witwe, dass sie wegen der Verkaufsabsichten des Kameralamts in nächster Zeit vielleicht ausziehen müsse, darf man ernst nehmen. Tatsächlich scheint sich die Kameralverwaltung in den 20-er Jahren damit getragen zu haben, Burg Albeck zu verkaufen. Der Verkauf kam ja dann 1832 und endgültig 1836 zustande. Nach Spellenberg ist die Witwe Hilzinger im Jahr 1832 verstorben.[392] Es ist davon auszugehen, dass sie und ihre Familie die letzten Bewohner des altehrwürdigen Gemäuers waren.

Albeck als Gegenstand der Burgenforschung

◂ Postkarte von 1915 mit dem Kurhaus Albeck und dem Solbad Pfisterwald unterhalb der Ruine Albeck. Bildvorlage: Stadtarchiv Sulz am Neckar.

Geschichtsschreibung zum Thema Albeck

Gerade in der Zeit, als die Witwe Hilzinger auf Albeck ihren vermutlich kargen Lebensabend fristete, begann das wissenschaftliche Interesse an der Geschichte der Ruine. Am Anfang der Forschung steht der soeben genannte Burgenfreund Adam Friedrich Koch (1763–1835), der mit seinem Artikel über das „Bergschloss Albek" in Band 6 seines Werks über die württembergischen Bergschlösser (1828) diese romantische Burgstelle einem breiteren Publikum nahe brachte.[393] Koch vertrat mit seiner auf Unterhaltung zielenden Burgbeschreibung die Richtung der zeitgenössischen Burgenromantik. Nur wenige Jahre später widmete Pfarrer Friedrich A. Köhler (1868–1844) der Burg Albeck im Rahmen seiner Sulzer Stadtgeschichte (1835) ein umfangreiches Kapitel.[394] Unter wissenschaftlichen Gesichtspunkten ist dem Köhler'schen Werk definitiv der Vorzug zu geben, doch ist Kochs populärer Beitrag trotz seiner Neigung zum Fabulieren nicht völlig wertlos.

Sowohl Koch wie Köhler hatten die damals erreichbaren württembergischen Geschichtsschreiber (Crusius, Steinhofer, Sattler, Pfister) rezipiert und mit ihren Werken die Grundlagen geschaffen für die amtliche Geschichtsschreibung nach der Jahrhundertmitte. Mit der „Beschreibung des Oberamts Sulz" von 1863[395] war ein Stand der Geschichtsschreibung zur Burg Albeck erreicht, der für viele Jahrzehnte Bestand haben sollte. Als der französische Dürerforscher Charles Ephrussi 1881 auf den Spuren der Zeichnung von Hans Baldung Grien, die er damals noch für ein Werk Albrecht Dürers hielt, Stadt und Schloss Sulz beschrieb, stand ihm keine andere Literatur als die „Beschreibung des Oberamts Sulz" zur Verfügung.[396] Erst der Reutlinger Regierungssekretär Max Spellenberg gab der Albecker Burggeschichte in einem Beitrag für die Zeitschrift „Aus dem Schwarzwald" 1902 neue Impulse.[397] Seine Darstellung basiert sowohl auf der älteren Literatur wie offenkundig auch auf Originalquellen, büßt aber leider wegen ihres Verzichts auf Quellennachweise viel von ihrem Wert ein. Tatsächlich hat sich seit 1902 kein Autor an eine zusammenfassende, quellengestützte Geschichte der Burg Albeck gewagt.

Fortschritte gab es lediglich in der 2. Hälfte des 20. Jahrhunderts, als Volker Schäfer mit seiner Dissertation über die Grafen von Sulz (1969) und Christoph Bühler mit seiner Arbeit über die Herrschaft Geroldseck (1981) wichtige Beiträge zu den Familien der Burgbesitzer vorlegten.[398] Beide Arbeiten beschäftigten sich allerdings naturgemäß nur am Rande mit der Albecker Burggeschichte.

Das dokumentarische und baugeschichtliche Interesse

Das dokumentarische Interesse an der Ruine Albeck reicht ins 18. Jahrhundert zurück, wenn man den undatierten „General-Plan" und die beiden Grundrisse von 1791 als erste architektonische Aufnahmen des damals fassbaren Baubestands auffasst.[399] Eine umfassende, mit den modernsten Mitteln damaliger Vermessungstechnik und Architektur durchgeführte Bauaufnahme des Burgareals und der Gebäudereste fand unmittelbar nach der Übernahme der Burg durch den Freiherrn von Hayn um das Jahr 1840 statt.[400] Diese Pläne bestätigen Spellenbergs Notiz, wonach bereits 1836 das Fachwerkgeschoss des Schlosses abgetragen worden sei, denn die Aufrisse zeigen nur die entkernte Ruine mit zwei Geschossen. Einige Notizen des unbekannten Architekten lassen darauf schließen, dass damals geplant war, am Schloss zu bauen. Dafür spricht auch die Skizzierung eines kapellenähnlichen Grundrisses auf dem Areal der Vorburg. Die Pläne von ca. 1840 legen nahe, dass der neue Besitzer der Domäne Burgösch (seit 1836 Geroldseck), Freiherr Friedrich Heinrich von Hayn, daran dachte, die Ruine Albeck in historistischer Manier auszubauen. Da der Freiherr für den Neubau der Domäne Geroldseck laut Oberamtsbeschreibung von 1863 den damals insbesondere beim Adel „angesagten" Architekten Karl Ludwig Zanth (1796–1857) gewinnen konnte, liegt es nahe, in dem Zeichner der Albecker Pläne ebenfalls den späteren würt-

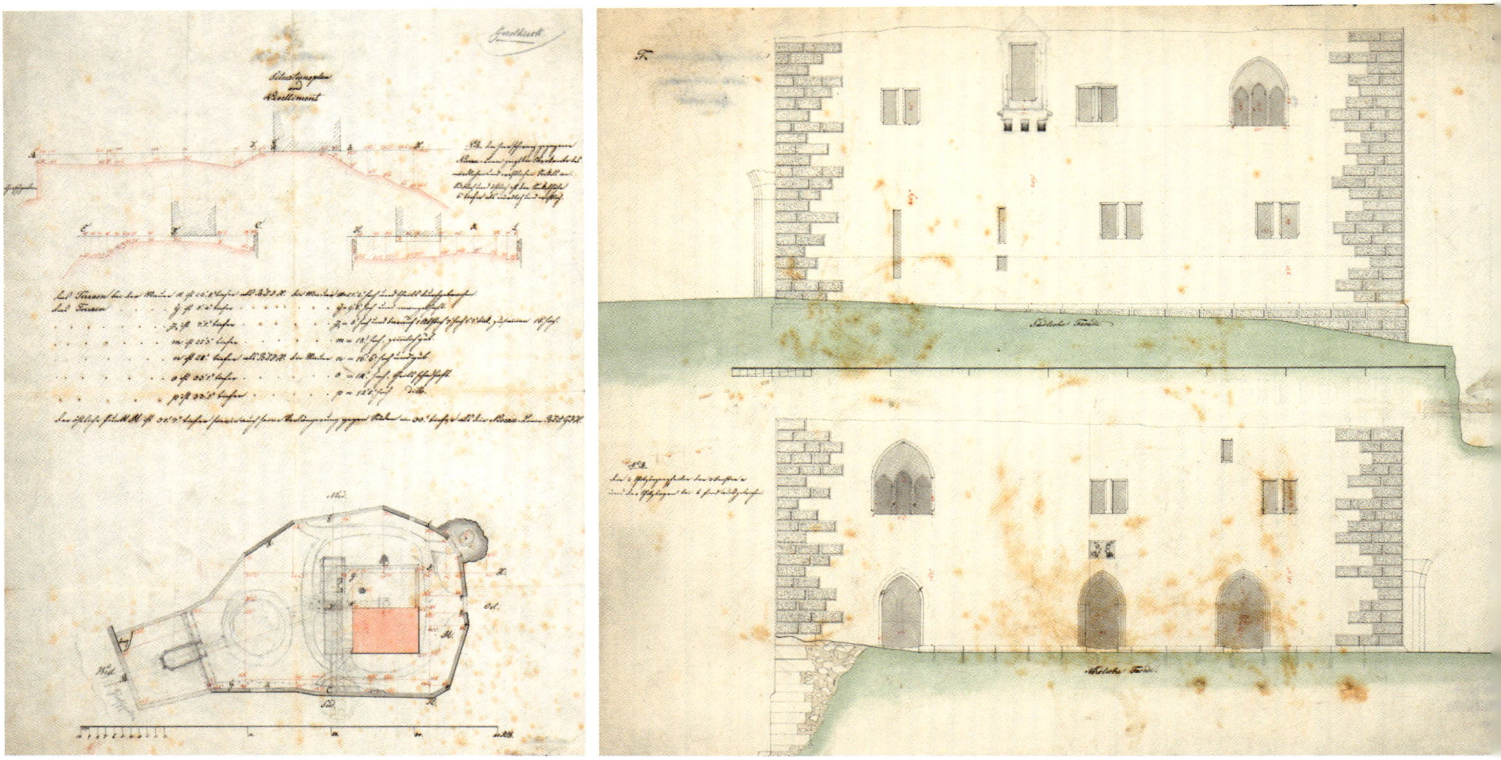

Die detaillierte Bauaufnahme der Ruine Albeck mit Grundrissen und Aufrissen um 1840 belegt, dass Freiherr von Hayn damals beabsichtigte, die Ruine für Wohnzwecke auszubauen. Bildvorlage: Württembergische Landesbibliothek Stuttgart, Schefold 9081 (s. auch Vorsatz vorne).

tembergischen Hofbaumeister zu vermuten, der mit dem Bau der Villa Wilhelma in Stuttgart (1845) berühmt geworden ist. Wir hätten es in diesem Fall mit den Plänen eines hochkarätigen Architekten zu tun.

Das archäologisch-baugeschichtliche Interesse erwachte um die Wende zum 20. Jahrhundert mit kleinen Beiträgen von F. Weiß (1896) und Konrad A. Koch (1904).[401] Der bekannte Burgenforscher K. A. Koch (1869–1945), der seit der Jahrhundertwende auf vielen Burgen des schwäbischen Raumes Grabungen und Erkundungen durchführte, dokumentierte den Zustand der Ruine Albeck im Jahr 1904 mit zwei Ansichten und einem (ersten) Grundriss im Rahmen eines Reiseberichts vom oberen Neckar in den „Blättern des Schwäbischen Albvereins". Eine eingehendere Burgbeschreibung, verbunden mit einem verbesserten Grundriss lieferte Koch erst 30 Jahre später (1932 und 1934).[402] Man muss jedoch feststellen, dass dieser erste Ansatz einer baukundlichen Erforschung der Ruine Albeck recht oberflächlich war. Kochs Grundriss blieb weit hinter der Bestandsaufnahme von ca. 1840 zurück.

Nach 1934 schwieg die baukundliche Albeck-Forschung für ein halbes Jahrhundert, bis Alexander Antonow die Burg Albeck im Rahmen eines Forschungsprojekts über „Burgen des südwestdeutschen Raums im 13. und 14. Jahrhundert unter besonderer Berücksichtigung der Schildmauer" (1977) prominent berücksichtigte.[403] Leider versiegte die baugeschichtliche Forschung anschließend erneut für Jahrzehnte, bis Stefan Uhl im Jahr 2004 seinen substanziellen Beitrag über die Grundrissgliederung und Bauausstattung des Hauptgebäudes von Albeck vorlegte.[404]

Laienengagement und Archäologie

Das burgenkundliche Interesse von Sulzer Bürgern und erste Ansätze zum Erhalt der Ruine Albeck gehen ebenfalls in die Jahre um 1900 zurück und korrelieren mit den ersten Beiträgen zur Ruine in den Zeitschriften des Schwarzwaldvereins und des Schwäbischen Albvereins. Spellenberg, der als

Resümee seiner Albecker Burgbegehung von 1902 festhält: „Das Ganze zeigt ein großartiges Bild der Zerstörung", weiß gleichzeitig zu berichten, dass der Sulzer Verschönerungsverein und der Württembergische Altertumsverein „einiges" zur Erhaltung der Ruinen getan hätten.[405] Worin diese Erhaltungsmaßnahmen bestanden, erfahren wir freilich nicht. Fotos aus dem Jahr 1906 zeigen jedenfalls, dass die Burgmauern stark bewachsen waren. Die Bemühungen um die Verschönerung der Anlage passen jedenfalls gut zur touristischen Erschließung der Gegend am oberen Neckar in der wilheminischen Epoche. So siedelten sich in den ersten Jahren des 20. Jahrhunderts unterhalb der Ruine das Solbad-Hotel Pfisterwald und das Kurhaus Albeck an. Den Kurgästen wollte man als nahe gelegene Attraktion eine „aufgeräumte" Burgruine bieten.

Bis nach dem Zweiten Weltkrieg erfahren wir nichts weiter über Aktivitäten auf der Ruine Albeck. Erst 1957/58 fanden weitere Instandsetzungsarbeiten auf der Ruine statt. Die Ruine Albeck wie die Domäne Geroldseck waren seit 1865 im Besitz des Hauses Württemberg, dem aber nach den beiden Weltkriegen der Erhalt der Ruine zur Last wurde. So wurde Albeck im Jahr 1969 für 5000.– DM an Dr. Hans Brand aus Wetzlar veräußert, dessen Vorstellungen über eine gastronomische Nutzung jedoch nicht realisierbar waren. Deshalb ging die Ruine schon 1978 für 33 000.– DM an die Stadt Sulz über,

Postkarte vom Inneren des Hauptgebäudes aus dem Jahr 1906.
Bildvorlage: Stadtarchiv Sulz am Neckar.

Ansicht der Ruine Albeck von K. A. Koch 1904.

die damit die Verantwortung für den Erhalt des Kulturdenkmals übernahm.

Seit 1971 meldete Reinhard Matull, der jahrzehntelang als ehrenamtlicher Mitarbeiter des Landesdenkmalsamtes und als Ausgräber auf Albeck tätig war, erstmals Lesefunde von der Ruine Albeck beim Landesdenkmalamt in Freiburg (darunter Glasfragmente, Fenstereinfassungen aus Blei, Fragmente von Tabakspfeifen).[406] In den folgenden Jahren fanden weitere Begehungen von Laienforschern auf der Ruine statt, und 1977 erhielt der ehrenamtliche Mitarbeiter der Denkmalpflege Alfred Danner erstmals eine Grabungserlaubnis. In diesem Zusammenhang dürfte auch die sogenannte „Ruine-AG" interessierter Sulzer Bürger unter der Leitung des engagierten Heimatforschers Hans Wössner entstanden sein. In dieser Atmosphäre des Aufbruchs veröffentlichte der Burgenforscher Arthur Hauptmann am 12. April 1980 Schwarzwälder Boten einen unterstützenden Artikel über die Burg Albeck, in der er erstmals seine anschauliche, wenn auch nicht in allen Details überzeugende Rekonstruktionszeichnung der Burg publizierte.[407] Die Ruine-AG bemühte sich intensiv um eine Sanierung der Mauerreste, geriet aber bald in ihrem Tatendrang wegen ihrer allzu „zupackenden" Vorgehensweise und unter dem Vorwurf unerlaubter und unsachgemäßer Grabungen mit der Denkmalbehörde in Konflikt. Hans Wössner trat 1982 enttäuscht von der Leitung des Arbeitskreises zurück: Man fühlte sich vor Ort vom Denkmalamt gebremst. Dennoch gingen die Bemühungen um die Sanierung der Ruine weiter.

1989 lag erstmals eine Kostenschätzung vor. Aber schon 1990 musste das Landesdenkmalamt erneut den überschäumenden Forscherdrang der Sulzer Burgenfreunde dämpfen.

Eine neue Phase der Entwicklung begann am 10. Mai 1995 mit der Gründung des „Fördervereins Ruine Albeck e.V." Schon am 18. Mai 1995 wurde von diesem eine Vereinbarung zur Instandsetzung der Ruine unterzeichnet. Im Vorfeld der Sanierungsmaßnahmen wurde im Jahr 1996 der aktuelle Bauzustand durch fotogrammetrische Aufnahmen dokumentiert. Zwischen 1996 und 2009 wurden von Reinhard Matull und Siegfried Kägi, Mitgliedern des Fördervereins, mehrere Grabungskampagnen unter Aufsicht der Freiburger Denkmalbehörde durchgeführt. Das von ihnen geborgene, sehr umfangreiche Fundmaterial wurde in den Jahren 2009 und 2010 in die Depots des Referats 84.2 Fachbereich Archäologie des Mittelalters und der Neuzeit (vormals Referat 26) des Regierungspräsidiums Freiburg überführt und damit einer wissenschaftlichen Bearbeitung und Auswertung zugeführt. Für diese Auswertung konnte Dorothee Ade gewonnen werden, die ihre wichtigsten Erkenntnisse hier anschließend ausbreitet. Da von archäologischer Seite bislang außer einigen kurzen Fundberichten nur der kleine Beitrag von Christoph Bizer über Oberflächenfunde von Burg Albeck (2006) publiziert ist, kommt der Fundinterpretation von Dorothee Ade Pioniercharakter zu.

Vorläufiger Schlusspunkt der archäologischen Forschung über die Burg Albeck ist die vom Freiburger Amt für Archäologie des Mittelalters und der Neuzeit veranlasste und im Frühjahr 2015 von Harald von der Osten durchgeführte Georadar-Untersuchung des Burggeländes mit neuen Erkenntnissen zum Burgengrundriss und zur Burgzisterne, die in diesem Band von Bertram Jenisch vorgestellt werden.

Ostfassade und Südfassade der Ruine Albeck im Zustand vor der Sanierung von 1996. Bildvorlage: Landesamt für Denkmalpflege beim Regierungspräsidium Stuttgart: Fotos: Hans-Peter Schiele.

Anmerkungen

1 Dem 1. Vorsitzenden des Fördervereins, Herrn Otto Wössner, und den Herren Reinhard Matull und Siegfried Kägi bin ich für vielfältige Unterstützung und Auskunft zu Dank verplichtet. Herrn Matull sei überdies für die großzügige Bereitstellung seiner Regestensammlung und zahlreicher Reproduktionen von Originalurkunden des Hausptstaatsarchivs Stuttgart gedankt.
2 *Biller*, Die Adelsburg in Deutschland; *Zeune*, Burgen – Symbole der Macht; *Meyer*, Burgen der Schweiz.
3 *Atzbach* (Hg.), Burg und Herrschaft; *Großmann*, Die Burg; *Großmann*, Die Welt der Burgen.
4 Adelssitze zwischen Schwarzwald und Schwäbischer Alb.
5 *Bizer*, Oberflächenfunde.
6 *Ade/Willmy*, Burgenarchäologie.
7 *Bizer*, Oberflächenfunde, S. 272f.
8 *Uhl*, Hauptgebäude; vgl. *Uhl*, Burgenlandschaft, S. 56f.
9 *Crusius*, Schwäbische Chronik, Bd. 2, S. 419.
10 WUB 3 Nr. 655.
11 Beschreibung des Oberamts Sulz, S. 94 und 119; dieser Darstellung folgen noch *Spellenberg*, Das vormalige befestigte Bergschloß Albeck, S. 55f. und *Wein*, Burg Albeck, S. 4; vgl. *Schäfer*, Hochadel, S. 90 Anm. 84 und *Bühler*, Stadt und Herrschaft Sulz, S. 102 mit Anm. 43.
12 *Köhler*, Sulz am Neckar, S. 165, beruft sich mit seiner Annahme einer Alemannenbefestigung auf *Pfister*, Geschichte von Schwaben 1, S. 83f. Dieser Auffassung folgte noch *Spellenberg*, Das vormalige befestigte Bergschloß Albeck, S. 54.
13 *Weiß*, Ruine Albeck, Sp. 271.
14 P. T. *Müller*, Von zwei Burgen.
15 *Bizer*, Oberflächenfunde, S. 272f.
16 Der Teilungsvertrag von 1383 (HStASt A 169 U 4) spricht von einer „Oberen Burg" und einer „Vorburg"; die Beschreibung des Oberamts Sulz, S. 121, unterscheidet eine „Vorburg" von einer „hinteren Burg".
17 Deshalb glaubte *Ottmar*, Bauernaufstand, S. 206, diese Formulierungen für den Leser erläutern zu müssen: „Stadt und Schloß Sulz (d. h. die Burg Albeck)".
18 *Maurer*, Landesherrliche Burg, S. 6.
19 H. P. *Müller*, Freiherren von Geroldseck; *Ders.*, Geschichte der Stadt Oberndorf 1, S. 132.
20 *Hofmeister*, Die Chronik des Mathias von Neuenburg, S. 234f.; Übersetzung: Die Chronik des Mathias von Neuenburg (*Grandaur*), S. 152.
21 *Schäfer*, Grafen von Sulz, S. 24; *Bühler*, Stadt und Herrschaft Sulz, S. 102. Ähnlich *Köhler*, Sulz am Neckar, S. 166, der „von unserem Albeck keine sichere geschichtliche Notiz bis zum Jahre 1420" kennt.
22 Beschreibung des Oberamts Sulz, S. 121; *Reinhard/ Kremer*, Pragmatische Geschichte, Urkundenanhang S. 13.
23 *Stälin*, Wirtembergische Geschichte, Bd. 3, S. 421 Anm. 2.
24 Mir standen von allen einschlägigen Urkunden des Bestands HStASt A 169 dank Reinhard Matull gute Aufnahmen zur Verfügung, der Aktenbestand HStASt A 169 Bü 1 bis 4 wurde im Original durchgesehen.
25 Völlig unhaltbar ist die Nachricht, der Name sei schon zu 1240 bezeugt, wie Das Land Baden-Württemberg, S. 517 und Der Landkreis Rottweil 2, S. 257 angeben. Möglicherweise handelt es sich bei dieser Angabe um einen „Zahlendreher" und gemeint ist in Anlehnung an die Oberamtsbeschreibung das Jahr 1420.
26 *Ade/Willmy*, Burgenarchäologie, S. 75.
27 *Harter*, Herzog Ernst II. von Schwaben; vgl. *Maurer*, Entstehung der Adelsburg.
28 Zwiefalter Chroniken, S. 11 und 39.
29 Zu Sigmaringen vgl. Chronik des Klosters Petershausen, S. 113; zur Limburg und zur Burg Tübingen Frutolfs und Ekkehards Chroniken, S. 88f.; zu Zimmern Die Chronik des Gallus *Öheim*, S. 99, beruhend auf der älteren St. Galler Chronik; vgl. *Harter*, Das edle Schloss Zimbre.
30 Notitiae fundationis, S. 1020.
31 Bei den Grafen von Gammertingen liegt insofern ein Sonderfall vor, als sie zwar Ende des 11. Jahrhunderts ihre neue Burg Baldenstein bezogen und dennoch den Namen ihres früheren Herrschaftssitzes Gammertingen als Geschlechternamen beibehielten.
32 Mit der eigenartigen Konsequenz, dass die Grafen dann regelmäßig „Alwig von Albeck" geheißen hätten. Dass die Sulzer nicht als „Grafen von Albeck" in die Geschichte eingegangen sind, ist vielleicht das wichtigste Indiz dafür, dass es den Namen Albeck im 11. Jahrhundert gar nicht gab.
33 Ich beziehe mich hier und im Folgenden hauptsächlich auf *Schäfer*, Hochadel, S. 53–58 und *Harter*, Predium Alpirsbach. – Alle in der älteren Literatur (*A. F. Koch, Köhler, Weiß, Spellenberg*) und im Internet herumgeisternden „Grafen von Sulz" des 10. Jahrhunderts, von denen einer im Jahr 910 die Burg „Albeck" errichtet haben soll, sind pure Spekulation und historisch nicht zu verifizieren.
34 *Reichenbacher Schenkungsbuch*, S. 125 und 189.
35 HStASt A 470 U 1; vgl. *Harter*, Predium Alpirsbach.
36 *Reichenbacher Schenkungsbuch*, S. 189, 199 und 209.
37 Nach dem *Chronotaxis* haben beim Wiederaufbau des Klosters St. Aurelius in Hirsau 1071 viele Adlige als Zeugen fungiert, *unnder welhen nit die geringsten waren Graff Herman unnd Graff Alwig von Sultz*; vgl. *Parlow*, Die Zähringer, S. 30f. (Reg. 44). Obwohl *Parlow* betont, die Nachricht des „Chronotaxis"-Verfassers Sigmund *Rainolt* müsse „ernst genommen werden; sein Werk erweist sich im allgemeinen als zuverlässig", bleiben gewisse Zweifel, ob die Nachricht authentisch ist. Auch *Schäfer*, Grafen von Sulz, der dem Werk S. 5f. einen „gewissenhaften Eindruck" bescheinigt, hat den „Beleg" zu 1071 nicht kanonisiert. Würden wir ihn akzeptieren, da er ja politisch durchaus „ins Bild" passt, so müssten die Geburtsdaten der beiden Grafen nochmals erheblich nach vorn korrigiert werden, also spätestens um 1050.
38 *Harter*, Predium Alpirsbach, S. 53. Um 1130 war ein Adelbero von Sulz Mönch im Kloster Zwiefalten, wohl ein Sohn Alwigs I. und seiner Frau Adelheid, die das Kloster Zwiefalten 1133 reich beschenkte; vgl. *Zwiefalter Chroniken*, S. 213.
39 *Harter*, Das Edle Schloss Zimbre.
40 Vgl. zum mutmaßlichen Schicksal der Burg Haigerloch in dieser Zeit *Bumiller*, Die Hohenberger, S. 90–94.
41 *Notitiae fundationis*, S. 1016, cap. 64.
42 *Schäfer*, Grafen von Sulz, S. 47ff. Vgl. *Harter*, Predium Alpirsbach, S. 54.
43 *Parlow*, Die Zähringer, S. 103, Reg. 147.
44 Die Zähringer waren um 1082 im benachbarten Hopfau begütert, das später den Grafen von Sulz gehörte.
45 Zwiefalter Chroniken, S. 213 und 227f.; vgl. *Schäfer*, Hochadel 1984, S. 57 mit Anm. 42; *Harter*, Predium Alpirsbach, S. 54.
46 *Schäfer*, Hochadel, S. 60.
47 *Parlow*, Die Zähringer, Reg. 288 (zu 1140) und 345 (zu 1152), danach tauchen die Sulzer in Zähringer-Urkunden nicht mehr auf.
48 *Schäfer*, Grafen von Sulz, S. 15f.
49 *Schäfer*, Grafen von Sulz, S. 51; WUB 3 Nr. 601.
50 Es sei aber darauf verwiesen, dass Graf Hermann II. von Sulz noch um 1190 einen seiner Söhne auf den Namen Bertold, einen typischen Zähringernamen, taufen ließ, was als eine Art Reverenz an das Zähringergeschlecht zu verstehen ist.
51 Vgl. *Harter*, Rotwilo, S. 115f.
52 *Huth*, Kaiser Friedrich II. und Villingen, S. 220f. mit Anm. 68.
53 *Schäfer*, Hochadel, S. 74f; *Bumiller*, Der Raum Dornhan im Mittelalter, S. 50–58.

54 WUB 4 Nr. 1162.

55 Dornhan wurde erst 1271/76 von Herzog Ludwig II., von Teck zur Stadt erhoben; vgl. *Bumiller*, Der Raum Dornhan im Mittelalter, S. 57 f.

56 *Baumann*, Freiherren von Wartenberg, S. 158; *Schäfer*, Grafen von Sulz, S. 35 ff. Eine solche Eheverbindung zwischen Sulz und Wartenberg ist schon deshalb wahrscheinlich, weil in der folgenden Generation Angehörige beider Familien häufig gemeinsam als „Blutsverwandte" (*consanguinei*) auftreten; vgl. *Baumann*, Freiherren von Wartenberg, S. 165 und 168 zu 1262, 1278 und 1279.

57 *Schäfer*, Grafen von Sulz, S. 31 f. Vgl. zu dieser Kunigunde *Hefele*, Die Stifter des Adelhauser-Klosters, S. 23 ff. und Geschichte der Stadt Freiburg, Bd. 1, S. 429 f.

58 WUB 3 Nr. 655.

59 Vgl. zur Person Abt Eberhards *Huth*, Kaiser Friedrich II. und Villingen, S. 203 f.

60 *Baumann*, Freiherren von Wartenberg; *Kreutzer*, Verblichener Glanz, S. 511 ff.

61 WUB 3 Nr. 863 und 864.

62 *Weller*, Zur Kriegsgeschichte; *Schwarzmaier*, Der Ausgang der Stauferzeit; *Bumiller*, Geschichte der Schwäbischen Alb, S. 98–100. Zur Biographie und Regierungsform Heinrichs (VII.) vgl. *Hillen*, Curia regis, bes. S. 63–105, und *Gramsch*, Das Reich als Netzwerk der Fürsten, die allerdings beide die Grafen von Sulz nicht berücksichtigen.

63 WUB 3 Nr. 717.

64 *Böhmer*, Regesta imperii Bd. 5,1, Nr. 2090.

65 *Baumann*, Freiherren von Wartenberg, S. 165 und 168.

66 Nach *Baumann*, Freiherren von Wartenberg, S. 169 f. siegelten im Jahr 1281 Graf Heinrich von Fürstenberg und Graf Hermann von Sulz gemeinsam einen Rechtsakt in Villingen.

67 *Huth*, Kaiser Friedrich II. und Villingen, S. 203 mit Anm. 12 und S. 233 f.

68 *Schäfer*, Grafen von Sulz, S. 40 und 52 f.

69 WUB 3 Nr. 1909, WUB 8 Nr. 2852 und *Baumann*, Freiherren von Wartenberg, S. 168. Auf der Neckarburg befand sich wohl zeitweilig auch das Familienarchiv; vgl. *Schäfer*, Grafen von Sulz, S. 16 f. Vgl. auch *Kreutzer*, Verblichener Glanz, S. 503–509, der sich S. 504 zur Wohnsitzfrage äußert.

70 *Niederhäuser*, Art. Sulz.

71 *Bumiller*, Der Raum Dornhan im Mittelalter, S. 60.

72 Zur Geschichte der Geroldsecker *Bühler*, Herrschaft Geroldseck; *Bühler*, Beiträge zur Familiengeschichte, *Bühler*, Art. Geroldseck und *Vollmer*, Grablegen, S. 21 ff.

73 *Schäfer*, Hochadel, S. 74 f. und 77 f.; vgl. *Bühler*, Stadt und Herrschaft Sulz, S. 93 ff. und S. 109, wo er *Schäfers* These zustimmt.

74 WUB 6 Nr. 1919.

75 WUB 6 Nr. 1666. Es handelt sich um die Verleihung von Wiesen im entfernten Donautal. Denkbar wäre, dass sich die Formulierung, der Ebersteiner sei dem Grafen von Sulz *in omnis suis prediis* gefolgt, nur auf diese entlegenen Güter bezieht.

76 So *Schäfer*, Hochadel, S. 76 f. und *Bühler*, Stadt und Herrschaft Sulz, S. 109. – Dass die Ebersteiner in der fraglichen Zeit auch im Raum Rosenfeld vorübergehend Interessen hatten, würde zu diesem Ausgriff an den oberen Neckar passen; vgl. *Bumiller*, Rosenfeld, S. 53–64.

77 *Crusius*, Schwäbische Chronik, S. 98; WUB 4 Nr. 1226.

78 Außer *Antonow*, Burgen, S. 20, plädieren nur *Wein*, Burg Albeck, S. 8 und *Waldburg-Wolfegg*, Nordreich, S. 75, für eine Bauzeit im 2. Viertel des 13. Jahrhunderts. *Waldburg-Wolfegg* („knapp vor 1250") deutet wenig überzeugend das Schloss Sulz als ein unter Urslinger-Einfluss errichtetes „sizilisches", also staufisches Bauwerk.

79 *Weiß*, Ruine Albeck, Sp. 273; *Maurer*, Bauformen, S. 101; *Bühler*, Stadt und Herrschaft Sulz, S. 102; *Schäfer*, Hochadel, S. 90 Anm. 84; *Bizer*, Oberflächenfunde, S. 273; *Uhl*, Hauptgebäude, S. 225; *Uhl*, Burgenlandschaft, S. 57.

80 Allein *Wein*, Burg Albeck, spricht das Gebäude S. 4, 6 und 8, nicht überzeugend, als spätromanisch an.

81 So – etwas „weit" hergeholt – *Waldburg-Wolfegg*, Nordreich, S. 75.

82 Vgl. *Bumiller*, Adel und Burgen, S. 21. Ähnlich *Weiß*, Ruine Albeck, Sp. 274, wonach der Bau „um 1250–80" „an der Stätte der alten Grafenburg (neu aufgeführt wurde)". – Das frz. Wort *donjon* für einen massiven Wohnturm verweist auf die Herkunft dieser Bauform aus dem französischen Kulturraum. In der Nachbarschaft entsprachen auch die Burgen Herrenzimmern und Irslingen diesem Burgentyp.

83 *Meyer*, Zisternen; *Grewe*, Wasserversorgung.

84 *Schäfer*, Hochadel, S. 90.

85 *Uhl*, Hauptgebäude, S. 225; ähnlich *Uhl*, Burgenlandschaft, S. 57, wo er die Burg „dem zweiten Drittel des 13. Jahrhunderts (oder noch späterer Zeit)" zuschreibt.

86 *Bühler*, Stadt und Herrschaft Sulz, S. 102.

87 Erste Ansätze hierzu bei *List*, Steinmetzzeichen, der eine Auswahl von Zeichen von Lahr, Hohengeroldseck und Albeck liefert. Die Steinmetzzeichen auf Burg Albeck hat Reinhard *Matull* dokumentiert.

88 Ich würde mich aber nicht prinzipiell dem Argument verschließen, dass Heinrich von Veldenz vielleicht gerade deshalb als Bauherr in Betracht kommt, weil er ohnehin mit Großbaustellen Erfahrung und die erforderlichen Bauleute an der Hand hatte.

89 Zur Familiengeschichte vgl. *Vollmer*, Grablegen, S. 21 ff.

90 WUB 8 Nr. 3385 und WUB 9 Nr. 3451; vgl. *Bühler*, Stadt und Herrschaft Sulz, S. 95 ff.; Abb. und Übersetzung des königlichen Privilegs vom 26. Okt. 1284 ebd. im Vorsatz.

91 Das ahd. Wort *sulza* leitet sich als Ablautform von „Salz" her und bedeutet „Salzwasser, Sole" (verwandt auch das Wort *sülze* = „Salzbrühe, Gallert"); der Ortsname Sulz(a) deutet an, dass bereits im frühen Mittelalter in Sulz ein „Salzbrunnen" bekannt gewesen ist. Nach der Beschreibung des Oberamts Sulz, S. 115, ist die Saline so alt wie der Ort Sulz. Belege gibt es jedoch erst für das Hochmittelalter. Laut Der Landkreis Rottweil 2, S. 264 soll Kaiser Heinrich IV. im Jahr 1064 das Salzsieden in Sulz gestattet haben. Diese Nachricht ist jedoch falsch; die Urkunde Heinrichs IV. vom 5. Dez. 1064 (Regesta Imperii III 2,3, n. 353) bezieht sich auf das Salzsieden in *Sulza in Thüringen*, nicht auf unser Sulz. Die Zimmerische Chronik 1, S. 310 polemisiert gegen die Ansicht, die Geroldsecker hätten Sulz zur Stadt erhoben, nachdem der Salzbrunnen entdeckt worden sei. Der Brunnen sei aber viel älter und *nichs gewissers, dann das die graven* [von Sulz] *von disem Sulz am Necker iren namen herkommen haben*. Salzrechte und Salzförderung reichen definitiv in die Zeit der Grafen von Sulz zurück; vgl. WUB 4 Nr. 1226 und *Bühler*, Stadt und Herrschaft Sulz, S. 97. Mit Sicherheit darf man um 1222 eine organisierte Salzproduktion voraussetzen, da zu den Dienstleuten des Grafen Bertold damals *Hainricus et Burchardus Salarii* gehörten, deren Familiennamen sich vom Salzhandel oder vom Amt des Salzmeisters ableitete: WUB 3 Nr. 655. – Zur Geschichte und Technologie der Saline in Sulz siehe HStASt Bestand A 406, ferner Beschreibung des Oberamts Sulz, S. 115–119; *Carlé*, Saline zu Sulz am Neckar; *Klaiber-Haug*, Wirtschaftliche Entwicklung, S. 119–140; *Bouvard*, Saulnot und Sulz am Neckar; Der Landkreis Rottweil 2, S. 264 f. (Corinna *Schneider*).

92 *Bühler*, Herrschaft Geroldseck, S. 138–145; *Bühler*, Stadt und Herrschaft Sulz, S. 103 f.; H. P. *Müller*, Freiherren von Geroldseck, vgl. auch die Karte über die Besitzrechte der Grafen von Sulz vor 1408 bei *Schäfer*, Hochadel, S. 73.

93 Vgl. zu Schenkenzell *Harter*, Adel und Burgen, S. 305–309.
94 Der Pfarrsatz im entlegenen Spaichingen auf der Schwäbischen Alb stammte möglicherweise aus der Ehe Graf Alwigs I. mit Adelheid von Nusplingen um 1100.
95 WUB 3 Nr. 655. Vgl. zu Schapbach und der Herrschaft Romberg *Harter*, Adel und Burgen, S. 299–305.
96 *Bühler*, Herrschaft Geroldseck, S. 148 und 167.
97 Vgl. H. P. *Müller*, Freiherren von Geroldseck.
98 FUB 5 Nr. 290.
99 Zur Bedeutung von Burgfrieden vgl. *Maurer*, Burgen am oberen Neckar, S. 144ff., der dieses frühe Beispiel aber nicht kennt.
100 WUB 11 Nr. 5470 und 5509.
101 H. P. *Müller*, Freiherren von Geroldseck.
102 HStASt A 169 U 1 und HStASt A 602 Nr. 12969.
103 HStASt B 462 S. 1028.
104 HStASt A 602 U 12965. Vgl. *Köhler*, Sulz am Neckar, S. 203.
105 *Schilter*, Elsässische Chronik, S. 1049.
106 *Stälin*, Wirtembergische Geschichte, S. 139, 160 und 180. Laut *Herzog*, Chronicon Alsatiae, 5. Buch S. 114, war Hermann von Hohengeroldseck dieser Fähnrich.
107 Vgl. zur Zerstörung der Burg Schwanau die interessanten Bemerkungen bei *Herzog*, Chronicon Alsatiae, 5. Buch, S. 111 und 10. Buch, S. 124.
108 *Hofmeister* (Hg.), Die Chronik des Mathias von Neuenburg, S. 234f.; Übersetzung in Die Chronik des Mathias von Neuenburg, S. 152. – Vgl. zu diesem Ereignis *Crusius*, Schwäbische Chronik 1, S. 921; *Sattler*, Geschichte der Graven 2, S. 165; *Köhler*, Sulz am Neckar, S. 202f.; *Stälin*, Wirtembergische Geschichte, S. 231f.; *Spellenberg*, Das vormalige befestigte Bergschloß Albeck, S. 74, und H. P. *Müller*, Oberndorf, S. 132.
109 *Herzog*, Chronicon Alsatiae, 10. Buch, S. 124, berichtet, dass bei Einnahme der Burg Schwanau noch *wenig büchsen gebraucht* wurden, aber die Feuerwaffen waren bereits unverkennbar auf dem Vormarsch.
110 HStASt A 602 U 12973 (zu 1379); A 169 U 4 (zu 1383); vgl. *Köhler*, Sulz am Neckar, S. 204.
111 HStASt A 169 U 3.
112 *Uhl*, Hauptgebäude, S. 232.
113 HStASt A 602 Nr. 12974.
114 Die Zahlen nach H. P. *Müller*, Freiherren von Geroldseck.
115 Vgl. zu den Herren von Rosenfeld *Bumiller*, Rosenfeld im Mittelalter, S. 94–97.
116 Beschreibung des Oberamts Sulz, S. 122; Die Kunst- und Altertumsdenkmale im Königreich Württemberg. Inventar Schwarzwaldkreis, 1897, S. 353 und 505; *Uhl*, Hauptgebäude, S. 225 und 227. *Waldburg-Wolfegg*, Nordreich, S. 75, nimmt diesen Wappenstein, völlig abwegig, für die vermutete Bauzeit des Schlosses „knapp vor 1250“ in Anspruch und erkennt deshalb im Schloss Sulz staufisch-urslingischen Einfluss.
117 *Harter*, Herzöge von Urslingen in Schiltach, S. 29ff. und S. 50.
118 HStASt A 602 Nr. 8163; vgl. *Steinhofer*, Neue Wirtenbergische Chronik 2, S. 503; Beschreibung des Oberams Sulz, S. 126 und H. P. *Müller*, Freiherren von Geroldseck.
119 *Florian*, Graf Eberhard der Milde, S. 185f., 187, 188f., 191, 205–208 und 251; Das Haus Württemberg, S. 40; *Hammes*, Ritterlicher Fürst, S. 201; *Konzen*, Aller Welt Feind, S. 316.
120 *Florian*, Graf Eberhard der Milde, S. 87f. mit Anm. 103.
121 *Boesch*, Die Gefallenen der Schlacht bei Sempach, S. 263; *Vollmer*, Grablegen, S. 34 und 41. Das Angedenken an diesen Gefallenen wurde in der Familiengeschichtsschreibung noch 1532 durch Matthäus von *Pappenheim* hochgehalten; vgl. *Krieb*, Vom Totengedenken, S. 85f.
122 So nach der Zürcher Chronik Anfang 15. Jahrhundert, zit. bei *Liebenau*, Schlacht von Sempach, S. 146f. Vgl. auch *Steinhofer*, Neue Wirtenbergische Chronik 2, S. 455ff., wo neben Konrad von Geroldseck die Namen weiterer 36 Adliger im württembergischen Aufgebot genannt sind.
123 *Boesch*, Die Gefallenen der Schlacht bei Sempach, S. 276, und *Steinhofer*, Neue Wirtenbergische Chronik 2, S. 459.
124 Selbst so weit entfernt angesiedelte Geschlechter wie die Herren von Hohenfels am Bodensee öffneten ihre Burgen für Württemberg; *Steinhofer*, Neue Wirtenbergische Chronik 2, S. 482. Zum Schwenk der traditionell habsburgisch orientierten Zollergrafen Richtung Württemberg vgl. *Bumiller*, Das schalksburgische Jahrhundert, S. 92–95. Zu Eberhards „Ratsversammlung“ siehe unten S. 69.
125 Vgl. zu seiner Person *Bumiller*, Rosenfeld im Mittelalter, S. 90–96.
126 HStASt A 169 U 3 und U 4 (zu 1378 und 1383), A 602 Nr. 13036 (zu 1383).
127 *Schubring*, Herzoge von Urslingen, Reg. Nr. 149.
128 *Steinhofer*, Neue Wirtenbergische Chronik 2, S. 467ff. kennt als Teilnehmer an der Schlacht von Döffingen Graf Albert von Löwenstein (gefallen), Werner von Neuhausen, zwei Sturmfeder, einen Grafen von Bitsch, Werner von Rosenfeld und Wolf von Wunnenstein. Vgl. zur Schlacht bei Döffingen *Crusius* 2, S. 1–4; *Sattler*, Geschichte der Graven 1, S. 254ff.; *von Martens*, Kriegerische Ereignisse, S. 82–85; *Stälin*, Wirtembergische Geschichte 3, S. 339ff.; *Ebert*, Schlacht bei Döffingen.
129 *Stälin*, Wirtembergische Geschichte 3, S. 358; *Paravicini*, Preußenreise 1, S. 149, 180, 215; *Florian*, Graf Eberhard der Milde, S. 16f.; *Hammes*, Ritterlicher Fürst, S. 79.
130 Trotz des Erklärungsansatzes bei *Konzen*, Aller Welt Feind, S. 306ff. meine ich, dass es jenseits des Herrscherwechsels 1417/19 einen konkreten Anlass gegeben muss, der zur Entfremdung führte, den wir aber vorläufig nicht fassen können. Möglicherweise ging es um Konflikte der Geroldsecker mit Angehörigen des Vormundschaftsrats, unter denen Graf Rudolf von Sulz eine herausragende Rolle spielte.
131 Wobei der Stuttgarter Hof seinen Höflingen in der Regel ein Hofkleid, teilweise auch Pferde stellte; *Hammes*, Ritterlicher Fürst.
132 Vgl. H. P. *Müller*, Freiherren von Geroldseck.
133 Indiz hierfür ist seine Pfarrpfründe von 1393; vgl. H. P. *Müller*, Freiherren von Geroldseck, S. 3.
134 Abweichend von der älteren Literatur, die 1438 nennt, kann sein Todesdatum mit HStASt A 602 U 13012 verso nahezu genau bestimmt werden: *Item Junkcher Walther von Geroltzegg ist gestorben an dem achtenden tag zů winachten Anno domini M CCCC tricesimo Nono.*
135 HStASt A 169 U 45.
136 *Schubring*, Herzoge von Urslingen, Reg. 436.
137 HStASt A 169 U 16.
138 *Köhler*, Sulz am Neckar, S. 205; *von Martens*, Kriegerische Ereignisse, S. 93f.; *Stälin*, Wirtembergische Geschichte, Bd. 1, S. 595; *Manns*, Geschichte der Grafschaft Hohenzollern, S. 9; U. *Müller*, Kurpfalz und Wirtemberg, S. 11; Das Haus Württemberg, S. 75.
139 *Mertens*, Die württembergschen Höfe, S. 77ff.
140 *Duncker*, Herren von Bubenhofen, S. 343f. Vgl. zum gesamten Ereignis auch *Köhler*, Sulz am Neckar, S. 205–210.
141 ZC 1, S. 279; Liste der Geroldsecker und der württembergischen Fehdehelfer in HStASt A 169 Bü 1 (2. Paket), vgl. *Steinhofer*, Neue Wirtenbergische Chronik 3, S. 698ff.; Beschreibung des Oberamts Sulz, S. 129; *Manns*, Geschichte der Grafschaft Hohenzollern, S. 11.
142 Bereits *von Martens*, Kriegerische Ereignisse, S. 94ff. führte den Koflikt unter der Bezeichnung „Geroldsecker Fehde“. Zuletzt hält *Konzen*, Aller Welt Feind, den Begriff konsequent durch, weil hier eben nicht der Auslöser des Konflikts im Mittelpunkt steht, sondern das Angriffsziel der württembergischen Expansion.
143 *Konzen*, Aller Welt Feind, S. 279–306.

144 *Carlé*, Saline, S. 97, charakterisiert die Geroldsecker Fehde als regelrechten „Salzkrieg“: „Nun begann das Interesse Württembergs an der Saline.“
145 *Steinhofer*, Neue Würtenbergische Chronik 2, S. 698 ff.; *Stälin*, Wirtembergische Geschichte, S. 420 f.; *Manns*, Geschichte der Grafschaft Hohenzollern, S. 11; *Duncker*, Bubenhofen, S. 343 f.
146 Württembergische Landesbibliothek Stuttgart, HB V 86, fol. 157v.
147 In der Schlacht von Tannenberg 1410, die als eine der größten Feldschlachten des Mittelalters gilt, standen auf Seiten des Deutschen Ordens maximal 15 000 Soldaten unter Waffen. Bei der Belagerung der Burg Hohenzollern 1422/23 rechnet man mit höchstens 4000 Angreifern. Die Reichsstadt Ulm steuerte dabei immerhin ein Kontingent von ca. 620 Mann bei; vgl. *Manns*, Geschichte, S. 12 und *Konzen*, Aller Welt Feind, S. 279 ff. Für die Belagerung von Sulz würde ich von einem reichsstädtischen Aufgebot von vielleicht 1200 Mann ausgehen. Hinzu kamen 97 berittene Adlige, deren Zahl ich mit Dienern und Knappen (= eine Glefe) mal drei nehmen würde, also ca. 300 Mann. Schließlich dürfte Württemberg Söldner angeworben und eine Landwehr aufgeboten haben, zusammen vielleicht nochmals 500 Reisige. Alles in allem erwarte ich demnach vor Sulz kaum mehr als 2000 Belagerer, dieses Vollkontingent aber nur situativ, nicht über zweieinviertel Jahre hinweg. Ein allmähliches Abschmelzen der Sulzer Belagerungsmacht ergibt sich auch aus der ab Pfingsten 1422 in Angriff genommenen Belagerung der Burg Hohenzollern, die von derselben Allianz gestemmt werden musste.
148 *Breyvogel*, Die Rolle Henriettes von Mömpelgard, S. 52–60; Das Haus Württemberg, S. 79 (Bernd *Breyvogel*).
149 HStASt A 169 Bü 1.
150 HStASt A 169 U 18.
151 Vgl. *Hillebrand*, Öffnungsrecht, S. 120.
152 HStASt A 169 Bü 1. Vgl. *Schubring*, Herzoge von Urslingen, Reg. Nr. 255 und 257.
153 HStASt A 169 U 19.
154 HStASt A 169 U 19, 20 und 21; vgl. *Schubring*, Herzoge von Urslingen, Reg. 262 und 263.
155 GLAK 27/91 Urk. 1421 Dez. 19; vgl. RMB 1 Nr. 3339 und *Schubring*, Herzoge von Urslingen, Reg. Nr. 265–267.
156 GLAK 27/91 Urk. 1421 Dez. 23; Siehe zu den Sulzer Burgfrieden *Maurer*, Burgen am oberen Neckar, S. 143 ff.
157 *Manns*, Geschichte, S. 7 f. und *Widmer*, Gruber-Fehde, S. 281 und S. 341, Reg. 175. Vgl. RMB 1, Nr. 3098, 1321, 3143, 3266, 3280, 3287 und 3288.
158 Das Haus Württemberg, S. 79.
159 HStASt A 169 Bü 1; RMB Nr. 3421, 3423, 3437, 3443 und 3444. Nach *von Martens*, Kriegerische Ereignisse, S. 95 hätten die Geroldsecker im Frühjahr 1422 von Sulz aus die Stadt Dornhan überfallen, dort Gefangene gemacht und vier Bürger getötet.
160 HStASt A 169 U 22.
161 Zu Caspar von Klingenberg vgl. *Bumiller*, Hohentwiel, S. 64, 69 f. und 76.
162 HStASt A 169 U 23; vgl. *Sattler*, Geschichte der Graven, und *Stälin*, Wirtembergische Geschichte, S. 421; Regest auch bei *Steinfofer*, Neue Wirtenbergische Chronik, S. 717 f., Hillebrand, Öffnungsrecht, S. 120 und *Schubring*, Herzoge von Urslingen, Reg. Nr. 279.
163 L. *Schmid*, Belagerung, Zerstörung und Wiederaufbau der Burg Hohenzollern; *Manns*, Geschichte der Grafschaft Hohenzollern, S. 14–22; *Konzen*, Aller Welt Feind, S. 279–287.
164 HStASt A 169 U 28; vgl. *Maurer*, Burgen am oberen Neckar, S. 143 ff.
165 *Schubring*, Herzoge von Urslingen, Reg. 445 und 446.
166 Vgl. zu Reinold von Urslingen *Schubring*, Herzoge von Urslingen, S. 91–94; *Widmer*, Gruber-Fehde, S. 139–151; *Harter*, Herzöge von Urslingen, S. 42–85 und *Konzen*, Aller Welt Feind, S. 509–511.
167 *Harter*, Herzöge von Urslingen, S. 50.
168 GLAK 21 Nr. 1181; *Schubring*, Herzoge von Urslingen, Reg. 142 und 148; *Harter*, Herzöge von Urslingen, S. 49–53.
169 *Konzen*, Aller Welt Feind, S. 316.
170 Vgl. *Harter*, Herzöge von Urslingen, S. 73 ff.; *Mertens*, Die württembergischen Höfe, S. 96 ff.; *Hammes*, Ritterlicher Fürst, S. 214 ff.; Landschaft, Land und Leute, S. 35–38 und 94–97; Mäzene Sammler Chronisten, S. 252 ff.; vgl. auch Abb. in: Sulz am Neckar, S. 70, Text S. 92. – Auf die Tafeln mit der „Ratssitzung des Grafen Eberhard“ (*Verzeichnuß des hochansehnlichen Raths=Collegii unseres Eberhardi Pii*) nahm offenkundig bereits *Crusius*, Schwäbische Chronik 2, S. 10 f. und S. 27 Bezug.
171 *Florian*, Graf Eberhard der Milde, S. 39, 117, 174 und 279.
172 *Widmer*, Gruber-Fehde.
173 *Breyvogel*, Die Rolle Henriettes von Mömpelgard, S. 67.
174 *Schubring*, Roßhaupter-Fehde.
175 *Widmer*, Gruber-Fehde, S. 374; *Harter*, Herzöge von Urslingen in Schiltach, S. 73.
176 Zu seiner Vermögensentwicklung *Widmer*, Gruber-Fehde, S. 141–148.
177 *Schubring*, Herzoge von Urslingen, Reg. 236.
178 *Harter*, Herzöge von Urslingen S. 39, Abb. vor S. 29; nach *Vollmer*, Grablegen, S. 51 f. war dies definitiv kein Grabdenkmal; begraben war das Paar wohl in der Sulzer Kirche. Vgl. auch *Joos*, Wo die Cimbri erstlich gewonet, S. 149 und 156. – Bemerkenswerter Weise nahm bereits Bernhard *Herzog* in seinem Chronicon Alsatiae, Straßburg 1592, 5. Buch S. 108, von dieser Tafel Notiz: … *daß auch* [der Urvater des Geschlechts Gerold] *sein herkommen von den Rőmern habe / befind sich in einer alten Kirchen in einem Dorff Empfingen genant / daß vor dem Schwartzwald ligt / das vor langer zeit der alten Herren von Geroltzeck gewesen / daselbsten in der Kirchen der Schildt. Geroltzeck gehawen / dabey diese schrifft / DE PLATEA IN ROMA GEROLTZECK IBI DICTA STIRPS EST PROGRESSA*… Auch wenn Herzog den zweiten Teil der Inschrift unterschlägt, dürfte doch ganz unzweifelhaft sein, dass es sich um unsere Empfinger Tafel handelt. Das Erscheinungsjahr von Herzogs Chronik 1592 korrespondiert auffällig mit dem Jahr der Restaurierung der Tafel.
179 *Schubring*, Herzoge von Urslingen, Reg. 345.
180 Z. B. *Schubring*, Herzoge von Urslingen, Reg. Nr. 449, 453, 549 und 550.
181 Die Bemühungen südwestdeutscher Adelsfamilien um die „Klärung“ ihres Herkommens beginnen in der Zeit des Konstanzer Konzils um 1415; vgl. *Joos*, Wo die Cimbri erstlich gewonet.
182 *Schubring*, Herzoge von Urslingen, Reg. 226; *Harter*, Herzöge von Urslingen, S. 68.
183 *Reinhard/Kremer*, Pragmatische Geschichte, Beilagenteil, Urkunde 1, S. 13.
184 HStASt A 169 Bü 1 (3. Paket).
185 Ebd.
186 Der Zimmerische Chronist umschreibt dies so: …*do haben sie sich auch im stegraif, wie dozumal laider ein böser gebrauch in deutschen landen, einsteils müeßen erneren*; ZC 1. S. 305. – Vgl. zu den Begriffen Fehde, „Raubrittertum“, Fehdeunternehmer *Konzen*, Aller Welt Feind, S. 9–51.
187 *Schubring*, Herzoge von Urslingen, Reg. 363.
188 *Schubring*, Herzoge von Urslingen, Reg. 363, 387, 397, 401, 405, 406, 407, 408, 410, 411, 414, 416, 419, 420, 424.
189 *Schubring*, Herzoge von Urslingen, Reg. 369; *Konzen*, Aller Welt Feind, S. 441.
190 *Schubring*, Herzoge von Urslingen, Reg. 369 und 403; *Konzen*, Aller Welt Feind, S. 437.
191 *Schubring*, Herzoge von Urslingen, Reg. 436; HStASt A 602 Nr. 5054.
192 HStASt A 602 U 12981, 12982, 12991 bis 12993.

193 H. P. *Müller*, Freiherren von Geroldseck.
194 *Konzen*, Aller Welt Feind, S. 113 ff.
195 Quellen zur Roßhaupter-Fehde bei *Schubring*, Herzoge von Urslingen, Reg. 445–519; vgl. *Schubring*, Roßhaupter-Fehde, und *Konzen*, Aller Welt Feind, S. 437.
196 *Schubring*, Herzoge von Urslingen, Reg, 450, 480 und 487.
197 Vgl. zu den teilweise verworrenen Zusammenhängen *Manns*, Hohenzollern, S. 26 ff.; *Schubring*, Herzoge von Urslingen, Reg. 531, 542 und 545; *Konzen*, Aller Welt Feind, S. 118 ff. und S. 437–439; *Marolf*, Hans von Rechberg, S. 103 ff., 143, 244 und 264; zur Bebenburg-Fehde ZC 1, S. 305 f. und *Bumiller*, Geschichte der Schwäbischen Alb, S. 132.
198 ZC 1, S. 279.
199 Vgl. zu Hans von Rechberg immer noch *Kanter*, Hans von Rechberg, neuerdings *Marolf*, Hans von Rechberg, und *Konzen*, Aller Welt Feind, zu seinen Beziehungen zu den Herren von Geroldseck ist jeweils das Register zu konsultieren.
200 Vgl. zur bislang unbeantworteten Frage der Ortswahl Schramberg *Bumiller*, Herren von Rechberg, S. 86.
201 *Marolf*, Hans von Rechberg, S. 185 ff.; *Konzen*, Aller Welt Feind, S. 133 ff.
202 Nach *Pappenheim* in *Reinhard/Kremer*, Pragmatische Geschichte, Anhang S. 13. Dass Georg tatsächlich den Rittertitel führte, erhellt aus einem Schriftstück, worin Georg noch lange nach seinem Tod als *Her Jörgen såligen* gedacht wird, während seine Brüder Konrad, Heinrich und Hans einfache *Junkcher* waren; HStASt A 602 U 13012 recto.
203 *Konzen*, Aller Welt Feind, S. 439.
204 *Konzen*, Aller Welt Feind, S. 148 ff.
205 HStASt A 169 Bü 1
206 *Stälin*, Wirtembergische Geschichte 3, S. 483; *Konzen*, Aller Welt Feind, S. 165, 298 f. und 440.
207 Beschreibung des Oberamts Sulz, S. 130.
208 *Konzen*, Aller Welt Feind, S. 299.
209 Vermutlich Ulrich von Lichtenstein zu Neckarhausen, urkundlich erwähnt zwischen 1430 und 1462; vgl. H. P. *Müller*, Die Herren von Lichtenstein, S. 34 f.
210 *Konzen*, Aller Welt Feind, S. 300, Anm. 257.
211 Pappenheim nach *Reinhard/Kremer*, Pragmatische Geschichte, Urkundenanhang, S. 14. Zum hier überlieferten Burgnamen „Allweck" vgl. unten S. 94 f. – Bei *Köhler*, Sulz am Neckar, S. 212 wie in der Beschreibung des Oberamts Sulz, S. 131, wurde aus Georg fälschlich ein „Johann" von Geroldseck.
212 HStASt A 169 U 64 und 66; hier zitiert nach *Konzen*, Aller Welt Feind, S. 301, Anm. 262.
213 Zu den noch wenig erforschten Problemen um die Witwenversorgung des Adels siehe *Butz*, Die Burg als Wittum.
214 HStASt A 602 U 65; vgl. *Maurer*, Burgen am oberen Neckar, S. 143 ff.
215 Vgl. hierzu *Konzen*, Aller Welt Feind, S. 168 ff., 142 und 143.
216 *Konzen*, Aller Welt Feind, S. 169 und 189 f.
217 *Konzen*, Aller Welt Feind, S. 171 f. und 303.
218 *Konzen*, Aller Welt Feind, S. 442 spricht von der Nacht vom 16. auf 17. November unter Berufung auf HStASt B 204 Bü 7. Nach den mir vorliegenden Quellen fand der Überfall später statt.
219 So der Memminger Chronist Wintergerst, zit. nach *Konzen*, Aller Welt Feind, S. 172, Anm. 336.
220 ZC 1, S. 306. Die Nachricht mit dem Einschleichen durch den Schwibbogen findet sich ähnlich bei Pappenheim, vgl. *Reinhard/Kremer*, Pragmatische Geschichte, Urkundenanhang, S, 14, so dass sich der Eindruck verstärkt, Froben Christoph von *Zimmern* habe *Pappenheim* gekannt (ebd. S. 310 beruft er sich auf die *geroltzeckischen historien*): *Die von Rottwil namen die Statt Sultz abschlichends durch den Schweinbogen* [sic!], *do das Wasser in die Stat louft, ein, Herr Hanns vonn Geroltzeck vnd Hanns von Rechberg warend dieselbige Nacht inn der Stat, doch kamen sie darvon.*
221 ZC 1, S. 307.
222 Ebd.
223 *Konzen*, Aller Welt Feind, S. 172 und 442.
224 ZC 1, S. 307.
225 *Konzen*, Aller Welt Feind, S. 173 ff. und S. 180–182.
226 Ebd., S. 174.
227 Mäzene Sammler Chronisten, S. 244 f. (Casimir Bumiller).
228 ZC 1, S. 305.
229 *Konzen*, Aller Welt Feind, S. 181 f. und 442; nach einem Protokoll seines Bruders Hans aus dem Jahr 1460 ist Heinrich vier Jahre zuvor, also noch 1456 gestorben.
230 *Konzen*, Aller Welt Feind, S. 444; H. P. *Müller*, Freiherren von Geroldseck.
231 Zu den biografischen Daten von Hans vgl. Konzen, Aller Welt Feind, S. 443 und H. P. *Müller*, Freiherren von Geroldseck.
232 Christina wird erstmals in der Urkunde vom Dezember 1473 erwähnt, in der ihr von Graf Eberhard ein Leibgeding zugesagt wird; HStASt A 169 U 144. Eine Urkunde von 1486 trägt ihr Siegel, das einen schreitenden Bären zeigt, was für ihre adlige Herkunft sprechen könnte; andererseits wäre es für eine adlige Dame ungewöhnlich, dass sie im Text der Urkunde nicht mit vollem Geschlechtsnamen angesprochen würde. Die Umschrift ihres Siegels ist nicht lesbar; vgl. Abb. in Sulz am Neckar, S. 122 Abb. 4.
233 Dieser Verkauf ist ewas entlegen dokumentiert: *Item Hansen von Geroltzegk umb Lossburg 1000 gulden*; vgl. Die direkten Staatssteuern der Grafschaft Wirtemberg. In: Württembergische Jahrbücher für Statistik und Landeskunde 1904, S. 108.
234 Vgl. zum folgenden *Steinhofer*, Wirtembergische Geschichte 3, S. 172–178; *Sattler*, Geschichte der Graven 3, S. 72–83; stark von *Sattler* abhängig *Koch*, Ritterburgen und Bergschlösser, 6, S, 93 ff. und Beschreibung des Oberamts Sulz, S. 131–133; ferner *Stälin*, Wirtembergische Geschichte, S. 586 f.; *Hillebrand*, Öffnungsrecht, S. 121 ff.; *Bühler*, Stadt und Herrschaft, S. 104 ff. und *Konzen*, Aller Welt Feind, S. 304 ff.
235 HStASt A 169 U 75.
236 *Sattler*, Geschichte der Graven 3, S. 72, vgl. ebd. S. 79, wo er nochmals das Eigeninteresse des Sulzers betont; *Stälin*, Wirtembergische Geschichte, S. 586; *Bühler*, Stadt und Herrschaft Sulz, S. 106; vgl. *Köhler*, Sulz am Neckar, S. 213.
237 *Konzen*, Aller Welt Feind, S, 318 f.
238 In der Bittschrift von 1470 klagte die Stadt Sulz, seit zehn Jahren sei ihre Kirche geschlossen, die Sittlichkeit unter der Jugend leide, kein Gottesdienst werde gehalten, keine Glocke geläutet, kein Kranker mit den heiligen Sakramenten versehen und kein Gestorbener in den geweihten Kirchhof begraben; zitiert nach *Köhler*, Sulz am Neckar, S. 216.
239 *Sattler*, Geschichte der Graven 3, S. 79.
240 HStASt A 169 U 89 und 91.
241 RMB 4 Nr. 9881.
242 A 602 U 13009.
243 HStASt A 169 U 101 bis 103, vgl. zu den Vorgängen von 1469 bis 1471 auch *Köhler*, Sulz am Neckar, S. 215–219.
244 HStASt A 169 Bü 1 und A 169 U 95.
245 HStASt A 169 Bü 1 (6. und 7. Paket).
246 Die bei A. F. *Koch*, Ritterburgen und Bergschlösser 6, S. 92 ff. episch ausgebreitete Darstellung der Einnahme der Burg entbehrt jeglicher Quellengrundlage und ist deshalb historiographisch unbrauchbar. Bereits *Köhler*, Sulz am Neckar, S. 219, polemisierte anlässlich dieser Textstelle über den „unberufene[n] Schriftsteller". Ähnlich fabulierend und offensichtlich von *Koch* inspiriert, dabei nicht ohne Kenntnis der Quellen *Spellenberg*, Das vormalige befestigte Bergschloß Abeck, S. 129 f.
247 *Hillebrand*, Öffnungsrecht, S. 122 f.

248 HStASt A 169 U 111, 112 und 113.
249 HStASt A 169 Bü 1 (7. Paket) und B 203 Bü 8; vgl. *Konzen*. Aller Welt Feind, S. 305.
250 HStASt A 602 U 13011, ediert bei *Bühler*, Stadt und Herrschaft Sulz, S. 108. Noch 50 Jahre später, 1523, verwiesen die Statthalter der württembergischen Regierung auf Schuldenregister, wonach Württemberg für die Erledigung geroldseckischer Schulden ein Hauptgut von insgesamt 28 300 Gulden übernommen hätten; HStASt A 169 Bü 4.
251 HStASt A 169 Bü 1 (9. Paket).
252 *Kreutzer*, Verblichener Glanz, S. 189.
253 Beschreibung des Oberamts Sulz, S. 133.
254 HStASt A 160 Bü 4; vgl. unten S. 101 ff.
255 So *Pappenheim* bei *Reinhard/Kremer*, Pragmatische Geschichte, Urkundenanhang S. 14.
256 ZC 1, S. 308 f. Froben Christoph folgt *Pappenheim* übrigens auch bei der falschen Jahreszahl 1480. Vgl. *Zimmerns* zweite Variante der Einnahme von Sulz, die ebenfalls auf Hinterlist abhebt, ebd. S. 312.
257 Ebd., S. 308 und 305.
258 Ebd., S. 312 und 309.
259 In dieser Tradition argumentiert noch *Spellenberg*, Das vormalige befestigte Bergschloß Albeck, S. 131: „Aber bei den Herren von Geroldseck war es nicht allein Mißgeschick, was ihren Untergang herbeiführte, sondern hauptsächlich schwächende Teilungen, unnötige Fehden und in Schulden verstrickender Luxus…"
260 *Sattler*, Geschichte der Graven 3, S. 79.
261 *Stälin*, Wirtembergische Geschichte, S. 586.
262 *Köhler*, Sulz am Neckar, S. 166.
263 Ebd. S. 218.
264 *Ernst*, Graf Eberhard, S. 155.
265 *Marquardt*, Geschichte Württembergs, S. 50.
266 *Hillebrand*, Öffnungsrecht, S. 123.
267 *Konzen*, Aller Welt Feind, S. 298–319.
268 Ebd., S. 306.
269 Ebd., S. 42–51.
270 Mit der Bezeichnung „Feindliche Übernahmen" überträgt *Konzen*, Aller Welt Feind, S. 279 – durchaus ansprechend – einen Begriff aus der Welt kapitalistischer Konzentrations- und Monopolisierungsprozesse auf die Territorialisierungsmechanismen des späten Mittelalters.
271 Vgl. zum württembergischen Burgensystem *Maurer*, Landesherrliche Burg, S. 57 ff., 188 und 191.
272 Zusammenstellung der Namen nach Beschreibung des Oberamts Sulz, S. 97 und 105; *Spellenberg*, Das vormals befestigte Bergschloß Albeck, S. 132; *Ottmar* Grabmäler, S. 167 f. und 173; *Maurer*, Landesherrliche Burg, S. 74; *Spicker-Beck*, Mordbrenner, S. 139; *Schmauder*, Württemberg im Aufstand, S. 25 Anm. 50 und 59; *Hermann*, Die Landstädte Horb und Sulz, S. 6; Sulz am Neckar, S. 265; Hans von Neuneck und Friedrich von Schauenburg HStASt A 17 Dienerbuch 2 Bü 7, fol. 37 f.; Jörg Stähelin HStASt A 44 U 5342.
273 HStASt A 602 U 3754.
274 Beschreibung des Oberamts Sulz, S. 97 f, 125, 126 f., 134; *Köhler*, Sulz am Neckar, S. 226.
275 HStASt A 602 U 13025; vgl. *Köhler*, Sulz am Neckar, S. 224.
276 SAS U 39.
277 HStASt A 17 Dienerbuch 2 Bü 7, fol. 37; *Maurer*, Landesherrliche Burg, S. 70 und 74.
278 *Maurer*, Landesherrliche Burg, S. 47 und 66.
279 *Maurer*, Landesherrliche Burg, S. 96.
280 Zum Umzug des Obervogts vgl. *Hermann*, Die Landstädte Horb und Sulz, S. 7, zur Festsetzung seiner Tochter HStASt A 206 Bü 4653.
281 So *Schäfer*, Hochadel, S. 90 Anm. 84.
282 ZC 1, S. 305–312.
283 Ebd. S. 305, 307, 308 und 312.
284 Ebd., S. 310 und 312.
285 *Schäfer*, Hochadel, S. 90.
286 Matthäus Marschalk von *Pappenheim*, Ursprung unnd herkomen der edelenn Herrn vonn Geroltzeckh (1532); Hs. GLAK 65/239. Druck bei *Reinhard/Kremer*, Pragmatische Geschichte, Urkundenanhang: Urkunde 1, hiernach die folgenden Zitate.
287 *Zimmern* übernimmt etwa die falsche Jahresangabe 1480 von *Pappenheim*. Zu *Pappenheims* Einfluss auf Zimmern vgl. *Jenny*, Graf Froben Christoph von Zimmern, S. 30 f., zur Ähnlichkeit auch *Kohler*, Die letzten 150 Jahre, S. 203.
288 WLB HB V 86, fol. 158v; auf derselben Seite findet sich auch eine kurze Notiz über die Einnahme von Sulz durch Graf Eberhard 1471. – Die lateinische Chronik bezieht sich keineswegs „fast ausschließlich auf die Geschichte der Grafschaft Württemberg", wie *Irtenkauf/Krekler* schreiben, sondern auf den gesamten südwestdeutschen Raum mit zahlreichen Nachrichten auch zu den Reichsstädten, zu Baden und selbst zu Burgund. Den Verfasser sucht *Morrall* „wahrscheinlich [im] oberen Neckartal etwa um Horb"; vgl. *Irtenkauf/Krekler*, Handschriften 2.2, S. 91 f. und *Stälin*, Wirttembergische Geschichte 3, S. 7 f.
289 Fol. 159r der Handschrift hat ein späterer Schreiber den Tod Graf Georgs von Württemberg auf Hohenurach im Jahr 1513 vermerkt. Dieser Schreiber ist aber aufgrund eines Schriftvergleichs wohl nicht identisch mit jenem „Nutzer", der zwei Seiten zuvor den Namen *Alwyg* hinzugefügt hat.
290 Man konsultiere hierzu ein beliebiges Etymologisches Wörterbuch (Herkuntswörterbuch), ebenso wie zum Personennamnen Alwig eine gebräuchliche Deutsche Namenkunde.
291 *Widmann*, Schwäbische Alb; *Bumiller*, Geschichte der Schwäbischen Alb, S. 11 f.
292 Vgl. *Wein*, Burg Albeck, S. 11, der sich bislang als einziger Autor ansatzweise wissenschaftlich mit dem Namen der Burg auseinandergesetzt hat.
293 Rotterdam, Museum Boijmans van Beuningen; vgl. C. *Koch*, Die Zeichnungen Hans Baldung Griens, Nr. 96 und 97; *Martin*, Skizzenbuch des Hans Baldung Grien, Bd. 1, S. 23 f., S. 35, 36 und 42; *Zoller*, Empathie und Imagination, S. 32; *Bumiller*, Adel und Burgen am oberen Neckar, S. 14 f. – Zum Verbleib der Zeichnung seit dem Zweiten Weltkrieg vgl. *Elen*, Missing Old Master Drawings, Nr. 89, und *Elen*, German Master Drawings, Katalog Nr. 7.
294 *Eberhard*, Hans Baldung; *von der Osten*, Hans Baldung Grien, S. 303 f. ist Eberhard leider unkritisch gefolgt.
295 *Wackernagel*, Hans Baldung Grien.
296 *Ephrussi*, Un voyage inédit d'Albert Dürer, S. 4, eine interessante Variante, die die Namen „Albeck" und „Alwig" zu kombinieren scheint. *Wackernagel*, Hans Baldung Grien (1914), liest: *Sulltz allweck am necker*.
297 GLA 111 Nr. 269; vgl. *Joos*, Wo die Cimbri erstlich gewonet, S. 148 f.; zu Caspar Baldung auch *Jenny*, Froben Christoph von Zimmern, S. 179 f.
298 *Schmauder*, Württemberg im Aufstand, S. 92 Anm. 281, S. 97, 101, 220 f.
299 Grundlegend noch immer *Heyd*, Ulrich Herzog zu Württemberg; vgl. auch *Bumiller*, Hohentwiel, S. 100–111.
300 *Köhler*, Sulz am Neckar, S. 227 ff.
301 HStASt A 169 Bü 2 (3. Paket), dort auch Soldlisten von Geroldsecks 200 Reitern und die Aufforderung zur Übergabe der Stadt Sulz vom 12. April 1519.
302 *Kohler*, die letzten 150 Jahre, S. 198; vgl. zu den Geroldseckern im 15. Jahrhundert auch *Hlawitschka*, Notizen.
303 *Köhler*, Sulz am Neckar, S. 223; Beschreibung des Oberamts Sulz, S. 133.
304 *Reinhard/Kremer*, Pragmatische Geschichte, Urk. 120, S. 265 f.
305 HStASt A 169 Bü 4, die folgenden Zitate hieraus.
306 *Heyd*, Herzog Ulrich, Bd. 2, S. 60 f.
307 *Köhler*, Sulz am Neckar, S. 167; ebd. S. 128 ff. kommt *Köhler* erneut auf die Einnahme von Sulz durch die Bauern zu sprechen, lehnt aber die Eroberung von Albeck ab.

308 *Ottmar*, Bauernaufstand, S. 194.
309 Vgl. die Urfehden HStASt A 44 U 5261a, 5295, 5309, 5310, 5314, 5318, 5323, 5325, 5328, 5330, 5332, 5333, 5335, 5340.
310 *Ottmar*, Bauernaufstand, S. 206–208, z.B. nach HStASt A 44 U 5295 und U 5332.
311 Deshalb glaubte *Ottmar*, Bauernaufstand, S. 206, die entsprechenden Formulierungen für den modernen Leser erläutern zu müssen: „Stadt und Schloß Sulz (d.h. die Burg Albeck)".
312 *Ottmar*, Bauernaufstand, S. 194.
313 Villinger Chronik, S. 114; vgl. *Bumiller*, Bauernkrieg im Hegau, S. 389.
314 HStASt A 169 Bü 4.
315 *Sattler*, Geschichte der Graven 2, S. 153 f.; *Köhler*, Sulz am Neckar, S. 230; *Heyd*, Ulrich Herzog zu Württemberg 2, S. 294–296.
316 Der Lehenvertrag und vier Kopien in HStASt A 169 Bü 4; Abdruck bei *Reinhard/Kremer*, Pragmatische Geschichte, Urk. 123, S. 270.
317 Hs. GLAK 65/239, ediert bei *Reinhard/Kremer*, Pragmatische Geschichte, Urkundenanhang Nr. 1.
318 GLAK 111/269.
319 Er wurde im Kloster Wittichen bestattet, vgl. *Vollmer*, Grablegen, S. 48.
320 *Kohler*, Die letzten 150 Jahre, S. 200; *Spellenberg*, Das vormals befestigte Bergschloß Albeck, S. 131. Der Tod von Kind und Mutter ist durch das Grabdenkmal dokumentiert. Dass beide an den Folgen einer schweren Geburt verstorben sind, deuten *Reinhard/Kremer*, Pragmatische Geschichte, S. 33 f. und nach diesem *Köhler*, Sulz am Neckar, S. 230 an.
321 Übersetzung nach *Ottmar*, Grabmäler, S. 181 f.; vgl. *Harter*, Herzöge von Urslingen, S. 40 f. und *Vollmer*, Grablegen, S. 48 f. und S. 51 f. – *Joos*, Wo die Cimbri erstlich gewonet, S. 149, zitiert aus Caspar Baldungs Gutachten für Gangolf von Geroldseck, wonach die *hußliche wonung und gasse* [der Ursini] *zu Rom ‚Geroldseck' geheyssen* habe; Baldung führte also die Urslinger und die Geroldsecker auf eine gemeinsame römische Wurzel zurück. Gangolfs Bruder Walther, der auf Hohengeroldseck residierte, teilte dessen Geschichtsbewusstsein, wie ein Gedenkstein über dem Eingang zum hinteren Palas in Hohengeroldseck zeigt, in den die Herkunftsfabel nach *Pappenheim* gemeißelt ist; vgl. *Kohler*, Die letzten 150 Jahre, S. 204 und *Joos*, Wo die Cimbri erstlich gewonet, S. 156, Abb. ebd. S. 155. Die Familie leitete sich gleichzeitig aus römischer wie aus karolingischer Wurzel her, wenn sie sich auf Graf Gerold, den Schwager Karls des Großen, berief. Vgl. zur Ahistorizität dieser Herleitung *Bühler*, Graf Gerold.
322 *von Martens*, Kriegerische Ereignisse, S. 248; Beschreibung des Oberamts Sulz, S. 134.
323 HStASt A 44 U 5350.
324 HStASt A 169 Bü 3; vgl. *Heyd*, Ulrich Herzog zu Württemberg 3, S. 18 und 33 f.
325 ZC 1, S. 309 f.; vgl. hierzu *Joos*, Wo die Cimbri erstlich gewonet, S. 157.
326 *Heyd*, Ulrich Herzog zu Württemberg 3, S. 34.
327 *Kohler*, Die letzten 150 Jahre, S. 200; vgl. *Spicker-Beck*, Mordbrenner, S. 139.
328 *Kohler*, Die letzten 150 Jahre, S. 200.
329 Alle Zitate bei *Spicker-Beck*, Mordbrenner, S. 137–145.
330 Nach freundlicher Auskunft der Kollegin Dr. Monika *Spicker-Beck* taucht in ihren Quellen der Begriff „Albeck" nicht auf, auch wenn sie im Text ihrer Arbeit erläuternd von der Burg Albeck spricht.
331 HStASt A 44 U 5273 (1537), U 5302 (1521), U 5344 (1526) und U 5350 (1534).
332 SAS U 61.
333 Vgl. zur Besitzgeschichte von Baldungs Skizzen *Martin*, Skizzenbuch, S. 4 ff.
334 Andreas *Rüttel* hatte tatsächlich, aber eher spät, um 1575, Zugang zu den Schriften der Grafen von Zimmern; vgl. Mäzene Sammler Chronisten, S. 232 Nr. 3.
335 Auch *Gabelkover* war 1571 Graf Wilhelm Werner von Zimmern begegnet (vgl. *Joos*, Wo die Cimbri erstlich gewonet, S. 150), was freilich für die Albeck-Rezeption ebenfalls zu spät erscheint.
336 *Irtenkauf*, Heinrich Schweickher.
337 Sulz am Neckar, S. 130.
338 Z.B. *Crusius*, Schwäbische Chronik 2, S. 56.
339 HStASt H 101, Bd. 1762 vgl. *Maurer*, Landesherrliche Burg, S. 27. Für die Überlassung von Kopien samt Transkription bin ich Herrn Wolfgang *Hermann* von der Gesellschaft Schloss Glatt zu herzlichem Dank verpflichtet.
340 Lehenrevers vom 14. Febr. 1537 in HStASt H 101/55 Bd. 2 Bl. 67; Verleihung der Ziegelhütte durch Herzog Ulrich an die Stadt am selben Tag SAS U 61.
341 Beschreibung des Oberamts Sulz, S. 125.
342 Zu den Ereignissen in Südwestdeutschland vgl. *Heydendorff*, Vorderösterreich im Dreißigjährigen Krieg, und aus württembergischer Sicht *von Martens*, Kriegerische Ereignisse, S. 301–470, und *Bumiller*, Hohentwiel, S. 239 ff..
343 *Hermann*, Landstädte Horb und Sulz, S. 6.
344 Die Darstellung der Ereignisse um Sulz folgt im Wesentlichen *Spellenberg*, Das vormalige befestigte Bergschloß Albeck, S. 173 ff.; *Hermann*, Landstädte Horb und Sulz, S. 29 ff.; vgl. auch *Hartmann*, Kirchengeschichte, S. 160–162, und *Weiß*, Ruine Albeck, Sp. 275.
345 *Köhler*, Sulz am Neckar, S. 254.
346 A. F. *Koch*, Ritterburgen und Bergschlösser 6, S. 101–104, der die Quelle seiner Darstellung wie immer schuldig bleibt; vgl. Beschreibung des Oberamts Sulz, S. 128 und *Schäfer*, Hochadel, S. 85.
347 *von Martens*, Kriegerische Ereignisse, S. 422; *Spellenberg*, Das vormalige befestigte Bergschloß Albeck, S. 174; *Maurer*, Landesherrliche Burg, S. 137.
348 *Schönhuth*, Hohentwiel, S. 139; Spellenberg, das vormalige befestigte Bergschloß Albeck, S. 174; *Heydendorff*, Vorderösterreich im Dreißigjährigen Krieg, S. 190.
349 *von Martens*, Kriegerische Ereignisse, S. 492; *Spellenberg*, Das vormalige befestigte Bergschloß Albeck, S. 174.
350 *Hermann*, Landstädte Horb und Sulz, S. 31; *Klaiber-Haug*, Wirtschaftliche Entwicklung, S. 112; *von Hippel*, Dreißigjähriger Krieg, S. 263: die Zahl 950 im Jahr 1655 ergibt sich aus den 190 Haushaltsvorständen multipliziert mit dem Faktor 5.
351 Alle folgenden Angaben nach *von Hippel*, Dreißigjähriger Krieg, S. 31, 261–264, 308, 312 und 314.
352 Vgl. zur zweifelhaften Verlässlichkeit von Merian auch *Ade-Rademacher*, Glanz und Niedergang (Teil 2).
353 Die Zeichnung wurde erstmals 1932 von K. A. *Koch*, Wie die Burg Albeck bei Sulz a. N. aussah, S. 72, und erneut von *Uhl*, Hauptgebäude, S. 227 publiziert. Die Provenienz der Zeichnung konnte nicht ermittelt werden.
354 Deshalb ist der Rekonstruktionsversuch bei K. A. *Koch*, Wie die Burg Albeck bei Sulz a. N. aussah, S. 73, in dieser Beziehung nicht ganz stimmig.
355 Vgl. Beschreibung des Oberamts Sulz, S. 110, wonach Weinbau seit 1401 belegt ist, nach 1662 aber angeblich nicht mehr existierte, und *Klaiber-Haug*, Wirtschaftliche Entwicklung, S. 116.
356 *Weiß*, Ruine Albeck, Sp. 275; Spellenberg, Das vormals befestigte Bergschloß Abeck, S. 174. Karl *von Martens*, Kriegerische Ereignisse, S. 493–500, weiß hiervon nichts.
357 *Vetter*, „Kein Stein soll auf dem anderen bleiben".
358 Beschreibung des Oberamts Sulz, S. 122; ähnlich *Bizer*, Oberflächenfunde, S. 272; *von Martens*, Kriegerische Ereignisse, S. 520.
359 *Uhl*, Das Hauptgebäude, S. 225; *Bumiller*, Adel und Burgen, S. 22.

360 Das Land Baden-Württemberg 6, S. 517; S. 451 ist nur von einem Angriff auf Schramberg 1689, von Sulz aber nicht die Rede. Vgl. auch Der Landkreis Rottweil, Bd. 2, S. 257.
361 *von Martens,* Kriegerische Ereignisse, S. 520.
362 *Weiß*, Ruine Albeck, Sp. 275; *Spellenberg*, Das vormalige befestigte Bergschloß Albeck, S. 175.
363 Ebd.
364 *Oßwald-Bargende*, Die Mätresse; *Sauer*, Wilhelmine von Grävenitz.
365 Der Landkreis Rottweil, Bd. 1, S. 365.
366 Beschreibung des Oberamts Sulz, S. 121; HStASt A 406 L Bü 7 und Bü 21.
367 Eine der Brauereien war erst im Jahr 1826/27 erbaut worden, die Verwaltungsrechnungen HStASt A 302 Bd. 8244, 2. Teil fol. 12 dokumentieren die Baukosten.
368 HStASt A 249a U 69.
369 *Spellenberg*, Das vormalige befestigte Bergschloß Albeck, S. 175 f.
370 HStASt A 302 Bd. 8244, foll. 43 ff.
371 HStASt A 84/05 Bü 94.
372 Der Landkreis Rottweil 1, S. 365.
373 HStASt A 302 Bd. 8243 (1727/28) bis Bd. 8288 (1780/81).
374 *Liebel*, Der Beamte als Unternehmertyp; vgl. Der Landkreis Rottweil, Bd. 1. S. 163 und Sulz am Neckar, S. 297 f.
375 HStASt 568 Bü 1490.
376 *Hecht*, Oberamtmann Georg Jakob Schäffer; *Eggert*, Oberamtmann Schäffer.
377 *Spellenberg*, Das vormalige befestigte Bergschloß Albeck, S. 132 und 175.
378 HStASt A 302 Bd. 8244, Teil 2 fol. 25; damals wurde auch Geld ausgegeben, um einen Erker zu reparieren, Fenster einfassen und hinten am Schloss fünf alte Läden flicken zu lassen.
379 HStASt A 302 Bd. 8260 (1752/53); Bd. 8264 (1756/57), fol. 113.
380 HStASt A 259 Bü 289, S. 17 und 18. Letzterer ist in Der Landkreis Rottweil, Bd. 1, S. 365 fälschlich im Artikel Marschalkenzimmern abgebildet. Dass aber das Schloss Albeck gemeint ist, ergibt sich aus der Legende und dem auch von anderen Plänen bekannten charakteristischen Grundriss. – Die Provenienz des „General-Plans", der nur in Kopien des Stadtbauamts Sulz kursiert, konnte nicht ermittelt werden.
381 *Spellenberg*, Das vormalige befestigte Bergschloß Albeck, S. 176.
382 HStASt E 267 Nr. 51. Vgl. hierzu und zum folgenden Beschreibung des Oberamts Sulz, S. 120 f.; *Köhler*, Sulz am Neckar, S. 179–184 und *Spellenberg*, Das vormalige befestigte Bergschloß Albeck, S. 176.
383 HStASt E 157/1 Bü 768.
384 Beschreibung des Oberamts Sulz, S. 120.
385 HStASt J 15 Bü 107; die Transkription des Textes wurde 2013 von Stadtarchivar Herwart *Kopp* freundlicherweise ins Internet gestellt. Vgl. zur Biographie Haizmanns: Sulz am Neckar, S. 288–290 (Kurt *Schuler*).
386 Diese Verwunderung über die Herkunft des angeblichen „Quellwassers" im Schöpfbrunnen ist allen Autoren gemeinsam; vgl. auch den Plan von 1791 im HStASt A 259 Bü 289, S. 18, wo es heißt: *G ist ein Brunnen, wo das Wasser an einer Ketten und Rat aufgezogen wird, und ist nur gegen 40 Schu tief, da doch dieser Brunnen auf einem Berg der gegen Morgen und der Stadt Sulz etliche hundert Schuh hoch ist.* Ähnlich auch *Rösler*, Beyträge zur Naturgeschichte (1788), S. 67: „Sehr merkwürdig ist auch ein in dem Hofe des alten sehr hoch liegenden Schlosses Albeck befindlicher Schöpfbrunnen, der immer das reineste und beste Wasser gibt, und ungefehr 18 Fuß tief seyn mag. Es ist schwer zu erklären, woher seine Quelle kommt."
387 HStASt E 146 Bü 4269, 2.
388 A. F. *Koch*, Ritterburgen und Bergschlösser 6, S. 113 ff.
389 *Köhler*, Sulz am Neckar, S. 164, Anm. a).
390 Abbildungen in: Adelssitze am oberen Neckar, S. 17 und Sulz am Neckar, S. 125.
391 *Eggert*, Oberamtmann Schäffer, S. 36.
392 *Spellenberg*, Das vomals befestigte Bergschloß Albeck, S. 175.
393 A. F. *Koch*, Ritterburgen und Bergschlösser, Bd. S. 71–124.
394 *Köhler*, Sulz am Neckar.
395 Beschreibung des Oberamts Sulz.
396 *Ephrussi*, Un voyage inédit d'Albert Dürer, S. 4 mit Anm. 1.
397 *Spellenberg*, Das vormalige befestigte Bergschloß Albeck.
398 *Schäfer*, Grafen von Sulz; *Bühler*, Die Herrschaft Geroldseck. Vgl. *Schäfer*, Hochadel, und *Bühler*, Stadt und Herrschaft Sulz.
399 Vgl. oben S. 125.
400 Württembergische Landesbibliothek Stuttgart, Sammlung Pläne und Ansichten, Schefold 9081 a–i. Nach Auskunft der Bibliothek ist der Autor der Pläne nicht bekannt. In diesen Zusammenhang gehört vielleicht auch die Bleistiftzeichnung eines unbekannten Künstlers vom 7. Juni 1841, die erstmals die Burg ohne Dach zeigt; ebd. Schefold qt. 9081a.
401 *Weiß*, Ruine Albeck bei Sulz a. N.; K. A. Koch, [Grundriss und Ansichten der Ruine Albeck]. – Vgl. zu K. A. Koch *Bumiller*, Adel und Burgen, S. 26 und *Ade/Willmy*, Burgenarchäologie, S. 73 f.
402 K.A. Koch, Wie die Burg Albeck bei Sulz a. N. aussah.
403 *Antonow*, Burgen des Südwesteutschen Raums, S. 20 f.
404 *Uhl*, Hauptgebäude; vgl. *Uhl*, Burgenlandschaft, S. 56 f.
405 *Spellenberg*, Das vormalige befestige Bergschloß Albeck, S. 176.
406 Das folgende im Wesentlichen nach den Ortsakten zu Sulz (Albeck) im Ref. 84.2 Fachbereich Archäologie des Mittelalters und der Neuzeit (vormals Referat 26) des Regierungspräsidiums Freiburg.
407 *Hauptmann*, Burgruine über dem Neckar. Seine Rekonstruktionszeichnung ist erneut publiziert in *Hauptmann*, Burgen einst und jetzt, Bd. 2, S. 188.

Stefan Uhl

Burgruine Albeck – der aufgehende Baubestand

◂ Blick von Nordosten auf die Ostfront des Hauptgebäudes mit den prachtvollen, leider umfangreich modern ersetzten Fenstergruppen. Foto: Stefan Uhl 2015.

Die Burgruine Albeck ist nicht nur eine der flächenmäßig größten, sondern auch vom erhaltenen Baubestand her eine der interessantesten Burgruinen am Oberen Neckar – vor allem aber ist sie mit den Resten ihres in anspruchsvollen frühgotischen Formen gehaltenen Hauptgebäudes sicherlich die bau- und kunstgeschichtlich wichtigste Burganlage des 13. Jahrhunderts in dieser Region. Die Reste ihres Baubestandes verdienen deshalb ebenso wie die von Casimir Bumiller aufgearbeitete historische Situation eine eingehende Betrachtung.

Da sich die Burganlage heute nur noch in zwar ausgedehnten, im Hinblick auf den ursprünglichen Bestand aber nur sehr fragmentarischen Resten erhalten hat, wird es dabei nicht möglich sein, die Baugeschichte der Anlage über die ganze Zeit ihres Bestehens hinweg geschlossen nachzuzeichnen. Ebenso wenig ist es möglich, ihre bauliche Erscheinung zu all den verschiedenen Bauepochen zuverlässig zu rekonstruieren. Die vorhandenen Baureste geben aber zusammen mit den erhaltenen historischen Planunterlagen trotz aller Lücken die Möglichkeit, wesentliche Grundzüge der baulichen Entwicklung wie auch manche wichtige Eckpunkte in der baulichen Erscheinung nachzuzeichnen.

Die Gesamtanlage

Die Burganlage besetzt das äußerste östliche Ende eines langgestreckten, an der südlichen Talseite des Neckars liegenden, parallel zum Fluß verlaufenden und durch ein tief eingeschnittenes Seitental fast völlig freigestellten Bergspornes. Das durch einen schluchtartigen Halsgraben gegen das Hinter-

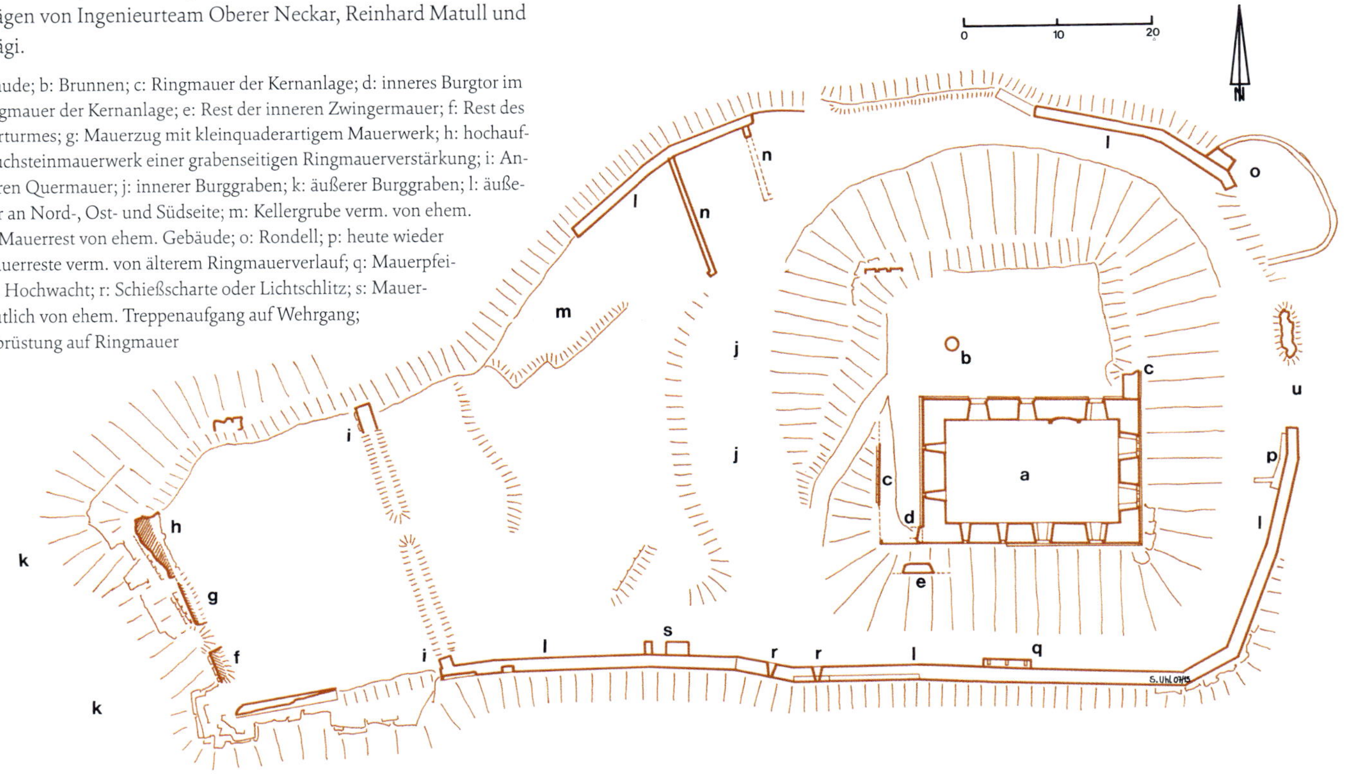

Grundriss der Gesamtanlage.
Plan: Stefan Uhl 2015 nach Vorlage Stadtbauamt Sulz am Neckar 1988 mit Nachträgen von Ingenieurteam Oberer Neckar, Reinhard Matull und Siegfried Kägi.

a: Hauptgebäude; b: Brunnen; c: Ringmauer der Kernanlage; d: inneres Burgtor im Zuge der Ringmauer der Kernanlage; e: Rest der inneren Zwingermauer; f: Rest des Buckelquaderturmes; g: Mauerzug mit kleinquaderartigem Mauerwerk; h: hochaufgehendes Bruchsteinmauerwerk einer grabenseitigen Ringmauerverstärkung; i: Ansatz der inneren Quermauer; j: innerer Burggraben; k: äußerer Burggraben; l: äußere Ringmauer an Nord-, Ost- und Südseite; m: Kellergrube verm. von ehem. Gebäude; n: Mauerrest von ehem. Gebäude; o: Rondell; p: heute wieder verdeckte Mauerreste verm. von älterem Ringmauerverlauf; q: Mauerpfeiler der ehem. Hochwacht; r: Schießscharte oder Lichtschlitz; s: Mauerpfeiler vermutlich von ehem. Treppenaufgang auf Wehrgang; t: Wehrgangbrüstung auf Ringmauer land abgetrennte Burggelände besitzt mit einer maximalen Länge von etwa 120 Metern und einer maximalen Breite von etwa 60 Metern eine beachtliche Ausdehnung und folgt in seinen Umrissen den natürlichen Geländekanten. Inmitten des an der Südseite eher geradlinigen, an Nord- und Ostseite bogenförmigen Burgumrisses, der seine schmalste Stelle dem im Westen gelegenen Halsgraben zuwendet und der noch auf einen Großteil seiner Erstreckung von teils hochaufragenden Resten seiner Ringmauer umgeben ist, erhebt sich im breiteren östlichen Rund des Burgareales an der höchsten Stelle des Geländes ein ursprünglich etwa quadratisches Kernwerk, dessen Südseite von der noch zweigeschosshohen Ruine des durch seine aufwändigen frühgotischen Tür- und Fensteröffnungen wie auch durch seine sorgfältige Mauertechnik ausgezeichneten Hauptgebäudes besetzt wird, während die restlichen Mauerteile dieses Kernbereiches heute im obertägigen Bereich weitgehend abgängig sind. Ebenso ist ein das Kernwerk einst in geringem Abstand umziehender turmbesetzter Zwinger heute im aufgehenden Bestand weitgehend verschwunden. Dasselbe gilt für eine Reihe von Neben- und Wirtschaftsgebäuden, die sich einst an die Innenseite der nördlichen Ringmauer anlehnten und deren Grundmauern bei den jüngsten Sanierungsarbeiten teilweise wieder aufgedeckt werden konnten, und auch ein der Nordostecke des Beringes vorgelegter mächtiger Geschützturm hat sich heute nur noch in wenigen originalen Mauerresten erhalten (Plan S. 145).

Die Ruine des Hauptwohngebäudes (Palas)

Den baugeschichtlich und architektonisch wichtigsten Rest der Burganlage bildet die Ruine des Hauptwohngebäudes im Zentrum des östlichen Bereiches der Burganlage.[1] Es handelt sich um die im Kern vermutlich aus dem 13. Jahrhundert stammenden, noch ringsum zwei Geschosse hoch aufgehenden Umfassungsmauern eines stattlichen Gebäudes mit einer fast exakt rechteckigen Grundfläche von etwa 15 auf 23 Metern. Die Stärke der Mauer beträgt im Erdgeschoß zwischen 2,25 und 2,5 m und ist im Obergeschoss nur wenig geringer. An der Ostseite, wo die Spitze des Bergspornes zum Tal hin abfällt, sitzt die Umfassungsmauer dabei auf weit in die Tiefe reichenden Stützmauern, die den ansonsten eher gedrungenen Bau von dieser Seite aus fast als schlank und hochragend erscheinen lassen.

Das Mauerwerk des Gebäudes besteht in beiden Geschossen aus großformatigem Kalksteinmauerwerk mit einzelnen eingestreuten Tuffsteinen. Die Ecken des Baues sind auf der Außenseite mit großen, sorgfältig gearbeiteten Buckelquadern abgemauert, die saubere Eckrandschläge und breite Fugenrandschläge zeigen. An die Eckbuckelquader schließen sich zur Mauerfläche hin meist noch mehrere weitere Buckelquader an, so dass die Mauerkanten mit einem breiten Buckelquaderstreifen besetzt sind. Der Rest der Mauerfläche zeigt hingegen keine Buckelquader, sondern glatte Quader oder grob quaderhaft behauene Steine, teilweise auch mit hammerrechten oder plattigen Bruchsteinen vermischt. An den Innenseiten der Umfassungsmauer des Gebäudes finden sich in den Mauerflächen ebenfalls nur glatte Steine, teils quaderhaft, teils nur hammerrecht. An den Kanten der Tür- und Fensternischen sind jedoch auch hier sorgfältig gearbeitete, durchweg glatte Quader verwendet. Insgesamt zeigt der Mauerverband eine sehr sorgfältige und anspruchsvolle Ausführung. Der anspruchsvollen Ausführung des Mauerwerks entspricht auch die überaus qualitätvolle Gestaltung von Tür- und Fensteröffnungen, die sich an allen Seiten des Gebäudes noch in mehr oder weniger umfangreichen Resten erhalten haben.

Im Erdgeschoss des Baues, das heute aller seiner einstigen Innenwände beraubt ist, treffen wir an der östlichen Stirnseite auf zwei große, mit Sitzbänken versehene und stichbogig eingewölbte Fensternischen. Nach außen hin zeigen sie jeweils eine Dreiergruppe schlanker Rechteckfenster mit Kalksteingewänden, die heute leider umfangreich modern erneuert sind. An der Innenseite der wenigen originalen Gewändesteine treffen wir auf nachträgliche Falze für einstige Fensterflügel. Zudem finden sich in beiden Nischen seitliche Riegelbalkenlöcher für eine einstige Fensterverriegelung, so dass wir davon ausgehen dürfen, dass die Fenster ursprünglich durch starke innenliegende Läden geschlossen werden konnten. In dem schmalen Wandfeld zwischen den beiden Fensternischen ist im Mauerwerk ein kleiner Wandkasten eingelassen, der den Abdruck eines Zwischenbodens sowie einen außenliegenden Falz zeigt. Ein weiterer kleiner Wandkasten liegt in der nördlichen Laibung der südlichen Fensternische. Neben einem außen umlaufenden Falz weisen hier auch Dübellöcher für einstige Kloben auf einen Verschluss der Nische durch einen kleinen Laden hin.

An der südlichen Längsseite des Erdgeschosses befinden sich in der östlichen Wandhälfte zwei weitere breite, sich nach außen verengende Fensternischen, die wiederum seitliche Sitzbänke aufweisen. Sie öffnen sich nach außen hin jeweils in rechteckigen, außen gekehlten Doppelfenstern. Falze für einstige Läden oder Fensterflügel fehlen, doch sind in der östlichen Nische wieder Riegelbalkenlöcher für das Verklemmen eines innenliegenden Fensterladens vorhanden. Im Wandfeld zwischen den beiden Fensternischen ist auch hier auf der Gebäudeinnenseite ein kleiner Wandkasten in das Mauerwerk eingelassen. In der westlichen Hälfte der südlichen Längswand folgen schließlich noch zwei schmale, sich nach außen verengende Lichtschlitze. Auch ihre Nischen sind stichbogig eingewölbt, während die Schlitze nach außen hin mit rechteckigen, außen gefalzten Gewänden eingefasst sind. Der westliche Lichtschlitz wurde offensichtlich nachträglich horizontal unterteilt, wobei der untere Teil für die Belichtung eines heute nicht mehr erkennbaren Kellerbereiches unter dem westlichen Teil des Gebäudeinneren herangezogen worden ist.

An der westlichen Stirnseite des Erdgeschosses befinden sich keine größeren Fensternischen wie an der Ostseite, sondern zwei weitere schmale Lichtschlitze. Auch sie besitzen wieder auf der Innenseite stichbogig gewölbte Nischen und auf der Außenseite rechteckige Kalksteingewände, von denen das des südlichen Schlitzes einen Ladenfalz besitzt.

Die nördliche Längsseite des Erdgeschosses wird im heutigen Zustand von drei regelmäßig gereihten Türöffnungen

Blick von Südwesten auf die Südfront des Hauptgebäudes mit Befensterung und Ausgang zum ehemaligen Aborterker. An der linken Kante unten der Ansatz des einstigen inneren Burgtores. Foto: Stefan Uhl 2015.

durchbrochen. Die westliche Türöffnung besitzt eine stichbogig gewölbte und mit großen Quadern ohne weitere Kantenprofilierung abgemauerte Nische. Nach außen öffnet sie sich in einem großen spitzbogigen Türgewände, das einen sorgfältigen großformatigen Steinschnitt besitzt und mit zwei Kehlen und dazwischenliegendem Falz sehr aufwändig gestuft ist. Hinter dem Gewände weisen im Schwellbereich befindliche Angellöcher auf eine heute fehlende zweiflügelige Tür hin, während Riegelbalkenlöcher zur Türverriegelung fehlen. Die mittige Türöffnung an der nördlichen Längsseite sitzt gleichfalls in einer hohen, stichbogig gewölbten Nische, doch ist diese zum Innenraum hin an Bogen und Kanten mit einer markanten Kehlprofilierung versehen und damit aufwändiger ausgeformt als die westliche Türnische. Nach außen hin öffnet auch sie sich in einem mit Kehlen und Falz gestuften spitzbogigen Türgewände, wie wir es von der westlichen Türöffnung her kennen. Auch hier finden wir im Schwellbereich zwei Angellöcher für eine zweiflügelige Tür, zudem in den Laibungen Riegelbalkenlöcher für die einstige Türverriegelung. Außenseitig ist über der Türöffnung in das Mauerwerk eine durch Verwitterung heute weitgehend unleserliche Wappentafel aus Sandstein eingelassen, die einst die Wappen der Familien Geroldseck und Urslingen zeigte, die vermutlich auf Konrad I. von Geroldseck und seine Gemahlin Anna zurückgeht und somit aus dem späten 14. Jahrhundert stammen dürfte (vgl. o. S. 51 f.). Die dritte, östliche Türöffnung dieser Längswand sitzt wieder in einer stichbogigen Nische. Diese ist nicht so hoch wie an den anderen Türöffnungen und besitzt eine zum Innenraum hin kleinteilige, nachträglich (modern?) gemauerte Einwölbung. Die Laibungen und Kanten der Nische sind hingegen aus sorgfältig gearbeiteten glatten Quadern aufgesetzt, und es ist unschwer zu erkennen, dass es sich bei dieser Nische ursprüng-

Blick auf die Innenseite der östlichen Stirnseite des Hauptgebäudes mit den prachtvollen Fenstergruppen in Erd- und Obergeschoss. Foto: Stefan Uhl 2015.

lich nicht um eine Türnische, sondern um eine Fensternische mit seitlichen Sitzbänken gehandelt hat. Erst nachträglich ist sie durch das Ausbrechen der Fensterbrüstung und die Entfernung der östlichen Sitzbank zu einer Türöffnung erweitert worden. Vom einstigen Türgewände haben sich nur noch Reste der unprofilierten Wangen erhalten, während Sturz oder Bogen verloren gegangen sind und die Öffnung heute nach außen hin modern spitzbogig abgemauert ist.

In dem dem Innenraum zugewandten Wandfeld zwischen der mittleren und der östlichen Türöffnung der nördlichen Längswand des Erdgeschosses haben sich die Reste eines großen Kamines erhalten. Seine Rückfront ist rundlich in die Mauer eingebaucht, während der heute abgängige, einst bis ins Obergeschoss emporreichende Kaminhut auf säulengetragenen Konsolen aufsaß. Der Rauch stieg vom Kaminhut aus durch einen schlanken Schlot in der Mauerstärke weiter nach oben.

Während sich im Erdgeschoßbereich keine Innenwände mehr erhalten haben, weisen auf das einstige Deckengebälk noch Konsolsteinreihen an der Innenseite der beiden Längswände hin. Auf ihnen werden längslaufende Streichbalken aufgelegen haben, auf denen wiederum die dann in Gebäudequerrichtung gespannten Deckenbalken der Erdgeschossdecke auflagen. Diese waren in der Mittellängsachse durch einen Unterzug unterstützt, auf den entsprechende Konsolsteine in der Mitte der beiden Stirnwände des Erdgeschosses hinweisen.

Die vorhandenen Tür- und Fensteröffnungen sind durchweg ursprünglich im Mauerwerk der Außenwände angelegt und, abgesehen von den modernen Gewändeerneuerungen, bis auf die Erweiterung der einstigen Fensternische im Osten der Nordwand zu einer Türnische später kaum mehr verändert worden. Sie entsprechen da-

Blick auf die Innenseite der westlichen Stirnseite des Hauptgebäudes. Im Erdgeschoß schmale Lichtschlitze, im Obergeschoss mittiger, möglicherweise nachträglicher Kamin. Foto: Stefan Uhl 2015

mit weitgehend dem ursprünglichen Zustand des Baues. Aus den vorhandenen Öffnungen und den wenigen Ausstattungsspuren in Form von Laden- und Fensterfalzen, Dübellöchern für Kloben und Riegelbalkenlöchern sowie dem großen Kamin lässt sich eine ursprüngliche Grundrissgliederung ablesen, die im östlichen Teil der Grundfläche einen kaminbeheizten großen, repräsentativ ausgestatteten und reichlich belichteten Raum zeigt, der an der Nordseite zudem durch die mittige Türöffnung als repräsentativster Außenöffnung erschlossen war. Die Wandkästen und die Heizmöglichkeit weisen auf eine gehobene Nutzung im weitesten Sinne hin, doch fehlen Hinweise auf eine schon ursprüngliche Verglasung der Fenster, die Voraussetzung für eine von Anfang an dauerhafte gehobene Wohnnutzung gewesen wäre. Damit wird der Raum eher repräsentativen oder funktionalen Zwecken gedient haben, etwa als Amtsraum oder als Aufenthaltsraum der Burgbesatzung im Sinne von Dürnitz oder Hofstube. Der kleinere westliche Teil der Erdgeschossgrundfläche, der sich vom östlichen Teil durch seine nur spärliche Belichtung und fehlende aufwändige Ausstattungsreste abhebt, dürfte hingegen eher für Wirtschaftszwecke oder als Erschließungszone gedient haben. Vor allem wird man hier auch eine Treppe zum Obergeschoss zu suchen haben, denn dieses war nicht durch einen separaten Außenzugang erschlossen, sondern muss aus dem Erdgeschoss herauf zu erreichen gewesen sein (Plan S. 156). Ein um 1791 entstandener Erdgeschossgrundriss der Burganlage zeigt für das Hauptgebäude eine entsprechende Innen-

Blick auf die Nordfront des Hauptgebäudes mit den zwei aufwendigen Türöffnungen im Erdgeschoss. Foto: Stefan Uhl 2015.

Blick auf den mittleren und östlichen Teil der Innenseite der nördlichen Längsseite des Hauptgebäudes. Im Erdgeschoss der große Kamin für die Erdgeschosshalle, im Obergeschoss links daneben der kleine Kamin, vermutlich für die Rauchabführung eines Kachelofens in der einstigen Stube. Foto: Stefan Uhl 2015.

gliederung (vgl. oben S. 124). Der größere östliche Raum war damals neu zu Stallungen eingerichtet worden, während der kleinere westliche Raum als Holzlege genutzt wurde. Die Treppe zum Obergeschoss lag damals im östlichen Raum direkt an der Trennwand zum westlichen Raum. Der einstige offene Kamin an der Nordseite des östlichen Raumes war zu diesem Zeitpunkt schon durch einen Backofen ersetzt worden.

Hinweise auf eine ursprüngliche Unterkellerung des Erdgeschoßbereiches lassen sich am vorhandenen Baubestand nicht erkennen. Die nachträgliche Unterteilung des westlichen Lichtschlitzes der südlichen Längswand zeigt allerdings, dass unter dem westlichen Teil des Gebäudes nachträglich ein vermutlich nicht vollständig in den Boden eingetiefter Untergeschossraum angelegt worden ist. Der Burggrundriss von 1791 erwähnt in der Legende, dass sich damals unter dem westlichen Erdgeschossraum ein Keller befand, der der planlichen Darstellung zufolge durch die westliche Türöffnung an der nördlichen Längsseite und eine dahinterliegende Kellertreppe erschlossen war. Pläne aus der Zeit um 1840 zeigen dagegen (als Planung?) eine vom östlichen Erdgeschossraum erschlossene dreiteilige Kelleranlage mit großem Gewölbekeller im Süden und zwei kleineren Einzelräumen im Norden. Gut zu erkennen ist auf diesen Plänen, dass der Keller nicht vollständig in den Boden eingetieft war, so dass der westliche Erdgeschossraum damals über eine kurze Treppe aus dem östlichen Erdgeschossraum erschlossen werden musste (vgl. S. 152f.).

Das Obergeschoss des Wohngebäudes hat ebenfalls ringsum in gesamter Höhe seine ursprünglichen Außenwände bewahrt. Auch hier finden wir eine ganze Reihe von aufwändigen Fensternischen, Kaminen und Ausstattungshinweisen. In der westlichen Stirnseite sitzen auch hier zwei große, diesmal dicht zusammengerückte, stichbogig eingewölbte Fensternischen mit seitlichen Sitzbänken. Sie sind durch einen schma-

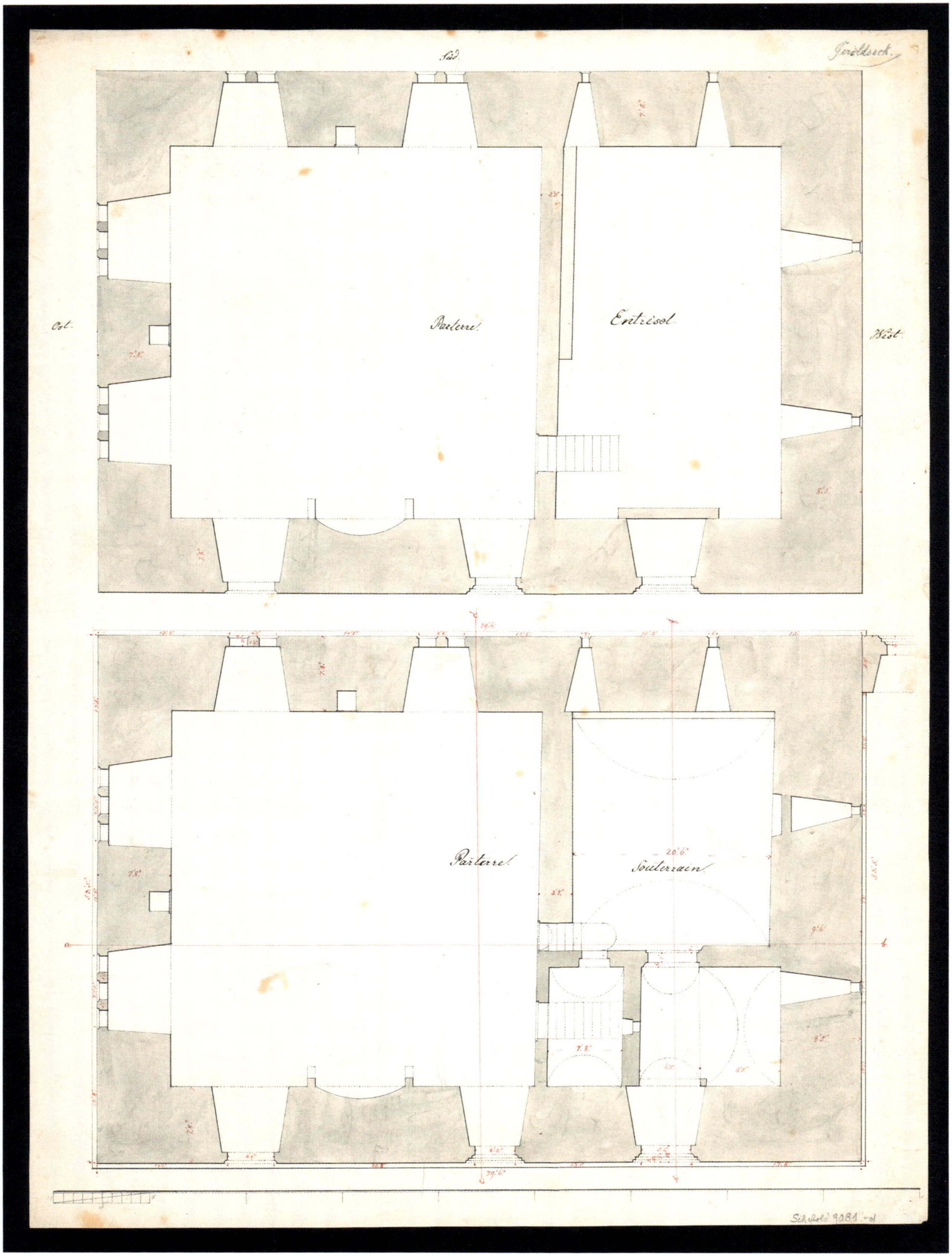
Süd
Geroldseck
Ost
Parterre
Entresol
West
Parterre
Souterrain
Schehold 9081-d

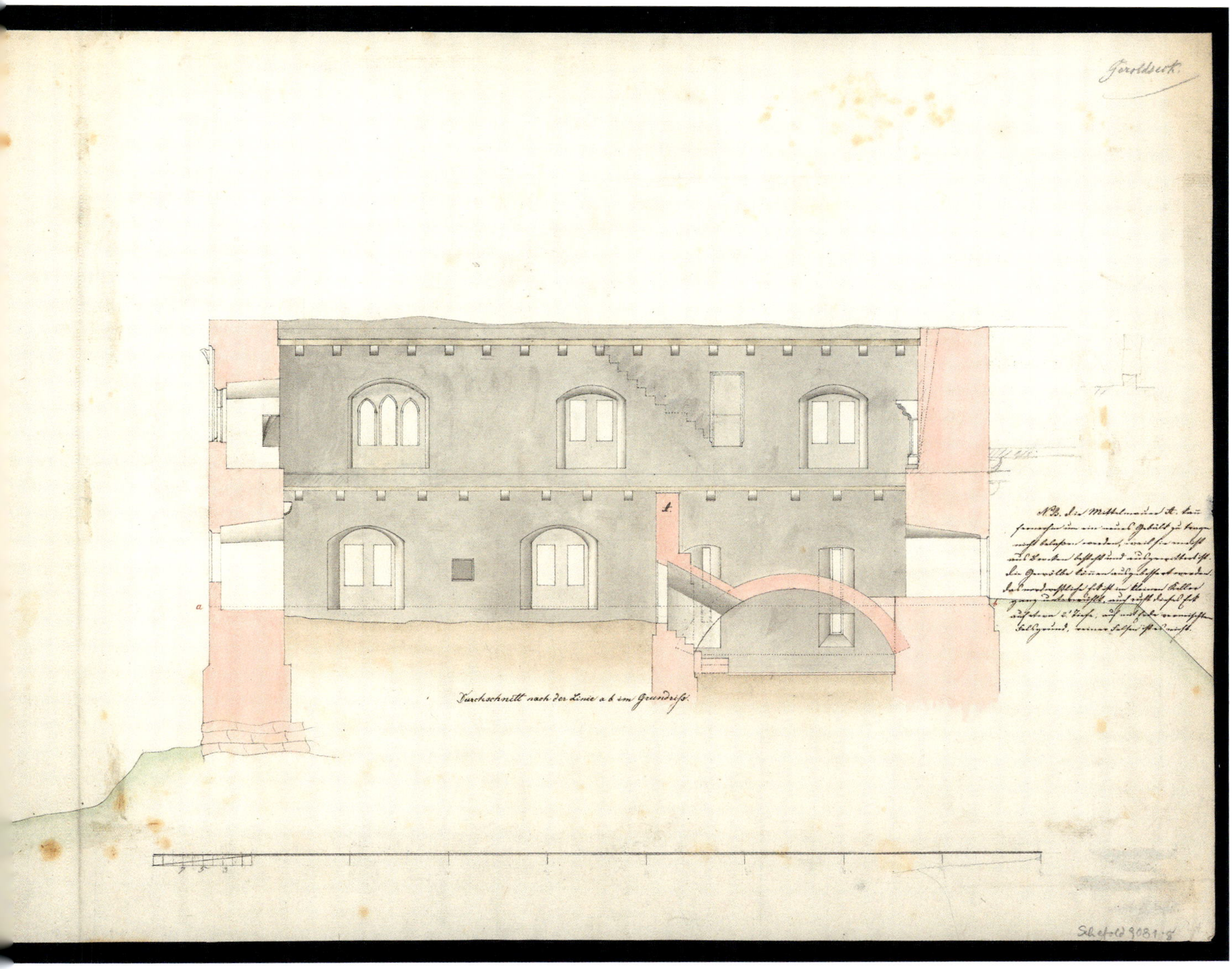

Die Planzeichnungen von ca. 1840 zeigen die Unterkellerung der Burg Albeck im östlichen Teil der Burg. Bildvorlage: Württembergische Landesbibliothek Stuttgart Schefold 9081 d und g.

len, nicht wandtiefen, glatt bearbeiteten Mauerpfeiler voneinander getrennt und zeigen, wie auch die anderen Nischen dieses Geschosses, durchweg breit gekehlte Laibungs- und Sturzbogenkanten, wie sie uns im Erdgeschoss nur an der mittleren Türöffnung der Nordwand begegnet waren. Nach außen hin öffneten sie sich bis zur letzten Sanierung in einer heute weitgehend modern erneuerten Vierergruppe schlanker spitzbogiger Fenster mit außenseitig breit gekehlten Sandsteingewänden, die von jeweils einem hochreichenden Spitzbogen mit wiederum breit gekehlten Kanten überfangen werden. Die wenigen nach der Erneuerung heute noch vorhandenen Originalsteine lassen an der Innenseite einen umlaufenden Falz für einen Flügel erkennen sowie unmittelbar dahinterliegend einzelne Löcher für waagerechte Windeisen oder kleine Kloben bzw. Halteeisen. Ersteres würde auf eine feststehende, verbleite Verglasung der Fensterflügel hinweisen, letzteres auf dünne zu öffnende Fensterflügel, wobei auch hier mit einer Verglasung der Fensteröffnung zu rechnen wäre.

An der südlichen Längsseite des Obergeschosses finden wir drei weitere, stichbogig eingewölbte Fensternischen mit seitlichen Sitzbänken. Die östliche ist die größte von ihnen. Sie öffnet sich nach außen mit einer Dreiergruppe außenseitig breit gekehlter Spitzbogenfenster, die wiederum durch einen gekehlten Spitzbogen überfangen sind und damit in ihrer Ausführung der Befensterung an der östlichen Stirnseite entsprechen. Auch hier weisen kleine Löcher für Wind- oder Halteeisen auf eine einstige Verglasung der Öffnung hin. Eine nachträgliche waagerechte Nut an den Gewändesteinen zeigt, dass die Fensteröffnungen nachträglich durch eine Bohle in ein größeres unteres Fensterfeld und ein kleineres, oberlichtartiges oberes Fensterfeld unterteilt worden sind. An den oberen Öffnungen weisen nachträgliche Falze auf nachträglich angebrachte innenseitige Läden oder Fensterflügel hin. Die mittlere und die westliche Fensternische an der südlichen Längsseite des Obergeschosses zeigen zwar ebenfalls eine stichbogige Einwölbung und seitliche Sitzbänke, doch öffnen sie sich nach außen hin nur in rechteckigen, außenseitig gekehlten Doppelfenstern. Klobenlöcher weisen auf einstige Fensterflügel bzw. innenliegende Läden, Riegelbalkenlöcher an den Laibungen auf die einstige Fensterverriegelung hin. Zwischen den beiden Nischen befindet sich in der Mauerstärke ein vom Innenraum heraus erschlossener, nach oben führender Treppenaufgang, von dem aus auf halber Höhe ein der Außenseite auf drei Konsolen vorgelegter Erker zugänglich war, den man sich vermutlich als Aborterker denken muss (vgl. Fotos S. 147, 154).

Blick durch das Innere des Hauptgebäudes nach Südwesten. In der Südwand (links) im Obergeschoß der Eingang zu dem in der Mauerstärke liegenden Treppenlauf in das heute fehlende zweite Obergeschoss. Foto: Stefan Uhl 2015.

An der westlichen Schmalseite des Obergeschosses befinden sich mittig die Reste eines bogenförmig in die Mauerfläche eingetieften Kamines, von dem sich neben dieser Wandrücklage und der Eintiefung des nach oben ziehenden Kaminschlotes nur noch die abgeschlagenen Ansätze der steinernen Kaminwangen und des Kaminsturzes erhalten haben. An der nördlichen Wange der Kaminanlage zeigen sich im Mauerwerk Unregelmäßigkeiten, die darauf hinweisen könnten, dass der Kamin zumindest in der heutigen Form und Größe möglicherweise erst nachträglich angelegt worden ist. Südlich des Kamines liegt eine nur sehr schmale Fensternische ohne seitliche Sitzbänke. Sie öffnet sich nach außen nur in einem einzelnen Rechteckfenster, doch haben sich hier wieder die zugehörigen Riegelbalken- und Klobenlöcher und Klobenreste der einstigen innenliegenden Fensterflügel oder -läden erhalten. Zudem finden wir in dieser Nische Reste eines weiß getünchten glatten Kalkputzes als letzten erkennbaren historischen Putzrest am Gebäude. Nördlich des Kamines treffen wir hingegen auf eine deutlich größere Fensternische, wieder stichbogig eingewölbt und mit zwei seitlichen Sitzbänken, die sich nach außen wieder in einem breit gekehlten rechteckigen Doppelfenster öffnet (Foto. S. 149).

An der nördlichen Längsseite des Obergeschosses befinden sich drei Fensternischen. Die östliche von ihnen entspricht in ihrer Ausbildung der östlichsten Fensternische der südlichen Längswand des Obergeschosses. Sie besitzt eine stichbogige Einwölbung und seitliche Sitzbänke. Die zu vermutende Dreiergruppe von spitzbogigen Fensterlöchern ist hingegen heute abgängig, während sich der zugehörige spitzbogige Überfangbogen noch erhalten hat. Die beiden anderen Fensternischen der Nordwand entsprechen hingegen den beiden anderen, kleineren und weniger aufwändigen Fensternischen der südlichen Längswand und zeigen nach außen hin wieder nur breit gekehlte rechteckige Doppelfenster. Auch zwischen ihnen liegt in der Mauerstärke ein nach oben führender Treppenaufgang, ohne dass hier jedoch ein ein Erker oder ein Außenzugang wie auf der Südseite angelegt wäre. Unmittelbar östlich der mittigen Fensternische treffen wir dann noch zu guter Letzt auf die wiederum rundlich in die Außenwand eingetieften Reste eines gegenüber den anderen Ka-

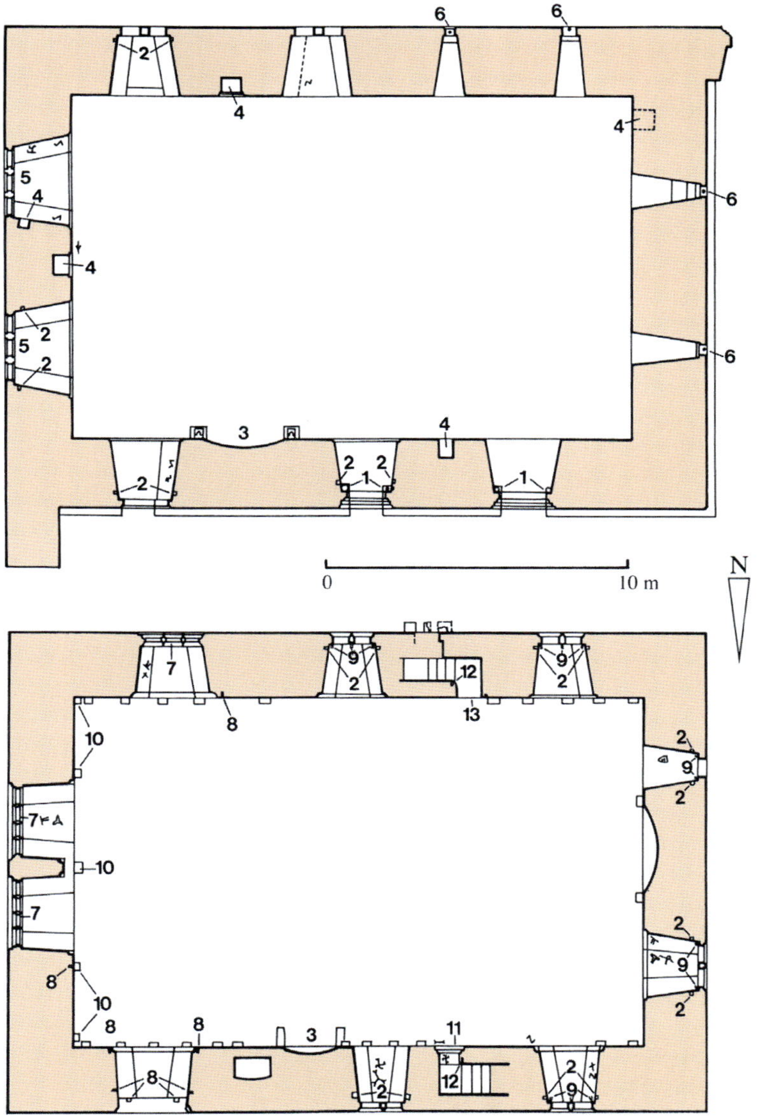

Hauptgebäude, Grundriss des Ergeschosses (oben) und des Obergeschosses (unten) mit Eintrag der Befunde zur historischen Innenausstattung. Planzeichnung: Stefan Uhl 1984.

1: Torangel; 2: Riegelbalkenloch; 3: Kamin; 4: Wandkasten; 5: Falz für Laden oder Flügel; 6: Loch für Fenstergitter; 7: Falz und Loch für Windeisen bzw. Haltekloben für Fensterverglasung; 8: Dübelloch für Wandtäfer; 9: Dübellöcher für Fensterkloben oder Klobenrest; 10: niedrigliegender Konsolstein für Bretterbalkendecke; 11: umlaufender Falz, aber keine Klobenlöcher; 12: Dübelloch für Handlauf; 13: Dübelloch für Türkloben; 14: Konsolsteine für Aborterker

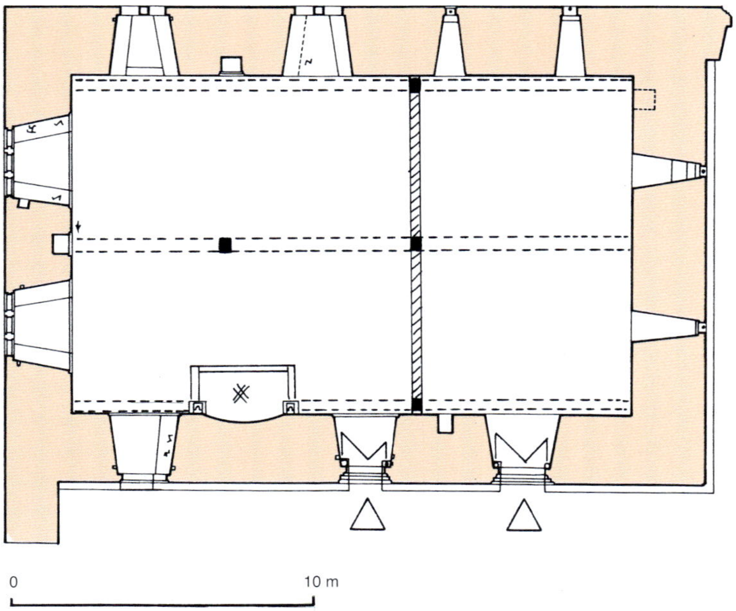

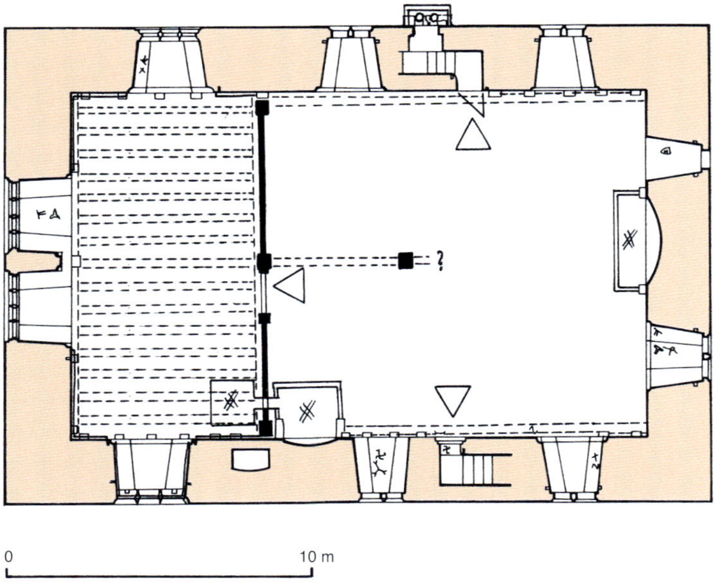

Hauptgebäude, Grundriss des Ergeschosses (oben) und Grundriss des Obergeschosses (unten) mit Rekonstruktion der ursprünglichen Grundrissgliederung. Zeichnung: Stefan Uhl 1984.

minen auffallend kleinen Kamines, vom dem sich ansonsten nur noch die weitausladenden Konsolsteine erhalten haben, auf denen der gänzlich abgängige Kaminhut aufsaß.

Hinweise auf die einstige Decke über dem Obergeschoß lassen sich, wie im Erdgeschoß, noch heute in dichten Reihen von rundlichen Konsolsteinen an den beiden Längswänden erkennen. Auch auf ihnen werden zunächst längslaufende Streichbalken, und auf diesen dann in Gebäudequerrichtung ziehende Längsbalken aufgelegen haben. Zumindest im östlichen und im mittleren Teil des Gebäudes werden sie von einem mittigen Längsunterzug gestützt worden sein, auf den eine entsprechende Konsole an der östlichen Stirnwand hinweist. An der westlichen Stirnwand kann ein solcher Unterzug hingegen zumindest im letzten Ausbauzustand nicht angekommen sein, denn hier findet sich an der denkbaren Anschlussstelle der große Obergeschosskamin, der eine Unterzugeinbindung in die Außenwand unmöglich gemacht hätte. Wenn der Kamin in der heutigen Form und Größe tatsächlich erst nachträglich angelegt worden wäre, dann wäre aber zuvor eine Unterzugeinbindung und damit eine Durchführung des Mittelunterzuges über die gesamte Gebäudelänge möglich gewesen.

Wie im Erdgeschoss, so sind auch im Obergeschoss die beschriebenen Fensteröffnungen und Kaminreste – eben bis auf den Kamin in der Westwand – im Mauerwerk der Außenwände angelegt und gehören damit – abgesehen von den wenigen jüngeren Reparaturen und Veränderungen – durchweg dem Originalbestand des Baues an. Damit hat sich auch hier im Mauerwerk weitgehend ungestört das bauliche Erscheinungsbild seiner Entstehungszeit erhalten.

Auch im Obergeschoss des Wohngebäudes fehlen heute alle einstigen Innenwände. Doch lässt sich die frühere Innengliederung noch zumindest ansatzweise rekonstruieren. So sind die Fensteröffnungen im östlichen Drittel der Grundfläche gleichartig ausgebildet, und zwar die beiden Fensternischen in der östlichen Stirnwand und jeweils die östliche Fensternische in der südlichen und in der nördlichen Längswand. Dies lässt vermuten, dass sie einem gemeinsamen Innenraum zugeordnet waren. Beachtenswert ist hier, dass sich an der östlichen Stirnseite unterhalb der Konsolsteinebene der Haupt-

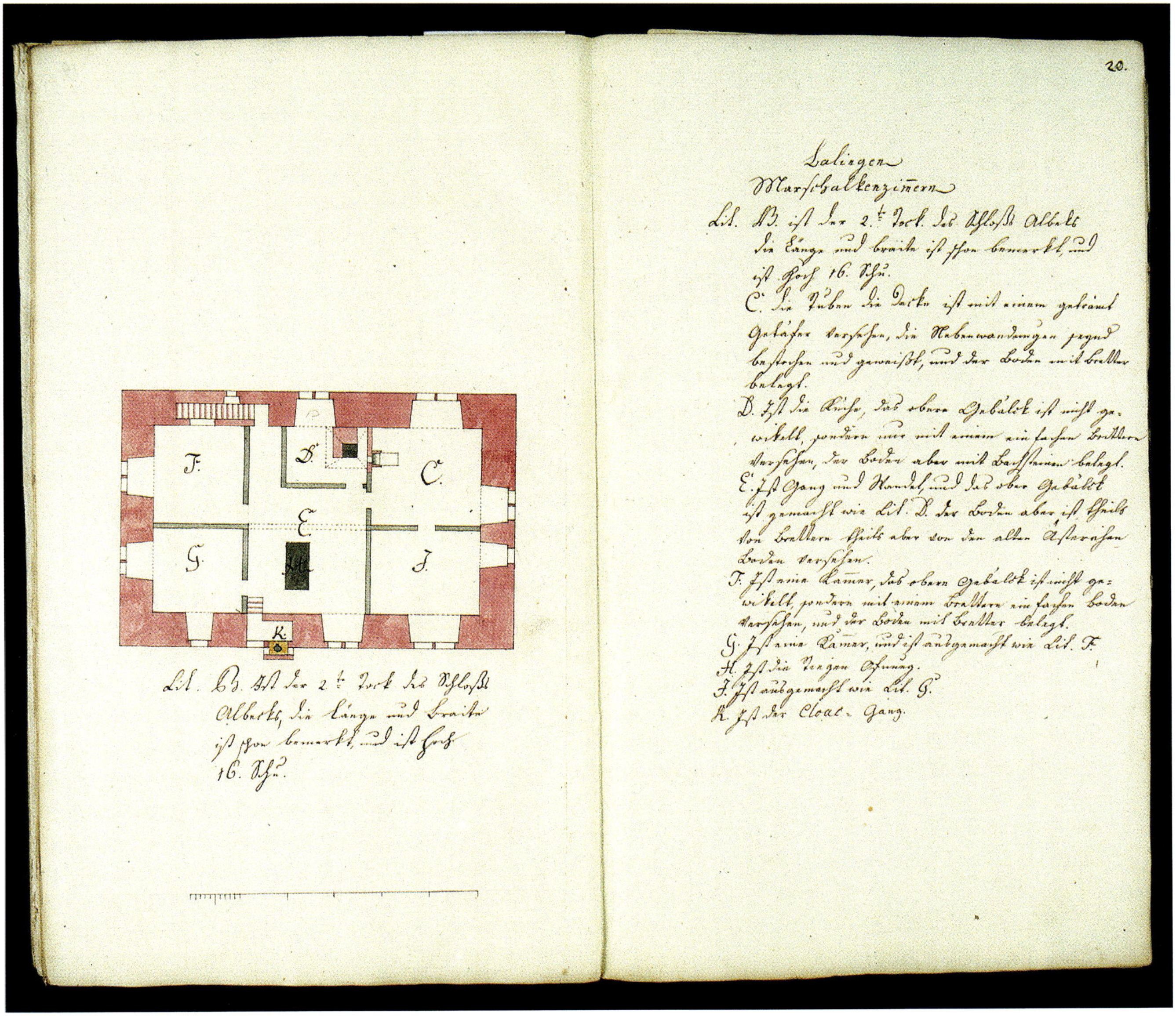

Der Plan von 1791 zeigt die Wohngliederung und Nutzung des Obergeschosses von Burg Albeck Ende des 18. Jahrhunderts. Bildvorlage Hauptstaatsarchiv Stuttgart A 259 Bü 289.

decke weitere, in größerem Abstand sitzende, kleine kelchförmige Konsolsteine befinden, die eine einstige Unterdecke auf Höhe der Oberkante der Nischeneinwölbungen getragen haben werden. Diese wird man sich am ehesten in Form einer sogenannten Bretterbalkendecke vorstellen müssen, wie wir sie von vielen spätmittelalterlichen Fachwerkbauten – sowohl an Stadthäusern als auch auf Burgen – kennen.[2] Dies weist den östlichen Raum als einstige Stube aus. Dies bestätigt auch eine Vielzahl von kleinen Dübellöchern an der Innenseite der Außenmauern, die darauf schließen lassen, dass dieser Raum einst – wenn nicht ursprünglich, so doch später – auch mit einem hölzernen Wandtäfer versehen war. Da sich keine gemauerte Abschlusswand nach Westen hin nachweisen lässt, wird man sich die einstige westseitige Begrenzung des Raumes vermutlich als Fachwerkwand mit Bohlenfüllung vorstellen müssen. Die Beheizung des Raumes könnte schon von

Anfang an durch einen Kachelofen in der Nordwestecke erfolgt sein, dessen Rauchgase in den kleinen Obergeschosskamin direkt östlich der mittigen Fensternische der Nordwand geführt werden konnten. Keine eindeutigen Hinweise liegen hingegen zu einer ursprünglichen Unterteilung des verbleibenden mittleren und westlichen Teiles der Grundfläche vor. Vergleiche mit anderen spätmittelalterlichen Wohngebäudegrundrissen auf Burgen[3] lassen jedoch vermuten, dass dieser Bereich ursprünglich in Art eines großen Vorflures ungeteilt geblieben sein könnte (vgl. Plan S. 156).

Der Grundrissplan der Burganlage von 1791 zeigt für das zweite Obergeschoss eine Unterteilung mit mittigem Querflur und jeweils zwei Einzelräumen an West- und Ostseite. Die beiden ostseitigen Räume scheinen dabei unmittelbar aus der rekonstruierten ursprünglichen Stube durch das Einziehen einer mittigen Trennwand hervorgegangen zu sein. In der Nordwestecke der einstigen Stube ist auf dem Plan auch ein Kachelofen eingezeichnet, der seine Rauchgase in den dahinter im Flurbereich liegenden offenen Kamin entlässt, ganz so, wie dies auch für den ursprünglichen Zustand erschlossen werden konnte. Der nördliche Teilraum der ursprünglichen Stube diente noch auf dem Plan von 1791 der beigegebenen Legende zufolge als Stube und besaß verputzte Wände und eine Täferdecke, die vermutlich die erschlossene mittelalterliche Bretterbalkendecke ersetzt haben wird. Der südliche Teilraum diente damals als Kammer und besaß eine einfache Balkendecke – d. h. die mittelalterliche Bretterbalkendecke war hier wirklich nicht mehr vorhanden – und einen einfachen Dielenboden. Der Kaminbereich in der mittigen Flurzone war damals durch eine Trennwand aus der mittigen Flurzone herausgetrennt und diente als Küche. Sein Boden war mit Backsteinen belegt, während an der Decke die Deckenbalken sichtbar waren. Von der mittigen Flurzone waren die Treppenaufgänge in der nördlichen und südlichen Längswand zu betreten, und am südlichen Treppenaufgang ist noch um 1791 der über die Konsolsteine zu erschließende Außenerker als Abort dargestellt. Auch im Flurbereich lagen an der Decke die starken Deckenbalken offen, während der Boden teils mit Dielen, teils mit einem Estrich versehen war. Mittig öffnete sich ein rechteckiges Loch für die vom Erdgeschoss heraufführende Treppe. Die beiden westseitigen Räume des Grundrisses sind durch eine Wand in der Mittellängsachse des Gebäudes voneinander getrennt, die an der Westseite genau in den dortigen Wandkamin hineinläuft. Diese Wand kann damit erst

Umzeichnung der Silberstiftzeichnung Hans Baldung Griens von 1515.

Die repräsentative Fenstergruppe der einstigen Stube im Obergeschoss an der östlichen Stirnseite des Hauptgebäudes. Foto: Stefan Uhl 2015.

nachträglich und nach der Aufgabe des großen Kamines entstanden sein. Dies bestätigt nochmals die Annahme, dass der mittlere und westliche Teil der Obergeschossfläche ursprünglich nicht weiter unterteilt war. 1791 waren die beiden westseitigen Räume der Planlegende zufolge als Kammern genutzt und besaßen Dielenböden und offenliegende Deckenbalken (vgl. Plan S. 157).

Den oberen Abschluss der Umfassungsmauer des Hauptgebäudes stellen heute steinerne Mauerkronen dar, die nicht weit, aber deutlich über die Konsolsteinreihe der Obergeschossdecke aufgehen. Die beiden in den Längswänden des Obergeschosses angelegten Treppenläufe sowie die Konsolsteinauflager der Obergeschossdecke weisen dabei eindeutig darauf hin, dass sich über dem heute noch in ganzer Höhe erhaltenen Obergeschoss schon von Anfang an noch mindestens ein weiteres Obergeschoss befunden haben muss. Auch ein einzelner kelchförmiger Konsolstein auf der Außenseite der östlichen Stirnseite, oberhalb der dortigen Fensternischen, weist auf ein einstiges weiteres Obergeschoss hin. Da die Obergeschossdecke mit Konsolsteinauflagern ausgebildet ist, dürfen wir davon ausgehen, dass das nächstfolgende Obergeschoss ebenfalls gemauerte Umfassungswände besaß. Wäre es als Fachwerkgeschoss ausgebildet gewesen, hätten die Deckenbalken des ersten Obergeschosses auf der Mauerkrone des ersten Obergeschosses aufgelegt werden können, so dass sich das Konsolsteinauflager für diese Decke erübrigt hätte. Nicht gänzlich auszuschließen wäre auch ein oberer Abschluss des Gebäudes mit einer hochaufgehenden gemauerten Brüstung und einem hinter dieser Brüstung ansetzenden Dachwerk. Allerdings hätte man in diesem Falle eine deutliche Reduzierung der Mauerstärke zum oberen Abschluss hin erwarten können, so dass man dann die Deckenbalken auch auf einem Mauerabsatz hätte auflegen und sich die Konsolsteinauflagerung der Obergeschossdecke hätte sparen können.

Eine 1515 entstandene Burgansicht aus der Hand von Hans Baldung Grien zeigt uns über dem niedrig dargestellten gemauerten Unterbau des Hauptgebäudes eine weiteres Obergeschoß, bei dem es sich offensichtlich um ein Fachwerkgeschoss handelt (vgl. S. 97). Die Befensterung des östlichen Teiles der nördlichen Stirnseite könnte möglicherweise den Fenstererker einer einstigen Bohlenstube andeuten, während der Südseite ein von unten schräg abgestützter, vermutlich hölzerner Erker oder Laubengang vorgelegt ist. Den oberen Abschluss des Baues bildete damals ein hochaufragendes Satteldach. Wenn wir davon ausgehen, dass der ursprüngliche Bau zunächst noch ein steinernes zweites Obergeschoss besaß, dann könnte es sein, dass Grien den steinernen Unterbau des Gebäudes korrekterweise schon in der heutigen niedrigen Form dargestellt hat und es sich bei dem von ihm gezeichneten Fachwerkoberbau um einen spätmittelalterlichen Aufbau anstelle des vorherigen steinernen Geschosses handelte. Es ist aber auch denkbar, dass Grien den gemauerten Unterbau fälschlicherweise zu niedrig dargestellt hat, und das von Grien gezeichnete Fachwerkobergeschoss einen ursprünglichen Fachwerkoberbau darstellt. Interessanterweise zeigt nämlich der Merianstich von 1643 (S. 119) einen relativ hochragenden und damit möglicherweise doch noch dreigeschossigen steinernen Unterbau, auf dem sich damals allerdings schon ein in frühneuzeitlichen Formen gehaltener Fachwerkoberbau mit oben abschließendem Walmdach erhob. Die Burgansicht von Geiger aus dem Jahr 1675 (S. 120) stellt den steinernen Unterbau des Hauptgebäudes zwar ebenfalls turmartig, der eingetragenen Befensterung zufolge aber nur zweigeschossig dar, so dass spätestens hier das erschlossene zweite steinerne Obergeschoß schon nicht mehr vorhanden gewesen sein wird. Das 1675 dargestellte Fachwerkobergeschoss ist wie auf dem Merianstich in frühneuzeitlichen Formen gehalten und muss damit – wenn zutreffend wiedergegeben – zumindest in den Außenfronten auf eine nachmittelalterliche Erneuerung zurückgehen, ebenso das dem Merianstich entsprechende große Walmdach als oberer Abschluss jener Zeit. Die Darstellungen der schon weitgehend ruinösen Burganlage im frühen 19. Jahrhundert geben dann direkt über dem damals zweigeschossigen Unterbau, wie er auch auf den Bestandsplänen der 1840er Jahre wiedergegeben ist, ein Krüppelwalmdach, aber kein weiteres Obergeschoss mehr wieder. Auch die Planlegenden der ab dem ausgehenden 18. Jahrhundert entstandenen Pläne lassen keine Hinweise mehr auf ein einstiges zweites Obergeschoss erkennen. Die höhergehenden Aufbauten müssen damit im Laufe des späten 17. oder des 18. Jahrhunderts verloren gegangen sein.

Eine spannende Frage ist jene nach der genauen zeitlichen Einordnung der Baureste des Hauptgebäudes. Hierzu geben aus baulicher Sicht nur das vorhandene Mauerwerk und die erhalten gebliebenen zahlreichen Tür- und Fenstergewände Aufschluss. Die Verwendung von sorgfältigem Buckelquadermauerwerk ist ein Markenzeichen des staufischen Burgenbaues, bleibt jedoch nicht allein auf diesen beschränkt.[4] Die Reduzierung der Buckelquaderverwendung auf die Eckbereiche des Mauerwerkes ist dabei eine vergleichsweise späte Erscheinung, die im südwestdeutschen Raum meist erst im zweiten Drittel des 13. Jahrhunderts ansetzt und dann für die folgende Zeit typisch ist. Die an der Ruine anzutreffenden Zierformen an Tür- und Fenstergewänden lassen ausgereiftes frühgotisches Formengut erkennen. Auffallend ist, dass es neben den spitzbogigen Öffnungen nur noch einfache Rechteckfenster, aber keine rundbogigen Fenster- oder Türöffnungen gibt, d. h. dass keine romanischen Formen mehr auftreten. Damit handelt es sich nicht mehr um einen Bau aus der Übergangszeit von der Romanik zur Gotik, der sich damit mit einiger Sicherheit in das zweite Viertel des 13. Jahrhunderts datieren ließe, sondern um einen Bau, der sich schon von romanischen Bauformen gelöst hat, ganz dem gotischen Bauwesen verpflichtet ist und damit wohl kaum vor die Mitte des 13. Jahrhunderts datiert werden kann. Demnach wird man vermuten dürfen, dass das Hauptgebäude in seinen steinernen Resten in die Zeit um oder nach 1250 fällt, wobei nicht sicher gesagt werden kann, ob es dabei unmittelbar um oder nach 1250 oder vielleicht auch einige Jahrzehnte später, vielleicht gar erst gegen Ende des 13. oder zu Beginn des 14. Jahr-

Steinmetzzeichen an der Ruine Albeck. Aufgenommen von Reinhard Matull und Siegfried Kägi.

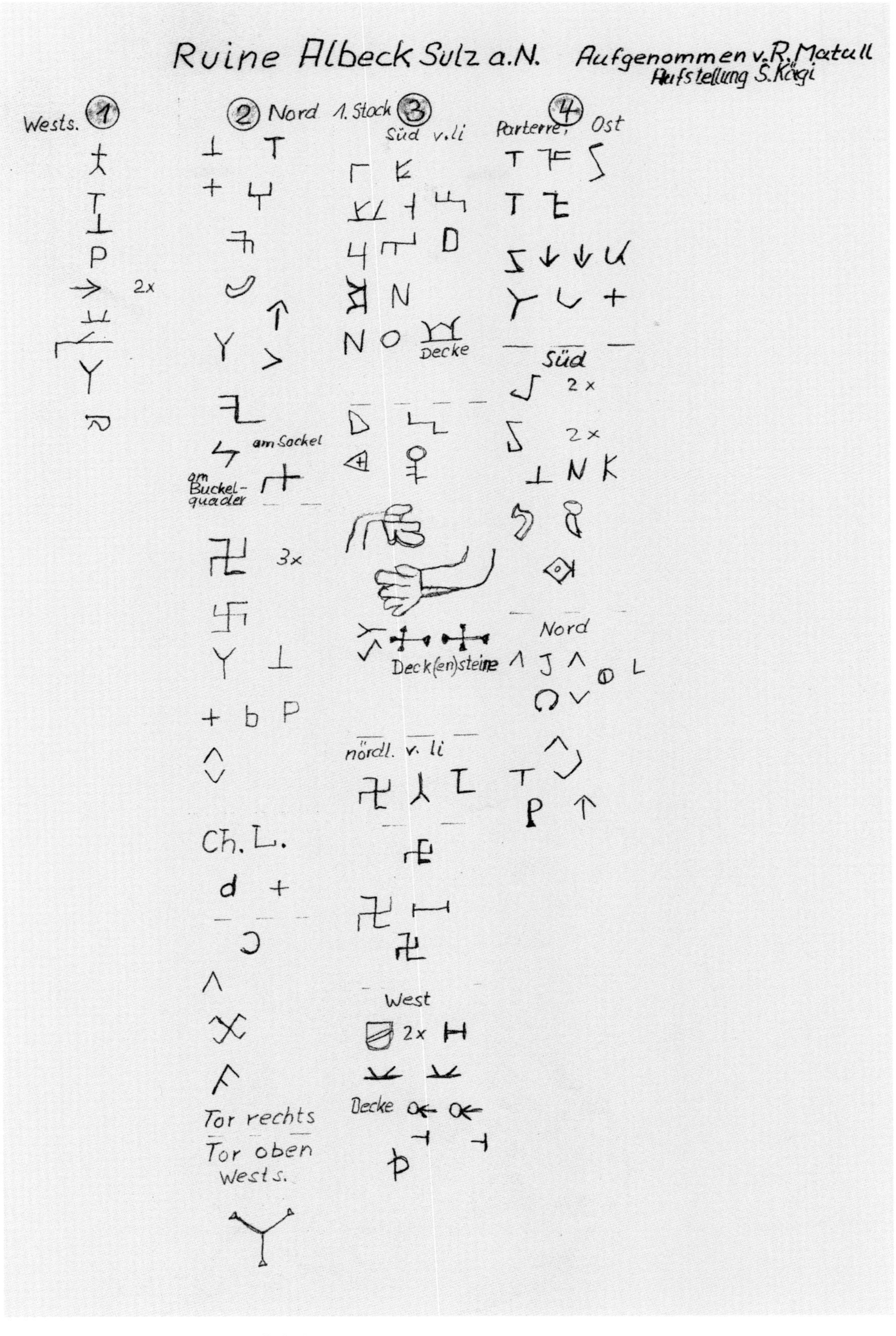

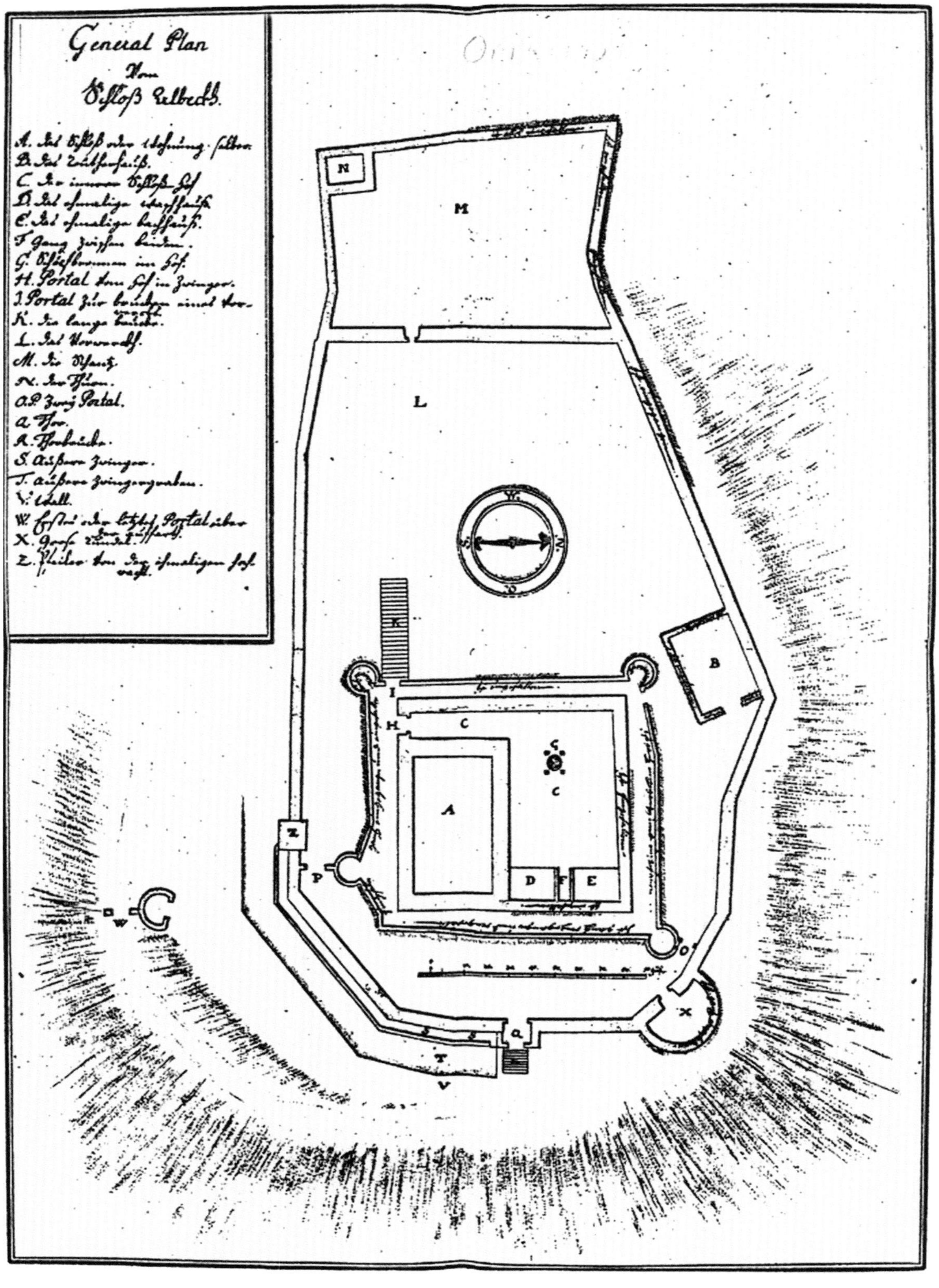

Der sogenannte Generalplan vom Ende des 18. Jahrhunderts, Provenienz unbekannt. Bildvorlage: Stadtbauamt Sulz am Neckar.

hunderts entstanden ist. Die vielfach am Bau vorhandenen Steinmetzzeichen zeigen sowohl Zeichen des üblichen spätromanischen Formengutes als auch schon weiter entwickelte Zeichen des frühen gotischen Formengutes und verweisen damit ebenfalls am ehesten in die Mitte oder die zweite Hälfte des 13. Jahrhunderts (vgl. S. 161). Ob dieser Bau damit noch in der Zeit der Grafen von Sulz oder schon unter den Herren von Geroldseck errichtet wurde, lässt sich damit aus dem Baubestand heraus nicht mit letzter Sicherheit ableiten.

Der Innere Hof und seine Zwingeranlage

Westlich und nördlich an den Palas schloss sich einst eine Ummauerung an, die zusammen mit dem Palas einen etwa quadratischen Bereich als Kernwerk der Anlage bildete, in der das Hauptgebäude den größten Teil der Südfront besetzte. Diese innere Ringmauer ist auf den historischen Abbildungen und auf einem „Generalplan" des späten 18. Jahrhunderts dargestellt (vgl. S. 162). Im heutigen Zustand haben sich von ihr obertägig nur noch wenige Mauerreste erhalten, ansonsten wird ihr einstiger Verlauf nur noch von mehr oder weniger scharfen Geländekanten nachgezeichnet.

An der Südseite, wo die innere Ringmauer die südliche Mauer des Hauptgebäudes nach Westen hin verlängerte, ist an der Südwestecke des Hauptgebäudes noch der Ansatz eines entsprechenden Ringmauerstückes zu erkennen. Es besitzt eine Stärke von etwa 1,7 Metern und steht mit dem Mauerwerk des Hauptgebäudes im Verband, ist also mit diesem gleichzeitig entstanden. Direkt neben der Ecke des Hauptgebäudes hat sich in ihm der Ansatz eines Tores erhalten, das seinerseits im Verband mit dem Mauerwerk der inneren Ringmauer steht und das damit zeitgleich mit dieser und dem Kernbestand des Hauptgebäudes entstanden sein wird. Sein noch erhaltenes östliches Gewände besteht aus sorgfältig gearbeiteten Werksteinen und ist mit zwei Kehlen und einem dazwischenliegenden Falz auf der Außenseite aufwändig und in der Art der Türöffnungen an der Nordseite des Hauptgebäudes profiliert. Der Ansatz des Bogenbereiches legt eine einstmals spitzbogige Ausformung des oberen Abschlusses nahe. Der westliche Teil des Tores wie auch die weiter nach Westen ziehende einstige Fortsetzung der Ringmauer sind heute obertägig abgängig. Am Maueranschluss an das Hauptgebäude ist gut zu erkennen, dass die Ringmauer nur bis zur Höhe der Oberkante des Erdgeschosses aufging. Darüber setzt die mit Buckelquadern versehene Eckausbildung des Hauptgebäudes an, so dass ab dieser Höhe keine Ringmauereinbindung mehr ausgebildet gewesen sein kann.

Die langgestreckte Westfront der inneren Ringmauer, die sich dem „Generalplan" des späten 18. Jahrhunderts zufolge geradlinig von Süden nach Norden zog, ist heute obertägig weitgehend verschwunden. Im südlichen Abschnitt lassen sich im Hanggelände oberhalb des Zugangsweges aber noch Reste des Unterbaues der Mauer erkennen, und zwar ein sorgfältig in Kalkstein gearbeiteter Mauersockel mit breiter Schräge, wie wir ihn auch vom Hauptgebäude her kennen. Es ist damit zu vermuten, dass auch die genannten Reste des westlichen Teiles der inneren Ringmauer auf die Entstehungszeit des Hauptgebäudes zurückgehen. Der Burggrundriss von 1791 zeigt im Norden und im Süden des westlichen Mauerabschnittes je eine schmale Scharte mit breiter innenseitiger Nische, während sich mittig, auf der Höhe der Nordwestecke des Hauptgebäudes, eine breite Toröffnung befindet. Die nördliche der beiden Scharten ist mitsamt einem kurzen Mauerstück auch auf den Plänen der Zeit um 1840 noch erkennbar. Unterhalb ihrer Stelle liegt im Hang ein Werkstein mit dem Fußstück einer Schlitzscharte mit abgesenkter Sohle, die möglicherweise aus diesem Bauzusammenhang stammen könnte.

Der nach Aussage des „Generalplanes" ebenfalls einst geradlinige nördliche Zug der inneren Ringmauer ist heute obertägig praktisch gänzlich abgängig. Lediglich ganz am westlichen Ende, nahe der einstigen Nordwestecke, finden sich schon unter der heutigen Hangkante mehrere grob quaderhafte Steine, die ihr entstammen könnten. Der Burggrundriss von 1791 verzeichnet im Mauerverlauf zwei schmale Schießscharten in breiten, nach innen offenen Nischen.

Auch der ostseitige Zug der inneren Ringmauer ist heute obertägig weitgehend abgängig. Lediglich im Süden, im Anschluss an das Hauptgebäude, hat sich hier noch ein als Futtermauer weit in die Tiefe reichendes Mauerstück erhalten. Es ist, von der Nordwestecke des Hauptgebäudes aus, schon nach wenigen Metern abgebrochen und modern mit Bruchstein übermauert. Das Originalmauerwerk steht mit dem Mauerwerk des Hauptgebäudes im Verband und wird deshalb zur gleichen Zeit wie dieser entstanden sein. Wie die ausgebrochene Mauereinbindung am östlichsten Ende der Nordwand des Hauptgebäudes zeigt, ist die Ringmauer ursprünglich bis zur Oberkante des Erdgeschosses aufgegangen. Der Burggrundriss von 1791 zeigt in der Mitte des Mauerzuges eine einzelne Scharte mit breiter Nische wie die zwei Scharten im nördlichen Ringmauerzug.

Zum einstigen oberen Abschluss der Mauer liegen am heutigen Baubestand keine Hinweise mehr vor. Der Merianstich von 1643 zeigt eine Überdachung der Mauerkrone, die Ansicht von 1675 zudem eine enge Reihe von kleinen Schießöffnungen, die auf einen der Mauerkrone entlanglaufenden Wehrgang hinweisen dürften.

Zusammen mit dem Hauptgebäude bildete die innere Ringmauer ein etwa quadratisches Kernwerk aus. Nördlich des Hauptgebäudes kam dabei ein Hofraum zu liegen, der von seiner Grundfläche her nur wenig größer war als das Hauptgebäude selber. Hier lagen an der östlichen Stirnseite, wie uns der „Generalplan“ des späten 18. Jahrhunderts zeigt, zwei kleine Nebengebäude. Im Süden, direkt an die Hoffront des Hauptgebäudes anschließend, ein damals als „ehemaliges Waschhaus“ bezeichnetes Gebäude. Im Norden, direkt in der Nordostecke der Ringmauer und vom ehemaligen Waschhaus

Sohlstein einer einstigen Schießscharte der inneren Ringmauer oder der Zwingermauer des Kernwerkes, im Hanggelände unterhalb des Hauptgebäudes liegend. Foto: Stefan Uhl 2015.

durch einen schmalen Zwischenraum getrennt, ein als „ehemaliges Backhaus" bezeichnetes zweites Gebäude. Auf dem Merianstich wie auch auf der Darstellung von 1675 sind diese beiden Gebäude nicht wiedergegeben. Hans Baldung Grien stellt 1515 in der Nordostecke der inneren Ringmauer ein kleines Nebengebäude dar, das die Ringmauer mit einem Satteldach überragt und aus dem zuoberst ein hoher Kamin heraussteht, was für ein Backhaus sprechen könnte. Ein zweites Nebengebäude stellt er allerdings nicht südlich des Backhauses, sondern westlich von diesem dar, worauf es im Baubestand und in den anderen historischen Abbildungen keinen Hinweis gibt. Auf dem Burggrundriss von 1791 sind all diese Bauten nicht mehr verzeichnet.

Ein Stück nördlich der Nordwestecke des Hauptgebäudes treffen wir dann noch heute auf den Schacht eines einstigen Brunnens, der an dieser Stelle auch auf dem „Generalplan" des ausgehenden 18. Jahrhunderts eingezeichnet ist. Der Burggrundriss von 1791, auf dem der Brunnen ebenfalls verzeichnet ist, weist ihn als Schöpfbrunnen von 40 Schuh Tiefe aus, während ein Bericht von 1807 eine Tiefe von 20 Fuß (ca. 6 m) nennt. Neben ihm stand um 1800 westseitig ein länglicher Wassertrog. Neuere geomagnetische Prospektionen haben ergeben, dass sich um den Schöpfschacht die Spuren einer großen Filterzisterne erhalten haben, die auf eine hochmittelalterliche Entstehung hinweisen könnten (siehe Beitrag von Bertram Jenisch in diesem Band).

So wie das Hauptgebäude der Burg Albeck mit seinen hochwertigen und anspruchsvollen Zierformen zu den Meisterwerken der profanen frühgotischen Baukunst am oberen Neckartal gerechnet werden darf und damit auch in der Geschichte des südwestdeutschen Burgenbaues eine wichtige Stellung einnimmt, so darf dasselbe auch von der Ummauerung des inneren Hofes behauptet werden. Mit dem aufwändig profilierten Tor und den sorgsam ausgebildeten Mauersockeln ist derselbe baukünstlerische Anspruch verbunden, wie er uns auch am gleichzeitigen Hauptgebäude gegenübertritt. Darüber hinaus, und dies erscheint wichtig, ist hier aber auch als eines der wenigen und frühesten Beispiele im Umland der Gedanke einer vom Grundriss her fast quadratischen, d. h. nicht nur rechteckigen und regelmäßigen, sondern einer auf eine geometrische Form zurückgehenden Grundrissbildung zu erkennen, wie sie im stauferzeitlichen Burgenbau im südwestdeutschen Raum im Laufe des 13. Jahrhunderts vereinzelt mit quadratischen und achteckigen Burgumrissen (wie in Lahr, Kilchberg, Egisheim oder Wangen) oder auf geometrischen Grundrissformen aufbauenden Einzelelementen wie etwa achteckigen Türmen (z. B. auf dem Oberhohenberg oder auf Steinsberg im Kraichgau) vereinzelt aufkommen. Die Kernanlage der Burg Albeck lässt damit in der gestalterischen Durchformung des Hauptgebäudes und des gesamten Kernwerkes einen sehr hohen und über die regionalen Gegebenheiten deutlich hinausgehenden baukünstlerischen Anspruch erkennen, was sie in kunstgeschichtlicher und burgenkundlicher Sicht sicherlich zur bedeutsamsten Burganlage des 13. Jahrhunderts am oberen Neckar macht.

Im Hanggelände herumliegender originaler Gewändestein aus der Fenstergruppe an der Ostseite des Hauptgebäudes. Foto: Stefan Uhl 2015.

Wie uns die historischen Abbildungen und der „Generalplan" des ausgehenden 18. Jahrhunderts zeigen, war die Kernanlage der Burg Albeck einst durch eine in geringem Abstand vor dieser liegenden Zwingermauer zusätzlich zur eigentlichen Ringmauer geschützt. Der „Generalplan" zeigt entlang der Westseite einen geradlinigen Mauerverlauf, während die Mauerverläufe an Nord- und Ostseite geländebedingt leicht abgewinkelt sind und der Verlauf der Südseite vor dem östlichen Ende des Hauptgebäudes eine stumpfwinklige Ausbuchtung zeigt. An den drei Ecken im Nordosten, Nordwesten und Südwesten waren nach innen offene kleine Rundtürme vor die Mauer gesetzt, ebenso an der Spitze der Ausbuchtung am östlichen Ende der Südseite. Direkt neben dem Rundturm der Südwestecke befand sich am südlichen Ende der westseitigen Zwingermauer ein Burgtor, vor dem eine „lange Brücke" vom Vorgelände aus heraufstieg. Dies bedeutet, dass sich westlich vor dem Zwinger auch ein breiter Graben befunden haben muss, der sich heute im Gelände nur noch in stark verflachter Form erkennen lässt. Auch das Mauerwerk von Zwingermauern und Rundtürmen ist heute obertägig weitestgehend abgängig. Lediglich vor dem einstigen inneren Tor der Hauptburg hat sich, auf Höhe der Südwestecke des Hauptgebäudes, ein kurzes Stück der südlichen Zwingermauer erhalten. Es besitzt eine Stärke von mehr als 90 cm und hält knapp zwei Meter Abstand zur inneren Ringmauer. Damit umschloss der Zwinger die Kernanlage, so wie auch auf dem „Generalplan" des ausgehenden 18. Jahrhunderts dargestellt, in nur sehr geringem Abstand.

Die Burgdarstellung von 1675 gibt die Zwingeranlage vergleichbar wieder, stellt jedoch noch einen zusätzlichen Turm östlich der Südostecke des Hauptgebäudes dar. Bei ihm könnte es sich aber auch um eine Verzeichnung des vor der Nordostecke der inneren Ringmauer stehenden Rundturmes handeln. Die Rundtürme überragen die Zwingermauer auf dieser Darstellung nur wenig und besitzen mäßig steil geneigte Kegeldächer, während die Zwingermauern auf ihrer Krone außenseitig eine gemauerte Brüstung mit kleinen Schießluken besitzen. Sie sind auf der Abbildung mit einem Dach mit nach hinten offener Stützkonstruktion abgedeckt, insgesamt also mit einem hölzernen Wehrgang mit steinerner Brüstung versehen. Bei den anderen historischen Ansichten ist die Zwingeranlage nicht dargestellt, da sie in den gewählten Perspektiven hinter der äußeren Ringmauer verschwindet.

Zum Zeitpunkt der Entstehung der Zwingeranlage vor der inneren Ringmauer liegen am Baubestand keine Hinweise vor. Aus typologischer Sicht wird man diese enganliegende dünnwandige Ummauerung mit ihren kleinen und vermutlich ebenso dünnwandigen Flankierungstürmen am ehesten in die erste Hälfte des 15. Jahrhunderts, d. h. die Zeit des Aufkommens und des allmählich verstärkten Einsatzes von Handfeuerwaffen auch zur Verteidigung von Burgen, setzten können. Die Mauer wäre damit jünger als die äußere Ringmauer (s. u.). Es überrascht dabei, dass man sich bei der an der Zwingeranlage ablesbaren Verstärkung der Verteidigungseinrichtungen der Burganlage nicht um eine Verbesserung der Verteidigungsfähigkeit der Gesamtanlage, also in äußerer Linie, bemühte, sondern sich auf eine Verstärkung des Kernwerkes beschränkte. Möglicherweise geschah dies vor dem Hintergrund, dass eine Verstärkung der äußeren Ringmauer mit einem vorgelegten Zwinger einen ungleich höheren baulichen Aufwand erfordert hätte, als die Anlegung eines Zwingers vor der deutlich kürzeren inneren Ringmauer. Zudem war so eine sicherere Verteidigung des Kernwerkes geschaffen für den Fall, dass ein Angreifer die äußere Ringmauer überwunden hätte, die ja nur mit großem Personalaufwand zuverlässig zu verteidigen gewesen wäre, während eine Besetzung der Zwingermauer des Kernwerkes auch mit wenigen Personen durchzuführen war. Interessanterweise und burgenkundlich beachtenswert ist damit mit der Zwingermauer ein jüngeres Verteidigungselement nicht wie üblich vor der bestehenden äußeren Ringmauer, sondern hinter dieser, zwischen äußerer und innerer Ringmauer, errichtet worden.

Äußere Ringmauer und äußerer Hof

Das beschriebene Kernwerk mit dem Hauptgebäude, dem inneren Hof und der turmbesetzten Zwingeranlage wird von einer weitläufigen äußeren Ringmauer umgeben, die einen geräumigen äußeren Hof umschließt, mit großzügigen Freiräumen im Westen und dem Kernwerk im Osten. Gegen Westen wird dieser äußere Hof durch den schluchtartigen Burggraben

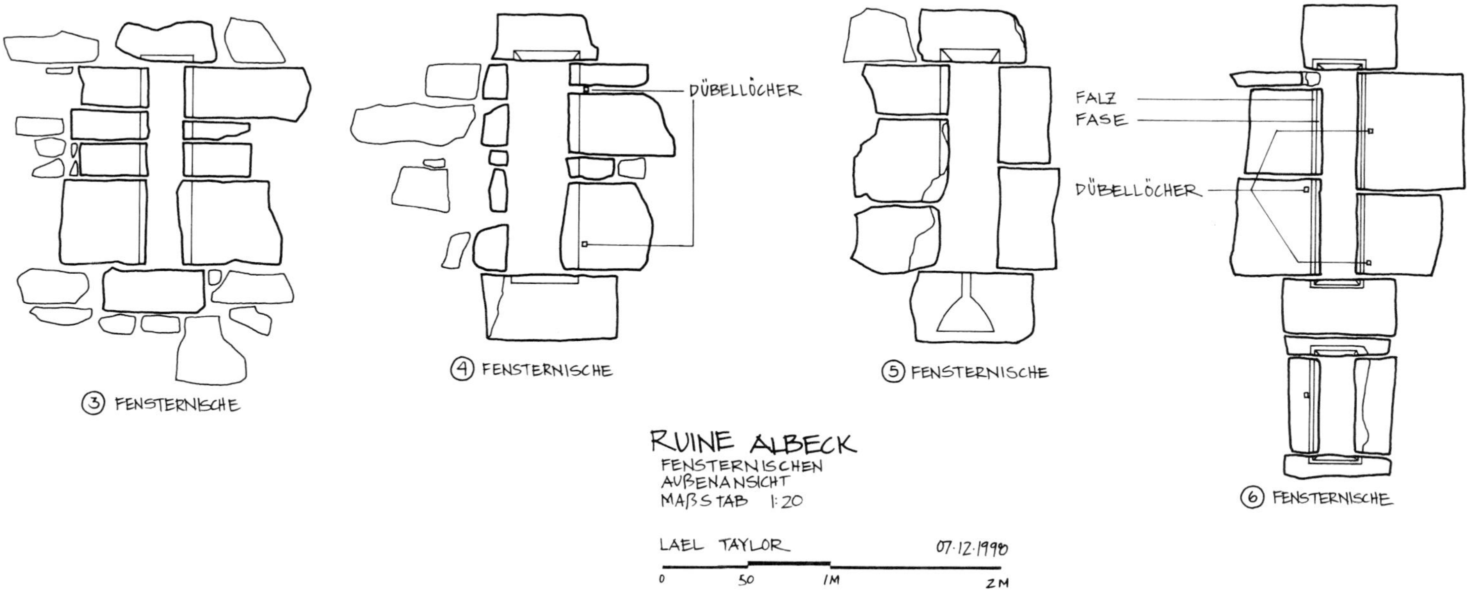

Hauptgebäude, Fensternischen des Erdgeschosses im westlichen Abschnitt der Südwand und in der Westwand. Planzeichnung: Lael Taylor, Seminararbeit an der Universität Stuttgart 1999.

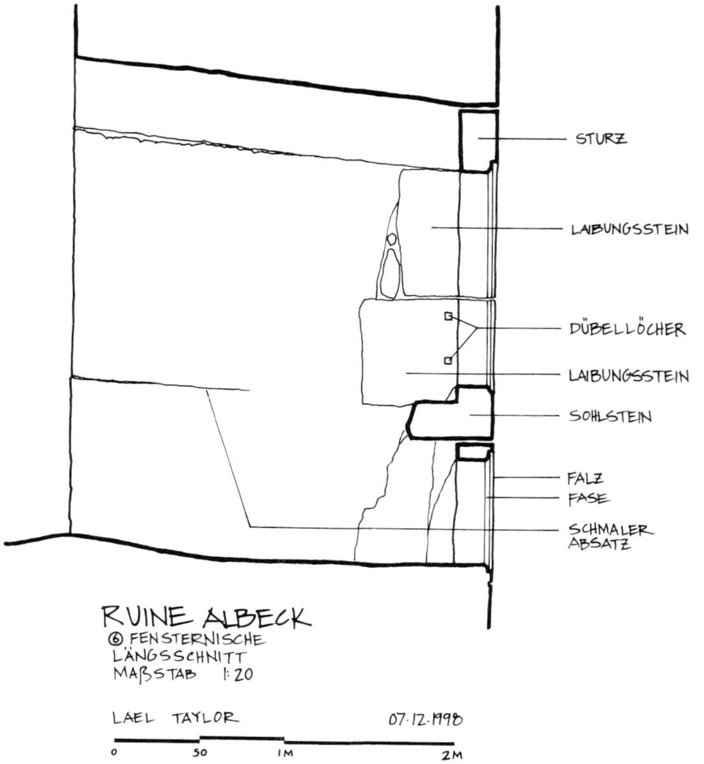

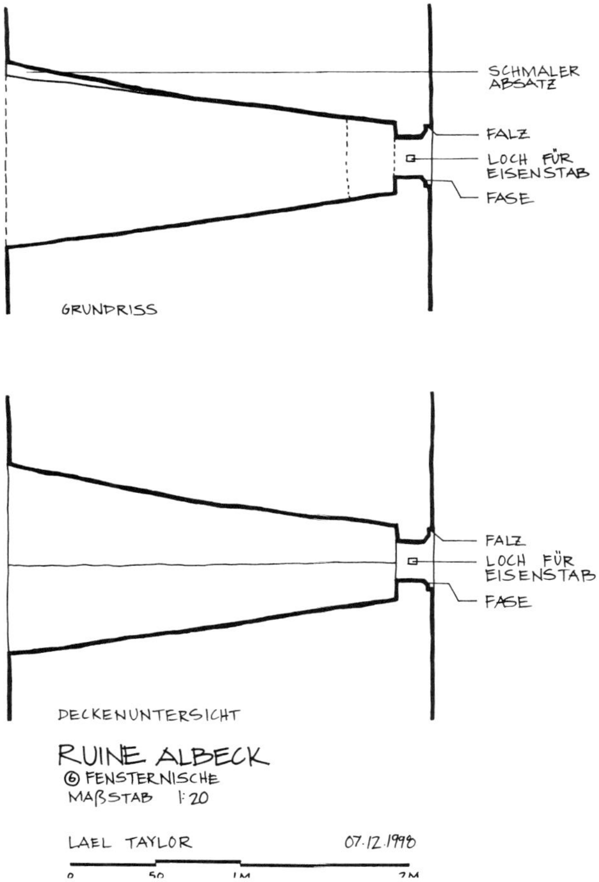

begrenzt, während an den Längsseiten im Norden und Süden sowie an der bogenförmigen östlichen Stirnseite die Ringmauer zumeist der natürlichen Hangkante entlangläuft.

An der über dem tief eingeschnittenen Burggraben verlaufenden westlichen Stirnseite sitzt die äußere Ringmauer auf teils weit in die Tiefe reichenden natürlichen Felsformationen auf. Auf den meisten Burgplänen wie auch auf dem „Generalplan" des ausgehenden 18. Jahrhunderts ist der westseitige Zug der Ringmauer als mehr oder weniger geradliniger und homogener Mauerzug dargestellt, mit einem kleinen Turm hinter dem südlichen Mauerende. Die Burgansicht von 1675 stellt diesen Turm als satteldachgedecktes Häuschen dar, während die kaum über das Innenniveau des Burgareales aufgehende gemauerte Ringmauer von einem Kranz von oben zugespitzten Palisaden abgeschlossen ist, ebenso wie die westlichen Enden der nördlichen und der südlichen Ringmauer. Im heutigen Baubefund haben sich Mauerreste der westseitigen Mauerpartien nur noch unter dem Innenniveau des westlichen Burgareales erhalten. Am südlichen Ende des westseitigen Mauerabschnittes treffen wir dabei noch auf eine größere Partie aus sorgfältig gearbeitetem Buckelquadermauerwerk, das dem einst in der Südwestecke stehenden Turm zugerechnet werden darf. Dem Befund zufolge besaß dieser einst eine Breite von etwa 8 Metern, während sich seine einstige Tiefe heute nicht mehr sicher ablesen lässt. Die Verwendung von Buckelquadermauerwerk könnte auf eine Entstehung noch im 13. Jahrhundert hinweisen, so dass der Turmbau möglicherweise derselben Ausbauphase der Burg angehört, wie das Hauptgebäude und die innere Ringmauer. Interessanterweise zeigt die nur noch in geringen Resten erhaltene Nordseite des Turmes in den freiliegenden Partien kein Buckelquadermauerwerk, sondern eine mit glatten Quadern abgemauerte Fläche. Dies könnte daher rühren, dass der Turm hier an ein älteres Mauerwerk angefügt worden ist. Und tatsächlich finden wir ein Stück nördlich des Turmes seitlich einer starken Erosionsmulde in der Flucht des Buckelquadermauerwerkes des Turmes einen rudimentär erhaltenen Mauerzug mit einer Außenschale aus kleinformatigen hammerrechten Bruchsteinen. Solches hammerrechtes Bruchsteinmauerwerk, gerne auch als Kleinquadermauerwerk bezeichnet, gehört zu den typischen Bauformen des vorstaufischen Burgenbaues. Es ist allerdings nicht allein auf den vorstaufischen Zeitraum beschränkt, so dass es sich nicht als sicheres Datierungsmittel verwenden lässt. Im Hinblick auf die glatte Mauerfläche an der Nordseite des Buckelquaderturmes, die eine frühere Entstehung der nördlich folgenden Mauerteile wahrscheinlich macht, könnte das hier angetroffene Kleinquadermauerwerk aber vielleicht tatsächlich einer Ringmauer aus älterer Zeit, d. h. zumindest aus dem 12. Jahrhundert, angehören.

Wie Schuttwälle und schwache Kernmauerwerksreste anzeigen, scheint sich die westseitige Ringmauer einst relativ geradlinig über dem Burggraben entlanggezogen zu haben. Wer sich die Mühe macht, die vorhandenen Mauerreste von außen zu erkunden, der wird am nördlichen Mauerende auf der Außenseite jedoch weit in die Tiefe reichendes Restmauerwerk erkennen, das aus der geradlinigen Flucht deutlich nach außen hin vorspringt. Zwar fehlt hier die einstige äußere Mauerschale durchweg, doch ist zu erkennen, dass die vorhandenen Mauerteile an ihrem nördlichen Abbruch bis zu drei Meter vor die geradlinige Mauerflucht vorspringen. Reste von Kernmauerwerk im Hanggelände auch vor dem vorgenannten Kleinquadermauerwerk zeigen, dass die vor die Mauerflucht schräg vorspringenden Mauerteile vermutlich nachträglich der älteren Kleinquaderringmauer vorgesetzt worden sind. So wie diese zunächst an ihrem südlichen Ende mit dem vermutlich dem 13. Jahrhundert entstammenden Buckelquaderturm verstärkt worden ist, so scheint sie – vermutlich später – in ihrem mittleren und in ihrem nördlichen Teil durch eine mächtige, schräg vorspringende Vormauerung verstärkt worden zu sein. Vermutlich dürfen wir hierin einen spätmittelalterlichen Ausbau sehen, der der aufkommenden Feuerwaffentechnik Rechnung trägt, ohne dass sich daraus jedoch eine genauere Zeitstellung ableiten ließe.

Das westliche Endstück der nördlichen Ringmauer ist auf dem „Generalplan" als einspringender Mauerwinkel dargestellt, auf der Burgansicht von 1675 hingegen als geradliniges Mauerstück mit Palisadenbekrönung. Im heutigen Befund lässt sich obertägig nur noch ein einzelner verstürzter Mauerblock schon unterhalb der heutigen Geländekante erkennen, so dass sich der einstige Mauerverlauf nicht mehr nachvollziehen lässt.

Auch das westliche Endstück der südlichen Ringmauer ist auf dem „Generalplan“ als leicht einspringender Mauerwinkel dargestellt. Auf der Burgansicht von 1675 trägt es ebenfalls eine Palisadenbekrönung. Im heutigen Baubefund sind nur noch vom westlichsten Abschnitt größere Reste an Kernmauerwerk zu erkennen, die aber in ihrem westlichsten Teil schon dem einstigen Buckelquaderturm zugerechnet werden müssen. Die in ihrem Verlauf über einem Felsunterbau hinweggezogene Mauer scheint sich jedoch relativ geradlinig von der Südwestecke bis zum weiteren Verlauf der südlichen Ringmauer hingezogen zu haben.

Etwa 20 Meter östlich der westlichen Stirnseite des äußeren Burgareales war das hier nur etwa 30 Meter breite Burggelände durch eine zweite Quermauer abgeteilt, die etwa parallel zum westseitigen Zug der Ringmauer verlief. Über den größten Teil des Mauerverlaufes hinweg treffen wir hier heute nur noch auf Kernmauerwerk und hochragende Schuttwälle. Lediglich an den Enden im Norden und im Süden hat sich von dieser Quermauer noch aufgehendes Mauerwerk erhalten. Am nördlichen Mauerende treffen wir dabei auf einen einzelnen Mauerklotz von etwa 1,6 Meter Stärke. Seine ostseitige Schale zeigt zuunterst sehr große, nach oben hin kleinere glatte Quader, während die gegen Westen gewandte Schale zuunterst sehr große Buckelquader, nach oben hin kleinere glatte Quader und kleinformatige hammerrechte Bruchsteine

Blick entlang des südlichen Zuges der äußeren Ringmauer nach Osten. Im Hintergrund (links des Baumes) ragt der Mauerpfeiler der einstigen Hochwacht über die Mauerkrone auf. Foto: Stefan Uhl 2015.

Buckelquadermauerwerk des einstigen Turmes in der Südwestecke der äußeren Ringmauer, direkt über dem großen äußeren Graben im steilen Felsgelände gelegen. Foto: Stefan Uhl 2015.

zeigt. Anschlüsse oder Reste der einstigen nördlichen Ringmauer lassen sich nicht mehr erkennen. Damit ist einerseits deutlich, dass die nördliche Ringmauer nördlich des erhaltenen Mauerstückes vorbeigezogen sein muss und damit schon ein Stück nördlich außerhalb der heutigen Hangkante verlief, während sich andererseits aus dem heutigen Baubefund nicht mehr ablesen lässt, ob die Quermauer mit der nördlichen Ringmauer gleichzeitig entstanden ist oder jünger als diese war. Unklar bleibt vorerst auch, ob die verwendeten großen Buckel- und Glattquader auf Baumaßnahmen des 13. Jahrhunderts wie an der Kernanlage oder am Buckelquaderturm in der Südwestecke zurückgehen, oder ob hier, worauf die Art der Steinverwendung eher hinweisen würde, eventuell Baumaterial jener Zeit zweitverwendet worden ist. Am südlichen Ende der Quermauer treffen wir nur noch auf neu übermauertes Kernmauerwerk mit einer Stärke von 1,5 Metern. Die hier noch als Futtermauer hoch erhaltene südliche Ringmauer ist an der Stoßstelle nicht unterbrochen, sondern läuft über die Stoßstelle hinweg. Die genannte Quermauer stellt damit keine ältere westseitige Begrenzung der Burganlage dar als der heutige westseitige Mauerzug, sondern ist erst nach der heutigen südlichen Ringmauer oder zusammen mit dieser entstanden.

Inwieweit und ob der durch die heutige westseitige Ringmauer und die weiter östlich folgende Quermauer umschlossene westliche Hofbereich, der heute keine obertägigen Bebauungsspuren erkennen lässt, ursprünglich in seinem Inneren bebaut war, lässt sich nicht erkennen. Der Merianstich zeigt in ihm ein satteldachgedecktes Häuschen, doch könnte es sich bei diesem auch um den einstigen Buckelquaderturm in der Südwestecke handeln, der ja auch auf der Burgdarstellung von 1675 in dieser Form dargestellt ist.

Der nordseitige Zug der äußeren Ringmauer zieht sich von der vorgenannten inneren Quermauer im Westen bogenförmig nach Osten, um an dem großen Rondell der Nordostecke an die östliche Stirnseite der Burganlage anzuschließen. Während der westliche Teil des Mauerverlaufes seine obertägige Substanz eingebüßt hat, finden wir in dem gegen Nordwesten gerichteten Bogenstück auf Höhe des Burggrabens vor dem Kernwerk noch ein über 20 Meter langes, hochaufragendes Mauerstück. Es besitzt eine Stärke von etwas mehr als 1,2 Metern und zeigt außen regelloses, grob lagiges, innen ein grob hammerrechtes Bruchsteinmauerwerk. Die Abwinklungen im Mauerverlauf sind außenseitig rundlich abgemauert, zudem wird das Mauerwerk in regelmäßigen Abständen von eng gereihten Rüstlöchern durchbrochen. Auf knapp vier Meter Höhe über dem heutigen Innenniveau läuft ein breiter Wehrgangabsatz entlang, über dem sich die Reste einer dünneren, gemauerten Brüstung erheben. Westseitig hinter dem Mauerzug wurden Außen- und Innenwände einer geräumigen, aber dünnwandigen Anschlussbebauung aufgedeckt, die allesamt stumpf an die Ringmauer anschließen und damit jünger sind als diese. Bei einer Breite von gut 13 Metern scheint sich diese Anschlussbebauung weit nach Westen hin der Ringmauer entlang gezogen zu haben, denn westlich des noch erhaltenen Ringmauerstückes treffen wir auf längliche Kellergruben, die vermutlich die einstige Gebäudeerstreckung nachzeichnen. Der „Generalplan" des ausgehenden 18. Jahrhunderts stellt ganz am östlichen Ende dieses Bereiches ein einzelnes Gebäude über gedrungen-rechteckigem Grundriss dar, das als „Reutherhaus" bezeichnet ist. Die Zeichnung von Hans Baldung Grien zeigt hier einen mindestens zweiteiligen, an die Ringmauer innenseitig angelehnten und diese um mindestens ein Geschoss überragenden Baukomplex mit sehr steilen Satteldächern, während der Merianstich an dieser Stelle zwei einzelne Gebäude darstellt, von denen das größere östliche mit einem Fachwerkobergeschoss und einem flach geneigten Krüppelwalmdach direkt auf die Ringmauer aufgesetzt ist, während der kleinere westliche Bau niedriger ist und mit einem mäßig steilen Satteldach rechtwinklig zur Ringmauer steht. Auch die Burgdarstellung von 1675 zeigt zwei einzelnstehende Gebäude, die sich an der nördlichen Ringmauer gruppieren. Diese ist dabei ebenso wie die innere Quermauer an der Westseite mit einem hochaufgehenden Wehrgang mit außenseitiger steinerner Brüstung und einer Dachabdeckung mit innenseitig offenem Ständergerüst dargestellt.

Die nächsten 20 Meter nach Osten lässt sich die nördliche Ringmauer dann im heutigen Bestand wieder nur über einen der winkelförmigen Hangkante entlanglaufenden Schuttwall nachvollziehen, bis dann erst an ihrem östlichen Ende ein wieder über 20 Meter langes, hochaufgehendes Mauerstück folgt. Dieses zeigt außen wie innen ein meist regelloses, unbehauenes Bruchsteinmauerwerk, ohne deutliche Lagigkeit des Verbandes und ohne Rüstlöcher. Das Mauerwerk unterscheidet sich damit deutlich von jenem der weiter westlich liegenden, vorgenannten Mauerpartie. Auch ist hier über die ganze Höhe von bis zu fünf Metern hinweg kein Wehrgangabsatz zu erkennen wie an den weiter westlich gelegenen Mauerpartien. Es darf damit davon ausgegangen werden, dass dieser Mauerabschnitt in seiner Substanz zu einem anderen Zeitpunkt entstanden ist als der westlichere Mauerteil. Wie am westlichen Mauerteil sind aber auch hier die stumpfwinkligen Ecken im Mauerverlauf durchweg rundlich abgemauert. Der Burggrundriss von 1791 zeigt inmitten des östlichsten geradlinigen Mauerstückes eine Toröffnung, die als „altes Ein- und Ausfahrtstor" bezeichnet ist. Eine derartige Öffnung lässt sich aber im heutigen Baubestand nicht erkennen und hätte auch direkt in den vor der Ringmauer ansetzenden Steilhang gemündet.

Ganz am östlichen Ende der nördlichen Ringmauer, wo deren Mauerzug heute in einer Abbruchkante endet, schließen sich an der Außenseite der Ringmauer die Reste des großen Rondelles der Nordostecke an. Historisches Mauerwerk hat sich dabei nur in den unteren Teilen des über unregelmäßig-rundlichem Grundriss errichteten Baues erhalten, während die oberen Partien und die Mauerkrone weitgehend modern aufgemauert sind. Lediglich am direkten Anschluss an die Ringmauer haben sich noch höhergehende Originalmauerteile erhalten. Dieses Originalmauerwerk besteht aus kleinteiligem Bruchsteinmauerwerk und besitzt eine Stärke von beachtlichen 2,6 Metern oder mehr. Gut zu erkennen ist auch, dass das Mauerwerk des Rondelles stumpf an das Mauerwerk der Ringmauer anschließt und damit zu einem späteren Zeitpunkt entstanden sein muss als diese. Der Burggrundriss von 1791 zeigt im Gegensatz zum heutigen Baubestand einen kreisrunden Innenraum und außen einen polygonalen Umriss mit sechs etwa gleichlangen Außenfluchten, von denen die vier gegen Nordosten bis Südosten gerichteten Seiten längliche Schießscharten aufnahmen. Eindeutig datierende Anhaltspunkte fehlen zwar am heutigen Baubestand, doch darf aus typologischen Gründen eine Entstehung im ausgehenden 15. Jahrhundert oder in der ersten Hälfte des 16. Jahrhunderts vermutet werden, als im Burgenbau allgemein versucht wurde, durch die Schaffung von Geschützrondellen den gewachsenen Möglichkeiten von Feuerwaffen bei Burgbelagerung und Burgverteidigung Rechnung zu tragen. Der „Generalplan" des ausgehenden 18. Jahrhunderts bezeichnet das Rondell schlicht als „große(s) Rundel", und auf der Burgdarstellung von 1675 ist es als niedriger Rundbau mit kuppelförmigem Dach dargestellt. Auf der 1515 entstandenen Zeichnung von Hans Baldung Grien, die die Burg direkt in der Blickrichtung auf den Platz des großen Rondelles wiedergibt, ist es noch nicht dargestellt. Allerdings fehlt es auch auf dem Merianstich von 1643. Dieser gibt an der Stelle des Rondelles nur einen kleinen Turm mit spitzem Zeltdach wieder. Möglicherweise handelt es sich hierbei um eine ungenaue Darstellung der betreffenden Partie, wie ja auch auf dem Merianstich auch in diesem Bereich hinter der Ringmauer weitere Gebäude dargestellt sind, die auf den anderen Abbildungen nicht auftauchen.

An der östlichen Stirnseite des Burgareales hat sich die äußere Ringmauer nur noch in ihrer südlichen Hälfte erhalten. Hier treffen wir auf einen schlanken, aber noch heute hoch-

Hochaufgehender Mauerrest im Mittelbereich des nördlichen Zuges der äußeren Ringmauer in der Ansicht von Süden. Rüstlöcher und Wehrgangabsatz sind gut zu erkennen. Foto: Stefan Uhl 2015.

Blick von Süden auf die stark erneuerten Reste des großen Rondelles an der Nordostecke der äußeren Ringmauer. Foto: Stefan Uhl 2015.

aufragenden Ringmauerzug aus gemischtformatigen Bruchsteinen in regellosem, kaum lagigem Verband und ohne Rüstlöcher. Die Ecken sind rundlich abgemauert. Insgesamt entspricht das Mauerwerk im Wesentlichen jenem des östlichen noch erhaltenen Abschnittes des nordseitigen Ringmauerzuges. Hinter dem heutigen nördlichen Mauerende ist bei älteren Freilegungen ein Stück einer älteren Ringmauer freigelegt worden, die sich in leicht abweichendem Verlauf in gleicher Richtung wie die heutige Ringmauer erstreckte. Bei ihr dürfte es sich demnach um eine Vorgängermauer gehandelt haben, die durch die heutige Mauer ersetzt worden ist. An die ältere Ringmauer schloss sich zudem eine dünne Quermauer einer einstigen Innenbebauung an.

Die nördliche Hälfte der ostseitigen äußeren Ringmauer ist heute im obertägigen Bestand weitestgehend abgängig. Lediglich etwa auf halbem Weg finden wir eine größere, hochgehende Partie aus teils großformatigem Kernmauerwerk, das als Rest des einstigen Mauerzuges anzusprechen ist. Unmittelbar südlich davon befand sich dem „Generalplan" des ausgehenden 18. Jahrhunderts zufolge einst ein nach außen vorspringender Torbau, der den ostseitigen Burgzugang kammerförmig umschloss. Von ihm haben sich heute keine obertägigen Reste mehr erhalten. Bei Hans Baldung Grien finden wir hier noch ein einfaches Tor in der durchgehenden Mauerflucht, über dem auf der Mauerkrone ein außen auskragendes hölzernes Kampfhaus zur Burgverteidigung sitzt. Der Merianstich von 1643 zeigt ebenfalls ein einfaches Tor im Mauerverlauf, zudem aber hinter der Mauer einen hochaufragenden und großen Turm, für den es weder im Baubestand noch auf den anderen Plänen und Abbildungen eine Entsprechung gibt. Die Burgansicht von 1675 schließlich zeigt ein einfaches Tor im Mauerverlauf, vor dem dann ein kleiner ummauerter Vorhof liegt, was sich in etwa mit der Darstellung auf dem „Generalplan" vereinbaren lässt.

Während wir heute außerhalb der äußeren Ringmauer im Bereich des östlichen Kopfendes der Burg keine eindeutigen obertägigen Bauspuren mehr entdecken, so zeigen doch die historischen Darstellungen, dass sich hier einst noch weitere Wehranlagen befanden. So war der gegen Südosten gerichtete Bogen der äußeren Ringmauer außenseitig noch durch einen enganliegenden Zwinger, einen vorgelegten schmalen Graben und zudem nochmals durch einen außenliegenden Wall geschützt. Vor der Südostecke des Bering stand zudem, ein Stück weit vor dem Zwinger im Hang, ein nach innen offener Rundturm, vor dem sich eine Quermauer mit dem äußersten Burgtor befand. Die Burgdarstellung von 1675 kennt zudem nochmals zwei kleine Rundtürme in der Zwingeranlage vor der äußeren Ringmauer, eine von dem vorgenannten Rundturm abgerückte Quermauer mit zwei Toren, sowie eine etwa dreieckige Vorfeldeinfassung vor dem Burgtor in der östlichen Ringmauer, die auf der äußersten Spitze in einem kleinen Turm mit Zeltdach mündete. Sie war mit einer steinernen Mauer mit Palisadenbekrönung eingefasst. Auch der Meriansstich zeigt hier eine weit vorspringende Ummauerung mit hohem Turm im Scheitelpunkt, und selbst die Zeichnung von Hans Baldung Grien gibt eine niedrige steinerne Vormauer wieder, die sich vom Standort des späteren Rondelles an bogenförmig vor die äußere Ringmauer legt und von mehreren kleinen Turmbauten geschützt ist, die teils vor die Vormauer vorspringen, teils auf dieser aufsitzen. Demnach ist das östliche Kopfende der Burg noch im 15. Jahrhundert durch aufwändige Vorbefestigungen geschützt worden.

Der südliche Zug der äußeren Ringmauer zieht sich nur leicht gebogen die gesamte südliche Außenseite der Burganlage entlang. Die Mauer ist in der Regel etwa 1,5 m stark und damit deutlich stärker als der nördliche Zug der äußeren Ringmauer, aber ähnlich stark wie die äußere Ringmauer an der östlichen Stirnseite, mit welcher sie auch in der Südostecke im Verband steht. Steinformate und Mauertechnik entsprechen auch dem Mauerwerk im ostseitigen Teil der äußeren Ringmauer. Das Mauerwerk des südlichen Zuges der äußeren Ringmauer geht noch außen wie innen teils mehrere Meter in die Höhe und bestimmt die Südansicht der Burg wesentlich mit. Gerade von dieser Seite erscheint die Anlage auch heute noch in beeindruckender Größe, und es wird deutlich, dass sie im intakten Zustand einen geradezu monumentalen Eindruck vermittelt haben muss (vgl. Abb. S. 18 und 169).

Etwa auf der Höhe der Mittelachse des Hauptgebäudes ist an die äußere Ringmauer innenseitig ein starker Mauerpfeiler angesetzt. Sein Mauerwerk ist stumpf und damit nachträglich an das Mauerwerk der Ringmauer angefügt. Unten wurden teils große, nach oben hin kleinere Steine versetzt. Oberhalb der Mauerkrone greift der Mauerpfeiler auch über die Ringmauer hinweg. Drei auf der Höhe der Ringmauerkrone an der Nordseite des Pfeilers gelegene Balkenlöcher weisen darauf hin, dass hier der Wehrgang der Ringmauer hinter dem Mauerpfeiler entlanggeführt war. Bei diesem Mauerpfeiler haben wir es mit den Resten eines zuletzt als Hochwacht für die Stadt Sulz genutzten Mauerturmes zu tun, wie sie uns in den schriftlichen Quellen des frühen 19. Jahrhunderts begegnet. Auf dem „Generalplan" des ausgehenden 18. Jahrhunderts ist der Pfeiler als „Pfeiler von der ehemaligen Hochwacht" bezeichnet, während er auf den älteren Burgabbildungen nicht dargestellt ist.

Weiter nach Westen hin hat sich die Ringmauer noch fast bis zu ihrer ursprünglichen Höhe erhalten. Sie zeigt hier innenseitig einen schmalen Wehrgangabsatz und außenseitig die niedrigen Reste einer gemauerten Wehrgangbrüstung. Auf der Burgansicht von 1675 sind in der Mauerbrüstung kleine, regelmäßig gereihte Schießöffnunen dargestellt, während der Wehrgang selber durch einen Dach abgedeckt war. Im heutigen Bestand haben sich Ansätze einer einstigen Schießluke nur ganz am westlichen Rand des Restes der Brüstungsmauer erhalten. Darunter und nochmals ein Stück weiter westlich finden wir aber, anders als in allen anderen Ringmauerabschnitten, auch zwei hochrechteckige Schlitzöffnungen in konischen, flach gedeckten Nischen. Da innenseitig keine geräumigere Nische ausgebildet ist, scheint es sich eher um einstige Lichtschlitze für ein hinter der Mauer stehendes Gebäude zu handeln denn um eigentliche Schießscharten. Nochmals einige Meter weiter westlich haben sich schließlich an der Innenseite der Mauer zwei Mauerwerksblöcke erhalten, bei denen es sich um die Unterbauten eines den Wehrgang erschließenden gemauerten Treppenaufganges handeln könnte. Von hier an zieht sich die Ringmauer dann ohne wesentliche Baudetails nach Westen bis hin zum Ansatz der inneren westlichen Quermauer.

Wie wir bei der Betrachtung der äußeren Ringmauer gesehen haben, legt sich diese nicht als einheitliches Ganzes um die Anlage, sondern besitzt eine durchaus differenzierte Erscheinung. An der westlichen Stirnseite sind wir auf einen Buckelquaderturm wohl des 13. Jahrhunderts, auf die Reste einer vermutlich älteren Ringmauer aus Kleinquadermauerwerk sowie auf jüngere außenseitige Verstärkungen getroffen. Der nördliche Zug der äußeren Ringmauer besitzt eine relativ geringe Mauerstärke und zeigt im westlichen und im östlichen noch aufrecht stehenden Teilabschnitt unterschiedliche Mauerwerksstrukturen, die auf unterschiedliche Entstehungszeiten der Mauerabschnitte schließen lassen. An Ostseite und Südseite ist die Ringmauer hingegen deutlich stärker ausgeführt, was ebenfalls auf eine unterschiedliche Entstehungszeit zurückgehen könnte, möglicherweise aber auch einfach der besseren Angreifbarkeit dieser beiden Außenseiten Rechnung

Blick entlang der Innenseite des östlichen Teiles des südlichen Zuges der äußeren Ringmauer nach Osten. Im Zentrum der Mauerpfeiler der einstigen Hochwacht. Auf der Ringmauer ist noch über lange Strecken die gemauerte Wehrgangbrüstung erhalten. Foto: Stefan Uhl 2015.

trägt. Zeitlich wird man den nördlichen, den östlichen und den südlichen Zug der äußeren Ringmauer mit dem regellosen Bruchsteinmauerwerk und den rundlich abgemauerten Ecken und Kanten vermutlich dem Spätmittelalter zuordnen dürfen. Eine genauere zeitliche Einordnung scheitert an fehlenden eindeutig datierbaren Baudetails. Damit lässt sich auch nicht eindeutig sagen, ob die äußere Ringmauer in ihrem heutigen Bestand vor oder nach der die Kernanlage umschließenden Zwingeranlage mit ihren Flankierungstürmen entstanden ist. Auch wenn die genauere Datierung der äußeren Ringmauer offen bleibt, so wird doch andererseits an den im südöstlichen Eckbereich aufgedeckten Resten eines älteren Mauerzuges sowie in der älteren Ringmauersubstanz an der Westseite deutlich, daß die heutigen Mauerzüge an Nord-, West- und Ostseite nicht die Ringmauer des hochmittelalterlichen Baubestandes darstellen, weder des Bestandes des 11./12. noch des 13. Jahrhunderts. Vielmehr handelt es sich bei ihnen um einen relativ späten Ersatz einer in ihrem genaueren Verlauf und ihrer weiteren Ausbildung nicht weiter bekannten älteren Umfassung, die aber den vorhandenen älteren Mauerresten zufolge schon das gesamte heutige Burgareal eingefasst haben muss und deren Verlauf zumindest in etwa jenem der heutigen äußeren Ringmauer entsprochen haben wird.

Burggraben und Vorbefestigungen

Vor der westlichen Stirnseite der äußeren Ringmauer wird der die Burganlage tragende Bergsporn durch einen sehr breiten und tiefen, geradezu schluchtartigen Graben durchschnitten. Allem Anschein handelt es sich hierbei weitgehend um eine natürliche Formation, die aber, wie Erdauswürfe vor allem unterhalb der südlichen Grabenmündung zeigen, wahrscheinlich durch künstliche Ausnehmungen noch weiter vertieft wurde. Aus der wild zerklüfteten östlichen Grabenwange steigt in dem dort anstehenden Felsen eine schmale Felsspalte bis weit unter den Burghof empor, verengt sich jedoch zu ihrem Ende hin derart, dass sie keinen Zugang zum Burginneren geboten haben kann. Geht man davon aus, dass dieser Graben in wesentlichen Teilen natürlich ist, dann wird deutlich, dass das heutige Burgareal ein schon von Natur aus äußerst geschützter Platz war, der sich zur Anlage einer Befestigung geradezu anbot. Damit erklärt sich aber auch der beachtliche, für eine hochmittelalterliche Burganlage ungewöhnlich große, weit über das bei den benachbarten Neckarburgen gegebene Maß hinausgehende Umfang der Burganlage, denn dieser war ebenfalls durch den natürlich vorgegebenen Platz und nicht durch das Bauprogramm, die Wünsche oder Ansprüche des Burggründers diktiert. Die östlich hinter der westlichen Stirnmauer gelegene innere Quermauer, die den zwischen ihr und dem Graben gelegenen westlichen Burgbereich quasi zu einem vorgelegten Zwinger degradierte, zeigt entsprechend auch, dass das von der Natur vorgegebene Burgareal eigentlich größer war, als vom baulichen Standpunkt aus erwünscht bzw. sinnvoll zu nutzen gewesen wäre.

Offenbar hat man dem großen schluchtartigen Graben trotz seiner beachtlichen Ausmaße allein keine ausreichende Verteidigungsfunktion zuerkannt, denn westseitig vor ihm finden wir im Gelände direkt über der Grabenkante einen kleinen felsigen Kopf von etwa zehn auf zehn Metern Grundfläche, der teils geradlinige Felskanten aufweist und gegen den von Westen herführenden schmalen Bergsporn durch einen weiteren, diesmal allerdings nur sehr bescheidenen Halsgraben von etwa 20 Meter Breite und vier bis fünf Meter Tiefe geschützt war. Der von hier ab nur noch etwa sechs Meter breite Grat, der das Burgareal mit dem Hinterland verbindet, ist dann nochmals etwa 40 Meter weiter westlich durch einen dritten, etwa zehn Meter breiten und gut zwei Meter tiefen Graben abgetrennt. Leider finden wir im Bereich all dieser vorgelagerten Befestigungen ansonsten keine obertägigen Baureste mehr, so dass wir über deren weitere Ausgestaltung, Zeitstellung und Beziehung zur Kernanlage im Ungewissen bleiben.

Überblick und Würdigung

Fassen wir die am obertägigen Baubestand zu treffenden Beobachtungen zusammen, so müssen wir feststellen, dass sich auf der Burgruine Albeck nur sehr wenige Baureste erhalten haben, die in die Zeit der Burggründung zurückreichen könnten. Neben der durch den großen, vermutlich großteils natürlichen Halsgraben vorgegebenen Ausdehnung des Burggeländes sind dies mutmaßlich nur die kleinquadrigen Teilbereiche der westlichen Stirnseite der äußeren Ringmauer und vielleicht auch noch der im südöstlichen Burgbereich aufgedeckte ältere Verlauf der äußeren Ringmauer. Über die gesamte weitere Bebauung des Burgareales wie auch über die Ausformung der betreffenden Baulichkeiten gibt uns der heutige obertägige Baubestand keine Aufschlüsse. Damit bleibt für uns das Bild der Gründungsanlage der Burg aus dem 11./12. Jahrhundert praktisch vollkommen unbekannt.

Weitaus besser zu greifen ist dann ein großartiger Ausbau der Burganlage, der vermutlich in die Mitte oder die zweite Hälfte des 13. Jahrhunderts zu datieren ist. Damals entstand im östlichen Burgteil auf der höchsten Kuppe des Burgareales das kleine Kernwerk mit seiner quadratischen Ummauerung und dem prachtvollen Hauptgebäude in der Südostecke. Mit seinen aufwendigen frühgotischen Tür- und Fenstergewänden gehört es zu den baukünstlerisch anspruchsvollsten Burgbauten seiner Zeit nicht nur am oberen Neckar, sondern auch in der weiteren Umgebung. Weiterer hoher baukünstlerischer Anspruch dokumentiert sich auch in der Wahl der streng geometrischen Grundrissform, womit sich der Bau unter die innovativsten Burgbauten seiner Zeit einreiht. Burg Albeck darf damit sicher zurecht als die bau- und kunstgeschichtlich anspruchsvollste Burganlage des 13. Jahrhunderts am Oberen Neckar wie auch in dessen Umland gelten. Weitgehend unbekannt bleibt uns aber auch für jene Zeit die Ausformung der restlichen Burgbereiche. Lediglich die Entstehung des kleinen Buckelquaderturmes am südlichen Ende der westlichen Stirnseite könnte sich noch jener Zeit zuweisen lassen.

Weitere umfangreiche Ausbauten der Burg lassen sich aber auch für das Spätmittelalter nachweisen. So konnten wir die außenseitige Verstärkung der westlichen Ringmauer über dem Graben, den schrittweisen Neubau der äußeren Ringmauer, die Anlegung der westseitigen inneren Quermauer, die Errichtung eines das Kernwerk eng umziehenden Zwingers mit mehreren Schalentürmen und die Entstehung einer an die äußere Ringmauer innen angelehnten Innenbebauung nachweisen, ohne diese Bauteile jedoch im Einzelnen genauer datieren zu können. Das trifft auch zu für die Entstehung des großen Rondelles vor der Nordostecke der äußeren Ringmauer, das schließlich erst dem Nachmittelalter zuzurechnen ist. Alle diese Bauten zeigen, dass die Entwicklung der Burg nicht mit der Errichtung des bau- und kunstgeschichtlich dominierenden Kernwerkes mit seinem Hauptgebäude im 13. Jahrhundert abgeschlossen war, sondern dass der Ausbau der Burg auch im Spätmittelalter und in der frühen Neuzeit fortgesetzt wurde – von Bauumfang und Baumasse her vielleicht sogar in noch einem größeren Maße, als das bei den heute auf den ersten Blick ins Auge stechenden Bauteilen des 13. Jahrhunderts der Fall war. Burg Albeck ist damit – wie viele andere Burgen auch – eine Burganlage, die sich nicht in einem oder nur wenigen einzelnen Schritten entwickelte, sondern über viele Jahrhunderte hinweg und in mehreren Bauphasen zu ihrer heutigen Gestalt gewachsen ist. Es bleibt zu hoffen, dass der heutige fragmentarische Restbestand auch die kommenden Jahrhunderte in möglichst großem Umfang überdauern wird, um so auch weiterhin als bauliche Quelle für die Geschichte seiner Zeit dienen zu können.

Anmerkungen

1 *Uhl*, Hauptgebäude.
2 *Uhl*, Hölzerne Burggebäude.
3 Ebd.
4 *Uhl*, Buckelquader.

Dorothee Ade

Die Burg im Spiegel der archäologischen Funde

◂ Die repräsentativen gotischen Fensternischen im ersten Obergeschoss der Ostwand. Foto: Stadtverwaltung Sulz am Neckar.

Ein fundreicher Platz

Von dem seit 1971 gesammelten, umfangreichen Fundmaterial von der Burg Sulz/Albeck kann hier schon aus Platzgründen nur eine Auswahl vorgestellt werden.[1] Bei der 2011 und 2012 von der Denkmalpflege in Freiburg durchgeführten Inventarisation wurden ca. 1000 kg Keramik, 145 kg Tierknochen sowie eine Vielzahl Objekte aus Metall, Glas und Knochen erfasst. Von 1971 bis 1980 waren dies Lesefunde, die Reinhard Matull aus Sulz in und um die Burg bergen konnte. Nachdem die Stadt Sulz 1978 die Burg erworben hatte, kam es 1982 zu ersten Arbeitseinsätzen einer Gruppe um Hans Wössner, 1995 dann zur Gründung des Fördervereins Ruine Albeck, der am Palas, an der Umfassungsmauer und dem Rondell Sanierungsarbeiten durchführte. Bei der Sanierung der Mauern, der Schaffung von Zufahrten, dem Abtragen von Schutt, dem Entfernen von Gestrüpp und Bäumen kamen auch zahlreiche Funde zu Tage; Beobachtungen zu Fundumständen liegen aber leider nur skizzenhaft vor. Ab 2004 wurden Arbeiten am Rondell und entlang der Südmauer von Siegfried Kägi in Zusammenarbeit mit Reinhard Matull auch fotografisch dokumentiert, notizartig beschrieben und die Fundstellen in einen Plan eingetragen. Da leider weder die Schichtabfolgen zusammenhängend beobachtet noch Profile aufgezeichnet wurden, sind die Beobachtungen zur Fundlage nur beschränkt verwertbar. Inzwischen sind die stratigraphischen Anschlüsse im Bereich der sanierten Mauern größtenteils zerstört. Lediglich im Mai 2009 wurden in dem zum Einbringen von Isoliervlies 0,8 m eingetieften Graben vom Referat Denkmalpflege in Freiburg zwei Profile an der Innenseite der Südmauer dokumentiert, die allerdings keine wesentlichen Schichtabfolgen erbrachten.

Die Funde von Reinhard Matull, Siegfried Kägi und einigen anderen Sammlern sind im Zentralarchiv des Landesmuseums Baden-Württemberg in Rastatt magaziniert, die Sammlung von Christoph Bizer wird im Landesmuseum Württemberg in Stuttgart aufbewahrt. Weitere Funde sind ausgestellt im Museum im Schwedenbau in Oberndorf a. N. sowie im Kultur- und Museumzentrum Schloss Glatt in Sulz-Glatt.

Angesichts der Masse der keramischen Funde war es im Rahmen der Bearbeitung weder möglich noch zielführend, diese umfassend zu bearbeiten. Mehr als die Hälfte besteht aus rot gebrannter Ware des 16. bis 18. Jahrhunderts, die z. T. glasiert und bemalt ist. Die Ofenkeramik nimmt etwas mehr als ein Viertel ein, die graue spätmittelalterliche Ware ungefähr ein Sechstel, der Rest verteilt sich auf nachgedrehte Ware des 11. bis 13. Jahrhunderts und vorgeschichtliche Keramik. Ausführlicher vorgestellt werden die frühen Warengruppen sowie allgemeine Tendenzen und aussagekräftige Stücke der jüngeren Geschirr- und Ofenkeramik. Ebenfalls einbezogen wurden bestimmbare Metall- und Glasfunde sowie bearbeitete Knochen. Da es sich überwiegend um Lesefunde handelt, wurde die Fundlage nur berücksichtigt, wenn sie etwas aussagt. Die Auswertung im Rahmen eines ausführlichen kommentierten wissenschaftlichen Katalogs ist derzeit in Arbeit.

Nicht nur ein Ausflugsziel

Die Geschichte des Bergsporns, auf dem die Burg steht, reicht weit zurück in die Vorgeschichte. Funde belegen, dass seit langem schon Menschen diesen Platz aufgesucht und sogar besiedelt haben.[2] Die ältesten Scherben und Steinartefakte stammen noch aus der Jungsteinzeit, ein Scherben lässt sich sogar der Bandkeramik (5500–5000 v. Chr.) und damit den ersten Bauern Mitteleuropas zuordnen. Die wenigen Stücke sprechen allerdings lediglich für eine Begehung. Erst aus der späten Bronzezeit (Urnenfelderkultur, 1200 bis 800 v. Chr.) gibt es dann wieder Spuren von Menschen. Neben Scherben wurde auch eine Pfeilspitze aus Bronze geborgen.[3]

Umfangreicher sind Keramikfunde (u. a. zwei Spinnwirtel) aus der späten Hallstatt- und frühen Latènezeit (6./5. Jh. v. Chr.), der Zeit der Kelten. Sie könnten schon eher für eine Höhensiedlung in exponierter Lage sprechen. Typisch für diese Zeit sind Bestattungen in Grabhügeln, wie sie im Wald „Hintere Forlewang“ 1891 ausgegraben wurden. In der Laténezeit setzen sich dann allmählich Flachgräber durch. Reste einer Siedlung wurden von Alfred Danner und Reinhard Matull bei Bauarbeiten 1985 und 1999 unterhalb des Stockenbergs freigelegt.

Auch aus der sonst eher fund- und siedlungsarmen späten Latènezeit (2. bis frühes 1. Jh. v. Chr.) liegen Scherben vor, die darauf hinweisen könnten, dass auf der Albeck ein lokales Zentrum bestand, von dem aus der Handel kontrolliert wurde. Im Umfeld finden sich mehrere zeitgleiche befestigte keltische Gutshöfe, sogenannte Viereckschanzen, in Sulz weisen Scherben und eine Münze aus der Altstadt beim Almendgässle auf eine weitere Siedlungsstelle hin.[4] Verflachte Wälle und Gräben auf der Hochfläche westlich des tiefen Burggrabens könnten von Befestigungen vorgeschichtlicher Höhenburgen stammen.

Erst 700 Jahre später finden sich wieder Hinweise auf Menschen auf dem Berg. Einige wenige Randscherben mit keulenförmigen Rändern, darunter vermutlich auch das von Bizer abgebildete Randstück[5], gehören zu einer Warenart, die eine Nachbildung der rauwandigen Drehscheibenware ist.[6] Die vom 6. bis 8. Jahrhundert verbreitete Warenart, die z. B. aus dem Königshof Rottweil vorliegt,[7] passt zeitlich zu einer Riemenzunge aus Bronze, die als Lesefund am Osthang geborgen wurde. Sie datiert in die Zeit um 700, aus der Gräberfunde unterhalb der Burg beim Pfisterwald vorliegen.[8] Der heute noch bestehende Name Weiler am Fuß der Albeck weist auf die zugehörige Siedlung hin, deren Bewohner sicher auch den Berg begangen haben.

Die mit 13 cm außergewöhnlich lange Riemenzunge aus Eisen datiert in die Zeit der Alamannen, um 700 n. Chr. Zeichnung: Iris Grunert.

Die Tüllenpfeilspitze aus Bronze mit einer Länge von ca. 3 cm stammt aus der späten Bronzezeit oder Urnenfelderzeit, 1200–800 v. Chr. Foto: Andreas Willmy.

Die Grafenburg – sachdienliche Hinweise gesucht

Albware am Oberen Neckar

Hinweise zum Beginn der Burg Sulz lassen sich auch den archäologischen Funden nur spärlich entlocken. Zwar gibt es unter den Lesefunden ein ansehnliches Kontingent von über 500 hochmittelalterlichen Scherben,[9] doch die oft langlebigen Topfformen lassen nur eine großzügige Datierung zu. Die Funde stammen hauptsächlich von Keramikgefäßen, die von Hand aufgebaut und auf der Handtöpferscheibe nachgedreht wurden. Dadurch wurde zumindest außen eine einigermaßen glatte Oberfläche erzeugt, während auf der Innenseite noch Spuren des Aufwülstens sichtbar sind. 88 % der Scherben gehören zu der auch in unserem Raum verbreiteten Warengruppe, die als Albware bezeichnet wird, obwohl ihre Verbreitung weit über die mittlere und westliche Alb hinaus nach Norden bis an die Enz, nach Westen bis an die Kinzig und nach Süden bis an die Donau reicht.[10]

Typische Gefäße sind einfache, bauchige bis kugelige Töpfe mit angesetzten trichter- oder keilförmigen Rändern. Der Ton ist stark mit Kalkstein oder Kalkspat versetzt, wobei die Magerung lokal variieren kann. Durch den ungleichmäßigen

Brand zwischen oxidierend und reduzierend kommt es zu unregelmäßigen Scherbenfarben zwischen dunkelbraun oder -grau und rötlichbraun bis hin zu gelblichen Färbungen, wobei auf der Albeck die graubraunen Töne überwiegen. Unterschiede in Magerung, Brennhärte und Verzierung lassen auf kleine lokale Produktionsstätten schließen, möglicherweise wurden viele Gefäße im Hauswerk hergestellt.

Der Beginn dieser Warenart wird meist im späten 11. Jahrhundert angesetzt, wobei Mitte oder noch vor Mitte des 11. Jahrhunderts und sogar das 10. Jahrhundert nicht ausgeschlossen werden. Betrachtet man die Verteilung der Randformen, so sind Ränder der frühen Albware[11] mit acht Stücken und die bis zur Mitte des 12. Jahrhunderts angesetzte Variante der älteren Albware[12] sogar nur mit fünf Exemplaren vertreten (Abb. S. 24). Lediglich fünf mit Wellenlinien verzierte Scherben unterstreichen das geringe Vorkommen der älteren Albware. Dagegen finden sich keilartige Ränder, die in der zweiten Hälfte des 12. und im frühen 13. Jahrhundert aufkommen,[13] mit über 60 Exemplaren weitaus häufiger (Abb. S. 24).

Ein ähnlich hohes Aufkommen zeigen leistenartige Ränder der mittleren Albware in der ersten Hälfte des 13. Jahrhunderts und längere Ausführungen, die den Übergang zur im Fundmaterial nicht vorhandenen jüngeren Albware um die Mitte des 13. Jahrhunderts anzeigen. Zwei Ösenhenkel und ein Randstück dürften zu einer Doppelhenkelkanne oder einem Kännchen mit Tülle gehören, die in der Albware häufiger vorkommen.[14] Zwei Tüllen sowie Randscherben stammen von entsprechenden Kännchen oder Bügelhenkelkannen.[15] In die zweite Hälfte des 12. Jahrhunderts oder in das 13. Jahrhundert gehören auch die Becherkacheln dieser Warengruppe und die Kannenfragmente, während Deckel vereinzelt auch schon vor der Mitte des 12. Jahrhunderts vorliegen.[16]

Scherben der Albware fanden sich an der Nordmauer und besonders häufig am Nordhang zum Neckar hin, während die von Bizer aufgesammelten Stücke von der von ihm als „Hintere Burg" bezeichneten Bereich auf der westlichen Seite des Burggrabens stammen. Andere nachgedrehte Warengruppen spielen mit ca. 50 Scherben eine geringe Rolle, dreimal finden sich Trichterränder, die typisch für das 11. Jahrhundert sind.[17] Noch seltener sind Scherben der sogenannten Älteren gelben

Scherben der Albware aus dem 12. und frühen 13. Jahrhundert weisen auf eine Vorgängerburg hin. Die Randscherbe mit Wellenlinie stammt von einem flachen Topfdeckel, die Randscherbe, Tülle und zwei Henkel von Kannen. Foto: Matthias Seitz.

Die Randscherben von Becherkacheln der Albware aus dem späten 12. oder frühen 13. Jahrhundert zeigen dass die Vorgängerburg schon einen oder mehrere einfache Kachelöfen besaß. Foto: Matthias Seitz.

Die wenigen Randscherben der Älteren gelben Drehscheibenware datieren in das 11./12. Jahrhundert. Foto: Matthias Seitz.

Messerscheidenbeschlag mit pyramidenförmigem Buckel aus Bronze, auf der Vorderseite vergoldet, Länge 5,3 cm, 11./12. Jahrhundert. Derartige Beschläge weisen auf Angehörige des Adels oder gehobener Ämter hin. Foto: Matthias Seitz.

Drehscheibenware, die vom 7. bis ins 12. Jahrhundert produziert wurde, am oberen Neckar aber nur selten auftritt.[18] Zwei Boden- und sieben Wandscherben, eine davon mit Wellenlinienverzierung, dürften zur hochmittelalterlichen Variante gehören.

Leider lassen sich nur noch wenige weitere Funde eindeutig der Zeit zwischen der zweiten Hälfte des 11. und der Mitte des 13. Jahrhunderts zuordnen. Dazu zählen fünf Hufeisen mit wellenförmigem Rand und sechs Nagellöchern (Typ 1) wie auch eines mit glattem Außenrand und drei Nagellöchern (Typ 2a). Typ 1 ist vom 11. Jahrhundert bis in die zweite Hälfte des 13. Jahrhunderts und Typ 2a von der Mitte des 12. Jahrhunderts bis ins 14. Jahrhundert gebräuchlich.[19] Zu den frühen Objekten könnte auch die Knebeltrense gehören (Abb. S. 33).

Einige Pfeileisen dürften ebenfalls noch aus dieser Zeit stammen, doch ihre Laufzeiten lassen keine genaueren Aussagen zu (Abb. S. 64). Wohl noch in die Anfänge der Burg datiert eine Geschossspitze mit sieben- oder achtkantigem Blatt, die dem in das 10. bis 12. Jahrhundert datierten Typ mit quadratischen Blattquerschnitt ähnelt.[20] Zwei weitere Geschossspitzen mit lanzettförmigem Blatt und rhombischem Blattquerschnitt datieren frühestens ins ausgehende 12. Jahrhundert[21] und werden Ende des 13. Jahrhunderts von dem auch auf der Albeck am häufigsten vertretenen weidenblattförmigen Typ mit rhombischem Querschnitt abgelöst.[22] Dieser hat, ebenso wie Stücke mit lanzettförmigem Blatt und quadratischen Querschnitt, eine Laufzeit vom späten 12. bis ins 15. Jahrhundert.[23]

Ein im Zusammenhang mit der frühen Burg sehr interessantes Fundstück ist ein schmaler, feuervergoldeter Beschlag aus Buntmetall mit hohlem pyramidenförmigem Buckel und Randverzierung sowie zwei Nietlöchern. Der Randverzierung zufolge könnte es sich um den Beschlag einer ledernen Messerscheide handeln, wie sie vom 11. bis 13. Jahrhundert getragen wurde.[24] Ähnliche Beschläge, allerdings ohne Buckel, von der Burg Alt-Wildenstein im Donautal sowie weitere neue Funde belegen, dass diese Messerscheiden nicht nur in Norddeutschland und im slawischen Gebiet, sondern auch in Süddeutschland und der Schweiz verbreitet waren.[25] Die zahlreichen Funde aus Burgen und Handelszentren verweisen auf Angehörige des Adels oder gehobener Ämter. Dafür steht auch die beeindruckende, fast lebensgroße Leuchterfigur im Erfurter Dom, die eine mit Rechteckbeschlägen verzierte Messerscheide trägt. Sie ist um 1160 entstanden und zeigt wohl den Ministerialen und Stifter Wolfram, der auch in Urkunden belegt ist.[26]

Welcher Alwig baute die Burg?

Es bleibt also festzuhalten, dass aus der Zeit Alwigs I. und Alwigs II., also dem späten 11. und der ersten Hälfte des 12. Jahrhunderts, nur wenige Keramikscherben vorliegen. Genau in der Zeit, in der die Grafen von Sulz ab 1152 aus der historischen Überlieferung verschwinden (s. S. 26), verzehnfacht sich die Scherbenanzahl – und dies bleibt auch so, als der nur 1196 bezeugte Graf Alwig III. Burgherr gewesen sein muss. Wie lässt sich aber das geringe Fundaufkommen um 1100 erklären?

Zwar ist nicht völlig auszuschließen, dass dort lediglich eine nur in Notzeiten aufgesuchte Fluchtburg existierte und die Grafen einen Herrenhof in Sulz bewohnten. Da jedoch ihre Standesgenossen und Verwandten zu dieser Zeit schon Höhenburgen besaßen, erschiene dies angesichts der Stellung der Sulzer Grafen als nicht sehr standesgemäß und eher unwahrscheinlich.

Leider haben wir so gut wie keine Informationen über das Aussehen der zwischen 1077 und 1090 genannten Burgen (Sigmaringen, Limburg, Tübingen und Herrenzimmern) sowie weiterer indirekt durch Hochadelsfamilien belegten Anlagen (Nellenburg, Zollern, Wirtemberg und Eberstein). Einzige Ausnahme ist die Limburg bei Weilheim/Teck, die zu einem kleinen Teil ergraben wurde.[27] Dank archäologischer Untersuchungen außerhalb Baden-Württembergs wissen wir, dass dies einfache, aus Holz gebaute Anlagen (Frohburg, Kt. Solothurn) sein konnten, aber auch bereits aus Stein errichtete Burgen (Habsburg, Kt. Aargau; Sulzbach, Lkr. Amberg).[28] Einige wurden als Dauerwohnsitz sogar in bereits bestehende, mit Wällen und Gräben befestigte Fluchtburgen gebaut. Der Ausbau der Holzburgen in Stein erfolgte meist erst im Laufe des 12. Jahrhunderts und beschränkte sich anfangs auf die Befestigung und einen Wohnturm. Insgesamt ist festzustellen, dass der Fundanfall auf frühen Burgen allgemein eher gering ist.

Eine solche Entwicklung könnte auch auf der Albeck vorliegen: Eine erste, noch Ende des 11. Jahrhunderts erbaute Holzburg wurde im 12. Jahrhundert in Stein ausgebaut. Der letzte Rest einer ersten steinernen Ringmauer könnte das von Stefan Uhl entdeckte Mauerstück an der Westseite der Schanze sein (s. S. 168). Dies wäre ein deutlicher Hinweis, dass auch die Vorgängerburg schon in etwa dasselbe Gelände einnahm. Und die Zisterne verweist darauf, dass auch der Vorgängerbau des Palas, vermutlich ebenfalls ein Wohnturm, an etwa demselben höchsten Geländepunkt gestanden haben muss. Der Bau der ungewöhnlich großen Zisterne und deren Funktionalität illustrieren die finanziellen und technischen Möglichkeiten der hochadeligen Bauherren – doch über den Erbauer lässt sich nur spekulieren.

Vermutlich begann Graf Alwig I. im späten 11. Jahrhundert mit dem Burgenbau und unter seinem bald nach 1152 verstorbenen Sohn Alwig II. oder dessen Sohn Alwig III. wurde die Burg möglicherweise ausgebaut und erreichte eine Blüte, die sich verstärkt auch im Fundanfall äußert. Das Geschirrrepertoire unterscheidet sich zwar in Machart und Gefäßformen kaum von demjenigen gleichzeitiger ländlicher Siedlungen. Doch auch im Rottweiler Königshof, (vor)städtischen Siedlungen wie Rottweil, Villingen oder Mengen und in zahlreichen anderen Burgen stellt Albware das Gros der Geschirrkeramik. Immerhin lässt sich seit der zweiten Hälfte des 12. Jahrhunderts die Einrichtung von Kachelöfen und damit ein gehobener Wohnkomfort belegen. Die Haltung von Pferden und Funde wie der vergoldete Messerscheidenbeschlag verweisen auf die gehobene Stellung der Bewohner.

Neue Herrschaft – neues Sach'

Ritter, Reiter, Reisige

Mit den edelfreien Herren von Geroldseck, die nach 1250 Burg und Herrschaft Sulz innehatten, nehmen auch die Fundmengen zu. Obwohl man im ersten Moment geneigt ist, dieses Phänomen mit der neuen prächtigen Burganlage in Verbindung zu bringen, liegt dies doch vor allem am Wandel der Zeit. Ab der Mitte des 13. Jahrhunderts lässt sich eine neue Vielfalt in der Geschirrkeramik beobachten, neben die jetzt auch verstärkt Glasgefäße treten, die zuvor noch Kostbarkeiten waren. Zunehmend finden sich Objekte aus Metall als Accessoires für Kleidung und Ausrüstung oder Beschläge für Mobiliar. Werkzeug oder Landwirtschaftsgerät änderten sich jedoch über Jahrhunderte hinweg kaum und entziehen sich daher meist einer genaueren Datierung. Sie belegen jedoch die auf der Burg verrichteten Tätigkeiten.

Diese Fundkategorien werden wir exemplarisch durch die Zeiten betrachten, da sich ihre Laufzeiten meist nicht zwischen den Herrschaften der Geroldsecker und den nachfolgenden Württembergern trennen lassen. Beginnen wir mit den Hinterlassenschaft, die meist vorrangig mit Burgen, Adeligen und ihren Gefolgsleuten in Verbindung gebracht werden, in deren Leben Kampf und Krieg eine wichtige Rolle spielten. Auch wissen wir, dass die Albeck Schauplatz oder Ausgangspunkt mancher kriegerischer Auseinandersetzung war.

Bolzen, Panzer und Granaten

An Waffen liegen hauptsächlich Geschossspitzen von Armbrüsten oder Pfeil und Bogen vor, die sich nicht immer sicher in Bolzen- oder Pfeilspitzen unterteilen lassen. Eine stattliche Anzahl von 69 Geschossspitzen wurde am Nordhang und in der Burg selbst gefunden (Abb. S. 64), etliche davon auf der In-

Die mit vier Dornen ausgestatteten Krähenfüße aus Eisen dienten als Annäherungshindernisse für die Reiterei, Länge ca. 4,5 cm, 13.–17. Jahrhundert. Foto: Matthias Seitz.

Doppelschnallen mit Öse aus Buntmetall, Breite ca. 3,5 cm. Solche Schnallen wurden im 17. Jahrhundert am Degengehänge verwendet. Foto: Matthias Seitz.

Die beiden miteinander vernieteten, beweglichen, gebogenen Eisenbleche könnten zum Kragen einer Rüstung des 16. Jahrhunderts gehört haben. Foto: Matthias Seitz.

nenseite der Südmauer. Wie bereits dargelegt, können einige Stücke noch in die Herrschaft der Grafen von Sulz zurückreichen, die meisten gehören jedoch in die Zeit der Herren von Geroldseck. Die mit 25 Exemplaren am häufigsten vertretenen weidenblattförmigen Geschossspitzen mit rhombischem Querschnitt sind vom ausgehenden 12. Jahrhundert bis ins 15. Jahrhundert in Gebrauch, Varianten mit quadratischem Querschnitt (19 Stück) von der Mitte des 13. Jahrhunderts bis ins 15. Jahrhundert.[29] Jünger sind dagegen dreieckige Bolzen, die vom ausgehenden 14. bis ins 16. Jahrhundert Verwendung fanden.[30]

Der Vertrag von 1421 (s. S. 63f.) gibt uns immerhin Einblicke in die als notwendig erachtete Waffenausstattung der Burg. Erwähnt werden zehn Armbrüste und 4000 Pfeile, die von der einen Partei gestellt und von den Herren von Geroldseck noch verdoppelt werden sollten. Verglichen damit wiegen natürlich 69 Bolzen nicht viel. Die Tatsache, dass sie auf der Innenseite der Südmauer gefunden wurden, dürfte weniger mit einem feindlichen Angriff als mit Verlustfunden zu erklären sein. Dass nur die Hälfte der erwähnten 4000 Pfeile stählern war, dürfte bedeuten, dass nur diese mit Spitzen versehen und der Rest nur als Holzschäfte vorhanden waren. Zwei leicht gebogene ovale Doppelschnallen aus Bronze mit einer seitlichen Öse wurden wohl am Degengehänge verwendet. Vergleiche liegen aus dem 1622 unter Schlammmassen begrabenem Tilly-Lager vor Heidelberg vor und am Degen aus dem Grab des 1622 verstorbenen Melchior Freiherr Thumb von Neuburg in Waldachtal-Salzstetten.[31]

An der Innenseite der Südmauer fanden sich die Reste eines Kettenpanzers aus vernieteten Ringchen (Abb. S. 57). Sie können zu einem Kettenhemd oder Teilrüstungen wie Beinlingen, Kragen, Hauben etc. gehört haben, die teilweise bis ins 17. Jahrhundert getragen wurden.[32] Reste von Kettenpanzern sind vor allem von Schweizer Burgen bekannt.[33] Zwei miteinander beweglich vernietete, in der Mitte leicht geknickte Eisenblechstreifen könnten vom Kragen einer Rüstung des 16. Jahrhunderts stammen.[34] Jünger dürfte die Dosiervorrichtung für eine Pulverflasche sein (Abb. S. 117), in der man

Munition von der Albeck aus dem 15.–17. Jh.: Bleikugel, Durchmesser 1,6 cm, Eisenkugel 5,8 cm (links oben), Steinkugeln ca. 7–12,3 cm. Fotos: Matthias Seitz.

ab der Mitte des 16. Jahrhunderts das Schießpulver für Handfeuerwaffen mitführte.[35]

An sonstigem Kriegsgerät findet sich ein umfangreiches Inventar von Kugeln aus Stein, Metall und Ton unterschiedlicher Größe. Eine Bleikugel im Kaliber 16 mm sowie zwei weitere, vom Aufprall verformte können bereits von frühen Handfeuerbüchsen ab 1400 bis ins mittlere 19. Jahrhundert verwendet worden sein.[36] Eine steinerne Gussform für Bleikugeln von ca. 5 cm dürfte wohl ins 15. oder 16. Jahrhundert datieren.[37] Eine nur noch zur Hälfte erhaltene massive, zweiteilig gegossene Eisenkugel im Kaliber 5,8 cm stammt wohl aus dem 16. oder 17. Jahrhundert.[38]

Die zwölf vorliegenden Steinkugeln haben Durchmesser von 7 bis 12,3 cm und könnten Munition von Tarrasbüchsen oder leichteren Feldschlangen gewesen sein, die ab dem 15. Jahrhundert aufkommen.[39] Seit dem 15. Jahrhundert kamen auch auch Granaten aus Eisen, Ton oder Glas in Gebrauch.[40] Handgranaten aus Ton, wie die drei vorliegenden Exemplare, wurden eher aus nächster Nähe geworfen und im Feld verwendet.[41] Auf Burgen wurden sie an Schnüren über die Mauer auf die Köpfe der Gegner herabgelassen. Sie könnten Überreste von der Belagerung der Albeck im Bauernkrieg sein, aber auch noch aus dem 17. Jahrhundert stammen.

Ebenfalls zum Kriegsgerät zählen die beiden jeweils mit vier Dornen ausgestatteten Fußangeln oder Trittdorne, auch Krähenfüße genannt. Egal wie sie hingeworfen wurden, zeigte eine Spitze immer nach oben. Diese schon in der Antike bekannten Annäherungshindernisse waren vom 13. bis 17. Jahrhundert wohl vor allem gegen feindliche Reiterei im Einsatz.[42]

Von Pferden und Reitern

Zu einer Burg gehörte die Haltung von Pferden, die als Reit- und Lasttiere sowie im Kampf eingesetzt wurden. Gegenstände der Reitausrüstung sind damit typische Burgenfunde und gehören im weitesten Sinne zur militärischen Ausrüstung. Neben Hufeisen und einfachen, zweckmäßigen Formen von Trensen, Steigbügeln, Sporen, Zaum- und Sattelzeug finden sich auch Ausführungen, die das Repräsentationsbedürfnis des Adels widerspiegeln. Zu den bereits aufgeführten fünf Hufeisen vom Typ 1 (11. bis Mitte 12. Jh.) sowie einem vom Typ 2a (Mitte 12. bis 14. Jh.) kommen vier Ausführungen mit glattem Rand und acht Ausführungen vom Typ 4 mit in einem Falz versenkten Löchern, die von der zweiten Hälfte des 13. Jahrhunderts bis ins 15. Jahrhundert in Gebrauch waren, und eine vom schweren Typ 2b mit acht Nagellöchern, die von der zweiten Hälfte des 14. Jahrhunderts bis ins 15. Jahrhundert auftreten (Abb. S. 33).[43]

Ein kleines, schmales Hufeisen könnte sogar von einem Esel stammen.[44] Esel wurden als Tragetiere zur Versorgung von Burgen eingesetzt – wohl auch auf der Albeck, wie der Unterkiefer eines etwa vierjährigen Esels zeigt, der 1977 bei einem neu angelegten Weg an der Schlosshalde zum Vorschein kam.[45]

Mehrfach liegen Fragmente von Pferdetrensen vor, die sich aber nicht immer sicher einem Typ zuordnen und datieren lassen (Abb. S. 33). Zwei einfache Gebissglieder mit kantigem Querschnitt und Ösen dürften zu Ringtrensen gehört haben, wie sie zwischen dem 10. und 15. Jahrhundert auftreten.[46] Ein massives konisches Mundstückfragment könnte von einer seit dem 13./14. Jahrhundert nachweisbaren Hebelstangentrense stammen.[47] Dreimal liegen tordierte stangenförmige Knebel von Knebeltrensen vor. Das am besten erhaltene Exemplar mit aufgerollten Enden hat ein Pendant aus Augsburg-Oberhausen, das in das 10./11. Jahrhundert datiert wird. Da es sich um einem Lesefund aus dem römischen Lager handelt, ist die Datierung unsicher.[48]

Sattelgurtschnalle aus Eisen, Breite 6,5 cm, 13.–15. Jahrhundert.
Foto: Matthias Seitz.

Jünger ist das Seitenstück einer Kandare, einer tierquälerischen Gebissvariante, die ab dem 16. Jahrhundert nicht nur bei Schlachtrössern verstärkt eingesetzt wurde. Gut vergleichbar sind ein um 1550 datiertes, komplett erhaltenes Gebiss aus der Sammlung der Burg Coburg[49] und eine Trense aus einem Heerlager des Dreißigjährigen Krieges 1639 bei Gielow (Mecklenburg-Vorpommern).[50]

Zu dem einzigen Sporn mit einfacher, wenig ausschweifender Form und kurzem Radhalter liegt ein ähnliches Stück aus dem Tilly-Lager von 1622 bei Heidelberg vor.[51] Steigbügel sind zweifach vertreten. Von einem eisernen Exemplar ist noch die Hälfte des birnenförmig geschwungenen Bügels mit einem Steg des Riemendurchzugs erhalten. Von einem bronzenen Steigbügel liegt nur noch der kästchenförmige, am Bügel angebrachte verzierte Riemenschutz vor. Beide Varianten sind erst ab dem 14. Jahrhundert nachweisbar und reichen bis ins 15. Jahrhundert.[52] Auf der Schanze westlich des Palas wurde 2011 in einer Baumgrube eine T-förmige Sattelgurtschnalle mit Blechrolle gefunden, wie sie vor allem vom 13. bis 15. Jahrhundert verwendet wurde.[53]

Am Zaumzeug könnte ein rechteckiger Buntmetallbeschlag mit vier Löchern und einem in der Mitte herausgetriebenen Löwenköpfchen befestigt gewesen sein. Auch wenn di-

Steinerne Gussform für Bleikugeln von 5 cm Durchmesser, 15./16. Jahrhundert, und Bruchstück einer innen hohlen Handgranate aus Ton, 15.–17. Jahrhundert.
Foto: Matthias Seitz.

Der wohl am Zaumzeug befestigte Bronzebeschlag ist auf der Außenseite vergoldet und zeigt einen Löwenkopf mit breitem Maul und Mähne, Länge ca. 5,25 cm, 13./14. Jahrhundert. Foto: Andreas Willmy.

rekte Vergleiche fehlen, weisen die Form, die Art der Verzierung durch einfache Strichgravuren und die Vergoldung auf ein Zaumzeugbestandteil hin. Dazu zählen rechteckige Aufhänger, die mit Nietlöchern an den Enden und einer Aufhängeöse versehen sind. Letztere fehlt allerdings an dem vorliegenden Stück. Rechteckige Aufhänger kommen im 13. Jahrhundert in und im 14. Jahrhundert wieder aus der Mode. Ein mit zwei plastischen Masken verzierter Aufhänger aus Leutenbach (Lkr. Forchheim) kann nur grob ins 13. bis 15. Jahrhundert eingeordnet werden.[54]

Ein stattlicher Bau

Dach, Fenster, Tür

Vom Dach und seiner Deckung überdauerten vor allem Ziegel, die aber nur selten aufbewahrt wurden. Exemplarisch erhalten blieben jeweils ein fast vollständig erhaltener Flach- und Hohlziegel. Bei letzterem handelt es sich um einen 44 cm langen und 14,5 cm breiten Nonnenziegel einer Mönch-Nonne-Deckung. Der 42 cm lange und 16 cm breite Flachziegel hat einen runden Abschluss, weist an den Rändern Abstriche auf und auf der Unterseite eine dreieckige Nase. Die älteren Hohlziegel wurden im späten Mittelalter von rechteckigen Flachziegeln abgelöst, die vorliegende runde Variante, der sogenannte Biberschwanz, kommt frühestens im 15. Jahrhundert auf.[55] Da eine so aufwendige Zisterne wie die der Albeck Ziegelbedachungen verlangt, dürften zumindest der Palas und ein mutmaßlicher älterer Vorgängerbau schon mit Hohlziegeln gedeckt gewesen sein. Dass bei anderen Burggebäuden auch Holzschindeln verwendet wurden, zeigen Schindelnägel.[56]

Ein spitz zulaufendes Randstück unter den einseitig grün glasierten Ofenabdeckplatten könnte darauf hinweisen, dass es auf der Albeck sogar glasierte Ziegel gab. Die unter der Glasur aufgebrachte Engobe datiert das Stück frühestens in das 15. Jahrhundert.

In größerem Umfang vorhanden sind eiserne Baubeschläge wie Bolzen, Haken, Klammern, Splinte, Mauerringe und Bänder, die nicht mehr zugeordnet werden können und deshalb hier auch nicht weiter behandelt werden; gleiches gilt für Nägel. Weitere Bauteile sind Beschläge und Verschlüsse von Türen oder Fenstern, die nicht immer sicher von Möbelbeschlägen zu unterscheiden sind. Mehrfach vorhanden sind Tür- und Fensterkloben, neben überwiegend einteiligen kommen auch zweiteilige Ausführungen vor. Belegt sind ein Türschloss, eine Türfalle, ein Türschlossdrücker oder Fensterhaken sowie der Drehriegel von einem Fensterverschluss.

Dass es verglaste Fenster gab zeigt die Menge von ca. 6 kg Flachglas, das an der Südmauer gefunden wurde. Meist handelt es sich um grünes Flachglas, nur 40 g gehören zu Butzenscheiben aus entfärbtem Glas, darunter 30 Randscherben mit einem Durchmesser von 9, seltener 10 cm. Dazu passen zwei runde Fensterfassungen aus Blei für Butzenscheiben und eine für ein gerade zugeschnittenes Glas. Fensterverglasung lässt sich auf Burgen im 13. Jahrhundert schon relativ häufig nachweisen und wird im späten Mittelalter und in der frühen Neuzeit immer gebräuchlicher.[57] Die frühesten Butzenscheiben sind zwar schon im mittleren 14. Jahrhundert nachweisbar, werden aber erst im 16. Jahrhundert häufiger.[58] Interessant sind in diesem Zusammenhang zwei Ofenkacheln mit einem

Türschloss aus Eisen, Länge ca. 24 cm, 15.–17. Jahrhundert. Foto: Matthias Seitz.

Fensterdrehriegel und Truhengriffe aus Eisen, 14.–18. Jahrhundert. Der Griff mit Rosetten gehörte möglicherweise zu einem Minnekästchen, 13.–15. Jahrhundert. Fotos: Matthias Seitz.

Tür- und Möbelbeschläge aus Eisen und Buntmetall, einer davon mit Entenkopf, 15.–18. Jahrhundert. Fotos: Matthias Seitz.

typisch renaissancezeitlichen Fenster als Motiv (Abb. S. 191), einer Butzenscheibe in der Mitte und vier fünfeckigen Flachglasscheiben.

Truhen, Schränke, Kästen

Die Ausstattung mit Möbeln bleibt auch im adeligen Wohnraum eher sparsam und beschränkt sich auf Sitzmöbel, Tische, Betten, Kästen und Truhen, wobei letztere eine große Rolle spielen, da Schränke erst in der Spätgotik aufkommen.[59]

Bei den zahlreichen Eisenbeschlägen lässt sich meist nicht unterscheiden, ob sie zu Türen, Fenstern oder Möbeln gehörten.[60] Dazu zählen u.a. mehrere Beschläge mit Scharnier aus Eisen, eines davon in Form einer stilisierten Ente. Drei eiserne Griffe dürften an Truhen angebracht gewesen sein. Zwei zeigen einfache Formen und sind daher nicht näher datierbar, das dreieckig gebogene Stück mit Rosetten könnte zu einem mittelalterlichen, aufwändig gestalteten „Minnekästchen“ aus dem 13. bis 15. Jahrhundert gehört haben.[61] Bei vier Eisenschlössern ist sogar der Schließmechanismus noch weitgehend erhalten. Lediglich eines war ein Türschloss, die anderen dürften Truhen versperrt haben,[62] wie auch drei eiserne Vorhängeschlösser, die es seit dem 13. Jahrhundert gibt.[63] Die

Truhenschloss aus Eisen, 15.–18. Jahrhundert. Foto: Matthias Seitz.

eher kleinen Schlüssel und Schlüsselfragmente aus dem 14. bis 16. Jahrhundert gehörten vermutlich ebenfalls zu Truhen oder Schränken.

Die Vorhängeschlösser und Schlüssel aus Eisen verschlossen vermutlich Truhen, das eiserne Lüftungssieb könnte an einem Schrank, der verzierte Bronzebeschlag an einem Möbelstück angebracht gewesen sein, 13.–17. Jahrhundert. Zeichnungen: Iris Grunert.

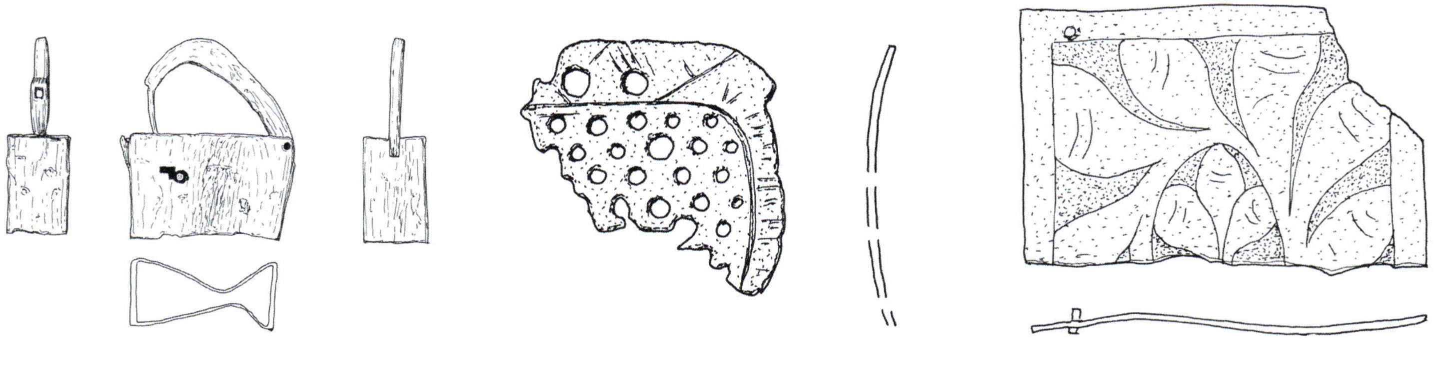

Im 14. und 15. Jahrhundert. wurden gerne unglasierte und glasierte Schüsselkacheln für einfache Kachelöfen verwendet. Fotos: Matthias Seitz.

Bei dem leicht gebogenen, durchlochten Eisenblech mit Nietlöchern und abgerundeten Kanten könnte es sich um das Lüftungssieb eines Möbelstückes handeln.[64] Unklar ist die Verwendung einer Schmuckplatte aus dünnem Buntmetall. Das asymmetrische florale spätgotische Muster wirkt durch das Chagrinieren der Negativflächen plastisch. Möglicherweise war es an einem Kästchen oder Möbelstück angebracht.

Licht und Wärme

Eine wichtige Rolle spielte die nachts und in der dunklen Jahreszeit notwendige Beleuchtung. Helligkeit spendeten außer Kaminen und Herdfeuern auch Fackeln und Kienspäne, von denen jedoch nichts übrig blieb, während von Kerzenhaltern zumindest das Bodenteil eines grün glasierten Leuchters überliefert ist sowie das Fragment einer eisernen Halterung, deren seitlicher Dorn ins Holz geschlagen werden konnte. Letztere sind vom 12. bis ins 16. Jahrhundert belegt.[65] Die wichtigste Lichtquelle waren jedoch Keramikschälchen, mit Talg oder

Zu aufwändigen gotischen Nischenkacheln des 14. Jahrhunderts gehören Kopf und Körper eines Pferdes oder verschiedene Ausführungen mit durchbrochenen gotischen Fensterformen. Fotos: Matthias Seitz / Andreas Willmy.

In der zweiten Hälfte des 15. Jahrhunderts waren Kacheln mit Rosetten oder Rautenmotiven in Mode. Besonders beliebt waren jedoch Löwenmotive. Dazu gehören neben den liegenden Löwen und Löwen mit Reichskrone (oben links und Mitte) auch die „baumbewachenden Löwen", die ihre Tatze um einen Stamm schlingen und als Ofenbekrönung dienten (unten rechts). Von solchen oder Leistenkacheln stammen auch die Türme. Außergewöhnlich sind Kacheln mit einem zeitgenössischen Fenstermotiv, entsprechende Fenstergläser sind auch von der Albeck überliefert. Fotos: Matthias Seitz/Andreas Willmy.

Kacheln, die aneinandergesetzt ein Tapetenmuster ergeben, kommen um 1600 in Mode. Foto: Matthias Seitz.

Öl gefüllt und mit einem Docht versehen.[66] Sie finden sich auch häufig auf Burgen, wobei die bemerkenswerte Anzahl von ca. 170 Schälchen auf der Albeck ungewöhnlich ist. Mit Ausnahme einer frühen, noch in das 12. und 13. Jahrhundert datierten konischen Form zeigen fast alle eingezogene Ränder und gehören somit in die Zeit von der zweiten Hälfte des 13. Jahrhunderts bis in die erste Hälfte des 16. Jahrhunderts (Abb. S. 196). Die glasierten Exemplare können auch jünger sein.[67]

Ein wichtiger Bestandteil der festen Inneneinrichtung waren Kachelöfen, die nicht nur dem Wohnkomfort, sondern auch der Repräsentation dienten. Obwohl der Palas schon von Anfang an mit mehreren Kaminen ausgestattet war, die sich offenbar nicht auf einen großen repräsentativen Raum beschränkten, müssen wir zusätzliche Kachelöfen voraussetzen. Solche standen wohl in den Stuben im ersten und zweiten Obergeschoss (s. S. 158). Außerdem werden auch andere Burggebäude Öfen besessen haben.

Die bereits angeführten Becherkacheln der Albware zeigen, dass schon in der Vorgängerburg ein Kachelofen existierte (Abb. S. 181). Von den danach üblichen, meist schon auf der Töpferscheibe hergestellten Becherkacheln gibt es dagegen nur wenig Scherben. Man fragt sich, ob die Herren von Geroldseck die neu errichtete Burg anfangs mit Kaminen, tragbaren Glutschalen und dem Küchenherd beheizten. Selten sind auch die nachfolgenden breiteren Napfkacheln, während viereckig ausgezogene Schüsselkacheln des 14./15. Jahrhunderts häufig vorliegen. Vertreten sind außerdem Schüsselkacheln mit einem eingesetzten Blatt und aufgeschnittenem Boden aus dem 15. Jahrhundert.

Im 14. Jahrhundert muss es mehrere repräsentative Öfen auf der Burg gegeben haben. Die mit der typischen olivgrünen Glasur überzogenen Fragmente stammen von verschiedenen verzierten, durchbrochenen Nischenkacheln mit gotischen Motiven. Zu Bekrönungskacheln gehören zwei Frauenfiguren in gotischer Tracht (Abb. S. 55), zwei Pferde von Ritterdarstellungen[68] sowie Spitzbogenfenster.

Aus dem mittleren und der zweiten Hälfte des 15. Jahrhunderts stammen vor allem im oberrheinisch-süddeutsch-schweizerischen Raum verbreitete Rosettenkacheln,[69] Bekrönungs- und Blattkacheln mit dem in Süddeutschland und der Schweiz beliebten Motiv des baumbewachenden Löwen[70] sowie Kacheln mit Reichskrone und Löwenkopf[71], Leistenkacheln mit Zinnenkranztürmen[72], etliche Ausführungen mit Rautenmuster und Kacheln mit Fenster.

Bereits in die Mitte des 16. Jahrhunderts gehören Medaillonkacheln mit Eckverzierungen in unterschiedlicher Ausführung. Mit zahlreichen Fragmenten liegen Portraitkacheln vor, in deren Mitte die Halbbüste eines Mannes und – nur einmal – einer Frau dargestellt sind. Eine unglasierte Kachel ist vollständig erhalten, während die glasierte Variante nur in Bruchstücken vorliegt (Abb. S. 115). Tapetenkacheln ohne ausgeprägten Rand mit Rapport kommen erst um 1600 auf. Bereits in das ausgehende 16. oder frühe 17. Jahrhundert gehört die Darstellung einer Judith mit Schwert, die vermutlich zu einer Ofenbekrönung gehörte und dem in Ravensburg gefundenen Model des Hafners Andreas Mauselin entspricht.[73] Auf weiteren Kacheln sind eine Kreuzigungsszene, eine personifizierte Musica mit Orgel sowie Lauten- und Flötenspieler dargestellt (Abb. S. 193).

Eine große Anzahl von grün glasierten, ca. 1 cm starken Tonplatten mit rautenförmigen Rillen zur besseren Haftung auf der Rückseite gehörten zu Abdeckplatten, die als Feuerschutz an Übergangszonen, Ofensitzen, am Ofenboden und den angrenzende Wänden verlegt wurden.[74]

Das Leben auf der Burg

Aus Küche und Keller

Mitten ins alltägliche Leben der Burgbewohner führen uns die Massen von Geschirrkeramik, die auf dem Burggelände gefunden wurden. Sie ging im Laufe der Jahrhunderte laufend zu Bruch, wurde entsorgt, durch neue Ware ersetzt und liefert uns somit einen umfassenden Überblick über die Entwicklung des Haushalts- und Tafelgeschirrs, das sich mit anderen Fundplätzen vergleichen und inzwischen auch gut datieren lässt. Allerdings waren bewährte Gefäßformen oft sehr langlebig und technische Fortschritte erfolgten aus heutiger Sicht ebenfalls nur sehr langsam.

Nachdem die Keramik des 11./12. Jahrhunderts hauptsächlich von Hand aufgebaut und nachgedreht worden war, wurde sie ab der Mitte des 13. Jahrhundert immer häufiger auf der Töpferscheibe gefertigt. Während auch am Oberen Neckar im 13. und 14. Jahrhundert vorwiegend graues, mit reduzierter Luftzufuhr gebranntes Geschirr beliebt war, kamen ab dem 15. Jahrhundert wieder oxidierend gebrannte Gefäße mit rötlichem oder gelblichem Scherben auf. Schon im 14. Jahrhundert finden sich die ersten olivgrünen oder gelben Glasuren und ab dem 16. Jahrhundert verstärkt meist grün glasierte

In das späte 16. oder frühe 17. Jahrhundert gehören Darstellungen wie die biblische Judith mit dem Schwert, eine Kreuzigungsszene, die Darstellung der Musica mit Orgelpfeifen, ein Flötenspieler oder mit Masken verzierte Leistenkacheln. Fotos: Matthias Seitz/Andreas Willmy.

Bruchstücke von zwei gotischen Töpfen mit Karniesrändern, die im 14. und 15. Jahrhundert zum Kochen und zur Vorratshaltung benutzt wurden. Fotos: Matthias Seitz.

Der innen glasierte Henkeltopf wurde vom 16. bis 18. Jahrhundert vielseitig in der Küche verwendet. Foto: Matthias Seitz.

Gefäße, von denen vor allem die Schüsseln auch bemalt sein können.

Die frühen einfachen, kugeligen Universaltöpfe des 11. und 12. Jahrhunderts (Abb. 33) werden ab der Mitte des 13. Jahrhundert durch höhere, schlankere Topfformen mit Leistenrändern ersetzt. Spätestens ab dem 14. Jahrhundert überwiegen dann „gotische" Karniesränder. Tontöpfe benutzte man zum Kochen auf dem Herd, aber auch zum Aufbewahren von Nahrungsmitteln. Ab dem späten 14. Jahrhundert bekommen Töpfe einen randständigen Henkel und bleiben, meist innen glasiert, bis ins 20. Jahrhundert das am häufigsten verwendete Vielzweckgefäß.

Grün glasierte Dreifußpfannen mit Tüllengriff spielten – nach der Menge an Scherben zu urteilen – vom 15. Jahrhundert an in der Burgküche eine wichtige Rolle. Foto: Matthias Seitz.

Als Abdeckung dienten die auf der Albeck erstaunlich häufig vertretenen Deckel, die sowohl flach als auch konisch sein können (Abb. 196). Dagegen sind die noch vor der Mitte des 13. Jahrhunderts aufkommenden Dreifußtöpfe, die gegossene Grapen aus Buntmetall imitierten und sich besser auf der Feuerstelle platzieren ließen, Mangelware.[75] Erst ab dem 15. und verstärkt ab dem 16. Jahrhundert werden hier Dreifußpfannen, die fast alle innen grün glasiert sind, zu einer der meist verwendeten Gefäßformen. Im 15. oder auch schon im 14. Jahrhundert kommen Schüsseln in Gebrauch, die im älteren Fundmaterial fehlen. Auch sie gehören dann zum Standardküchengeschirr und konnten sogar repräsentativen Charakter haben: Mit dem Malhorn verzierte Exemplare dürften Glanzstücke im Küchenregal und auf der Tafel gewesen sein.

Daneben gab es natürlich viel Küchengerät aus Holz, das sich aber nur selten erhält, etwa in feuchter Umgebung von Brunnen, Kloaken oder Hafenbecken, und auf der Albeck fehlt.

Glasierte und teilweise bemalte Schüsseln zierten vom 16. Jahrhundert an Küche und Tafel. Fotos: Matthias Seitz.

Anders Küchenutensilien aus Metall, wie zwei Sieblöffel und eine Bratpfanne aus Eisen – Geräte, die seit dem 14. Jahrhundert nachweisbar sind.[76] Dreifußtöpfe aus Buntmetall, die Grapen, gehören seit dem 13. Jahrhundert zum Kücheninventar. Ein Randstück (Abb. S. 196) stammt von einem nord- oder mitteldeutschen Grapen des 14.–15. Jahrhunderts.[77] Grapen aus Gusseisen, von denen ein pfundschwerer, ca. 10,5 cm langer Fuß vorliegt (Abb. S. 196), wurden seit dem 15. Jahrhundert hergestellt.[78]

Eiserne Pfannen sind seit dem 14. Jahrhundert als Küchengeräte belegt. Foto: Matthias Seitz.

Das Randbruchstück aus Bronze und der massive Fuß aus Eisen zeigen, dass seit dem 15. Jahrhundert in großen Dreifußtöpfen gekocht wurde. Foto: Andreas Willmy.

Beispiele für spätmittelalterliche Keramikformen.

Obere Reihe: Flachdeckel mit Henkelgriff und konischer Deckel mit Knauf.
Mittlere Reihe: Schale mit ungewöhnlichem durchlochtem Griff, Randstück mit Henkel von einer der wenigen Bügelkannen, Ausguss und Henkel einer enghalsigen Flasche.
Untere Reihe: Schale eines Öllämpchens, Tülle von einer Bügelkanne oder einem Aquamanil, mit Fingerkerben verzierter Henkel einer Flasche.

Fotos: Matthias Seitz.

Bruchstück vom Fuß einer Bronzekanne aus dem 14./15. Jahrhundert. Foto: Andreas Willmy.

Zwei fast vollständig erhaltene Becher der zweiten Hälfte des 14. und des 15. Jahrhunderts. Zahlreiche Scherben weisen auf ca. 100 weitere zerbrochene Becher des gleichen Typs hin, die wahrscheinlich für ein bestimmtes Ereignis beschafft wurden. Vielleicht waren es die urslingischen Hochzeitsfeierlichkeiten um 1375, bei denen die Becher zu Bruch gingen. Foto: Matthias Seitz.

Gebechert und getafelt

Keramikkannen für Getränke sind im Fundmaterial der Albeck im 13. und 14. Jahrhundert Ausnahmen. Das einzig sichere Fragment einer Bügelkanne ist ein mit Fingerkerben verzierter Henkel mit Öse aus dem späten 14. oder 15. Jahrhundert. Eine ungewöhnliche facettierte Tülle könnte von einer Bügelkanne oder auch von einem Aquamanil stammen. Etwas häufiger belegt sind Henkelkrüge mit Vierpassmündung und Siebeinsatz, die wie enghalsige Flaschen mit Henkeln erst ab dem späten 14. Jahrhundert auftauchen. Henkelkrüge finden sich glasiert auch noch im 16./17. Jahrhundert. Drei Bodenrandstücke gehörten wohl zu Kannen aus Buntmetall, die gut zum adeligen Haushalt des 14./15. Jahrhunderts passen würden.[79]

Da Schankgefäße eher selten sind, ist die große Anzahl der Keramikbecher um so bemerkenswerter. Gefunden wurden 93 Fußteile und 130 Randstücke von ca. 100 Bechern. Rund die Hälfte lag innen an der Südmauer, die andere Hälfte außerhalb der Ringmauer am Nordhang zum Neckar hin. Tonbecher treten am oberen Neckar eher selten auf, die große Anzahl von der Albeck ist ungewöhnlich. Die Gleichartigkeit

Scherben von fein verzierten, dünnwandigen Bechern sind eher selten im archäologischen Fundmaterial, sie datieren in das 16. Jahrhundert. Foto: Matthias Seitz.

der Becher könnte dafür sprechen, dass sie für einen bestimmten Anlass angeschafft wurden und möglicherweise dabei auch zu Bruch gingen. Leider lassen sie sich nur grob in die zweite Hälfte des 14. und ins 15. Jahrhundert datieren,[80] so

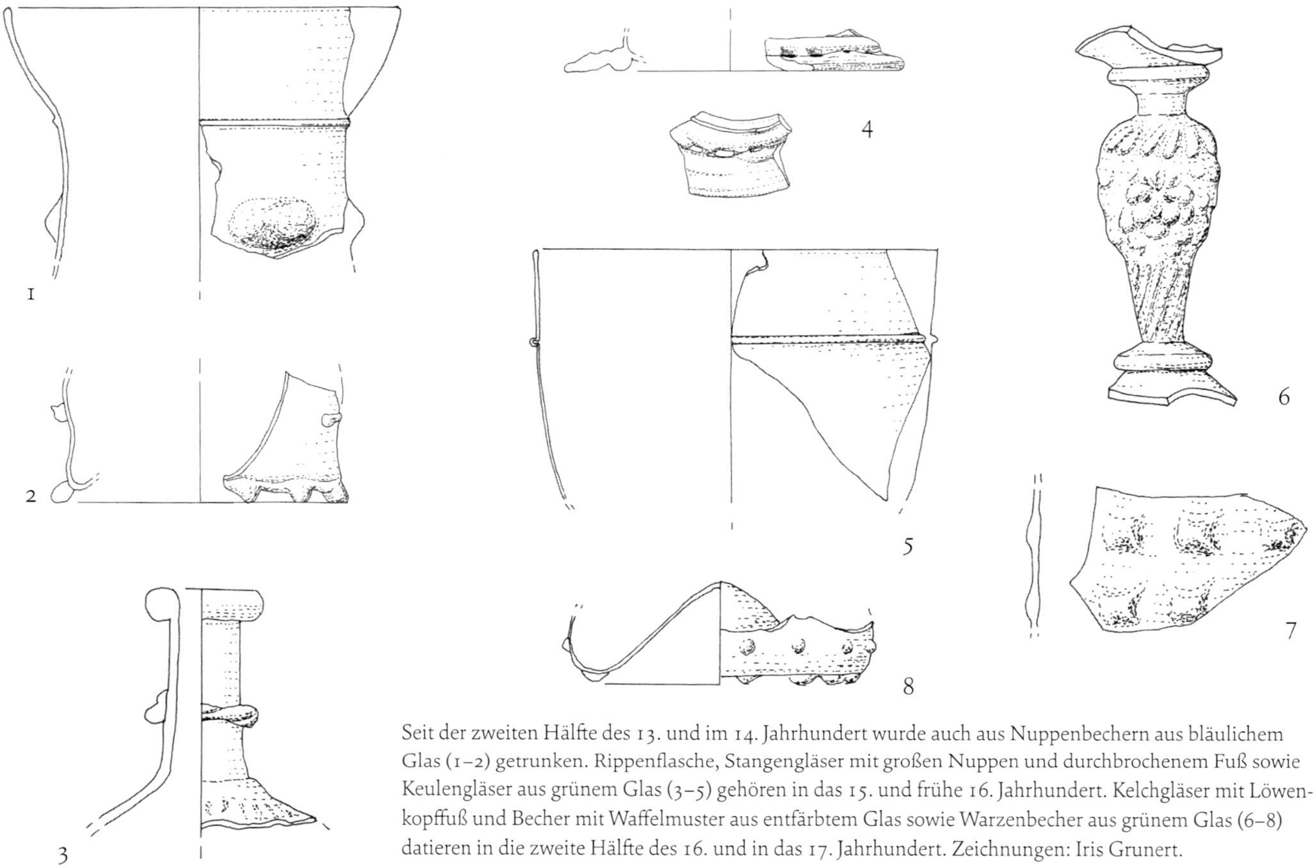

Seit der zweiten Hälfte des 13. und im 14. Jahrhundert wurde auch aus Nuppenbechern aus bläulichem Glas (1–2) getrunken. Rippenflasche, Stangengläser mit großen Nuppen und durchbrochenem Fuß sowie Keulengläser aus grünem Glas (3–5) gehören in das 15. und frühe 16. Jahrhundert. Kelchgläser mit Löwenkopffuß und Becher mit Waffelmuster aus entfärbtem Glas sowie Warzenbecher aus grünem Glas (6–8) datieren in die zweite Hälfte des 16. und in das 17. Jahrhundert. Zeichnungen: Iris Grunert.

dass die Verknüpfung mit einem historischen Ereignis wie der urslingischen Hochzeit von ca. 1375 vorderhand nicht möglich ist. Neben einzelnen Fragmenten weiterer Bechertypen aus der Zeit von der zweiten Hälfte des 14. bis zum 16. Jahrhundert fallen sechs Scherben von seltenen zylindrischen, mit Wellen- und Rillenbändern verzierten Bechern des 16. Jahrhunderts auf.[81]

Selbstverständlich trank man auch aus Glasbechern. Die ältesten Nachweise datieren in die zweite Hälfte des 13. Jahrhunderts, als Glas nicht mehr reiner Luxus war und auch außerhalb von Burgen gehäuft auftrat. Es liegen immerhin 40 Fragmente vor von konischen, mit kleineren Nuppen besetzten Bechern aus bläulichem Glas vom Typ Schaffhausen und die Wandscherbe eines Rippenbechers aus entfärbtem Glas.[82] Beide Bechertypen waren auch noch im 14. Jahrhundert und somit zur Zeit der Geroldsecker Herrschaft in Gebrauch.

Im 15. Jahrhundert wird die Standardfarbe der Gläser grün. Hierher gehören eine kleine bauchige Rippenflasche[83] sowie hohe, mit großen Nuppen besetzte Stangengläser mit durchbrochenen Standringen aus dem 15. und frühen 16. Jahrhundert.[84] Sie wurden ebenso wie ein in Süddeutschland seltenes Keulenglas für Bier benutzt.[85]

Daneben finden sich jedoch auch Gläser aus entfärbtem Glas. Drei mit Löwenköpfchen verzierte Stiele stammen von Kelchgläsern, die in der zweiten Hälfte des 16. Jahrhunderts in Mode kamen.[86] Typisch für diese Zeit sind auch „Spechter", Becher mit Waffelmuster, die wie die grünen Warzenbecher des 17. Jahrhunderts als Biergläser dienten.[87]

Absolut einmalig und exklusiv ist allerdings das Fragment eines Tischbrunnens, aus dem wohl den Gästen eines Obervogts Wein ausgeschenkt wurde. Vorhanden ist der Schaftteil mit vier Tüllen, von denen jedoch zwei verschlossen sind. Er ist unten geschlossen und setzt sich in einem hohen Schaft fort, an den eine abgebrochene flache Schale ansetzte. Im oberen abgebrochenen Teil des Schaftes könnte der Schenkelheber gesessen haben. Es handelt sich wohl um einen einfachen Tischbrunnen mit Speichergefäß, Schaft und Fuß, bei dem durch Betätigen eines Ventils oder Erreichen eines Scheitelpunkts die Flüssigkeit durch die Tüllen in Gläser fließt. Die meist nur bildlich überlieferten Gefäße aus Silber, Gold oder Glas sind seit der Mitte des 14. Jahrhunderts nachweisbar und besonders im 17. Jahrhundert beliebt.[88] Das vorliegende Fragment aus grünem Glas weist auf einheimische Herstellung hin und dürfte frühestens in das 17. Jahrhundert datieren.

Das außergewöhnlichste Fundstück von der Albeck ist das Fragment eines möglicherweise zweistöckigen Tischbrunnens aus grünlichem Glas aus dem 17. Jahrhundert. Auf der festlichen Tafel eines Obervogts konnten die Gäste ihre Gläser mit Wein füllen. Höhe noch 8,5 cm, Breite und Tiefe ca. 9,5/10,0 cm. Foto: Matthias Seitz.

Entwurf eines Tischbrunnens, Federzeichnung aus Florenz, 1591–1603. Tischbrunnen und Scherzpokale waren vor allem seit der Renaissance beliebte und häufig abgebildete Schaustücke auf festlichen Tafeln. Aus: Wiewelhove: Tischbrunnen. Berlin 2002, S. 93; 205 Abb. 184.

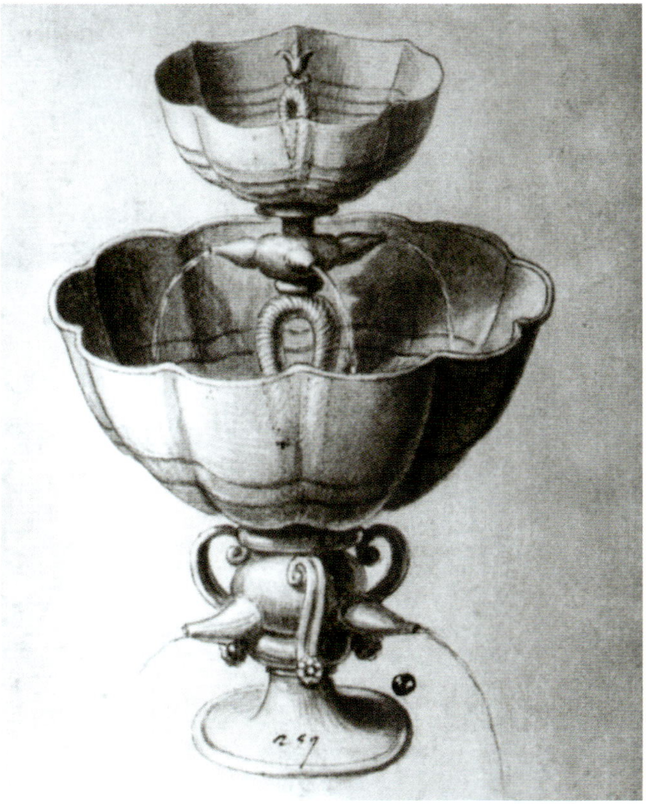

Im Mittelalter und auch noch in der frühen Neuzeit war es üblich, dass der Gast sein Besteck mit Messer und Löffel, selbst mitbrachte. Da Messer zur persönlichen Ausstattung gehörten, aber auch in Küche, Handwerk und anderswo vielseitig eingesetzt wurden, sind sie natürlich nicht nur aufs Tafeln beschränkt. Unter den 26 eisernen Messerfragmenten gibt es jedoch keines, das aufgrund von Größe und Form als Küchenmesser angesprochen werden müsste. Die vorliegenden Messertypen haben fast alle Griffplatten, auf denen mit Nieten Griffschalen aus Holz oder Horn befestigt waren. Diese kommen erst gegen Ende des 14. Jahrhunderts auf.[89] Zwei Messer zeigen am Griffansatz eine Auflage aus Buntmetall, die bei z. T. kostbaren Tafelmessern des 14. bis 17. Jahrhun-

Sieblöffel und Tranchiergabel aus Eisen, Messer aus Eisen mit Messingauflage und ein Zinnlöffel mit der Inschrift „DRINCK * VND * IS auf der Vorderseite, GOT * NICHT * VER * GIS * (?) auf Vorder- und Rückseite des Stiels, 14.–17. Jahrhundert. Fotos: Matthias Seitz.

derts auftritt.[90] Zwei eiserne Klappmesser haben Griffschalen aus Buntmetall und eine Scharniervorrichtung, wie sie erst im ausgehenden 16. Jahrhundert üblich wird.[91] Bei einem sind die Griffschalen als Hund gestaltet, die vermutlich einst kontrastfarbenen Einlagen aus Bein oder Horn fehlen.

Weitaus seltener liegen Löffel vor, die wohl überwiegend aus Holz waren. In zwei Teile zerbrochen ist ein Löffel aus Zinn mit kurzem Stiel und breiter Laffe, der typischen spätmittelalterlichen Löffelform, die aber auch im 17. Jahrhundert noch üblich ist.[92] Auf dem dreikantig ausgebildeten massiven Stiel findet sich die Inschrift „DRINCK * VND * IS“ auf der Vorderseite, „GOT * NICHT * VER * GIS * (?)“ auf der Rückseite. Der unvollständige Stiel endet in einem bekleideten Unterkörper, der Oberkörper ist abgebrochen. Beschrifte-

Klappmesser mit eiserner Klinge und Griffschalen aus Buntmetall in Form eines springenden Hundes, die ursprünglichen Einlagen aus Bein oder Horn gingen verloren. Länge ca. 12,5 cm, ab ausgehendem 16. Jahrhundert. Foto: Matthias Seitz.

te oder in Figuren endende Löffel sind im späten 13. und 14. Jahrhundert in England belegt.[93] Jünger ist ein Löffel mit dreikantigem, in einer Figur endendem Stiel aus dem Tilly-Lager vor Heidelberg 1622.[94] Ein in Konstanz aufbewahrter vergoldeter Silberlöffel mit Inschrift MARIA und profiliertem Endknopf datiert in das 15. oder frühe 16. Jahrhundert.[95] Nur einmal liegt eine zweizinkige Gabel vor, was nicht erstaunt, da Gabeln als Teufelswerkzeug galten und erst im Lauf des 18. Jahrhunderts auch als Besteck verwendet wurden. Zuvor nutzte man sie seit dem 13. Jahrhundert als Konfekt- oder Tranchiergabel.[96]

Da viel mit den Händen gegessen wurde, entwickelte sich auf Burgen wie auch in vornehmen Bürgerhäusern im 13. Jahrhundert eine besondere Tischsitte: Aus fantasievoll als Tier, Fabelwesen oder Mensch gestalteten Gefäßen, den sogenannten Aquamanilien, schüttete man den Gästen beim Tafeln Wasser über die Hände, das in einem darunter gehaltenen Becken aufgefangen wurde.[97] Diese Gefäße waren entweder aus Buntmetall gegossen oder mehr oder weniger kunstvoll aus Ton geformt. Während erstere als Spitzenprodukte künstlerischer Bronzewerkstätten fast ausschließlich in Museen erhalten blieben, finden sich letztere häufig auf Burgen und in Städten. Von der Albeck liegen Reste von drei Aquamanilien vor. Die Fragmente eines Tierkörpers mit Kopf und Henkel dürften einen Widder darstellen (Abb. S. 73).[98] Ein orangegelb glasierter Tierkopf mit Schnauze stammt von einem zweiten Exemplar, während ein spitzes Ohr aus grauem Ton zu einem anderen Tier gehörte. Widderaquamanilien sind vor allem in Süddeutschland, im Elsaß und der nördlichen Schweiz verbreitet. Die beiden Einzelstücke könnten noch dem 14., das besser erhaltene Exemplar schon dem 15. Jahrhundert zugeordnet werden. In dieser Zeit verschwanden die figürlichen Gießgefäße, das Ritual des Händewaschen blieb jedoch bestehen.

Gekleidet und geschmückt

Viele Metallfunde stammen von der Kleidung, wobei Schnallen, Beschläge und Zierrat jedoch auch anderweitig verwendet werden konnten. Schnallen waren oft recht lange in Gebrauch. Fünf rechteckige Eisenschnallen lassen sich nicht näher datieren. D-förmige Eisenschnallen und Schnällchen sowie runde Eisenschnallen finden sich vom 12. bis 16. Jahrhundert[99], runde, ovale oder rechteckige Doppelschnallen vom 13. bis 16. Jahrhundert.[100] Eine trapezförmige Schnalle mit verdicktem Rahmen lässt sich in die Mitte des 13. Jahrhunderts und das 14. Jahrhundert datieren. Für zwei ovale Schnallen mit Mittelsteg und zwei große, rechteckige, gebogene Schuhschnallen aus Messing und Eisen finden sich Vergleiche vom 15. bis 17. Jahrhundert.[101]

Gelb glasierter Kopf eines Widder(?)-Aquamanils. Die oft tiergestaltigen Gefäße dienten zum Ritual des Händewaschens an der vornehmen Tafel, 14./15. Jahrhundert. Foto: Matthias Seitz.

Nestelhülsen aus Buntmetall waren vom 12. bis 18. Jahrhundert in Gebrauch.[102] Hölzerne Trippen mit eisernen Stollen trug man als Überschuhe von der zweiten Hälfte des 13. bis zum frühen 16. Jahrhundert.[103] Das spitz zulaufende Eisenblech einer Riemenzunge, ein kastenförmiges abgerundetes Stück mit dreipassförmigem Ausschnitt aus zinnhaltigem Buntmetall und ein beutelförmiges Exemplar aus Bronze mit Eisennieten schmückten im 14. Jahrhundert und der ersten Hälfte des 15. Jahrhunderts Lederriemen.[104]

Die vorliegenden Zierbeschläge lassen sich nicht immer sicher der Kleidung zuordnen, sie können auch am Pferdegeschirr oder sogar an Büchern angebracht gewesen sein.

Ein ovaler, in der Mitte eingeschnürter Beschlag aus Bronzeblech diente als Lederbesatz und datiert ins 14. bis 16. Jahrhundert.[105] Ein beidseitig vergoldeter Zierbeschlag aus Buntmetall in Form eines Akanthusblattes ist am Stielansatz ab-

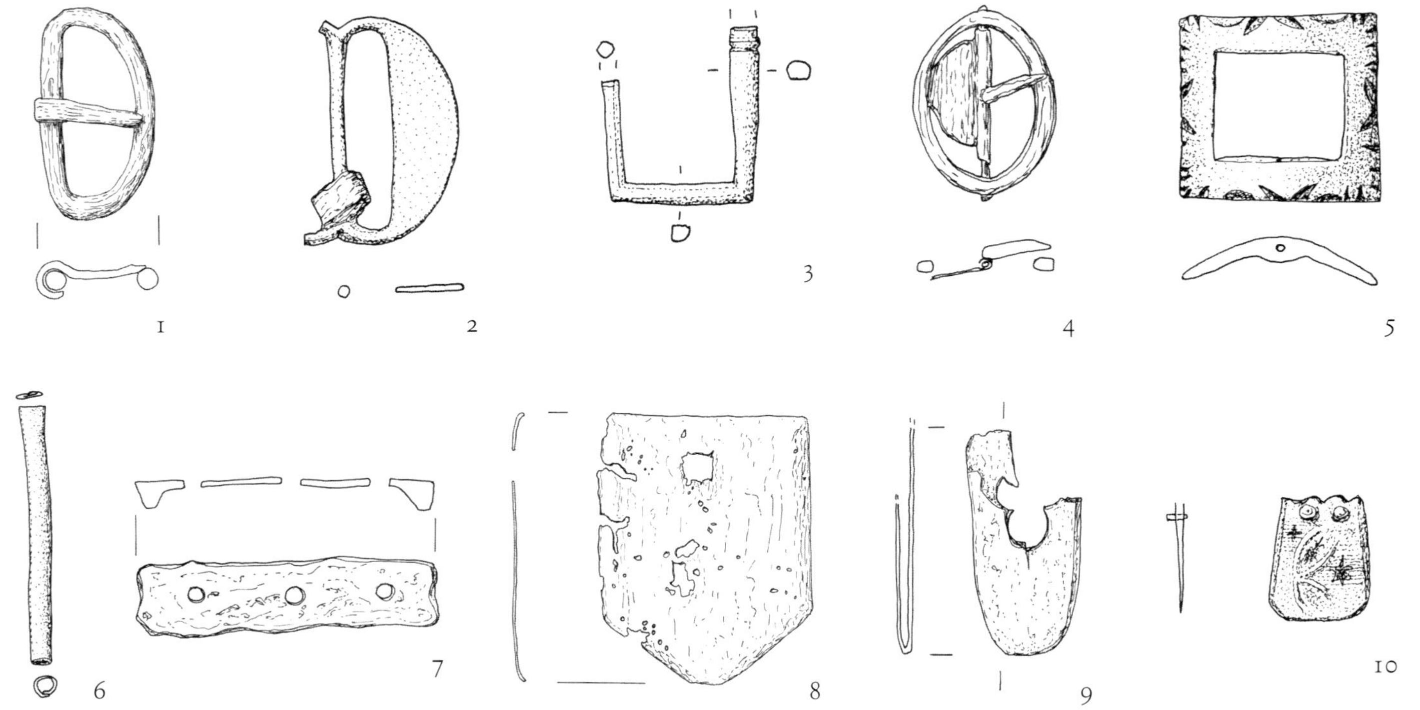

Metallfunde vom Kleidungszubehör: Eiserne Schnalle (1), Doppelschnalle (2) und trapezförmige Schnalle (3) aus Buntmetall, 12.–16. Jahrhundert; Schuhschnallen aus Eisen (4) und Messing (5), 15.–17. Jahrhundert; Nestelhülse aus Buntmetall (6), 12.–18. Jahrhundert; eiserner Stollen vom Überschuh (7), 13.–16. Jahrhundert; Riemenzungen aus Eisen (8), Zinnlegierung (9) und Buntmetall (10), 14.–15. Jahrhundert. Zeichnungen: Iris Grunert.

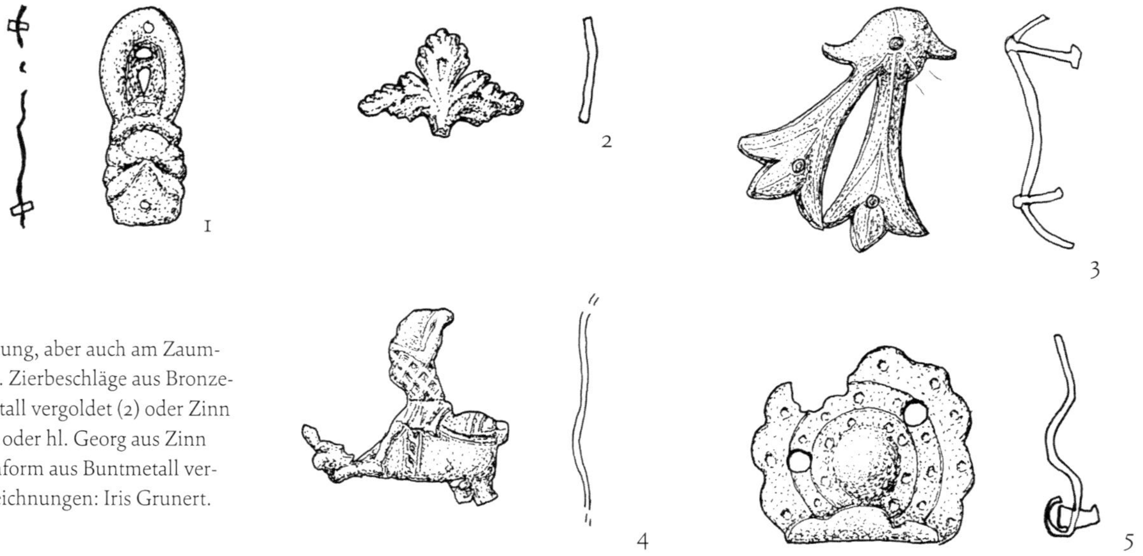

Zierbeschläge können an der Kleidung, aber auch am Zaumzeug u. a. angebracht gewesen sein. Zierbeschläge aus Bronzeblech (1), in Blattform aus Buntmetall vergoldet (2) oder Zinn (3), 14.–16. Jahrhundert, als Ritter oder hl. Georg aus Zinn (4), 13./14. Jahrhundert., in Blütenform aus Buntmetall vergoldet (5), 13.–15. Jahrhundert. Zeichnungen: Iris Grunert.

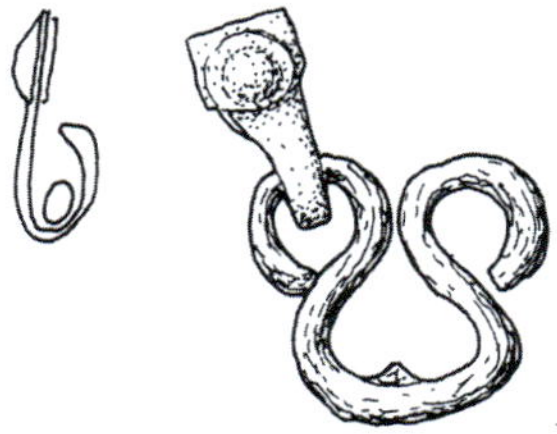
1
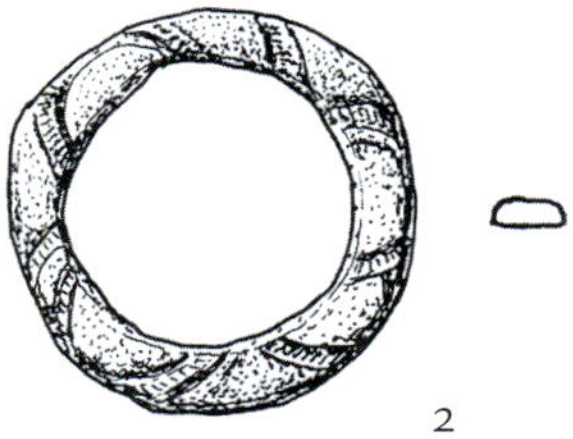
2

Teile von Frauengürteln des 15.–17. Jahrhunderts: Öse (1) und Ring (2) aus Eisen und Buntmetall. Zeichnungen: Iris Grunert.

Glieder und Schließen aus Buntmetall von Frauengürteln des 15.–17. Jahrhunderts. Fotos: Matthias Seitz.

Dem Bereich Freizeitgestaltung sind eiserne Maultrommeln und die zur Beizjagd verwendeten Lockpfeifen aus Vogelknochen zuzuordnen. Murmeln aus Ton und Steinzeug könnten zum Spielen, aber auch als Jagdgeschosse benutzt worden sein, während Tonkugeln mit ca. 6,5 cm Durchmesser wohl eher bei den beliebten Kugelspielen Verwendung fanden. Fotos: Matthias Seitz.

gebrochen und könnte daher auch von einer Riemenzunge oder Schließe stammen.[106]. Wie auch ein größeres, plastischer ausgeprägteres Exemplar aus Zinn dürfte es in die erste Hälfte des 15. Jahrhunderts und das 16. Jahrhundert gehören.[107] Leider unvollständig ist der Beschlag aus Zinn eines Reiters mit Schild, der einen Ritter oder den Hl. Georg darstellen könnte.[108] Die in unserem Raum eher seltenen figürlichen Zinnbeschläge stammen meist aus dem 13./14. Jahrhundert. Ihre Verwendung reicht vom Pilgerzeichen bis zu Kästchenbeschlägen. Zu dem Bronzeniet mit blütenförmigem Umriss und Mittelbuckel gibt es Vergleiche von Gürtelbesätzen vom ersten Viertel des 13. Jahrhunderts bis ins 15. Jahrhundert.[109]

Vom 15. bis 17. Jahrhundert trugen Frauen Schmuckgürtel, die aus verschiedenen Anhängern, Schließen, Textil- oder Lederborten zusammengesetzt waren.[110] Die Teile finden sich meist einzeln im archäologischen Fundmaterial und lassen sich nicht immer sicher von Buchbeschlägen unterscheiden. Zu solchen Gürteln gehörten herzförmige Ösen mit Haken[111] oder flache Ringe[112], aber auch langrechteckige verzierte Beschläge aus Buntmetall als Anbindungsglieder und Schließen. Letztere unterscheiden sich von Buchschließen durch eine weniger massive und sorgfältige Ausarbeitung, womit die vorliegenden Stücke eher von Gürteln stammen dürften.[113] Vergleiche finden sich regelmäßig auf Lagerplätzen oder Schlachtfeldern des Dreißigjährigen Krieges.[114] Dieser Art von Beschlägen dürfte auch ein Exemplar aus Buntmetall zuzuordnen sein, das einen König mit Bart und Brüsten zeigt (Abb. S. 203).

Sieben Kalotten stammen von kugeligen Glöckchen mit einem Durchmesser von 2,9 bis 3,2 cm. Seit der zweiten Hälfte des 13. Jahrhunderts wurden Glöckchen gerne an der Kleidung getragen, schmückten aber auch Pferdegeschirre und sogar Hundehalsbänder, außerdem wurden sie bei der Beizjagd verwendet.[115]

Musik und Kinderspiel

Der Freizeitgestaltung lassen sich wenige Funde zuordnen. Vier Maultrommeln gehörten wohl eher zur Musik der „einfachen Leute".[116] Lockpfeifen aus Vogelknochen wurden seit dem 12./13. Jahrhundert vor allem zum Vogelfang sowie zur Beizjagd verwendet.[117] Bislang wurden auf der Burg weder Knochenwürfel noch Spielsteine oder Schachfiguren gefunden, lediglich Kugeln aus Ton von 2,5 cm, 3 cm und 6,5 cm Durchmesser sowie fünf Exemplare aus Steinzeug mit 1,4–1,8 cm Durchmesser. Bei den kleineren Stücken kann es sich um häufig nachgewiesene Murmeln handeln, aber auch um Geschosse von Kugelschneppern oder Balestern – Armbrüste, die im 16. und 17. Jahrhundert zur Vogeljagd mit Tonkugeln oder Kieseln verwendet wurden.[118] Die größeren Stücke könnten auch an Stelle von Holzkugeln bei den beliebten Kugelspielen wie Kegeln oder Billard zum Einsatz gekommen sein (Abb. S. 204).[119]

Als typisches Kinderspielzeug gelten Püppchen, Pferdchen oder Reiterfiguren aus Ton. Bislang liegt nur der glasierte Körper eines Vierfüßlers ohne Kopf mit abgebrochenen Beinen vor, vermutlich ein Pferdchen ohne Reiter aus dem 14. oder 15. Jahrhundert.[120]Ungewöhnlich groß ist allerdings die Anzahl von Miniaturgefäßen. Die Scherben von Schüsselchen, Töpfchen, Kännchen, Dreifußtöpfchen und -pfännchen weisen auf über 50 Exemplare hin. Sie gelten als Kindergeschirr, wenngleich nicht ausgeschlossen werden kann, dass das eine oder andere Töpfchen oder Schüsselchen auf der Tafel verwendet wurde. Miniaturgefäße finden sich ab dem 13. Jahrhundert, seit dem 16. Jahrhundert können sie auch Bestandteile von Puppenhäusern gewesen sein.[121]

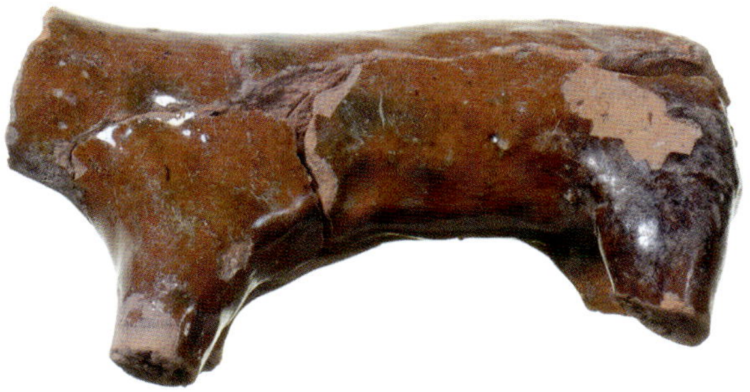

Der glasierte Tierkörper stammt wohl von einem Spielzeugpferdchen des 14./15. Jahrhunderts. Foto: Matthias Seitz.

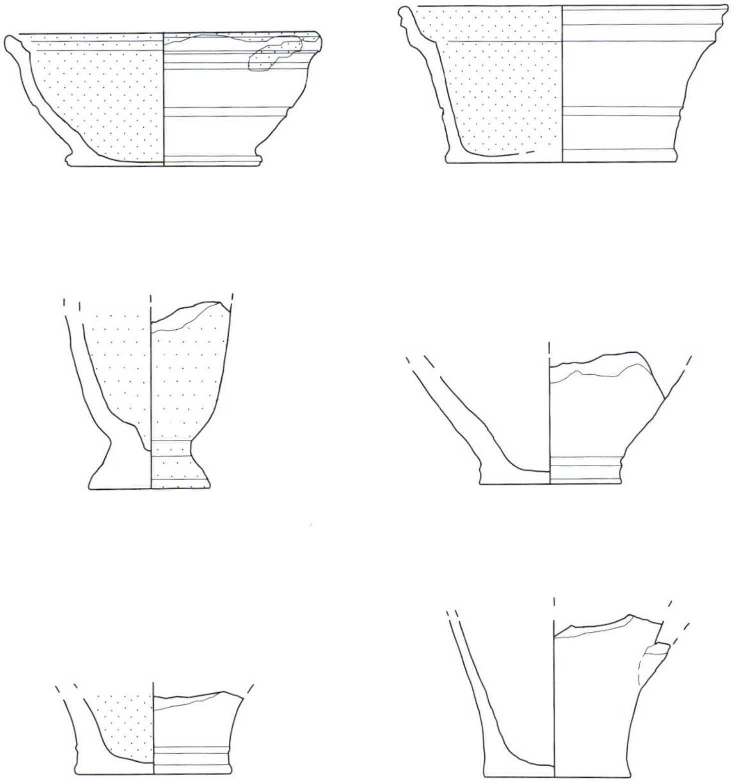

Auffallend häufig sind Scherben von glasiertem und unglasiertem Kindergeschirr aus dem 14.–16. Jahrhundert. Zeichnungen: Iris Grunert.

Rauchgenuss

Über hundert Fragmente von Tonpfeifen zeugen von ausgiebigem Rauchgenuss auf der Albeck. Nur sieben Stücke sind grün bzw. blau glasiert, die restlichen aus weißem Pfeifenton hergestellt. Ab der Mitte des 17. Jahrhunderts eroberte der Tabak alle Gesellschaftsschichten und besonders auch das „rauhe waffenvolk".[122] Die meisten Pfeifen von der Albeck stammen aus der zweiten Hälfte des 17. Jahrhunderts und nur wenige aus dem 18. Jahrhundert Die Hauptphase des Rauchens war demnach bis zur Zerstörung der Burg kurz und heftig. Neben qualitätvollen und sicher teuren Pfeifen vom damaligen Marktführer Niederlande finden sich zahlreiche regional hergestellte Stücke, zu denen auch die in Südwestdeutschland und der Schweiz verbreiteten glasierten Exemplare gehören, sowie Pfeifen aus Mannheimer Manufakturen.

Unter den zahlreichen Tonpfeifenfragmenten aus der zweiten Hälfte des 17. und dem 18. Jahrhundert finden sich neben Produkten aus Südwestdeutschland, wie dem Pfeifenkopf mit Nelke oder dem Stiel einer Jonaspfeife mit weit aufgerissenem Walfischmaul auch Importe aus den Niederlanden. Beispiele sind der Kopf mit dem Lilienstempel, 17. Jahrhundert, oder die Versenmarke mit Rad und den Initialen AF des Pfeifenbäckers Aeltje Ariens Fortuijn in Gouda (NL), 2. Hälfte 18. Jahrhundert (unten). Fotos: Matthias Seitz

Der verzierter Schließhaken aus Buntmetall dürfte an einem Buch angebracht gewesen sein, 15.–17. Jahrhundert. Foto: Matthias Seitz.

Der Bronzegriffel, 12.–14. Jahrhundert, diente zum Schreiben und Ausradieren auf Wachstäfelchen, die dann um 1500 von Schiefertafeln abgelöst wurden, von denen nur selten Funde vorliegen. Fotos: Matthias Seitz.

Zwei der auf der Albeck gefundenen Münzen weisen in die Kurpfalz, eine nach Bayreuth. Links: Batzen der Pfalzgrafen Ottheinrich und Philipp von Pfalz-Neuburg, geprägt 1519; Mitte: 2 ½ Kreuzer des Markgrafen Carl Alexander von Brandenburg-Ansbach, geprägt 1781 in der Münzstätte Bayreuth. Rechts: Pfennig von Pfalzgraf Stefan von Simmern-Zweibrücken, geprägt 1439 in der Münzstätte Wachenheim. Fotos: Matthias Seitz.

Schreiben und Verwalten

Zwei Schreibgriffel aus Bronze dienten zum Schreiben und Ausradieren auf Wachstäfelchen, den Notizblöcken des Mittelalters.[123] Vergleichbare Stücke finden sich von der zweiten Hälfte des 12. Jahrhunderts bis ins 14. Jahrhundert.[124] Zwar fehlen Nachweise für Wachstäfelchen, dafür fanden sich zwei Fragmente von Schiefertafeln, welche an der Wende vom Mittelalter zur Neuzeit die Wachstafeln abgelöst haben.[125] Funde von Schiefertafeln sind selten, sie liegen aus der Burg Grenchen (Kt. Solothurn) aus dem 13. Jahrhundert[126] und aus Ravensburg aus dem 16. Jahrhundert vor, weitere undatierte Exemplare sind aus Norddeutschland, Dänemark und den Niederlanden bekannt.[127]

Bei einem der verzierten Bronzebeschläge könnte es sich um den Schließhaken eines Buches,[128] bei einem steinernen Stift an einer Kette um die Verriegelung eines Buches handeln.[129] Schiefertafel, Griffel und Buchbeschläge sind Zeugen der Verwaltungstätigkeit auf der Burg.[130] Unter den Funden der Albeck sind auch einige Münzen. Sie reichen von der Zeit um 1300 bis ins 18. Jahrhundert, vom Bodensee bis in die Pfalz und bis ins Elsaß.[131]

Glaube und Aberglaube

Zeugen der Frömmigkeit sind selten. Außer Paternoster- oder Rosenkranzringen aus Knochen ist der bereits erwähnten Zierbeschlag zu nennen, der den heiligen Georg zeigen könnte (Abb. S. 202).

Die aus Knochen hergestellten Ringe wurden an Paternostern oder Rosenkränzen getragen.

Eine besondere Fundgattung sind die Bruchstücke von Hörnern aus meist unglasierter Keramik mit facettierter Wandung. Die über 20 Scherben gehörten sowohl zu gebogenen als auch zu gewundenen Hörnern (Abb. S. 62).[132] Sie wurden überwiegend am Nordhang der Burg, die Scherben eines grün glasierten Exemplars auf dem Rondell aufgelesen. Da bei der im 7-Jahre-Rhythmus erfolgten Zurschaustellung der Reliquien im Aachener Dom Hörner geblasen wurden, werden sie auch als Aachenhörner bezeichnet. Diese Tradition wurde spätestens 1699 von Kanonenschüssen abgelöst.[133] Üblich war das Hörnerblasen jedoch ebenso auch an anderen Wallfahrtorten, und seit dem 16. Jahrhundert werden gewundene Hörner auch als Spielzeug abgebildet. Pilgerhörner besaßen eine unheilabwehrende Funktion und wurden vor allem zum Vertreiben von Unwettern geblasen,[134] wobei die häufigen Burgenfunde deren Verwendung als Signalhorn nahe legen.[135] Offenbar wurden die Hörner vom 14. bis 16. Jahrhundert auch außerhalb von Pilgerstätten hergestellt und vielfältig verwendet. Bemerkenswert ist das Auftreten von mindestens drei der seltenen gewundenen Exemplare auf der Albeck.

Hygiene und Medizin

Mit drei Kämmen ist dieses Accessoire, das man der Körperpflege und Hygiene zuordnen kann, gut vertreten.[136] Alle sind einlagig und doppelzinkig, zwei Exemplare aus Geweih und Elfenbein sind mit einer groben und einer feinen Zinkenreihe ausgestattet, ein weiteres aus Elfenbein mit zwei feinen Zinkenreihen. Vergleichbare Kämme finden sich vom 11./12. bis in das 18. Jahrhundert, darunter auch immer wieder solche aus Elfenbein, wie aus Unterregenbach, Esslingen, Konstanz und der Burg Amlishagen, aber auch aus England und Bel-

Von den drei Kämmen sind einer aus Geweih (Mitte) und zwei aus Elfenbein hergestellt worden, 12.–18. Jahrhundert. Fotos: Matthias Seitz.

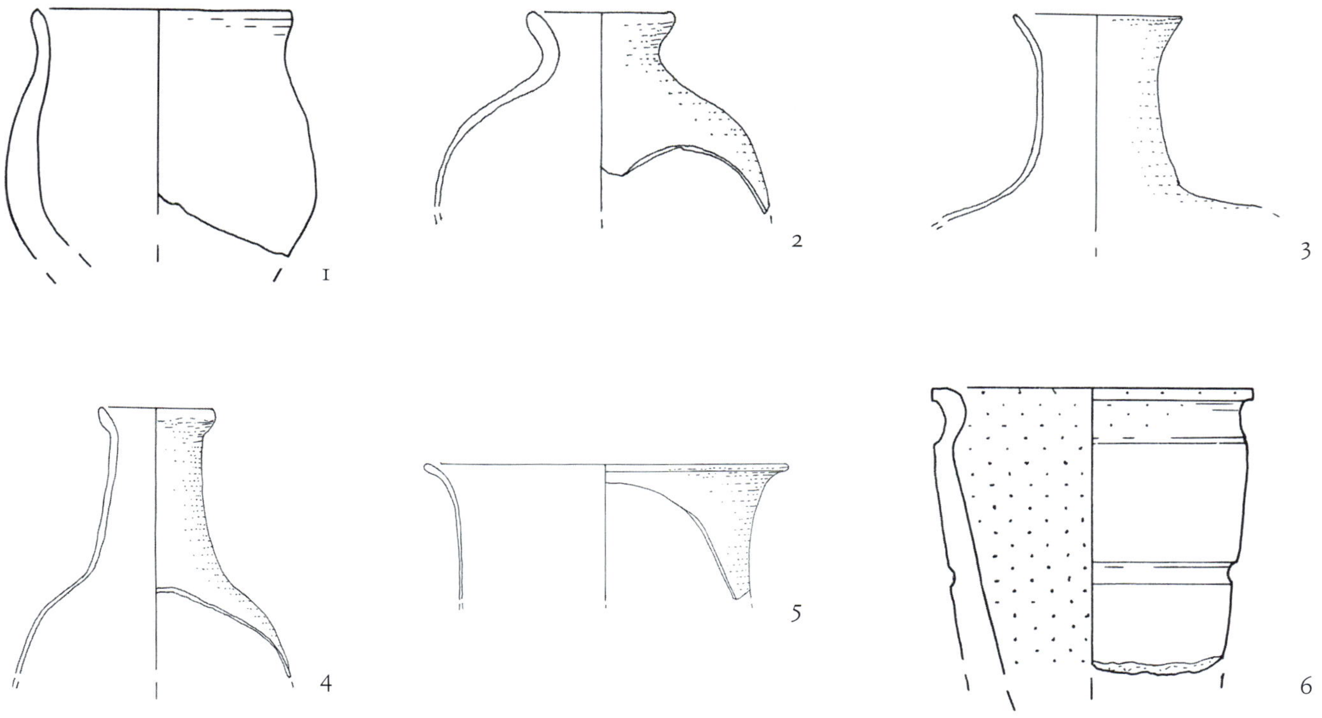

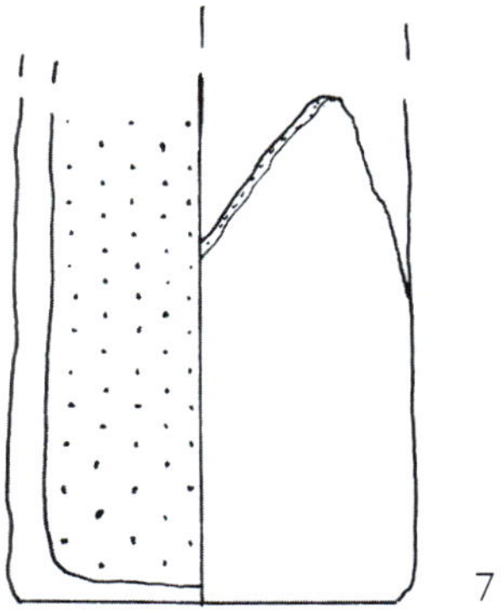

In den Bereich Medizin gehören der Schröpfkopf aus Ton (1), Medizinfläschen aus Glas (2–4), ein Bindeglas (5), Salbtöpfchen aus Ton (6–7) und ein Apothekergewicht aus Messing. Foto: Andreas Willmy, Zeichnungen: Iris Grunert.

gien.[137] Sehr feine Zinken sind ein Merkmal für die frühe Neuzeit, was zumindest für das Exemplar mit zwei feinzinkigen Reihen gelten dürfte.[138] Ein angespitztes Vogelknöchelchen wurde vielleicht als Zahnstocher benutzt.

In den Bereich der Medizin gehören Schröpfköpfe aus Ton, von denen mindestens neun vorliegen. Das Schröpfen war eine im Mittelalter und der frühen Neuzeit häufig angewendete medizinische Behandlung zur Regulierung der Körpersäfte, gemäß der damals weit verbreiteten Vier-Säftelehre. Sie finden sich häufig in Zusammenhang mit Badstuben,[139] aber auch in Siedlungen und auf Burgen, wo Schröpfen im Rahmen der Gesundheitsfürsorge auch außerhalb des Bades von

Scherern, Hebammen oder Ärzten durchgeführt werden konnte[140]. Durch die konstante Form seit dem späten Mittelalter ist eine Datierung nicht möglich.

Dem Bereich der medizinischen Versorgung und Körperpflege sind wohl auch die meisten der zahlreichen kleinen Glasfläschchen zuzuordnen (Abb. S. 209).[141] Neben bauchigen Exemplaren mit kurzen und langen Hälsen oder zylindrischen, oft auch vierkantigen Formen, liegt auch ein Bindeglases vor. Salbtöpchen aus glasiertem Ton und Steinzeug sind ebenfalls vertreten.[142] Derartige Gefäße findet man seit dem 15./16. Jahrhundert vor allem im Zusammenhang mit Apotheken. Dass es auch auf Adelssitzen Hausapotheken gab, bestätigen nicht nur Funde, sondern auch archivalische Quellen.[143] In diesen Zusammenhang passt auch ein Einsatzgewicht aus Messing ohne Marke (Abb. S. 209), ein Becher zu 4 Lot (63 g).

Ernten und Hüten

Selbstverständlich wurde auf oder in der Nähe der Burg auch Landwirtschaft betrieben und Vieh gehalten. Das war zu allen Zeiten so, aber besonders aus dem 18. Jahrhundert wissen wir, dass die Burg damals als landwirtschaftliches Hofgut verpachtet war. Sicheln, die für die Getreideernte verwendet wur-

Dass bei der Burg auch Landwirtschaft betrieben wurde, zeigen Sichel, Laub- oder Rebmesser, sowie die Zinkenspitze einer Holzgabel oder Viehschellen aus Eisen und Bronze. Fotos: Matthias Seitz, Zeichnungen: Iris Grunert.

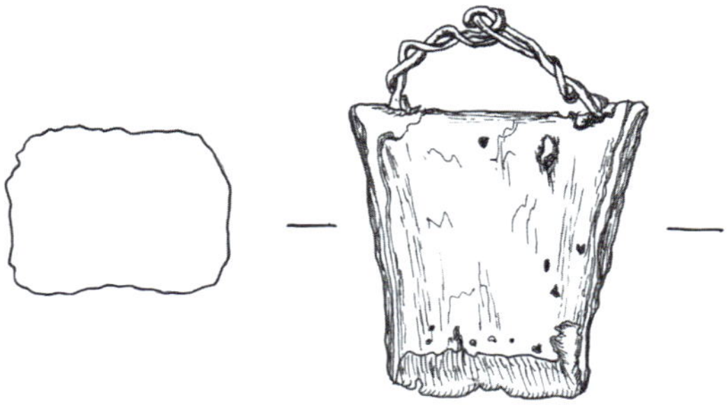

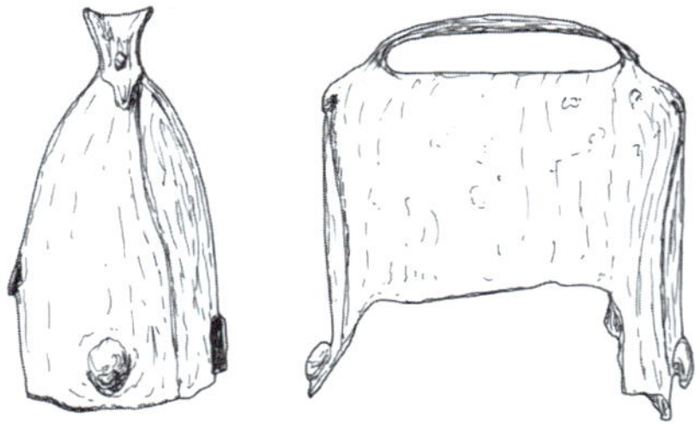

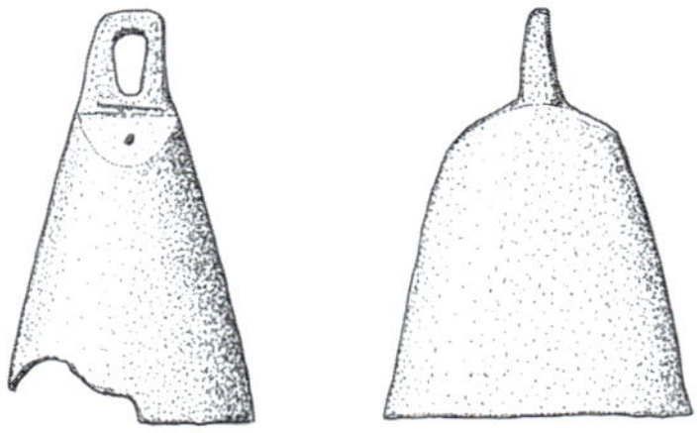

Auf handwerkliche Tätigkeiten weisen zwei Zangen hin, wie auch (von links nach rechts) ein Bohrer, ein Locheisen, ein Achsnagel und ein Pfriem. Fotos: Matthias Seitz.

den, sind mit sieben Exemplaren belegt, eine davon trägt einen Stempel. Gekrümmte Messer zum Ernten von Laub oder für Reben liegen mit zwei Exemplaren vor. Erhalten blieben der eiserne Beschlag eines Holzspatens und die eiserne Zinkenspitze einer Holzgabel. Auf die Viehhaltung weisen zwei Glocken aus vernietetem Eisenblech (Abb. S. 210), sogenannte Treicheln, und das Fragment eines Klöppels hin. Eine aus Buntmetall gegossene Glocke könnte ebenfalls als Viehschelle verwendet worden sein (Abb. S. 210). Landwirtschaftliche Geräte finden sich auf vielen Burgen. Sie lassen sich weder genauer datieren, noch von Gartengeräten unterscheiden,[144] zeigen aber, dass die Eigenversorgung durchaus eine Rolle spielte. Ein eiserner Angelhaken belegt Fischfang im Neckar.

Handwerkliche Tätigkeiten

Zum Leben auf der Burg gehörte auch, dass ständig repariert, gebaut und produziert wurde. Funde von dafür benötigten Werkzeugen sind nicht nur auf der Albeck spärlich, und diese

Spinnwirtel aus Ton zeigen, dass noch im 14. und 15. Jahrhundert mit Handspindeln Garn gesponnen wurde. Fingerhüte gibt es seit der zweiten Hälfte des 14. Jh. Fotos: Matthias Seitz/Andreas Willmy.

lassen sich auch nicht immer sicher einer Berufsgruppe oder einer handwerklichen Tätigkeit zuweisen. Flach- und Kneifzange können vom Schmied oder vom Hufschmied, vom Schreiner oder Zimmerer verwendet worden sein kann. Ein Spiralbohrer ist der Holzbearbeitung, ein Meißel der Steinbearbeitung und ein Locheisen sowie zwei Ahlen oder Pfrieme der Lederbearbeitung zuzuordnen.

Sechs Spinnwirtel aus Ton und sechs Fingerhüte aus Buntmetall zeigen, dass auf der Burg mit der Handspindel Garn gesponnen und genäht wurde. Eine Datierung der Spinnwirtel ist schwierig, da konische, doppelkonische, und rundliche Formen immer vorkommen. Drei graue größere Exemplare mit über 10 g Gewicht dürften schon in die zweite Hälfte des 14. Jahrhunderts oder in das 15. Jahrhundert gehören – eine Zeit, in der sich das Handspinnrad bereits in Europa ausgebreitet hatte – die drei kleineren wohl noch ins 12. oder 13. Jahrhundert.[145] Fingerhüte gibt es in dieser bis heute gebräuchlichen Form seit der zweiten Hälfte des 14. Jahrhunderts.[146]

Fazit

Die umfangreichen archäologischen Funde geben uns Einblicke in das Leben auf der Burg mit all seinen Facetten und durch alle Zeiten, vom Beginn im späten 11. (?) oder 12. Jahrhundert bis zum Ende der dauerhaften Bewohnung in den 1820er Jahren. Sogar einen Blick auf die lückenhafte Besiedlung bzw. Begehung des Berges in der Vor- und Frühgeschichte ist uns gegönnt.

Auch wenn von der ersten Burg nur wenige Funde und Baureste (s. S. 177) zeugen, ist doch mit ziemlicher Sicherheit davon auszugehen, dass vor dem Auftreten der 1092 erstmals sicher erwähnten Grafen von Sulz keine ältere mittelalterliche Anlage existierte. Die von Pfarrer Köhler 1835 postulierte alamannische Befestigung auf dem Berg lässt sich somit archäologisch nicht nachweisen.

Mit dem Übergang an die Herren von Geroldseck erhielt die Burg nicht nur ihre heute noch beeindruckende Erscheinung mit Palas und Befestigung, sondern es mehren sich auch die typischen Burgenfunde, zu denen Waffen und Belege für die Pferdehaltung gehören. Allerdings ist bei den meisten Funden keine eindeutig Zuweisung zur Geroldsecker oder Württemberger Herrschaft möglich. Auch wenn Prestigewaffen wie Schwerter fehlen, so spiegeln doch vergoldete Beschläge von Tracht und Pferdezaumzeug, Hinweise auf Beizjagd, aber auch Metall- und Glasgefäße oder aufwendig verzierte Ofenkacheln die adelige Lebenswelt des 14. und 15. Jahrhunderts wider. Trotz fehlender Metallleuchter zeigt die Menge der gefundenen Lampenschalen, dass zumindest mit Brennstoff nicht gespart werden musste. Zwar fehlt ritterliches Spielzeug weitgehend, aber es gab Kinder, die mit für sie gefertigtem Kindergeschirr spielten, man denkt an die Kinder Konrads von Geroldseck um 1400, aber auch an etliche, die nach ihnen auf der Burg lebten. Armbrustbolzen, Munition und Handgranaten, aber auch Signalhörner zeugen zwar von befürchteten oder geschehenen kriegerischen Konflikten, lassen sich aber keinem der überlieferten Ereignisse eindeutig zuordnen. Ofenkacheln, die offensichtlich im Feuer lagen, weisen auf eines oder mehrere Schadensfeuer hin, ohne dass wir Ursache und Zeit festmachen können. Zur Zeit der württembergischen Obervögte ab dem späten 15. Jahrhundert lässt nur noch der Tischbrunnen gelegentliche prächtige Festivitäten erahnen. Mit dem Tischbrunnen befinden wir uns bereits im 17. Jahrhundert, kurz vor oder schon im Dreißigjährigen Krieg, dessen wechselnde Parteien auch auf der Burg Spuren hinterlassen haben. Bemerkenswert sind die Hinweise auf eine Apotheke. Zu den Hinterlassenschaften seit der Mitte des 17. Jahrhunderts gehören zahlreiche Tonpfeifen, die aber nicht nur bei Soldaten beliebt waren. Aus der Zeit danach sind noch zerbrochenes Haushaltsgeschirr sowie einfache Ofenkacheln erhalten, darunter einige von schlechter Qualität mit dem Württemberger Wappen aus den 1760er oder 1780er Jahren, als Oberamtmann Johann Friedrich Müller oder sein Nachfolger Georg Jakob Schäffer das Sagen hatten.

Werkzeuge, die sich nicht näher datieren lassen, und Spinnwirtel aus dem 12.–15. Jahrhundert zeigen, dass auf der Burg auch Lebensmittel und Gebrauchsgüter produziert wurden. Diese Handwerker und Handwerkerinnen sowie zahlreiche andere Bedienstete und Abhängige wie Mägde, Knechte, Soldaten oder Knappen arbeiteten und lebten ebenfalls auf der Burg, Auch sie besaßen oder benutzten Gegenstände, die beschädigt, verloren oder weggeworfen wurden. Was für sie einst mit Verlust, Trauer und Ärger verbunden war, ist für uns heute eine wichtige Quelle zur Geschichte der Burg und ihrer Bewohner.

Anmerkungen

1 Für hilfreiche Tipps zur Bestimmung und Datierung außergewöhnlicher Funde danke ich Fabian *Brenker* B.A., Universität Tübingen, Markus *Grimmer*, Dillingen, Dr. Uwe *Gross*, Landesamt für Denkmalpflege Baden-Württemberg, Dr. Eva *Roth Heege* und Dr. Andreas *Heege*, CH-Zug, Susanne *Mück* M.A., Ofterdingen, Dr. Ulrich *Klein* und Dr. Matthias *Ohm*, Landesmuseum Württemberg Stuttgart, Lisa *Rademacher* M.A, Tübingen, Dr. Reinhard *Rademacher*, Kreisarchäologie Göppingen, Dr. Elisabeth *Stephan*, Landesamt für Denkmalpflege, Michael *Weidenbacher* M.A., Universität Tübingen, und Andreas *Willmy* M.A, ARCHÄO Rottenburg. Die Zeichnungen stammen von Iris *Grunert* M.A. und Lisa *Rademacher* M.A., die Fotos von Matthias *Seitz* M.A. und Andreas *Willmy*, ARCHÄO Rottenburg.

2 Für die Bestimmung der Funde danke ich Dr. Reinhard *Rademacher*, Kreisarchäologie Göppingen. Zur Vorgeschichte des Kreises Rottweil, Sulz und der Burg Albeck: *Rademacher*, Siedlungsspuren, S. 96–103.

3 Fundberichte aus Baden-Württemberg 9, 1984, S. 627f.

4 Fundberichte aus Baden-Württemberg 12, 1987, S. 545f.; *Wieland*, Spätlatènezeit, S. 268f.

5 *Bizer*, Oberflächenfunde, Abb. 287,24.

6 Für diese Einordnung danke ich Dr. Uwe *Gross*, Landesamt für Denkmalpflege, RP Stuttgart. *Gross*, Keramik, S. 28f.; *Schmid*, Mengen, S. 68 Taf. 5,68.

7 *Gross*, Keramik, S. 26–30.

8 *Ade-Rademacher*, Besiedelung.

9 Das hier vorliegende Material wird ergänzt durch 175 hochmittelalterliche Lesefunde von Scherben (*Bizer*, Oberflächenfunde, S. 272–273 Abb. 287,3–23).

10 *Bizer*, Oberflächenfunde, S. 22–43; *Schmid*, Mengen, S. 69–71; *Gildhoff*, Bild, S. 81–85; *Gross*, Schacht, S. 143–144; *Gross*, Keramik, S. 26–30 Abb. 17; Schreg, Keramik, S. 214f. Abb. 221.

11 *Gildhoff*, Bild, S. 81ff. (Typ Veringen); *Schmid*, Mengen, S. 69f. Abb. 24 (Form 2).

12 *Gildhoff*, Bild, S. 81ff. (Typ Sindelfingen); *Schmid*, Mengen, S. 69f. Abb. 24 (Form 3).

13 *Gildhoff*, Bild, S. 81ff. (Typ Hirsau); *Schmid*, Mengen, S. 69f. Abb. 24 (Form 4 und 5).

14 *Bizer*, Oberflächenfunde, S. 29f.; *Ade-Rademacher*, Holzgeschirr, S. 102 Abb. 5 (Kanne und Kännchen aus Rottweil).

15 *Schmid*, Mengen, S. 70 Taf. 2,24; Taf. 3,28.36–38.

16 *Bizer*, Oberflächenfunde, S. 31f.; 33f.; *Gross* 1991a, 145; *Schmid*, Mengen, S. 70, 71 Taf. 3,46–48; Taf. 6,85.

17 *Bizer*, Oberflächenfunde, Abb. 287,1.2; zur Datierung der Randform s. *Homberger/Zubler*, Keramik, S. 29; S. 40 (TR 5).

18 *Gross* 1991, 45–47 Abb. 9–11; *Bizer*, Oberflächenfunde, S. 21 Abb. 3 (am oberen Neckar werden nur die Burgen Neckarhausen, Kr. Freudenstadt, und Albeck mit mehr als drei Scherben der Älteren gelbtonigen Drehscheibenware angeführt).

19 *Scholkmann*, Sindelfingen, S. 93–97; *Ade*, Konstanz, Nachweis für Typ 2a für die Zeit von 1130–1265.

20 *Zimmermann*, Geschossspitzen, S. 35 (Typ 1–1).

21 *Zimmermann*, Geschossspitzen, S. 49f. (Typ 2–4).

22 *Zimmermann*, Geschossspitzen, S. 51–53 (Typ 2–5 l).

23 *Zimmermann*, Geschossspitzen, S. 45 (Typ 1–4).

24 *Gabriel*, Sakralkultur, S. 103ff; *Lungershausen*, Buntmetallfunde, S. 56; *Krabath*, Buntmetallfunde, S. 76.

25 *Bizer*, Oberflächenfunde, S. 65 Abb. 41,3; 370f. Abb. 423,70; *Gross/Hildebrandt/Steuer*, Messerscheidenbeschlag, S. 85f.

26 *Lungershausen*, Buntmetallfunde, S. 58; *Drescher*, Herstellungstechnik, Abb. 2.

27 Anke *Scholz*, in: Archäologische Ausgrabungen in Baden-Württemberg 2012, S. 328–331; ebd. 2013, S. 304–307.

28 *Biller/Großmann*, Burg, 57–70.

29 *Zimmermann*, Geschosssspitzen, Typ T 2–5, S. 51f.; Typ T1–4, S. 45.

30 *Zimmermann*, Geschosssspitzen, Typ T3–7, S. 56f.

31 *Baart*, Opgravingen S. 167, Kat. 207–209; Ade u.a., Katalog Ow-Wachendorf.

32 *Schlunk/Girsch*, Ritter, 44f.; 51; *Atzbach/Lüken/Ottomeyer*, Burg, S. 140; 149f.; freundl. Mitteilung von Dr. Matthias *Ohm*, Landesmuseum Württemberg, Stuttgart.

33 *Krauskopf*, Tric-Trac, S. 82f. Abb. 55.

34 Freundl. Mitteilung von Dr. Matthias *Ohm*, Landesmuseum Württemberg, Stuttgart.

35 *Lithberg*, Hallwil, S. 43 Pl 49 N; freundl. Mitteilung von Dr. Matthias *Ohm*, Landesmuseum Württemberg, Stuttgart.

36 *Schmitt*, Tannenberg, S. 157f. Taf. 36,13; *Baart*, Opgravingen, S. 444, 836; *Grewenig*, Mittelalter, S. 327 Kat. 3.18; *Frey*, Hallwyl, S. 97 Anm. 270; *Wolf* u.a., Winterkönig, 148f.; 155 Kat. 33–34 (17. Jh.); *Eickhoff/Schopper*, 1636, S. 77–80.

37 *Lorenz/Zotz*, Oberrhein, S. 48 Kat. 76; *Grewenig*, Mittelalter, S. 330 Kat. 3.33 (Kaliber 33 mm).

38 *Heege*, Einbeck, 93 Abb. 184; *Heege*, Forschungen, 183 Kat. 1191; *Lorenz/Zotz*, Oberrhein, S. 48 Kat. 75.

39 *Heege*, Einbeck, S. 92f. Abb. 182.

40 *Wurster/Loibl*, Ritterburg, S. 101; *Grossmann*, Mythos Burg, S. 266f. Kat. 6.38 (15. Jh.); *Heege*, Forschungen, S. 183 (um 1500); *Jenisch*, Handgranaten, S. 180–183 (Hohentwiel um 1600); *Jenisch*, Hochexplosiv, S. 223; 17. Jh.; *Hofmann*, Tafeltext im Stadtmuseum Ingolstadt (http://www.ingolstadt.de/stadtmuseum/scheuerer/museum/1-36-004.htm).

41 Freundl. Auskunft von Markus *Grimmer* von der „Feldwache Tilly", Dillingen a.d. Donau, auf Grundlage eigener Versuche.

42 *Aufruhr* 2010, S. 430f. Kat. 119; *Schmitt*, Tannenberg, S. 161; *Grewenig*, Mittelalter, S. 325 Kat. 3.10.

43 *Scholkmann*, Sindelfingen, S. 95f.

44 *Schmitt*, Tannenberg, S. 186 Taf. 48,15.16; 49,1.2.

45 Bestimmung durch Dr. Elisabeth *Stephan*, Landesamt für Denkmalpflege, RP Stuttgart, Arbeitsstelle Konstanz.

46 *Goßler*, Reiter, S. 23; S. 96 (Typ B1).

47 *Schmitt*, Tannenberg, S. 170f. Taf. 40,1.

48 *Goßler*, Reiter, S. 25; 100; 225 Kat.-Nr. 40 Taf. 2,40.1.

49 *Gelbhaar*, Gebisse, S. 237f. Abb. 36.

50 *Eickhoff/Schopper,* 1636, S. 69, oben rechts 163.

51 *Wolf* u.a., Winterkönig, S. 134 Abb. 7.

52 *Goßler*, Reiter, S. 119f.; Clark, Horse, S. 73f. Kat. 85.; *Schmitt*, Tannenberg, S. 182f.

53 *Goßler*, Reiter, S. 42f.; 79.

54 *Goßler*, Reiter, S. 50; 84; 226, Kat.-Nr. 71 Taf. 3,71.2.

55 *Goll*, Baumaterial, S. 275f.; *Scholkmann*, Sindelfingen, S. 92f.

56 *Heege*, Forschungen, S. 147.

57 *Krauskopf*, Tric-Trac, S. 57; 149; *Röber*, Fenster, S. 206.

58 *Röber*, Fenster, S. 207; *Kirchberger*, Beiträge, S. 81f.

59 *Möller*, Mobiliar, S. 90ff.

60 Die fest eingebauten Wandnischen im Palas, die mit einer Tür verschlossen waren (s. Beitrag *Uhl*), zeigen die fließenden Übergänge.

61 *Heege*, Forschungen, S. 197

62 *Heege*, Einbeck, S. 205 Abb. 437 (aus dem Stadtbrandschutt von 1540).

63 *Pfrommer/Gutscher*, Laufen, S. 242 Kat-Nr. 55,16.

64 *Heege*, Forschungen, S. 198 Abb. 317 (Schicht 18./19. Jh.); *Heißenbüttel*, Seyelen, S. 139 Abb. 14 (Schrank von 1600 mit später dazu gefügten Lüftungssieben).

65 *Egan*, Household, S. 142ff., Fig 108–109; *Heege*, Forschungen, S. 192.

66 *Brenker*, Beleuchtungsformen, S. 167–169.

67 *Heege*, Forschungen, S. 192f.

68 *Roth Kaufmann/Buschor/Gutscher*, Ofenkeramik, S. 268f. Kat. 373 u. 374.

69 *Roth Kaufmann/Buschor/Gutscher*, Ofenkeramik, S. 212f. Kat.-Nr. 248/249; *Heege*, Forschungen, S. 125; *Tamási*, Kachelfundmaterial, S. 19ff.

70 *Tamási*, Kachelfundmaterial, S. 30 ff.; *Schnyder*, Ofenkeramik I, S. 67; 69.
71 *Schmid*, Mengen, S. 95 Taf. 22,257.
72 *Roth Kaufmann/ Buschor/Gutscher*, Bern, S. 296 Kat.-Nr. 433.
73 *Mück*, Kachelofen, S. 20 Abb. 27.
74 *Roth Heege*, Ofenkeramik, S. 310.
75 Im nahe gelegenen Rottweil sind Dreifußgefäße durchaus nachgewiesen (*Ade-Rademacher*, Holzgeschirr, S. 104).
76 *Lorenz/Zotz*, Oberrhein, S. 310 f. Kat. 638, 642b; *Meyer*, Fundkataloge, S. 167; 320 H 186–188 (14.–15. Jh.); *Frey*, Hallwil, S. 260 f. Kat. 781; *Gross/Hildebrand*, Schmiedefund, S. 247 ff.
77 *Lungershausen*, Buntmetallfunde, S. 75 Taf. 12,122; *Drescher*, Dreibeintöpfe, S. 295 Abb. 5; S. 303 Abb. 9.
78 *Lorenz/Zotz*, Oberrhein, S. 309 f. Kat. 636 b).
79 *Theuerkauff-Liederwald*, Messinggefäße, S. 240 f.; S. 296 f.
80 *Koch*, Trinkbecher, S. 51 ff, Abb. 10; *Scholkmann*, Sindelfingen, Abb. 17,13; *Gross*, Keramik, S. 93 f. Abb. 36,2–4.
81 *Koch*, Trinkbecher S. 69 ff.; *Gross*, Keramik S. 98 f.
82 *Bizer*, Oberflächenfunde, S. 272 ff. Abb. 287,28.
83 *Baumgartner/Krüger*, Phoenix, S. 327 Kat. 393; *Soffner*, Hohlglasfunde, S. 118. Kat.-Nr. 185–189.
84 *Baumgartner/Krüger*, Phoenix, S. 392 ff.; *Gross-Prohaska*, Glasfunde, S. 87 f.; *Kulessa/Schmid*, Bier, S. 141.
85 *Baumgartner/Krüger*, Phoenix, S. 312 ff.; 387 ff.; *Scheschkewitz/Schmid*, Isny, S. 152 Abb. 210.
86 *Gross-Prohaska*, Glasfunde, S. 93.
87 *Gai*, Reliquiengläser, S. 220 ff.; 230.
88 *Ade/Willmy*, Burgenarchäologie, S. 83; Goldstein, nützlich, S. 185; *Wiewelhove*, Tischbrunnen.
89 *Scholkmann*, Sindelfingen, S. 100 (Typ 4).
90 *Heege*, Einbeck, S. 312 f.
91 *Holtmann*, Messer, S. 488.
92 *Lorenz/Zotz*, Oberrhein, S. 318 f. Kat. 658; *Meller*, Luther, S. 320, F 25.
93 *Egan*, Household, S. 248–250 Fig. 194, Kat. 759.
94 *Wolf* u. a., Winterkönig, Kat./Abb. 205.
95 *Lorenz/Zotz*, Oberrhein, S. 318 f. Kat. 658h.
96 *Lorenz/Zotz*, Oberrhein, S. 310 f. Abb. 640.
97 *Keller*, Aquamanilen, S. 125; *Krauskopf*, Tric-Trac, S. 64 f.
98 *Scholkmann*, Aquamanilien, S. 669 ff. Abb. 4
99 *Egan/Pritchard*, Dress accessories, S. 89 f. Kat. 388; 395; *Grewenig*, Mittelalter, S. 353 f. Kat. 3.117; *Krabath*, Buntmetallfunde, S. 134 (C 1).
100 *Fingerlin*, Gürtel, S. 177; 184; *Schmitt*, Tannenberg, S. 210; *Egan/Pritchard*, Dress Accessories, S. 82 f. Kat. 334 (2. Hälfte 14. Jh.); *Krabath*, Buntmetallfunde, S. 135–137; 141.
101 *Krabath*, Buntmetallfunde, S. 141 C26; *Wolf* u. a., Winterkönig, S. 149 Kat./Abb. 62–73.
102 *Krabath*, Buntmetallfunde S. 228 (Variante 1).
103 *Heege*, Forschungen, S. 297 ff. Abb. 236; *Schmitt*, Tannenberg, S. 206.
104 *Egan/Pritchard*, Dress accessories, S. 126 f., Kat. 582; 134 ff. Kat. 617; 620 unten rechts; *Fingerlin*, Gürtel, S. 180 f. 298; 393 Kat. 262.
105 *Meyer*, Mülenen, S. 180; 252 F 66; 67; *Egan/Pritchard*, Dress Accessories, S. 202 Kat. 1091 (1400–1450).
106 *Fingerlin*, Gürtel, S. 393 Kat. 259; *Krabath*, Buntmetallfunde, S. 201 f.; 206 Abb. 39,16.
107 *Rieb/Salch*, Moyen Age, S. 57 Taf. 46 Kat. 318; *Grewenig*, Mittelalter, S. 334 Kat. 3.46; *Egan/Pritchard*, Dress Accessories, S. 200 f. Kat. 1089.
108 *Aufruhr*, S. 362, F 5; 363 F 9; *Spencer*, Pilgrim Souvenirs, 296; 299 Kat.-Nr. 296.
109 *Aufruhr*, S. 450 Kat. K 4 n; *Egan/Pritchard*, Dress accessories, S. 190 f. Kat. 1010, 1013; *Rieb/Salch*, Moyen Age, S. 57 Taf. 45,305; 46,315; Ottaway/Rogers, York, S. 2906 f. Fig. 1479,14426.
110 *Harder*, Segmentgürtel, S. 1 f.; *Wurster/Loibl*, Ritterburg, S. 66 5,26–1.
111 *Baart*, Opgravingen, S. 160 f. Kat. 186–188; *Wolf* u. a., Winterkönig, S. 150 Kat.-Abb. 105; *Harder*, Segmentgürtel, S. 3 Abb. 5; *Wurster/Loibl*, Ritterburg 66 5,26–1.
112 *Rieb/Salch*, Moyen Age, S. 62 LIII Kat. 378 (Ramstein); *Meyer*, Mülenen, S. 178 F 48; 50; *Dubler* u. a., Dübelstein, S. 135 Kat. 175 Taf. 18; s. a. *Lorenz/Zotz*, Oberrhein, S. 288 Kat. 584; *Fingerlin*, Gürtel, S. 412 Kat. 354.
113 *Rieb/Salch*, Moyen Age, S. 59 XLIX Kat. 348 (Ramstein, 16. Jh.); 61 LIII Kat. 375 u. 376 (Ortenbourg, 16. Jh.); *Harder*, Segmentgürtel, S. 2 ff.; *Dubler* u. a., Dübelstein, S. 136 Kat. 183, 184, Taf. 18; *Heege*, Forschungen, S. 202 Abb. 325.
114 *Eickhoff/Schopper*, 1636, S. 106 Abb. unten; *Wolf* u. a., Winterkönig, S. 150 Kat./Abb. 95–108.
115 *Krabath*, Buntmetallfunde, S. 216 ff. bes. 221 f. (Variante 2); *Egan/Pritchard*, Dress accessories, S. 336 ff.; *Ottaway/Rogers*, York, 2911 Fig. 1485 (Hund mit Glöckchenhalsband).
116 Bestimmung der Knochen durch Dr. Elisabeth *Stephan*, Landesamt für Denkmalpflege; *Krauskopf*, Tric-Trac, S. 99.
117 *Krauskopf*, Tric-Trac, S. 100 f.; *Erath*, Studien, S. 208.
118 *Oexle*, Kinderspiel, S. 393; *Harmuth*, Armbrust, S. 113–115.
119 *Endrei*, Spiele, S. 137–146.
120 Vergleichbar: *Oexle*, Kinderspiel, S. 392 Abb. oben rechts (glasierter und unglasierter Tierkörper aus Konstanz).
121 *Aufruhr*, S. 461 K 28 (13. Jh.); *Kaltwasser*, Keramikfunde, Taf. 42; *Lorenz/Zotz*, Oberhein, S. 226 Kat. 448; *Rosmanitz*, Kinderspielzeug, S. 76 Abb. 80 (16.–17. Jh.); *Lehmann*, Hausrat, S. 167 Abb. 166; 169 Abb. 167; Taf. 7,53; *Kamber/Keller*, Fundmaterial, S. 67 f. Abb. 36; *Schmid*, Tritonplatz, S. 100 ff.
122 *Duco/Schmaedecke*, Tonpfeifenfunde; *Schmaedecke*, Tonpfeifen; *Heege*, Forschungen, S. 175 ff.
123 Ein Griffel ist abgebildet in Fundberichte aus Baden-Württemberg 15, 1990, S. 735 Taf. 143 D.
124 *Lorenz/Zotz*, Oberrhein, S. 241, Abb. 47 c; *Gross*, Schacht, S. 151 f. Abb. 114,18; *Krüger*, Zeugnisse, S. 23; 154; 159, Kat. 116; Kat. 164; *Gnaedig/Marquart*, Schreibgriffel, S. 277 ff.
125 *Krüger*, Zeugnisse, S. 62–83, bes. 79.
126 *Meyer*, Grenchen, S. 169 S 39; *Krauskopf*, Tric-Trac, S. 232.
127 *Krüger*, Zeugnisse, S. 79 Anm. 401; *Schmid*, Humpißquartier, S. 96 ff. Taf. 17,291.
128 *Krüger*, Zeugnisse, Taf. 30; 31,7–10; *Bitterli-Waldvogel*, Schreibtätigkeit, S. 133 Abb. 15; *Meyer*, Mülenen, S. 249,39.
129 *Adler*, Buchverschluss, S. 30 (BV.4.2.1.)
130 *Krauskopf*, Tric-Trac, S. 105.
131 Bestimmung durch Dr. Ulrich *Klein*, Münzkabinett, Landesmuseum Württemberg.
132 Vollständig erhaltene Hörner beider Typen: *Meller*, Luther, S. 205 f. Kat. C 91.
133 *Haasis-Berner*, Hörner, S. 15 ff. bes. 21 ff.; *Meller*, Luther, S. 205 ff.
134 *Haasis-Berner*, Hörner, S. 20 f.
135 *Bizer*, Oberflächenfunde, S. 53 Abb. 20.
136 Für die Materialbestimmung danke ich Frau Dr. Elisabeth *Stephan*, Landesamt für Denkmalpflege, Arbeitsstelle Konstanz.
137 *Röber*, Knochen, S. 907 f.; *Erath*, Studien, S. 181 f.
138 *Röber*, Knochen, S. 908.
139 *Tuchen*, Badstube, S. 26 Abb. 18.
140 *Heege*, Hohenklingen, S. 95 f.
141 *Huwer*, Apotheke, S. 91–105.
142 *Huwer*, Apotheke, S. 40–47.
143 *Huwer*, Apotheke, S. 155–161.
144 *Krauskopf*, Tric-Trac, S. 77–80.
145 *Ade*, Konstanz; *Bohnsack*, Spinnen, S. 65 ff.; *Pühl*, Spinnwirtel, S. 192; *Lehmann*, Textilien, S. 335.
146 *Egan*, Household, S. 265 ff.; *Pfrommer/Gutscher*, Laufen, S. 238 Kat.-Nr. 53.18 m. weiteren Bsp.; *Ade*, Konstanz; *Rieb-Salch*, Moyen-Age, S. 42 (Bsp. 15./16. Jh.); *Lorenz/Zotz*, Oberrhein, S. 279; 599.

Bertram Jenisch und Harald von der Osten-Woldenburg

Mauern, Gräben, Zisterne – Geophysikalische Untersuchungen

◂ Palas der Burg Albeck von Südwesten. Foto: Rainer Maucher.

Zur zerstörungsfreien Erkundung des Untergrunds der Burganlage Albeck wurde vom Landesamt für Denkmalpflege eine geophysikalische Untersuchung durchgeführt. Ziel der Maßnahme war es, bauliche Reste zu erfassen, um ihren nachhaltigen Schutz zu gewährleisten. Dies war notwendig geworden, weil in historischen Plänen teilweise widersprüchliche Angaben zum Baubestand gemacht werden. Exemplarisch sei hier der angebliche Standort einer Kirche genannt.

Die Messmethode

Harald von der Osten führte, unterstützt durch Mitglieder des Fördervereins Ruine Albeck, im März 2015 die Messung mit dem so genannten Bodenradar innerhalb der Umfassungsmauern und einem Teil der Außenterrasse durch. In den fraglichen Arealen gaben Geländestrukturen bereits Hinweise auf die potentielle Lage von Mauerzügen.[1] Die hier beschriebenen Messungen wurden mit dem Radarsystem SIR-3000 der Firma GSSI (GEOPHYSICAL SURVEY SYSTEMS, INC.), USA durchgeführt (Abb. rechts). Als geeignete Sendeantenne wählten wir die bistatische Antenne mit einer nominellen Mittenfrequenz von 500 MHz und für die Nachmessungen im Bereich des Palas eine bistatische Antenne mit einer nominellen Mittenfrequenz von 200 MHz. Letztere verfügt im Vergleich zur 500 MHz-Antenne zwar über eine geringere Auflösung bei der Abtastung von Inhomogenitäten im Untergrund, ermöglicht aber eine größere Detektionstiefe unterirdischer Strukturen.

Fundamente ehemaliger Bauten

Bereits unmittelbar unter der Geländeoberfläche zeichneten sich erste Baustrukturen ab, die sich zum Teil bis in eine Tiefe von 2,5 m unter der Oberfläche verfolgen ließen (Abb. S. 218).

Die als Mauerzüge zu interpretierenden Anomalien fanden sich teilweise im Palas selbst, wo sie die aus Plänen nachgewiesene Binnengliederung bestätigen. Auch die nahezu quadratische Ummauerung der Oberburg zeichnet sich ab. Als neue Elemente kommen nun weitere Fundamentzüge hinzu, die den Palas umfassen. Es ist nicht zu entscheiden, ob es sich hier um weitere Einfriedungen handelt oder um Stützmauern zur Sicherung des Geländes. Die Lage von mehreren parallel verlaufenden Mauerzügen westlich der Oberburg ist markant. Hier zeichnet sich die tiefer liegende Trennung zwischen dem höher gelegenen, repräsentativen Herrschaftssitz und der wirtschaftlich genutzten Unterburg ab. Über diese Zone erfolgte zudem die Erschließung der Burg (Abb. S. 219). In der Vorburg selbst konnten keine klaren Befunde erkannt werden. Gleichwohl weisen mehrere Anomalien auf die

Radarprospektion mit der 200 MHz-Antenne. Von der Antenne halb verdeckt: Die Rekonstruktion der Zisterne. Bildvorlage: Landesamt für Denkmalpflege Baden-Württemberg.

Geophysikalische Vermessung der Burgruine Albeck. Tiefenscheibe ca. 20 cm.
Bildvorlage: Landesamt für Denkmalpflege Baden-Württemberg.

Standorte von Gebäuden hin, ohne dass diese näher fassbar wären. Klar ist hingegen, dass sich am Standort der vermuteten Kirche keinerlei Baustrukturen befinden, dies legt nahe, dass eine (im 19. Jahrhundert) geplante Kirche offenbar nicht zur Ausführung kam.

Die Filterzisterne auf der Oberburg

Eine der markantesten Strukturen zeichnet sich nördlich des Palas ab. Um den aus Bruchsteinen aufgesetzten „Brunnenschacht" ist eine ovale Anomalie erkennbar, die etwa 12 × 10 m misst und deren Basis bei der untersten Zeitscheibe von 3,74 m unter der Oberfläche noch nicht erreicht ist. Hier wurde ein tiefes Loch in das Gelände der Oberburg gegraben, dessen Wandflächen mit einem anderen Material ausgekleidet wurden. Der „Brunnenschacht" wurde in diesen Hohlraum gesetzt. Worum handelt es sich dabei?

Höhenburgen hatten stets Probleme mit der Wasserversorgung. Die dort lebenden Menschen und Tiere hatten einen beträchtlichen Bedarf an Frischwasser. Häufig wurden in der Nähe liegende Quellen genutzt, bzw. deren Wasser über hölzerne Zuleitungen in die Wehranlage geleitet. Wo möglich schlug man Brunnen bis zu wasserführenden Schichten, z. T. bis in 30 m Tiefe. Für die Wasserversorgung der Albeck scheiden diese beiden Varianten aufgrund der geologischen und hydrologischen Gegebenheiten aus.

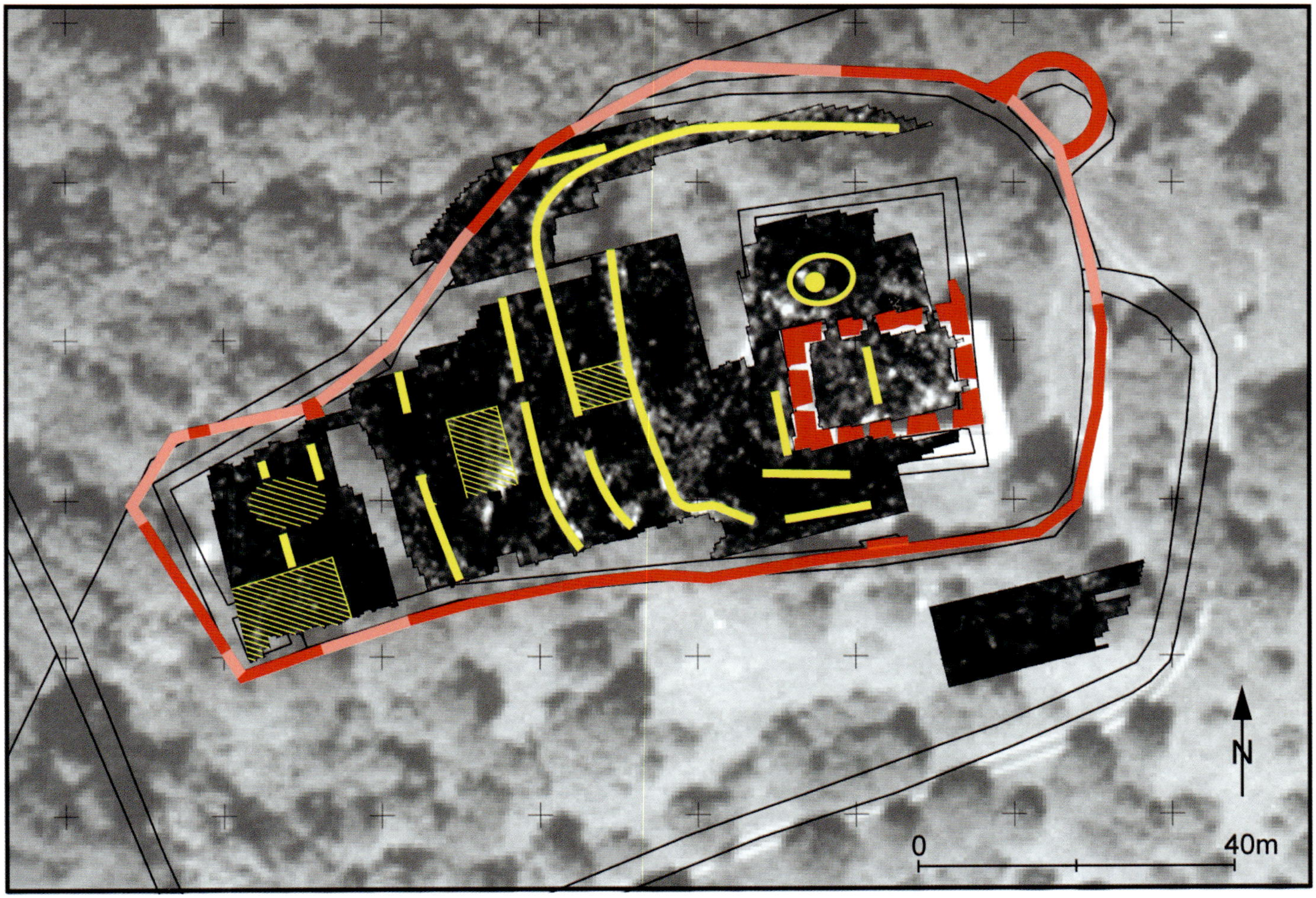

Geophysikalische Vermessung der Burgruine Albeck. Zusammenschau der Anomalien (gelb). Mauern (Linien) und mögliche Baubefunde (Schraffur) im Untergrund des Burggeländes. Bildvorlage: Landesamt für Denkmalpflege Baden-Württemberg, bearbeitet von C. Urbans.

In Analogie zu anderen Burgen haben wir es hier offenbar mit einer Filterzisterne zu tun, wie wir sie aus verschiedenen Burgen im Voralpenraum und dem Schweizer Mittelland kennen.[2] Zu den ältesten Anlagen gehört die Zisterne von der Frohburg aus dem 11. Jahrhundert. Offenbar besteht ein Zusammenhang des Aufkommens von Filterzisternen im 12. bis 14. Jahrhundert mit dem Wechsel vom Holz- zum Steinbau. Bei der Anlage einer solchen Einrichtung ging man wie folgt vor: Eine geräumige Kammer wird mit einer 20–50 cm mächtigen Tonschicht abgedichtet und mit Stein und Sand verfüllt. So kann das von den Dächern der Burg abgeleitete Regenwasser gefiltert werden und über einen im Bereich der Filterkammer trocken aufgesetzten Schacht gefördert werden (Abb. S. 220). Zum Hochziehen des Wassers bediente man sich einer Haspel, die auf Plänen dargestellt und auch in Schriftquellen beschrieben ist.

1421 wird *der bronn in der burg zu Sultz* erstmals genannt.[3] In der Zeit um 1800 wunderten sich Besucher der Burg über die Herkunft des angeblichen „Quellwassers" im Schöpfbrunnen. Rösler schrieb in seinen „Beyträgen zur Naturgeschichte" (1788): *Sehr merkwürdig ist auch ein in dem Hofe des alten sehr hoch liegenden Schlosses Albeck befindlicher Schöpfbrunnen, der immer das reineste und beste Wasser gibt, und ungefehr 18 Fuß tief seyn mag. Es ist schwer zu erklären, woher seine Quelle kommt.*[4] Ein vergleichbarer Kommentar findet sich auf dem

Filterzisterne nördlich des Palas der Albeck. Schematische Rekonstruktion. Bildvorlage: Landesamt für Denkmalpflege Baden-Württemberg, bearbeitet von C. Urbans.

Plan von 1791, wo es heißt: *G ist ein Brunnen, wo das Wasser an einer Ketten und Rat aufgezogen wird, und ist nur gegen 40 Schu tief, da doch dieser Brunnen auf einem Berg der gegen Morgen und der Stadt Sulz etliche hundert Schuh hoch ist.*[5] Der Sulzer Chirurg Haizmann beschreibt 1809 unter anderem auch die Wasserversorgung der Burg[6]: *Nahe an dem Gebäude, somit auf des Berges höchster Höhe befindet sich ein rund ausgemauerter Tiefbrunnen, der in einer Tiefe von 20'* [Fuß] *immer helles hinreichendes und gutes Wasser hat, welches mit Eimern geschöpft wird, die an einer Kette in einer Rolle laufen. Man bemerkt keine künstliche Herleitung des Wassers, und der noch 80' tiefe Graben macht diesen Brunnen noch rätselhafter.* Eine weitere Beschreibung erfolgte im Jahr 1828 durch Adam Friedrich Koch[7]: *Trotz seines verwahrlosten Zustandes hat solcher* [der schöne Schöpfbrunnen] *dennoch zu jeder Jahreszeit das beste und reinste Quellwasser, und ist für die wirklich arme Castellanin, nach ihrem eigenen Ausdruck: das größte Gut.*

Das Rätsel des Brunnens mit seinem angeblichen „Quellwasser" dürfte nun durch die geophysikalische Untersuchung geklärt sein: es handelt sich um eine Filterzisterne im Hofbereich nördlich des Palas. Sie gehört im Vergleich zu den schweizerischen Beispielen zu den großen Wasserreservoirs. Bei der durch unsere Messung erfassten Tiefe von 3,75 m unter der Oberfläche hatte die Kammer ein Fassungsvermögen von mindestens 450 m^3. Geht man von der durch Haizmann überlieferten Tiefe des Brunnenschachtes von 6 m aus, dann hat die Filterzisterne der Ruine Albeck sogar ein Volumen von ca. 700 m^3. Selbst wenn man davon das Filtersubstrat abziehen muss, konnte die Burg verlässlich mit Frischwasser versorgt werden. Die vielleicht mit dem Bau der ersten steinernen Burg im späten 11. oder 12. Jahrhundert errichtete Zisterne war offenbar bis in das 19. Jahrhundert hinein voll funktionsfähig. Die Sulzer Zisterne gehört sicherlich zu den größeren Beispielen ihrer Art und ist als beachtliche Ingenieurleistung des 11./12. Jahrhunderts anzusehen.

Anmerkungen

1 Harald *von der Osten-Woldenburg*, Die geophysikalischen Prospektionen an der Ruine Burg Albeck, Stadt Sulz am Neckar, Kreis Rottweil. Typoskript Esslingen 2015.
2 Werner *Meyer*, Zisternen auf Höhenburgen der Schweiz.
3 GLAK 27/91 Urk. 1421 Dez. 19.
4 *Rösler*, Beyträge zur Naturgeschichte, S. 67.
5 HStASt A 259 Bü 289, S. 18.
6 HStASt J 15 Bü 107; Transkription des Textes von Stadtarchivar Herwart *Kopp*. Zur Biographie Haizmanns: Sulz am Neckar, S. 288–290 (Kurt *Schuler*).
7 A. F. *Koch*, Ritterburgen und Bergschlösser 6, S. 113 ff.

Literaturverzeichnis

Siglen

GLAK	Generallandesarchiv Karlsruhe
HStASt	Hauptstaatsarchiv Stuttgart
WLB	Württembergische Landesbibliothek Stuttgart
WLM	Württembergisches Landesmuseum
SAS	Stadtarchiv Sulz am Neckar

Quellen

Die *Chronik des Gallus Öheim*. Bearb. von Karl *Brandi*. Heidelberg 1893.

Die *Chronik des Klosters Petershausen*, neu hg. und übersetzt von Otto *Feger*. Sigmaringen 1978.

Die *Chronik des Mathias von Neuenburg*, übersetzt von Georg *Grandaur*. Mit Einleitung von Ludwig *Weiland*. Leipzig 1899.

Die Chronik des Mathias von Neuenburg. Hg. von Adolf *Hofmeister* (Monumenta Germaniae Historica, Scriptores 6). Zweite unveränderte Aufl. Berlin 1955.

Chronotaxis oder ordenliche Abteilung deren Zeyten, in welchen die löbliche uralte Graven von Sultz gelebt, auß villen scriptis exemplaribus unnd alten monumentis auch glaubwirdigen Historibeschribern fleyßigist zusammen gezogen (924–1609). GLAK 65/11 441

Frutolfs und Ekkehards Chroniken und die anonyme Kaiserchronik. Hg. von Franz-Josef *Schmale* und Ingrid *Schmale-Ott*. Darmstadt 1972.

Heinrich Hugs Villinger Chronik von 1495 bis 1533. Hg. von Christian *Roder* (Bibliothek des litterarischen Vereins in Stuttgart 164). Tübingen 1883.

Notitiae fundationis et traditionis monasterii s. Georgii in Nigra Silva. Hg. von O. *Holder-Egger*, 1888 (Monumenta Germaniae Historica, Scriptores 15,2).

Matthäus Marschalk *von Pappenheim*, Ursprung unnd herkomen der edelenn Herrn vonn Geroltzeckh (1532). Hs. GLAK 65/239 [ediert bei Johann Jakob *Reinhard*/Christoph Jakob *Kremer*, Pragmatische Geschichte des Hauses Geroldsek wie auch derer Reichsgrafschaften Hohengeroldsek, Lahr und Mahlberg in Schwaben. Frankfurt und Leipzig 1766, Quellenanhang Urk. 1].

Das *Reichenbacher Schenkungsbuch*. Bearb. von Stephan *Molitor*. Stuttgart 1997.

Die *Zwiefalter Chroniken* Ortliebs und Bertholds. Neu hg., übersetzt und erläutert von Luitpold *Wallach*, Erich *König* und Karl Otto *Müller*. 2. Aufl. Sigmaringen 1978.

FUB = Fürstenbergisches Urkundenbuch. Sammlung der Quellen zur Geschichte des Hauses Fürstenberg und seiner Lande in Schwaben. Hg. von dem Fürstlichen Hauptarchiv. 6 Bde. Tübingen 1877–1889.

RMB = Regesten der Markgrafen von Baden und Hachberg 1050–1515. Hg. von der Badischen Historischen Kommission, bearb. von Richard *Fester*, Bd. 1. Innsbruck 1900.

WUB = Wirtembergisches Urkundenbuch. Hg. von dem Königlichen Staatsarchiv in Stuttgart. 11 Bde. Stuttgart 1894–1913.

ZC = *Zimmerische Chronik*. Nach der von Karl *Barack* besorgten zweiten Ausgabe neu hg. von Paul *Hermann*. 4 Bde. Meersburg/Leipzig 1932.

Literatur

Dorothee *Ade*, Konstanz-Marktstätte. Die archäologischen Funde (in Vorbereitung).

Dorothee *Ade* u.a., Die archäologischen Funde der Sammlung Ow-Wachendorf (in Vorbereitung).

Dorothee *Ade*/Andreas *Willmy*, Burgenarchäologie zwischen Begeisterung und spröder Wissenschaft. In: Adelssitze zwischen Schwarzwald und Schwäbischer Alb. Burgen und Schlösser am oberen Neckar in historischen Ansichten, hg. von Dorothee *Ade*, Bernhard *Rüth* und Cajetan *Schaub*. Stuttgart 2014, S. 72–87.

Dorothee *Ade-Rademacher*, Zeugen frühmittelalterlicher Besiedelung in Sulz I. Sulzer Heimat vom 26. Februar 1993.

Dorothee *Ade-Rademacher*, Glanz und Niedergang der Ruine Albeck. In: Südwestpresse vom 18. März (Teil 1) und 25. März 1995 (Teil 2).

Dorothee *Ade-Rademacher*, Keramik-, Glas- und Holzgeschirr. In: „...von anfang biss zu unsern zeiten...“. Das mittelalterliche Rottweil im Spiegel archäologischer Quellen. Archäologische Informationen aus Baden-Württemberg 38. Stuttgart 1998, S. 102–112.

Alexander *Antonow*, Burgen des südwestdeutschen Raums im 13. und 14. Jahrhundert unter besonderer Berücksichtigung der Schildmauer. Bühl 1977.

Rainer *Atzbach*/Sven *Lüken*/Hans *Ottomeyer*, Burg und Herrschaft. Berlin/Dresden 2010.

Aufruhr 1225. Ritter, Burgen und Intrigen. Das Mittelalter an Rhein und Ruhr, hg. vom LML-Museum für Archäologie – Westfälisches Landesmuseum. Herne 2010.

J. *Baart*, Opgravingen in Amsterdam. 20 jaar stadskernonderzoek. Amsterdam 1977.

Franz Ludwig *Baumann*, Die Freiherren von Wartenberg. In: Freiburger Diözesan-Archiv 11 (1877), S. 145–210.

Ewald *Baumgartner*/Ingeborg *Krueger*, Phönix aus Sand und Asche. Glas des Mittelalters. München 1988.

Thomas *Biller*, Die Adelsburg in Deutschland. Entstehung, Form und Bedeutung. München 2. Aufl. 1998.

Thomas *Biller*/G. Ulrich *Großmann*, Burg und Schloss. Der Adelssitz im deutschsprachigen Raum. Regensburg 2002.

Thomas *Bitterli-Waldvogel*, Archäologische Befunde zur mittelalterlichen Schreibtätigkeit. In: Joachim *Zeune*, Alltag auf Burgen im Mittelalter. Veröffentlichungen der Deutschen Burgenvereinigung e.V. Reihe B: Schriften, Bd. 10. Braubach 2006, 127–134.

Christoph *Bizer*, Oberflächenfunde von Burgen der Schwäbischen Alb. Ein Beitrag zur Keramik- und Burgenforschung. Stuttgart 2006.

Gottfried *Boesch*, Die Gefallenen der Schlacht bei Sempach aus dem Adel des deutschen Südwestens. In: Alemannisches Jahrbuch 1958, S. 233–278.

Almut *Bohnsack*, Spinnen und Weben. Entwicklung von Technik und Arbeit im Textilgewerbe. Reinbek bei Hamburg 1981.

André *Bouvard*, Saulnot und Sulz am Neckar. In: Heinrich Schickhardt. Baumeister der Renaissance. Leben und Werk des Architekten, Ingenieurs und Städteplaners, hg. von Sönke *Lorenz* und Wilfried *Setzler*. Leinfelden-Echterdingen 1999, S. 262–265.

Fabian *Brenker*, Hochmittelalterliche Beleuchtungsformen im deutschen Südwesten. Ein interdisziplinärer Blick auf die profane Sachkultur des 12. und 13. Jahrhunderts, in: Zeitschrift für Archäologie des Mittelalters 42 (2014), S. 159–202.

Bernd *Breyvogel,* Die Rolle Henriettes von Mömpelgard in der württembergischen Geschichte und Geschichtsschreibung. In: Sönke *Lorenz*/Peter *Rückert* (Hgg.), Württemberg und Mömpelgard. 600 Jahre Begegnung. Montbéliard – Wurtemberg. 600 Ans de Relations. Leinfelden-Echterdingen 1999, S. 47–75.

Christoph *Bühler*, Graf Gerold und die frühe Geschichte der Herrschaft Geroldseck. In: Geroldsecker Land 15 (1973), S. 25–52.

Christoph *Bühler*, Beiträge zur Familiengeschichte der Herren von Geroldseck und Tiersberg. In: Geroldsecker Land 19 (1977), S. 25–52.

Christoph *Bühler*, Die Herrschaft Geroldseck. Studien zu ihrer Entstehung, ihrer Zusammensetzung und zur Familiengeschichte der Geroldsecker im Mittelalter. Stuttgart 1981.

Christoph *Bühler*, Stadt und Herrschaft Sulz unter den Geroldseckern. In: Sulz am Neckar. Alte Stadt am jungen Neckar. Festschrift zur 700-Jahrfeier der Stadtrechtsverleihung. Hg. von der Stadt Sulz am Neckar 1984, S. 93–110.

Christoph *Bühler*, Art. Geroldseck. In: Höfe und Residenzen im spätmittelalterlichen Reich. Grafen und Herren, Teilband 1, hg. von Werner *Paravicini*, bearb. von Jan *Hirschbiegel*, Anna P. *Orlowska* und Jörg *Wettlaufer*. Ostfildern 2012, S. 483–490.

Casimir *Bumiller*, Hohentwiel. Geschichte einer Burg zwischen Festungsalltag und großer Politik. Konstanz 2. Aufl. 1997.

Casimir *Bumiller*, Die Hohenberger in der Tradition der Grafen von Haigerloch-Wiesneck. In: Graf Albrecht II. von Hohenberg und die Grafschaft Hohenberg. Hg. von Bernhard *Rüth* und Andreas *Zekorn*. Tübingen 2001, S. 83–105.

Casimir *Bumiller*, Die Herren von Rechberg und die Formierung der Herrschaft Schramberg. In: Schramberg. Adelsherrschaft – Marktflecken – Industriestadt. Hg. vom Museumsverein Schramberg e.V. und von der Großen Kreisstadt Schramberg. Schramberg 2004, S. 83–94.

Casimir *Bumiller*, Das „schalksburgische Jahrhundert“ in der hohenzollerischen Geschichte. In: Die Herrschaft Schalksburg zwischen Zollern und Württemberg. Hg. von Andreas *Zekorn*, Peter Thaddäus *Lang* und Hans *Schimpf-Reinhardt*. Epfendorf 2005, S. 69–104.

Casimir *Bumiller*, Geschichte der Schwäbischen Alb. Von der Eiszeit bis zur Gegenwart. Gernsbach 2008.

Casimir *Bumiller*, Rosenfeld im Mittelalter. In: Geschichte der Stadt Rosenfeld. Hg. von Monika *Spicker-Beck* im Auftrag der Stadt Rosenfeld. Rosenfeld 2009, S. 52–56.

Casimir *Bumiller*, Der Raum Dornhan im Mittelalter. In: Dornhan. Geschichte des Raumes zwischen Neckar, Glatt und Heimbach. Im Auftrag der Stadt Dornhan hg. von Casimir *Bumiller*. Dornhan 2010, S. 44–95.

Casimir *Bumiller*, Adel und Burgen am oberen Neckar. In: Adelssitze zwischen Schwarzwald und Schwäbischer Alb. Burgen und Schlösser am oberen Neckar in historischen Ansichten. Hg. von Dorothee *Ade*, Bernhard *Rüth* und Cajetan *Schaub*. Stuttgart 2014, S. 12–29.

Eva-Maria *Butz*, Die Burg als Wittum. Neue Fragen zur sozialen Funktion von Burgen. In: Chateau Gaillard 23 (2008), S. 67–71.

Walter *Carlé*, Die Geschichte der altwürttembergischen Saline zu Sulz am Neckar, die Herkunft ihrer Solen und die Salinentechnik. In: Zeitschrift für Württembergische Landesgeschichte 22 (1963), S. 91–172.

John *Clark*, The medieval horse and his equipment, c. 1150-c. 1450. Medieval finds from excavations in London 5. London 1995.

Martin *Crusius*, Annales Suevici. 2 Bde. Frankfurt am Main 1596 [Übersetzung von Johann Jakob *Moser*, Schwäbische Chronik. Stuttgart 1733].

Hans *Drescher*, Mittelalterliche Dreibeintöpfe aus Bronze. Bericht über die Bestandsaufnahme und Versuch einer chronologischen Ordnung. In: Neue Ausgrabungen und Funde in Niedersachsen 4 (1969), S. 287–315.

Hans *Drescher*, Zur Herstellungstechnik des Erfurter Wolfram-Leuchters. In: Ernst *Ullmann* (Hg.), Halberstadt – Studien zu Dom und Liebfrauenkirche. Abhandlungen der Sächsischen Akademie der Wissenschaften zu Leipzig, 74/2, 1994, S. 187–204

Reto *Dubler*/Christine *Keller*/Markus *Stromer*/Renata *Windler*, Vom Dübelstein zur Waldmannsburg. Adelssitz, Gedächtnisort und Forschungsobjekt. Schweizer Beiträge zur Kulturgeschichte und Archäologie des Mittelalters 33. Basel 2006.

Don *Duco*/ Michael *Schmaedecke*, Tonpfeifenfunde aus der Grabung Kapuzinergasse in Breisach am Rhein. In: Fundberichte aus Baden-Württemberg 13 (1988), S. 777–795.

Max *Duncker*, Die Herren von Bubenhofen. In: Zeitschrift für Württembergische Landesgeschichte 1 (1937), S. 335–369.

Fritz *Eberhard*, Hans Baldung cog. Grien Gamundianus (1484/85–1545). Untersuchungen über die Beziehungen des genialen Malers zu seiner Geburtsstadt Schwäbisch Gmünd. In: Gmünder Heimatforum. Beilage zur Rems-Zeitung Nr. 5, November 1975.

Jens-Florian *Ebert*, Die legendäre Schlacht bei Döffingen am 23. August 1388: Sieg der Grafen von Württemberg über den Schwäbischen Städtebund. 2005.

Geoff *Egan*, Medieval Household. Daily Living c. 1150–c.1450. Medieval finds from excavations in London 6. London 2010.

Geoff *Egan*/Frances *Pritchard*, Dress accessories, c. 1150–c. 1450. Medieval finds from excavations in London. London 2002.

Eduard *Eggert*, Oberamtmann Schäffer von Sulz. Ein Zeit- und Lebensbild aus dem Ende des vorigen Jahrhunderts. Stuttgart 1897.

Sabine *Eickhoff*/Franz *Schopper*, 1636 – Ihre letzte Schlacht. Leben im Dreißigjährigen Krieg. Berlin 2012

Albert J. *Elen*, Missing Old Master Drawings from the Franz Koenigs Collection claimed by the State of the Netherlands. The Hague 1989.

Albert J. *Elen*, German Master Drawings from the Koenigs Collection. Return of a Lost Treasure. Rotterdam 2004.

Walter *Endrei*, Spiele und Unterhaltung im alten Europa. Hanau 1988.

Entsorgter Hausrat – Das Fundmaterial aus den Abts- und Gästelatrinen. In: Kurt *Bänteli*/Rudolf *Gamper*/Peter *Lehmann*, Das Kloster Allerheiligen in Schaffhausen. Zum 950. Jahr seiner Gründung am 22. November 1049. Schaffhausen 1999, S. 159–195.

Charles *Ephrussi*, Un voyage inédit d'Albert Dürer. Paris 1881.

Marianne *Erath*, Studien zum mittelalterlichen Knochenschnitzerhandwerk. Die Entwicklung eines spezialisierten Handwerks in Konstanz. Diss. Freiburg 1996. http://www.freidok.uni-freiburg.de//volltexte/526

Fritz *Ernst*, Eberhard im Bart: die Politik eines deutschen Landesherrn am Ende des Mittelalters. Stuttgart 1933.

Ilse *Fingerlin*, Gürtel des hohen und späten Mittelalters. Kulturwissenschaftliche Studien 46, 1971.

Christoph *Florian*, Graf Eberhard der Milde von Württemberg (1392–1417). Frieden und Bündnisse als Mittel der Politik. Ostfildern 2006.

Peter *Frey*, Das Stammhaus der Herrren von Hallwyl. Die archäologischen Untersuchungen auf dem Wasserschloss Hallwyl 1995–2003. Baden 2007.

Ingo *Gabriel*, Hof- und Sakralkultur sowie Gebrauchs- und Handelsgut im Spiegel der Kleinfunde von Starigrad/Oldenburg. In: Oldenburg – Wolin – Staraja Ladoga – Novgorod – Kiew. In: Berichte der Römisch-Germanischen Kommission 69 (1988), S. 103–291.

Antonella Sveva *Gai*, Reliquiengläser als Altarsepulkren. Schriften zur südwestdeutschen Landeskunde 30,2. Leinfelden-Echterdingen 2001.

Axel *Gelbhaar*, Mittelalterliches und frühneuzeitliches Reit- und Fahrzubehör aus dem Besitz der Kunstsammlungen der Veste Coburg, Teil I Die Gebisse, ihre Typologie, Chronologie und Anwendung. In: Jahrbuch der Coburger Landestiftung 38 (1993), S. 187–268.

Axel *Gelbhaar*, Mittelalterliches und frühneuzeitliches Reit- und Fahrzubehör aus dem Besitz der Kunstsammlungen der Veste Coburg, Teil III Sättel,

Zaumzeug und Geschirre. Typologie, Chronologie und Anwendung und Katalog. In: Jahrbuch der Coburger Landesstiftung 40 (1995), S. 449–562.

Geschichte der Stadt Freiburg. Bd. 1: Von den Anfängen bis zum „neuen Stadtrecht" von 1520. Hg. im Auftrag der Stadt Freiburg i. Br. von Heiko *Haumann* und Hans *Schadek*. Stuttgart 1996.

Geschichte der Stadt Oberndorf. Bd. 1: Von der Frühzeit bis zum Übergang an Württemberg. Hg. von der Stadt Oberndorf. Oberndorf 1982.

Christian *Gildhoff*, Ein neues Bild des frühen Villingen? Anmerkungen zu einer Neuerscheinung. In: Zeitschrift für Württembergische Landesgeschichte 61 (2002), S. 55–90.

Jérémie *Gnaedig*/Markus *Marquart*, Zwei hochmittelalterliche Schreibgriffel aus Aschaffenburg. In: Archäologisches Korrespondenzblatt 42,2 (2012), S. 273–293.

Olaf *Goldstein*, Von schön bis nützlich. Gläserne Wohnaccessoires im Mittelalter und der Frühen Neuzeit. In: GlasKlar. Archäologie eines kostbaren Werkstoffes in Süddeutschland. Hg. vom Archäologischen Landesmuseum Baden-Württemberg. Friedberg 2015. S. 182–185.

Jürgen *Goll*, Baumaterial. In: Stadtluft, Hirsebrei und Bettelmönch. Die Stadt um 1300. Stuttgart 1992, S. 267–279.

Norbert *Goßler*, Reiter und Ritter. Formenkunde, Chronologie, Verwendung und gesellschaftliche Bedeutung des mittelalterlichen Reitzubehörs aus Deutschland. Beiträge zur Ur- und Frühgeschichte Mecklenburg-Vorpommerns 49. Schwerin 2011.

Robert *Gramsch*, Das Reich als Netzwerk der Fürsten. Politische Strukturen unter dem Doppelkönigtum Friedrichs II. und Heinrichs (VII.) 1225–1235. Ostfildern 2013.

Klaus *Grewe*, Wasserversorgung auf mittelalterlichen Burgen. In: Wasser auf Burgen im Mittelalter. Mainz 2007, S. 13–19.

Meinrad Maria *Grewenig*, Leben im Mittelalter. 30 Jahre Mittelalterarchäologie im Elsaß. Speyer 1992.

Uwe *Gross*, Mittelalterliche Keramik zwischen Neckarmündung und Schwäbischer Alb. Bemerkungen zur räumlichen Entwicklung und zeitlichen Gliederung. Forschungen und Berichte der Archäologie des Mittelalters in Baden-Württemberg 12. Stuttgart 1991.

Uwe *Gross*, Die Keramik-, Bein- und Metallfunde aus dem gemauerten Schacht bei St. Peter und Paul. In: Hirsau St. Peter und Paul 1091–1991. Forschungen und Berichte der Archäologie des Mittelalters in Baden-Württemberg 10/1. Stuttgart 1991, S. 139–178.

Uwe *Gross*/Ludwig H. *Hildebrandt*, Der Wieslocher Schmiedefund. In: Sönke *Lorenz*/ Thomas *Zotz* (Hgg.), Spätmittelalter am Oberrhein. Alltag, Handwerk und Handel 1350–1525. Teil 2, Bd. 2. Stuttgart 2002, S. 247–254.

Uwe *Gross*/Ludwig H. *Hildebrandt*/Heiko *Steuer*, Ein Messerscheidenbeschlag der Zeit um 1200 von Sandhausen bei Heidelberg. In: Zeitschrift für Archäologie des Mittelalters 21 (1993), S. 71–86.

Christine *Gross-Prohaska*, Der Heidelberger Glasfund. In: Vor dem Großen Brand. Archäologie zu Füßen des Heidelberger Schlosses. Stuttgart 1992, S. 82–97.

G. Ulrich *Großmann*, Mythos Burg. Nürnberg/Dresden 2010.

G. Ulrich *Großmann*, Die Welt der Burgen. Geschichte, Architektur, Kultur. München 2013.

Andreas *Haasis-Berner*, Hörner aus Keramik – Wallfahrtsdevotionalien oder Signalhörner? In: Zeitschrift für Archäologie des Mittelalters 22 (1994), S. 15–38.

Barbara *Hammes*, Ritterlicher Fürst und Ritterschaft. Konkurrierende Vergegenwärtigung ritterlich-höfischer Tradition im Umkreis südwestdeutscher Fürstenhöfe 1350–1450. Stuttgart 2011.

Egon Harmuth, Die Armbrust. Graz 1975.

Jörg *Harder*, Segmentgürtel mit mehrteiliger Anhängerkombination – Ein Frauenschmuckgürtel der Renaissance. Historische Archäologie 2010 (Online-Zeitschrift). http://www.histarch.uni-kiel.de/Artikel2010_Harder_low.pdf

Hans *Harter*, Adel und Burgen im oberen Kinziggebiet. Studien zur Besiedlung und hochmittelalterlichen Herrschaftsbildung im mittleren Schwarzwald. Freiburg/München 1992.

Hans *Harter*, „Predium Alpirsbach dictum". Der Ort der Klostergründung und seine Besitzer. In: Alpirsbach. Zur Geschichte von Kloster und Stadt. Hg. vom Landesdenkmalamt Baden-Württemberg. Stuttgart 2001, S. 33–66.

Hans *Harter*, Herzog Ernst II. von Schwaben und die „Burg Falchenstein". In: Schramberg. Adelsherrschaft – Marktflecken – Industriestadt. Hg. vom Museums- und Geschichtsverein Schramberg e. V. und von der Großen Kreisstadt Schramberg. Schramberg 2004, S. 49–54.

Hans *Harter*, Die Herzöge von Urslingen in Schiltach. Schiltach 2008.

Hans *Harter*, *Rotwilo* im Gründungsbericht des Klosters Alpirsbach. In: Zeitschrift für Württembergische Landesgeschichte 69 (2010), S. 91–124.

Hans *Harter*, Das edle Schloss Zimbre – Burg und Adel von Zimmern vom 10. bis 12. Jahrhundert. In: Mäzene Sammler Chronisten. Die Grafen von Zimmern und die Kultur des schwäbischen Adels. Hg. von Casimir *Bumiller*, Bernhard *Rüth* und Edwin Ernst *Weber*. Stuttgart 2012, S. 28–40.

Karl *Hartmann*, Aus der Sulzer Kirchengeschichte. In: Sulz. Alte Stadt am jungen Neckar. Hg. von der Stadt Sulz am Neckar. 1984, S. 156–166.

Arthur *Hauptmann*, Burgruine über dem Neckar. Albeck war Sitz der Grafen von Sulz. In: Schwarzwälder Bote vom 12./13. April 1980.

Arthur *Hauptmann*, Burgen einst und jetzt. 2 Bde. Konstanz 1984 und 1986.

Das Haus Württemberg. Ein biographisches Lexikon. Hg. von Sönke *Lorenz*, Dieter *Mertens* und Volker *Press*. Stuttgart 1997.

Winfried *Hecht*, Oberamtmann Georg Jakob Schäffer (1745–1814). In: Sulz. Alte Stadt am jungen Neckar. Hg. von der Stadt Sulz am Neckar 1984, S. 331–334.

Andreas *Heege*, Einbeck im Mittelalter. eine archäologisch-historische Spurensuche. Studien zur Einbecker Geschichte 17. Isensee 2002.

Andreas *Heege*, Adelsburg, Hochwacht, Kuranstalt – Forschungen zur materiellen Kultur. In: Kurt *Bänteli*/Erwin *Eugster*/Andreas *Heege*, Hohenklingen ob Stein am Rhein Band II. Schaffhauser Archäologie 9. Schaffhausen 2010.

Friedrich *Hefele*, Die Stifter des Adelhauser-Klosters. Ein Beitrag zu seiner Geschichte anläßlich der 700-Jahr-Feier. In: Schau-ins-Land 61 (1934), S. 21–29.

Dietrich *Heißenbüttel*, „aus der Art der fünf Seyelen". Möbel und Schreinerhandwerk in Hall im 16. und 17. Jahrhundert. In: Albrecht *Bedal*/Isabell *Fehle* (Hgg.), HausGeschichten. Bauen und Wohnen im alten Hall und seiner Katharinenvorstadt. Kataloge des Hällisch-Fränkischen Museums Schwäbisch Hall 8. Sigmaringen 1994, S. 129–148.

Wolfgang *Hermann*, Die Landstädte Horb und Sulz und ihre Beziehungen zu benachbarten niederadligen Familien im 17. Jahrhundert. Unveröffentlichtes Manuskript.

Bernhard *Herzog*, Chronicon Alsatiae. Edelsaßer Chronik. Straßburg 1592.

Walther Ernst *Heydendorff*, Vorderösterreich im Dreißigjährigen Krieg. In: Mitteilungen des Österreichischen Staatsarchivs 13 (1960), S. 107–194.

Friedrich *Hillebrand*, Das Öffnungsrecht bei Burgen. Seine Anfänge und seine Entwicklung in den Territorien des 13.–16. Jahrhunderts unter besonderer Berücksichtigung Württembergs. Tübingen 1967.

Christian *Hillen*, Curia regis. Untersuchungen zur Hofstruktur Heinrichs (VII.) 1220–1235 nach den Zeugen seiner Urkunden. Frankfurt am Main/Berlin/Bern/New York/Wien 1999.

Wolfgang *von Hippel*, Das Herzogtum Württemberg zur Zeit des Dreißigjährigen Krieges im Spiegel der Steuer- und Kriegsschadensberichte. Stuttgart 2009.

Ekkehard E. *Hlawitschka*, Notizen zur Familiengeschichte der Herren von Hohengeroldseck in der Mitte des 15. Jahrhunderts. In: Zeitschrift für die Geschichte des Oberrheins 134 (1986), S. 89–07.

Wulf *Holtmann*, Untersuchung zu mittelalterlichen und frühneuzeitlichen Messern, dargestellt am Beispiel von archäologischen Funden vornehmlich aus dem weiten Küstenbereich von Nord- und Ostsee bis zur Mittelgebirgszone. Diss. Göttingen 2002. http://hdl.handle.net/11858/00-1735-0000-000D-F215-B.

Valentin *Homberger*/Kurt *Zubler*, Mittelalterliche und neuzeitliche Keramik der Region Schaffhausen. Typologie, Seriation und Materialvorlage. Beiträge zur Schaffhausener Archäologie 3. Schaffhausen 2010.

Elisabeth *Huwer*, Apotheke um 1600. Untersuchungen zur Sachkultur im Spiegel archäologischer Quellen aus dem süd- und südwestdeutschen Raum. Tübinger Forschungen zur historischen Archäologie 4. Büchenbach 2011.

Volkhard *Huth*, Kaiser Friedrich II. und Villingen. In: Villingen 999–1218. Aspekte seiner Stadtwerdung und Geschichte bis zum Ende der Zähringerzeit im überregionalen Vergleich. Hg. von Heinrich *Maulhardt* und Thomas *Zotz*. Villingen-Schwenningen 2003, S. 199–234.

Wolfgang *Irtenkauf*/Ingeborg *Krekler*, Die Handschriften der ehemaligen Hofbibliothek Stuttgart, Bd. 2.2, Codices historici. Wiesbaden 1975.

Wolfgang *Irtenkauf*, Heinrich Schweickher (1526–1579). In: Sulz. Alte Stadt am jungen Neckar. Hg. von der Stadt Sulz am Neckar 1984, S. 325–330.

Bertram *Jenisch*, Neue Waffen verändern die Kriegsführung – Frühe Handgranaten vom Hohentwiel bei Singen, Kr. Konstanz und aus Freiburg, Kr. Freiburg. In: Entdeckungen. Höhepunkt der Landesarchäologie 2007–2010. Hg. vom Landesamt für Denkmalpflege im Regierungspräsidium Stuttgart. Esslingen 2011.

Bertram *Jenisch*, Hochexplosiv. Die ersten Handgranaten. In: GlasKlar. Archäologie eines kostbaren Werkstoffes in Süddeutschland. Hg. vom Archäologischen Landesmuseum Baden-Württemberg. Friedberg 2015. S. 223.

Beat R. *Jenny*, Graf Froben Christoph von Zimmern. Geschichtsschreiber, Erzähler, Landesherr. Ein Beitrag zur Geschichte des Humanismus in Schwaben. Lindau und Konstanz 1959.

Stephan *Kaltwasser*, Die Keramikfunde. In: Die Latrine des Augustinereremiten-Klosters in Freiburg im Breisgau. Materialhefte zur Archäologie des Mittelalters 31. Stuttgart 1995, S. 21–48.

Pia *Kamber*/Christine *Keller*, Das Fundmaterial im Spiegel der häuslichen Sachkultur. In: Fundgruben. Historisches Museum Basel, Barfüssergasse. Basel 1996, S. 49–68.

Erhard W. *Kanter*, Hans von Rechberg von Hohenrechberg. Ein Zeit- und Lebensbild. Zürich 1903.

Christine *Keller*, Aquamanilien und das Ritual des Händewaschens. In: Wider das „finstere Mittelalter". Festschrift für Werner Meyer zum 65. Geburtstag. Schweizer Beiträge zur Kulturgeschichte und Archäologie des Mittelalters 29. Basel 2002, S. 125–136.

Stefan *Kirchberger*, Beiträge der Archäologie Süd- und Südwestdeutschlands zu Fenster- und Türverschlüssen. In: Fenster und Türen in historischen Wehr- und Wohnbauten. Veröffentlichung der Deutschen Burgenvereinigung e.V., Reihe B: Schriften. Marksburg/Braubach 1995, S. 79–87.

Ursula *Klaiber-Haug*, Die wirtschaftliche Entwicklung der Stadt Sulz a. N. bis zur Mitte des 18. Jahrhunderts. In: Sulz. Alte Stadt am jungen Neckar. Hg. von der Stadt Sulz am Neckar 1984, S. 111–155.

Adam Friedrich *Koch*, Ritterburgen und Bergschlösser im Königreiche Württemberg. 6 Bde. Cannstatt 1828 [Bd. 6 S. 71–124: Albek (Alwic) bei Sulz am Neckar].

Carl *Koch*, Die Zeichnungen Hans Baldung Griens. Berlin 1941.

Konrad A. *Koch*, [Grundriss und Ansichten der Ruine Albeck] in: Blätter des Schwäbischen Albvereins 16 (1904), S. 336.

Konrad A. *Koch*, Wie die Burg Albeck bei Sulz a. N. aussah. In: Aus dem Schwarzwald 40 (1932), S. 72 f. und in: Blätter des Schwäbischen Albvereins 46 (1934), S. 279–283.

Robert *Koch*, Mittelalterliche Trinkbecher aus Keramik von der Burg Weibertreu bei Weinsberg, Kr. Heilbronn, In: Forschungen und Berichte der Archäologie des Mittelalters in Baden-Württemberg 6. Stuttgart 1979, S. 47–76.

Friedrich August *Köhler*, Sulz am Neckar. Beschreibung und Geschichte der Stadt und ihres Oberamts-Bezirks. Sulz am Neckar 1835.

Oskar *Kohler*, Die letzten 150 Jahre Geroldsecker Herrschaft. Eine Übersicht. In: Alemannisches Jahrbuch 1957, S. 197–210.

Niklas *Konzen*, Aller Welt Feind. Fehdenetzwerke um Hans von Rechberg († 1464) im Kontext der südwestdeutschen Territorienbildung. Stuttgart 2014.

Stefan *Krabath*, Die hoch- und spätmittelalterlichen Buntmetallfunde nördlich der Alpen. Rahden/Westfalen 2001.

Christof *Krauskopf*, Tric-Trac, Trense, Treichel. Untersuchungen zur Sachkultur des Adels im 13. und 14. Jahrhundert. Veröffentlichung der Deutschen Burgenvereinigung e.V., Reihe A: Forschungen 11. Marksburg/Braubach 2005.

Thomas *Kreutzer*, Verblichener Glanz. Adel und Reform in der Abtei Reichenau im Spätmittelalter. Stuttgart 2008.

Steffen *Krieb*, Vom Totengedenken zum politischen Argument: Die Schlacht von Sempach (1386) im Gedächtnis des Hauses Habsburg und des südwestdeutschen Adels im 15. Jahrhundert. In: Horst *Carl*/Hans-Henning *Kortüm*/Dieter *Langewiesche*/Friedrich *Lenger* (Hgg.), Kriegsniederlagen. Erfahrungen und Erinnerungen. Berlin 2004, S. 69–88.

Kristina *Krüger*, Archäologische Zeugnisse zum mittelalterlichen Buch- und Schriftwesen nordwärts der Mittelgebirge. Universitätsforschungen zur prähistorischen Archäologie 91. Bonn 2002.

Birgit *Kulessa*/Beate *Schmid*, Bier, Wein oder Medizin? Glasgefäße aus Oberschwaben. In: GlasKlar. Archäologie eines kostbaren Werkstoffes in Süddeutschland. Hg. vom Archäologischen Landesmuseum Baden-Württemberg. Friedberg 2015. S. 140–149.

Die *Kunst- und Altertumsdenkmale* im Königreiche Württemberg, Inventar Schwarzwaldkreis, 1897, S. 353 und 505.

Der *Landkreis Rottweil* (Baden-Württemberg – Das Land in seinen Kreisen). Hg. von der Landesarchivdirektion Baden-Württemberg in Verbindung mit dem Landkreis Rottweil. 2 Bde. Ostfildern 2003.

Landschaft, Land und Leute. Politische Partizipation in Württemberg 1457 bis 2007. Begleitbuch und Katalog zur Ausstellung des Landesarchivs Baden-Württemberg, Hauptstaatsarchiv Stuttgart und des Landtags von Baden-Württemberg. Stuttgart 2007.

Peter *Lehmann*, Herstellung und Verarbeitung von Textilien. In: Josef *Grünfelder*/Toni *Hofmann*/Peter *Lehmann*, Die Burg Zug. Archäologie – Baugeschichte – Restaurierung. Schweizer Beiträge zur Kulturgeschichte und Archäologie des Mittelalters 28. Basel 2003, S. 335–339.

Helen P. *Liebel*, Der Beamte als Unternehmertyp in den Anfangsstadien der Industrialisierung. Johann Friedrich Müller und die Staats- und Wirtschaftsreformen Württembergs 1750–1780. In: Gerhard *Ritter* (Hg.), Entstehung und Wandel der modernen Gesellschaft. FS Hans Rosenberg. Berlin 1970, S. 220–260.

Theodor *von Liebenau*, Die Schlacht von Sempach. Luzern 1886.

Nils *Lithberg*, Schloss Hallwil, Bd. 3: Die Funde. Stockholm 1932.

Karl *List*, Frühe Steinmetzzeichen am Oberrhein. In: Freiburger Diözesan-Archiv 105 (1985), S. 5–45.

Sönke *Lorenz*/ Thomas *Zotz* (Hg.), Spätmittelalter am Oberrhein. Alltag, Handwerk und Handel 1350–1525. Teil 2, Bd. 1. Stuttgart 2002.

Axel *Lungersdorf*, Buntmetallfunde und Handwerksrelikte des Mittelalters und der frühen Neuzeit aus archäologischen Untersuchungen in Braunschweig. Materialhefte zur Ur- und Frühgeschichte Niedersachsens 34, Rahden/Westfalen 2004.

Mäzene Sammler Chronisten. Die Grafen von Zimmern und die Kultur des schwäbischen Adels. Hg. von Casimir *Bumiller*, Bernhard *Rüth* und Edwin Ernst *Weber*. Stuttgart 2012.

Peter *Manns*, Die Geschichte der Grafschaft Hohenzollern im 15. und 16. Jahrhundert (1401–1605). Hechingen 1897.

Thomas *Marolf*, „Er was allenthalb im spil". Hans von Rechberg, das Fehdeunternehmertum und der Alte Zürichkrieg. Zürich 2006.

Ernst *Marquardt*, Geschichte Württembergs. Erweiterte Neuausgabe. Stuttgart 1985.

Karl *von Martens*, Geschichte der innerhalb der gegenwärtigen Grenzen des Königreichs Württemberg vorgefallenen kriegerischen Ereignisse vom J. 15 v. Chr. Geb. bis zum Friedensschlusse 1815. Stuttgart 1847.

Kurt *Martin*, Skizzenbuch des Hans Baldung Grien („Karlsruher Skizzenbuch"). 2 Bde. Basel, zweite Ausgabe 1959.

Hans-Martin *Maurer*, Die landesherrliche Burg in Wirtemberg im 15. und 16. Jahrhundert. Studien zu den landesherrlich-eigenen Burgen, Schlössern und Festungen. Stuttgart 1958.

Hans-Martin *Maurer*, Bauformen der hochmittelalterlichen Adelsburg in Südwestdeutschland. In: Zeitschrift für die Geschichte des Oberrheins 115 (1967), S. 61–116.

Hans-Martin *Maurer*, Die Entstehung der hochmittelalterlichen Adelsburg in Südwestdeutschland. In: Zeitschrift für Geschichte des Oberrheins 117 (1969), S. 295–332.

Hans-Martin *Maurer*, Burgen am oberen Neckar. In: Franz *Quarthal* (Hg.), Zwischen Schwarzwald und Schwäbischer Alb. Das Land am oberen Neckar. Sigmaringen 1984, S. 111–160.

Harald *Meller* (Hg.), Fundsache Luther. Archäologen auf den Spuren des Reformators. Halle 2009.

Dieter *Mertens*, Die württembergischen Höfe in den Krisen von Dynastie und Land im 15. und 16. Jahrhundert. In: Peter *Rückert* (Hg.), Der württembergische Hof im 15. Jahrhundert. Stuttgart 2006, S. 75–98.

Werner *Meyer*, Die Burg Grenchen. Ein Beitrag zur wissenschaftlichen Burgenforschung. In: Jahrbuch für Solothurnische Geschichte 36 (1963), S. 142–219.

Werner *Meyer*, Zisternen auf Höhenburgen der Schweiz. Zum Problem der Trinkwasserversorgung auf mittelalterlichen Burganlagen. In: Burgen und Schlösser 1979, S. 84–90.

Werner *Meyer*, Fundkataloge. In: Die Wasserburg Mülenen. Mitteilungen des Historischen Vereins des Kantons Schwyz 63. Schwyz 1970.

Werner *Meyer*, Burgen der Schweiz. 9 Bde. Zürich 1981–1983.

Roland *Möller*, Mobiliar auf Burgen. In: Joachim *Zeune* (Hg.), Alltag auf Burgen im Mittelalter. Veröffentlichungen der Deutschen Burgenvereinigung e.V. Reihe B, 10. Braubach 2006. S. 90–99.

Susanne *Mück*, Der Renaissance-Kachelofen. In: Dorothee *Ade-Rademacher*/Susanne *Mück*, „Mach Krueg, Haeffen, Kachel und Scherbe". Funde aus einer Ravensburger Hafnerwerkstatt vom 16. bis 19. Jahrhundert. Archäologische Informationen aus Baden-Württemberg 11. Stuttgart 1989, S. 13–23.

Hans-Peter *Müller*, Die Sulzer Linie der Freiherren von Geroldseck. In: Sulzer Heimat 16 (1990).

Hans-Peter *Müller*, Die Herren von Lichtenstein zu Neckarhausen (1350–1687). In: Glatter Schriften 5, S. 33–45.

Paul T. *Müller*, Von zwei Burgen ist zwar die Rede. In: Sulzer Chronik. Beilage zum Schwarzwälder Boten vom 31. August 1982.

Ulrich *Müller*, Die politischen Beziehungen zwischen der Kurpfalz und der Grafschaft Württemberg im 15. Jahrhundert. Diss. Tübingen 1970.

Eugen *Nägele* in Blätter des Schwäbischen Albvereins 16 (1904), S. 333f.

Peter *Niederhäuser*, Art. Sulz. In: Höfe und Residenzen im spätmittelalterlichen Reich. Grafen und Herren, Teilband 2, hg. von Werner *Paravicini*, bearb. von Jan *Hirschbiegel*, Anna P. *Orlowska* und Jörg *Wettlaufer*. Ostfildern 2012, S. 1476–1480.

Judith *Oexle*, Minne en miniature – Kinderspiel im mittelalterlichen Konstanz. In: Stadtluft, Hirsebrei und Bettelmönch. Die Stadt um 1300. Stuttgart 1992, S. 392–395.

Johann *Ottmar*, Der Bauernaufstand von 1525 zwischen Schwarzwald und oberem Neckar. In: Franz *Quarthal* (Hg.), Zwischen Schwarzwald und Schwäbischer Alb. Das Land am oberen Neckar. Sigmaringen 1984, S. 177–219.

Johann *Ottmar*, Die Grabmäler in der Sulzer Stadtkirche. In: Sulz. Alte Stadt am jungen Neckar. Hg. von der Stadt Sulz am Neckar 1984, S. 167–182.

Patrick *Ottaway*/Nicola *Rogers*, The Archaeology of York. Craft, industry and every day life – finds from medieval York. London 2002.

Ulrich *Parlow*, Die Zähringer. Kommentierte Quellendokumentation zu einem südwestdeutschen Herzogsgeschlecht des hohen Mittelalters. Stuttgart 1999.

Jochem *Pfrommer*/Daniel *Gutscher*, Laufen Rathausplatz. Eine hölzerne Häuserzeile in einer mittelalterlichen Kleinstadt – Hausbau, Sachkultur und Alltag. Die Ergebnisse der Grabungskampagnen 1988 und 1989. Schriftenreihe der Erziehungsdirektion des Kantons Bern. Bern 1999.

Katharina *Pühl*, Die Spinnwirtel aus der Kloake des Lübecker Fronen. Lübecker Schriften zur Archäologie und Kulturgeschichte 12, 1986, S. 191–203.

Reinhard *Rademacher*, Erste Siedlungsspuren und Altsiedelräume. In: Der Landkreis Rottweil (Baden-Württemberg – Das Land in seinen Kreisen). Hg. von der Landesarchivdirektion Baden-Württemberg in Verbindung mit dem Landkreis Rottweil. Ostfildern 2003, Bd. 1, 96–103.

Johann Jakob *Reinhard*/Christoph Jakob *Kremer*, Pragmatische Geschichte des Hauses Geroldsek wie auch derer Reichsgrafschaften Hohengeroldsek, Lahr und Mahlberg in Schwaben. Frankfurt und Leipzig 1766.

Jean *Rieb*/Charles-Laurent *Salch*, Aspects de La vie en Moyen-Age et à la Renaissance. Strasbourg 1973.

Ralph *Röber*, „Wer trübe Fenster hat, dem erscheint alles grau". Fensterverglasung im Mittelalter. In: GlasKlar. Archäologie eines kostbaren Werkstoffes in Süddeutschland. Hg. vom Archäologischen Landesmuseum Baden-Württemberg. Friedberg 2015. S. 206–209.

Ralph *Röber*, Zur Verarbeitung von Knochen und Geweih im mittelalterlichen Südwestdeutschland. In: Fundberichte aus Baden-Württemberg 20, 1995, S. 885–944

Gottlieb Fridrich *Rösler*, Beyträge zur Naturgeschichte des Herzogthums Wirtemberg. Nach der Ordnung und den Gegenden der dasselbe durchströmenden Flüße. Tübingen 1788.

Eva *Roth Kaufmann*/René *Buschor*/Daniel *Gutscher*, Spätmittelalterliche reliefierte Ofenkeramik in Bern. Herstellung und Motive. Schriftenreihe der Erziehungsdirektion des Kantons Bern. Bern 1994.

Eva *Roth Heege*, Ofenkeramik und Kachelofen. Typologie, Terminologie und Rekonstruktion im deutschsprachigen Raum. Schweizer Beiträge zur Kulturgeschichte und Archäologie des Mittelalters, 39. Basel 2012.

Harald *Rosmanitz*, Kinderspielzeug. In: Vor dem Großen Brand. Archäologie zu Füßen des Heidelberger Schlosses. Stuttgart 1992, S. 76f.

Volker *Schäfer*, Die Grafen von Sulz. Tübingen 1969.

Volker *Schäfer*, Hochadel aus Sulz am Neckar. Zur Geschichte der Grafen von Sulz. In: Sulz. Alte Stadt am jungen Neckar. Hg. von der Stadt Sulz am Neckar 1984, S. 53–95

Volker *Schäfer*, Hochadelsherrschaft am oberen Neckar im Spätmittelalter, in: Franz *Quarthal* (Hg.), Zwischen Schwarzwald und Schwäbischer Alb. Das Land am oberen Neckar. Sigmaringen 1984, S. 161–176.

Jonathan *Scheschkewitz*/Doris *Schmid*, Isny im Allgäu. Ein Glasensemble aus der Latrine. In: GlasKlar. Archäologie eines kostbaren Werkstoffes in Süddeutschland. Hg. vom Archäologischen Landesmuseum Baden-Württemberg. Friedberg 2015. S. 150–155.

Johann *Schilter*, Elsässische und Straßburgische Chronike. Straßburg 1698.

Andreas *Schlunk*/Robert *Giersch*, Die Ritter. Geschichte, Kultur, Alltagsleben. Stuttgart 2003.

Michael *Schmaedecke* (Hg.), Tonpfeifen in der Schweiz. Beiträge zum Kolloquium über Tabakspfeifen aus Ton in Liestal am 26. März 1998. Archäologie und Museum 40. Liestal 1999.

Beate *Schmid*, Die Ausgrabung Mainz-Tritonplatz 1993. Mainzer archäologische Schriften 3. Mainz am Rhein 2004.

Beate *Schmid*, Archäologische Untersuchungen im Stadtgebiet von Mengen, Kreis Sigmaringen. Forschungen und Berichte der Archäologie des Mittelalters in Baden-Württemberg 27. Stuttgart 2009.

Beate *Schmid*, BauArchäologie im Ravensburger Humpißquartier. Forschungsergebnisse zur Entwicklung eines städtischen Kleinquartiers. Materialhefte zur Archäologie in Baden-Württemberg 87. Stuttgart 2009.

Ludwig *Schmid*, Belagerung, Zerstörung und Wiederaufbau der Burg Hohenzollern im fünfzehnten Jahrhundert: nach dem jetzigen Standpunkte der Quellen dargestellt. Mit Beilagen von zuvor ungedruckten Urkunden. Tübingen 1869.

Astrid *Schmitt*, Burg Tannenberg bei Seeheim-Jugenheim, Lkr. Darmstadt-Dieburg – eine spätmittelalterliche Ganerbenburg im Licht der archäologischen Funde. Universitätsforschungen zur prähistorischen Archäologie 151. Bonn 2008.

Rudolf *Schnyder*, Das Züricher Hafnerhandwerk im 14. und 15. Jahrhundert. Mittelalterliche Ofenkeramik, Bd. 1. Zürich 2011.

Ottmar F. H. *Schönhuth*, Geschichte der ehemaligen Bergfeste Hohentwiel. Tuttlingen 1842.

Barbara *Scholkmann*, Sindelfingen, Obere Vorstadt. Eine Siedlung des hohen und späten Mittelalters. Forschungen und Berichte der Archäologie des Mittelalters in Baden-Württemberg 3. Stuttgart 1978.

Barbara *Scholkmann*, Die Aquamanilien aus Bebenhausen und Jettenburg. Fundberichte aus Baden-Württemberg 14 (1989), S. 669–691.

Rainer *Schreg*, Keramik aus Südwestdeutschland. Tübingen. Eine Hilfe zur Beschreibung, Bestimmung und Datierung archäologischer Funde vom Neolithikum bis zur Neuzeit. Tübingen 1998.

Klaus *Schubring*, Die Herzoge von Urslingen. Studien zu ihrer Besitz-, Sozial- und Familiengeschichte. Stuttgart 1974.

Klaus *Schubring*, Ein Adelsbund als neutraler Schiedsrichter. Der St. Georgsschild im Hegau und die Roßhaupter-Fehde 1436/37. In: Schriften des Vereins für die Geschichte des Bodensees 96 (1978), S. 7–29.

Hansmartin *Schwarzmaier*, Der Ausgang der Stauferzeit (1167–1269). In: Handbuch der baden-württembergischen Geschichte 1,1. Stuttgart 2001, S. 529–619.

Max *Spellenberg*, Das vormalige befestigte Bergschloß Albeck, die Grafen von Sulz und die Freiherren von Geroldseck. In: Aus dem Schwarzwald 10 (1902), S. 54–56, 73–74, 94–97, 129–132 und 173–176.

Andreas *Soffner*, Die Hohlglasfunde. In: Die Latrine des Augustinereremiten-Klosters in Freiburg im Breisgau, zusammengestellt von Matthias Untermann. Materialhefte zur Archäologie 31. Stuttgart 1995, S. 49–127.

Brian *Spencer*, Pilgrim souvenirs and secular badges. Medieval finds from excavations in London 7. London 1998.

Monika *Spicker-Beck*, Räuber, Mordbrenner, umschweifendes Gesind. Zur Kriminalität im 16. Jahrhundert. Freiburg 1995.

Johann Ulrich *Steinhofer*, Neue Wirtenbergische Chronik, Bd. 2. München 1746.

Judith *Tamási*, Verwandte Typen im schweizerischen und ungarischen Kachelfundmaterial in der zweiten Hälfte des 15. Jahrhunderts. Budapest 1995.

Birgit *Tuchen*, „… wolher ins bad reich und arm …“. Die „Obere Badstube“ zu Wangen im Allgäu. Archäologie – Museum. Archäologische Informationen aus Baden-Württemberg 26. Stuttgart 1994.

Stefan *Uhl*, Buckelquader an Burgen der Schwäbischen Alb. In: Zeitschrift für Hohenzollerische Geschichte 26 (1990), S. 27–107.

Stefan *Uhl*, Das Hauptgebäude der Ruine Albeck bei Sulz am Neckar. Dübel- und Klobenlöcher als Hinweis auf Grundrissgliederung und Wohnausstattung. In: Burgen und Schlösser 4/2004, S. 225–232.

Stefan *Uhl*, Hölzerne Burggebäude des Spätmittelalters in Südwestdeutschland. In: Holz in der Burgenarchitektur. Veröffentlichung der Deutschen Burgenvereinigung e.V. Reihe B, Bd. 9. Braubach 2004, S. 125–138.

Stefan *Uhl*, Die Burgenlandschaft am oberen Neckar. In: Adelssitze zwischen Schwarzwald und Schwäbischer Alb. Burgen und Schlösser am oberen Neckar in historischen Ansichten. Hg. von Dorothee *Ade*, Bernhard *Rüth* und Cajetan *Schaub*. Stuttgart 2014, S. 52–71.

Roland *Vetter*, „Kein Stein soll auf dem andern bleiben“. Mannheims Untergang während des Pfälzischen Erbfolgekrieges im Spiegel französischer Kriegsberichte. Heidelberg/Ubstadt-Weiher/Basel 2002.

Erik *Vollmer*, Die Grablegen der Herren von Geroldseck. Masterarbeit der Universität Freiburg. Freiburg 2012 [Kurzfassung in: Ortenau 2013].

Martin *Wackernagel*, Hans Baldung Grien. Beidseitig bezeichnetes Skizzenblatt mit Ansichten mehrerer Burgen und einer Kapelle. In: Archiv für Kunstgeschichte 1/2 (1913/14), Nr. 35.

Hubert Graf *Waldburg-Wolfegg*, Vom Nordreich der Hohenstaufen. München/Zürich 2. Aufl. 1964.

Gerhard *Wein*, Burg Albeck bei Sulz am Neckar. Zur Geschichte und Baugeschichte. Unveröffentlichtes Typoskript 1968 [Exemplar in den Ortsakten der Denkmalpflege im RP Freiburg].

F. *Weiß*, Ruine Albeck bei Sulz a. N. In: Blätter des Schwäbischen Albvereins 8 (1896), Sp. 271–276.

Karl *Weller*, Zur Kriegsgeschichte der Empörung des Königs Heinrich gegen Kaiser Friedrich II. In: Württembergische Vierteljahreshefte 4 (1895), S. 176–184.

Hans *Widmann*, Schwäbische Alb. Geschichte eines Namens. Stuttgart 1957.

Andreas *Widmer*, „… daz ein bub die eidgenossen angreif“. Eine Untersuchung zu Fehdewesen und Raubrittertum am Beispiel der Gruber-Fehde (1390–1430). Bern/Berlin 1995.

Günter *Wieland*, Die Spätlatènezeit in Württemberg. Forschungen und Berichte zur Vor- und Frühgeschichte in Baden-Württemberg 63. Stuttgart 1996.

Hildegard *Wiewelhove*, Tischbrunnen zur europäischen Tafelkultur. Berlin 2002.

Peter *Wolf*/Michael *Henker*/Evamaria *Brockhoff*/Barbara *Steinherr*/Stefan *Lippold* (Hg.), Der Winterkönig. Friedrich V. Der letzte Kurfürst aus der oberen Pfalz. Amberg – Heidelberg – Prag – Den Haag. Veröffentlichung zur Bayerischen Geschichte und Kultur 46/03. Augsburg 2003.

Herbert W. *Wurster*/Richard *Loibl*, Ritterburg und Fürstenschloss. Passau 1998.

Joachim *Zeune*, Burgen. Symbole der Macht. Regensburg 1996.

Bernd *Zimmermann*, Mittelalterliche Geschossspitzen. Kulturhistorische, archäologische und archäometallurgische Untersuchungen. Schweizer Beiträge zur Kulturgeschichte und Archäologie des Mittelalters 26. Basel 2000.

Andreas *Zoller*, Empathie und Imagination. Wie das Bild einer Landschaft entsteht. In: Stefan *Borchardt*/Bernhard *Rüth* (Hgg.), Der obere Neckar. Bilder einer Landschaft. Stuttgart 2011, S. 33–43.

Zeittafel

[1080/90] Mutmaßliche Bauzeit der ersten Burg Sulz

1092 Ersterwähnung des Grafen Alwig I. von Sulz im Gefolge Bertolds II. von Zähringen

1095 Graf Alwig I. von Sulz gründet mit Adalbert von Zollern und Ruotmann von Husen das Kloster Alpirsbach

1033 Adelheid von Nusplingen erscheint als Witwe Graf Alwigs I. von Sulz

1152 Graf Alwig II. von Sulz Zeuge für Herzog Bertold IV. von Zähringen

1195/96 Die Grafen Alwig III. und Hermann II. von Sulz im Gefolge der Staufer

1222 Ersterwähnung der Burg Sulz (*castrum Sulze*)

1252 Mutmaßlicher Übergang der Herrschaft Sulz von den Grafen von Sulz an die Herren von Geroldseck

1267 Walther von Geroldseck verfügt über Sulz

1284/85 Gründung der Stadt Sulz durch Graf Heinrich von (Geroldseck-) Veldenz

1301 Burgfrieden für die Burg Sulz zwischen Johannes von Geroldseck und seinen Verwandten

1304 Johannes von Geroldseck verfügt allein über Burg und Stadt Sulz und bestätigt die Stadtrechte

1347 Abwendung einer Belagerung der Stadt und der Burg Sulz durch Herzog Stephan von Bayern

1348 Walther von Geroldseck erwirkt bei Kaiser Karl IV. ein Privileg zugunsten seiner Bürger in Sulz: Befreiung vom Hofgericht Rottweil

ca. 1370/75 Wappenstein mit Allianzwappen Geroldseck/Urslingen über dem Nordportal der Burg Sulz

1383 Teilung von Stadt und Burg Sulz unter drei Brüdern von Geroldseck

1418 Belagerung der Burg Sulz in der Fehde mit Pfalzgraf Otto

1420/23 Bubenhofen- oder Geroldsecker Fehde: Württemberg erlangt ein Viertel an der Stadt und das Öffnungsrecht an der Burg Sulz

1429/34 Teilnahme der Sulzer Brüder von Geroldseck am Hohengeroldsecker Bruderkrieg

1448–50 Georg von Geroldseck tritt in die Dienste Ulms und legt eine Ulmer Besatzung aufs Schloss Sulz

1451 Tod Georgs von Geroldseck auf Schloss Sulz, danach Einnahme der Burg durch Württemberg

1452 Erneuerung des Burgfriedens

1454 Überfall der Rottweiler auf die Stadt Sulz und Rückeroberung durch Württemberg

1469 Belagerung der Burg Sulz durch Württemberg

1471 Überfall der Württemberger auf Schloss Sulz, Gefangennahme von Hans von Geroldseck und seinen Söhnen

1473 Freilassung des Hans von Geroldseck gegen Aufgabe der Herrschaft Sulz. Seit 1471/78 sind Burg und Stadt Sulz württembergisch

1488 Bauarbeiten auf Burg Sulz erwähnt, es gibt dort einen Burgvogt und acht Wächter

1493 Graf Eberhard d. Ä. belehnt seinen „natürlichen" Sohn Dr. Ludwig Wirtenberger mit Schloss und Stadt Sulz

1515 Der Maler Hans Baldung Grien zeichnet das Schloss Sulz: erster Beleg für den Namen „Albeck"

1519 Nach der Vertreibung Herzog Ulrichs von Württemberg besetzt Gangolf von Geroldseck Sulz

1521 Der Name Albeck wird erstmals in einer Urfehde erwähnt

1525 Einnahme von Stadt und Burg Sulz durch die aufständischen Bauern im Bauernkrieg

1526 Erzherzog Ferdinand, damals Inhaber des Herzogtums Württemberg, belehnt Gangolf von Geroldseck mit Stadt und Schloss Sulz

1534 Nach der Rückkehr Herzog Ulrichs räumt Gangolf von Geroldseck Sulz

1561/63 Erneuerung des Hofes Burgösch mit dem Schloss Albeck

1575 Albeck auf der Karte des Sulzer Amts von Heinrich Schweickher dargestellt

1583 Auf Schloss Albeck wird gebaut

1596 Albeck auf Georg Gadners Karte des Herzogtums Württemberg

1635 Einnahme der Burg Albeck durch den bayerischen Obristen Alexander von Neuneck zu Glatt

1641 Erneute Besetzung durch Alexander von Neuneck

1643 Merianstich der Stadt Sulz mit der Burg Albeck

1675 Ansicht der Burg Albeck von Geiger

1688 Zerstörung von Burg Albeck durch die Franzosen im Pfälzischen Erbfolgekrieg

1712/19 Schlosswächter Breitenreuter und seine Tochter Katharina auf Albeck vom Blitz erschlagen

1722 Der württembergische Premier-Minister Graf Friedrich Wilhelm von Grävenitz erwirbt das Gut Burgösch mit Schloss Albeck

1734 Grävenitz wird gestürzt und verliert das Schlossgut Albeck und Burgösch

1807/10 Der Hof Burgösch mit dem Schloss Albeck kommen zum Kameralamt Rosenfeld, im Erdgeschoss werden Ställe eingerichtet, das Schloss bewohnt ein Hochwächter

1823/28 Das Schloss bewohnt die Witwe Hilzinger († 1832) mit Familie

1832 Verkauf des Hofguts Burgösch mit Albeck an zwei Bauern

1836 Verkauf des Hofguts Burgösch an den württembergischen Kammerherrn Friedrich Heinrich von Hayn: Neubau des Hofes und Umwandlung in das Rittergut Geroldseck

1864 Das Hofgut Geroldseck mit der Ruine Albeck kommt ans Haus Württemberg

um 1900 Erste Instandsetzungsarbeiten

1969 Dr. Hans Brand aus Wetzlar erwirbt die Ruine Albeck

1978 Die Stadt Sulz erwirbt die Ruine Albeck

1995 Gründung des Fördervereins Ruine Albeck e.V. – Beginn der Sanierungsarbeiten und Ausgrabungen

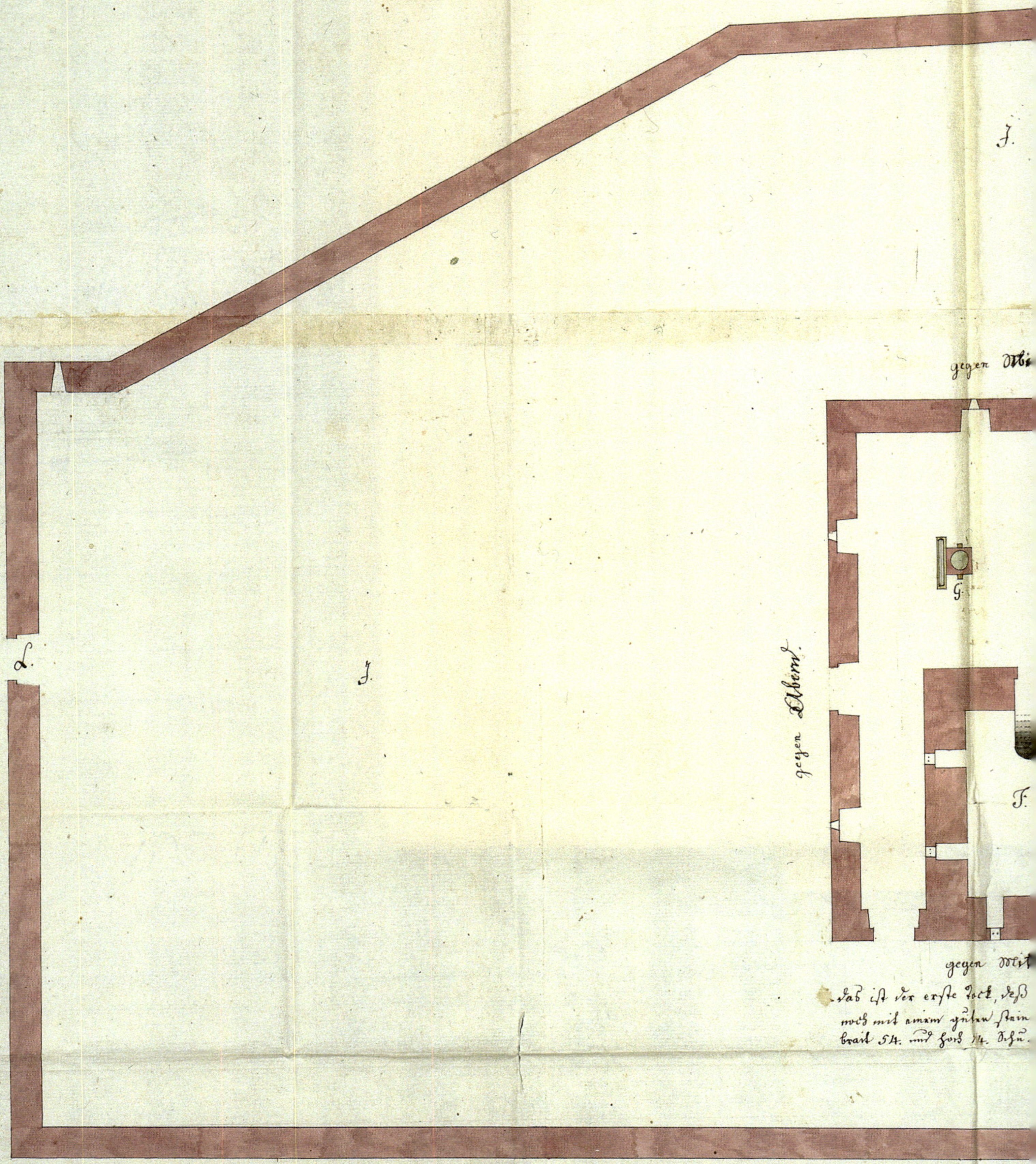
J.
gegen Mi
G.
L.
J.
gegen Abend
F.
gegen Mit
daß ist der erste Stock, deß
noch mit ainem guten Stain
brait 54. und hoch 14. Schu.